国家社科基金后期资助项目
出版说明

　　后期资助项目是国家社科基金设立的一类重要项目,旨在鼓励广大社科研究者潜心治学,支持基础研究多出优秀成果。它是经过严格评审,从接近完成的科研成果中遴选立项的。为扩大后期资助项目的影响,更好地推动学术发展,促进成果转化,全国哲学社会科学规划办公室按照"统一设计、统一标识、统一版式、形成系列"的总体要求,组织出版国家社科基金后期资助项目成果。

全国哲学社会科学规划办公室

本书为国家社会科学基金后期资助项目
"启蒙时期苏格兰史学派"（批准号 14FSS004）
最终成果

启蒙时期
苏格兰历史学派

李勇　主著

上海三联书店

目　录

深化对西方史学流派的研究
　　——序李勇主著《启蒙时期苏格兰历史学派》　　1

导论　　1
　一、现有研究成果涉及的主要问题　　4
　　1. 四位成员的传记种类繁多　　4
　　2. 史学与哲学的关系成为热点　　5
　　3. 道德、情感实为重要话题　　7
　　4. 苏格兰历史学派中的其他问题　　7
　二、留下可以继续讨论的学术空间　　8
　　1. 学派的总体研究尚须加强　　8
　　2. 哲学史学等具体问题有待深究　　11
　　3. 本书的主要内容和写作框架　　12

第一章　苏格兰历史学派及其学术分野　　15
　一、苏格兰历史学派的社会土壤和学术营养　　15
　　1. 英国国内及其全球事务对于学派产生的意义　　15
　　2. 经验主义与理性主义给予的双重养分　　17
　　3. 启蒙时期西方史学的推陈出新　　20
　二、学派主要成员之间的学谊　　22
　　1. 休谟与斯密之间的亲密关系　　22
　　2. 休谟对罗伯逊、弗格森的关切和帮助　　27
　　3. 斯密与罗伯逊、弗格森之间的学谊　　32
　三、苏格兰历史学派共性与分野　　34
　　1. 苏格兰启蒙运动一般精神　　35
　　2. 学派共同的思想倾向　　36
　　3. 学派成员之间的分野　　37

四、苏格兰历史学派的"推测史学" 39
 1. 启蒙时期"推测史学"含义与实质 39
 2. 苏格兰历史学派"推测史学"及其合理性 42
 3. 苏格兰历史学派"推测史学"的学理机制 45

第二章 大卫·休谟：写作具有哲学意味的历史   50

一、休谟史学的学术渊源 53
 1. 早期教育与古典修养 53
 2. 经验主义的传承 57
 3. 与启蒙理性的对话 59

二、休谟史学中的哲学批判 63
 1. 历史研究的前提批判 63
 2. 历史经验的可靠性 71
 3. 历史研究的用途 80

三、《英国史》：形式与内容 84
 1. 执著于自由与法制 84
 2. 哲学观照下的史学 87
 3. 历史进步的讽喻 94

第三章 亚当·斯密：经济学中的史学意蕴   105

一、斯密学术储备的多样性 106
 1. 早期教育和学术熏陶 106
 2. 古典传统与当代学谊 107
 3. 本土的经验主义 112
 4. 大陆的理性主义 114

二、斯密思想中的史学意蕴 115
 1. 历史四阶段论 116
 2. "推测史学" 121
 3. 历史的间接叙述 125
 4. 古典历史主义 127

三、经济学与史学的结合 131
 1. 以历史论述经济学 131
 2. 以经济学解读历史 134

第四章 威廉·罗伯逊：刻意模仿伏尔泰的史学家   138

一、罗伯逊多方汲取学术营养 140

  1. 受大学老师引导 140
  2. 追随伏尔泰 141
  3. 孟德斯鸠的影响 144
  4. 受益于休谟 146
  5. 宗教史的诺克斯传统 148
 二、历史著作：从民族史走向世界史 149
  1. 欧洲史视野下的《苏格兰史》 149
  2. 作为欧洲史的《查理五世在位时期的历史》 151
  3. 世界史视野下的《美洲史》 152
  4. 世界史视野下的《论古人的印度史知识》 157
 三、历史比较、中正的思想方法 159
  1. 历史比较的思想方法 159
  2. 中正的思想方法 164
 四、世俗精神与宗教情怀 171
  1. 宗教活动嵌入世俗事务 171
  2. 从世俗角度解读宗教史 173
  3. 世俗事务上的宗教情怀 175

第五章 亚当·弗格森：具有另类倾向的社会史家 181
 一、弗格森史学的学术积累 184
  1. 古典史学的传统 184
  2. 近代的学术思潮 187
  3. 特殊的高地情结？ 198
 二、弗格森史学的理论与实践 202
  1. 曲线历史进步论 202
  2. "求真"与"致用" 209
  3. 述而不作和历史主义 218
  4.《罗马共和国兴衰史》的写作 223
 三、重新认识弗格森的史学 234
  1. 欧美学界的漠视 234
  2. "求真"精神 236
  3. 调和主义 238

第六章 苏格兰历史学派在欧美和中国的影响 241
 一、休谟的开创之功与世界声誉 241
  1. 开创苏格兰历史学派 241

2. 休谟史学在欧美　　　　　　　　　　　　　245
　　3. 休谟史学在中国　　　　　　　　　　　　　248
二、斯密历史观念的后续效应　　　　　　　　　　　251
　　1. 泽被英国学界　　　　　　　　　　　　　　251
　　2. 深刻影响马克思　　　　　　　　　　　　　257
　　3. 欧美学界的持久关注　　　　　　　　　　　261
　　4. 中国学者对斯密史学的挖掘　　　　　　　　268
三、罗伯逊：西方史学的不朽丰碑　　　　　　　　　271
　　1.《苏格兰史》在学界获得崇高赞誉　　　　　271
　　2.《查理五世在位时期的历史》的声誉　　　　273
　　3.《美洲史》《论古人的印度史知识》的反响　275
　　4. 影响爱德华·吉本的历史著作　　　　　　　277
　　5. 欧美史学史写作不可或缺的主题　　　　　　280
　　6. 受到中国学者愈来愈多的关注　　　　　　　282
四、弗格森在欧美、中国学界的遗响　　　　　　　　284
　　1.《文明社会史论》《罗马史》的反响　　　　284
　　2. 弗格森在德国的知音　　　　　　　　　　　288
　　3. 弗格森在中国的回响　　　　　　　　　　　294

结语　　　　　　　　　　　　　　　　　　　　　299

附录一　《咏大卫·休谟》《咏亚当·斯密》《咏威廉·罗伯逊》
　　　　　《咏亚当·弗格森》书作影　　　　　　　303

附录二　参考文献　　　　　　　　　　　　　　　305

跋　　　　　　　　　　　　　　　　　　　　　　313

深化对西方史学流派的研究

——序李勇主著《启蒙时期苏格兰历史学派》

张广智

晚近以来,中国的西方史学史研究取得长足进步,作为一门学科,因为它的薄弱,也因为它的晚起,其发展之快速与成就之突出,在当代中国学界颇令人瞩目。当下,热议史学史研究的开拓与创新,不绝于耳,群贤留言,精彩纷呈。个人以为,相比厚重的中国史学史学科,关于西方史学史的学科建设,任重而道远,需要趁势而上,不断推出新成果,为其开拓与创新做些基础性工作。近日,读李勇教授主著的《启蒙时期苏格兰历史学派》,眼睛为之一亮,他领衔所做的这一课题,不就是我所期盼的、学界所注目的学术研究成果吗?

多年前,我在谈及如何研究西方史学史时,曾说过研究西方史学史,应当研究西方史学流派,尤其是那些重大的史学流派。在近来讨论西方史学史开拓与创新时,对此也着重提及并说需要"深化"。在这里,首先须顺便说及,"流派"或"学派"同义,故可混用。不过,一般在泛指时多用"流派",在单指时则多用"学派",如本书的"苏格兰历史学派"。

就西方史学史而言,史学流派是近代的产物。在古典史学时期,希罗多德创始史学,居功甚伟,但他"单枪匹马",说不上什么"派";修昔底德之作虽有续写者不乏其人,但最终也没有形成什么"修昔底德学派",至古罗马史学时也是如此,遑论中世纪时期。就我个人看来,近代意义上称得上史学流派的诞生在意大利文艺复兴运动的盛期,即在15—16世纪的两百年间,被誉为意大利文艺复兴运动的"圣地"——佛罗伦萨城邦,涌现出一批卓越的历史学家,如布鲁尼、马基雅维里、圭恰迪尼、瓦萨里等,而这座城市的历史又广泛地吸引了当时诸多历史学家的目光,为其撰史之风盛行,我姑且以地名把它称之为"佛罗伦萨历史学派",研究这一历史学派所体现出的学术共性与个性,当是近代西方史学开启时期的重要课题。

这之后,大体从16世纪后期至17世纪,是博学派历史学家称雄的时代,它以崇尚古籍整理和文献研究为其特征,显示与佛罗伦萨历史学派学术旨趣的差异,不同于前期的人文主义史学,但又达不到18世纪理性主义史学派的水平,可以称之为理性主义历史学派的"前史"。

理性主义历史学派的奠基者是法国启蒙运动领袖伏尔泰,该派崇尚理性,把理性的力量说成是推动历史前进的动力,这是他们治史的基本出发点,也是这一学派的学术共性。在他们的努力下,西方史学推进到一个新阶段。18世纪理性主义思潮席卷欧洲,因而这一史学派别也在法国之外的英、德等国激起回应,各有其门生和追随者。

与此同时,就是启蒙时期苏格兰历史学派了。这之后,从18世纪60年代至19世纪初,德国哥丁根学派对德国史学的影响不可小觑,它为尼布尔尤其是兰克学派的兴起奠定了基础。19世纪20年代,以兰克为首,以柏林大学为中心,通过"习密那尔"的方式培育了一个阵容可观的学术群体,形成近代西方史学史上最具影响的历史学派,并成为19世纪西方史学发展的主流,迄今影响不衰。

从佛罗伦萨历史学派至兰克学派,具体说来,从前派的代表人物马基雅维里于1525年写成《佛罗伦萨史》,到后派于1824年兰克发表《拉丁与条顿民族史》,历经整整三百年,是近代西方史学发展的一个缩影。这三百年的史学发展进程,都朝着一个共同的方向,这就是向着史学科学化和职业化的目标前进。稍加考察,就可看到上述各个学派在这一进程中所作出的贡献。

由上所言,在近代西方史学流派的发展史这一背景下,再来考察苏格兰历史学派,就会凸显《启蒙时期苏格兰历史学派》研究成果的卓越贡献了。

本书所说的"苏格兰历史学派",其空间指的是英国苏格兰地区(该派即以该地而命名),时间是18世纪,即欧洲启蒙运动时期,主要说的是大卫·休谟、亚当·斯密、亚当·弗格森、威廉·罗伯逊这四位史学家。研究苏格兰历史学派,其学术意义何在?对此,李勇写道:"本课题研究不仅对于认识英国启蒙运动和英国近代史学,并且对于认识欧洲启蒙运动和欧洲近代史学,都具有重要的学术价值;通过研究启蒙时期苏格兰历史学派,可以增强认识学术与社会之关系,可以加深认识西方经济、社会、思想的发展"。此见,笔者深以为然。进言之,倘缺席这一学派,近代英国史学将会黯然失色,而19世纪崛起的牛津学派和剑桥学派也就成了无源之水与无本之木;倘缺席这一学派,近代西方史学缺了启蒙时代的英国史学,犹如自行车的链条,缺了一个环节,而绘制近代欧洲史学的地图也会弄得残缺不全,难现全貌;倘缺少这一学派,缺少对该派学术共性与个性的探索,上不能与佛罗伦萨历史学派相连接,近不能与理性主义历史学派相映照,下不能与兰克学派相比较,史学史研究所要达到的知其渊源、知其传承、知其发展、知其归宿,也就成了一句空言。可见深化对近代西方史学流派的研究,这于西方史学史研究的开拓与创新是何等重要。

十多年前,我在为李勇的《鲁滨逊新史学派研究》一书作序时曾说过:"我们期望李勇以本书出版为契机,更加努力,勤奋学习,笔耕不辍,为我国的史学史研究多作贡献。"在以后的日子里,李勇的确不负众望,一边担任繁忙的学校与院里的行政工作,一边见缝插针、十分辛劳地进行学术研究,是个很典型的"双肩挑"的学者,可以这样说,在当下中生代史学史研究的学术群里,当有他的一席之地,写到这里,不由让我感到十分欣慰,不只是学生的成就让昔日的老师自豪,更重要的是,他为中国的西方史学学科建设作出的贡献。

话题还是回到本课题上来。我曾称赞李勇的《鲁滨逊新史学派研究》"材料翔实,论证有力,是对鲁滨逊新史学派的一种新认识"。同样,这句话移植于此,用来评价他主著的《启蒙时期苏格兰历史学派》也是合适的。

关于材料。我曾不止一次地听他在电话那头说,现在下班了正在读 William Robertson 的 *The History of America* 或者 *The History of Scotland*,*The History of the Reign of the Emperor Charles V* 之类并做札记,为写第四章作准备……就这样,他硬是从"之乎者也"的中国史学史,转为"ABCD"的西方史学史,熟谙兰克所倡导的编史要采用第一手原始材料的重要性,并以此指导他的学生。本课题的合作者,皆是他指导的硕士研究生,且都是以该派的某一史家作为硕士学位论文的选题,因此本书用"材料翔实"来评估它,实在是名至实归的。

关于论证。我以为,对于某个史学流派的论证,既要揭示他们的学术共性,更要探讨他们各自的学术个性,以显现他们的同中有异及异中有同,倘能达到这样的目的,对某一史学流派的研究,庶几可矣。检览本书,对于苏格兰历史学派的"共通性问题"的揭示,尤其对于该派成员的各自学术个性,设章逐一详论,进行了过细的研究,然后总结出:大卫·休谟——写作具有哲学意味的历史、亚当·斯密——经济学中的史学意蕴、威廉·罗伯逊——刻意模仿伏尔泰的史学家、亚当·弗格森——具有另类倾向的历史学家。必须指出,这种对他们史学研究个性的归纳颇有难度,上述所论,当还可以再加斟酌,但不管怎样,本书作者们对苏格兰学派成员学术个性的论证,还是自成一说,值得点赞的。

关于新认识。我在前面引述并认同李勇对苏格兰历史学派研究的意义的揭示。显而易见的是,这段话是通过在大量材料的基础上,归纳分析与考辨求索而作出来的,这实在是很难得的对苏格兰历史学派重要性的真知灼见。基于这样的新认识,李勇和他的弟子们,团结协作,精心打造出这一成果,在中国的西方史学史研究,尤其是近代西方史学流派的研究上,达到了相当的学术水平,称得上置于这一领域研究中的领先地位,那是不容怀疑的。

最后,我要说的还是那句话:希望李勇教授以此课题的结项为契机,更加努力,勤奋学习,笔耕不辍,为我国的史学史研究,尤其是中国的西方史学史研究多作贡献。

是为序。

2015 年 8 月 18 日于复旦大学历史学系

导　　论

"学派",亦称"学术流派",又名"学术派别"或"学术门派"。《辞海》把它界定为"一门学问中由于学说师承不同而形成的派别。"[①]《现代汉语大词典》说法类似:"一门学问中由于学说观点不同而形成的派别。"[②]这两种说法有共同或类似处:第一,突出同"一门学问中"彼此的不同;第二,决定学派不同的要素,《辞海》强调"学说师承",而《现代汉语大词典》则强调"学说观点",其共同点是"学说"不同。这算作中国学界的流行看法。

"学派"的英文对应词"school",《剑桥美国英语词典》(英汉双解版)(*Cambridge Dictionary of American English with Chinese Translation*)这样道:"学派,是风格、方法或者观念相似的艺术家、作家或思想家团体。"(School, a group of artists, writers, or thinkers, whose styles, methods, or ideas are similar.)[③]《牛津英汉双解词典》(*The Oxford English-Chinese Dictionary*)界定为:"拥有相同或相似观念、方法或风格的人群,特别是作家、艺术家或哲学家"。(a group of people, particularly writers, artists, or philosophers, sharing the same or similar ideas, methods, or styles.)[④]它们对学派的定义完全一致,学派既关乎"学"又涉及"术",都强调群体性,都强调观念、方法、风格的相同或相似性。这代表欧美学界的普遍主张。

鉴于以上,本书的界定是:学派是这样一种学术群体,由各种因素决定其成员在治学方法或风格抑或思想倾向等方面,具有区别于其他学术群

---

① 夏征农、陈至立主编:《辞海》第六版,上海:上海辞书出版社 2009 年版,第 2604 页。
② 阮智富、郭忠新主编:《现代汉语大词典》(下),上海:上海辞书出版社 2009 年版,第 1833 页。
③ Sidney I. Landau 主编:《剑桥美国英语词典》(英汉双解版)(*Cambridge Dictionary of American English with Chinese Translation*),文军主编译,上海:上海外语教育出版社,2010 年,第 1124 页。
④ Christine A. Lindberg 主编:《牛津英汉双解词典》(*The Oxford English-Chinese Dictionary*),张柏然主译,上海、牛津:上海译文出版社、牛津大学出版社,2011 年,第 1969 页。

体的相同或者类似性。

就西方史学史而言,史学流派命名方式多样,有以核心学者名为名者如"兰克学派",还有以高校名命名者如"剑桥学派",也有以研究领域为标识者如"边疆学派",又有以刊物名具称者如"年鉴学派",诸如此类,不一而足。而"苏格兰历史学派",则是以地方名命名的学派。

"苏格兰历史学派"这一冠名,西方学者已经提出了,J. W. 汤普森(James Westfall Thompson)在其《历史著作史》(*A History of Historical Writing*)第三十八章《理性时代》(The Age of Reason)中说:"休谟不仅是苏格兰哲学派的奠基者,还是苏格兰历史学派的开创者。在史学领域,罗伯逊和弗格森是其最重要的追随者。"[1]J. W. 汤普森把"苏格兰历史学派"表述为"the Scottish school of history"。可见,归纳出"苏格兰历史学派",在学术史上不是无源之水,而是有源头的。

欧洲启蒙运动时期,一批苏格兰学者立于时代潮头,给予英国特别是苏格兰以世俗性的精神洗礼,被称为苏格兰学派。其中论著涉及社会或者历史者主要有八位。他们是亨利·霍姆(Henry Home, 1696 - 1782)、大卫·休谟(David Hume, 1711 - 1776)、威廉·罗伯逊(William Robertson, 1721 - 1793)、亚当·斯密(Adam Smith, 1723 - 1790)、亚当·弗格森(Adam Ferguson, 1723 - 1816)、约翰·米拉(John Millar, 1735 - 1801)、詹姆斯·邓巴(James Dunbar, 1742 - 1796/1798)、吉尔伯特·斯图亚特(Gilbert Stuart, 1743 - 1786)等。

亨利·霍姆主要研究领域是:第一,法哲学、道德哲学,著有《论法律中的几个问题》(*Essays upon Several Subjects in Law*)、《论公平原则》(*Principles of Equity*)、《道德和自然宗教原理》(*Essays on the Principles of Morality and Natural Religion*)。第二,认识论,著有《思想艺术导论》(*Introduction to the Art of Thinking*)、《批判的原理》(*Elements of Criticism*)。第三,历史学,著有《论古代不列颠的几个问题》(*Essay Upon Several Subjects Concerning British Antiquities*)、《人类历史概要》(*Sketches of the History of Man*)等。从研究领域而言,他实是大卫·休谟、詹姆斯·邓巴、吉尔伯特·斯图亚特等人的先驱。

约翰·米拉,著有《关于社会分层的探讨》(*Observations concerning the Distinction of Ranks in Society*)、《阶层区分的起源》(*The Origin of*

---

[1] James Westfall Thompson, *A History of Historical Writing*, Vol. II, New York, The Macmillan Company, 1942, p. 72.

the Distinction of Ranks》、《历史上的英国政府》(An Historical View of the English Government)。他是亚当·斯密的追随者,从著作内容来看,主要还是社会学家。

詹姆斯·邓巴,著有《文明的起源》(De Primordiis Civitatum Oratio in qua agitur de Bello Civili inter Magnam Britanniam et Colonias nunc flagrante)、《论未开化时代人类史》(Essays on the History of Mankind in Rude and Uncultivated Ages),讨论社会的最初形成、作为普遍成就的语言、优美口语的尺度、民族精神的传承等方面,深化亨利·霍姆关于人类早期的研究。可见,其主要研究领域和成果是"推测史学"。至于什么是"推测史学",本书第一章中第四节,即关于这个问题的详细探讨。

吉尔伯特·斯图亚特,著有《论苏格兰公法和宪法史》(Observations concerning the Public Law and the Constitutional History of Scotland)、《论英国古代宪法》(Historical Dissertation concerning the Antiquity of the English Constitution)、《论欧洲社会从野蛮到雅致的进步》(A View of Society in Europe in its Progress from Rudeness to Refinement),步亨利·霍姆之后尘,主要研究法律和"推测史学"。

不过,这四位学者就其在历史学上的独特性和影响力而言,远不如另外四位。

另外四位及其著作情况是:大卫·休谟,著《人性论》(Treatise of Human Nature)、《英国史》(The History of England)等,以人性论解读历史,以历史证实人性论。

亚当·斯密,著《国富论》(An Inquiry into the Nature and Causes of the Wealth of Nations)等,实是关于经济发展的史论,那就是以经济学解史,以史证其经济学主张。

亚当·弗格森,著《文明社会史论》(Essay on the History of Civil Society)和《罗马共和国兴衰史》(A History of the Progress and Termination of the Roman Republic),以社会学解释历史,以历史证社会学理论。

威廉·罗伯逊,著《苏格兰史》(The History of Scotland)、《查理五世在位时期的历史》(The History of the Reign of the Emperor Charles V)、《美洲史》(The History of America)与《论古人的印度史知识》(The Historical Disquisition concerning the Knowledge which the Ancients Had of India)等,是比较正统意义上的史学家。

他们,除罗伯逊之外,其余的学术领域都超出了历史学,大卫·休谟和亚当·弗格森,在研究历史的同时也研究其他例如人性、文明社会问题;而亚当·斯密,虽未聚焦历史,但是使用历史事实证其经济学理论;总之,无论如何,他们在其宣示关于经济、政治、社会、文化等方面见解之时,都捡起历史这一有效工具,与历史学结下不解之缘,并深远地影响了西方历史学的观念和走向。本书所谓"苏格兰历史学派",其实就是特指大卫·休谟、亚当·斯密、威廉·罗伯逊、亚当·弗格森这四位史学家。

这一学派是英国史学发展里程碑,改变了英国史学长期落后于欧洲大陆的局面,是西方史学的重要分支,成为启蒙时期欧洲史学的重要组成部分,研究它是西方史学史题中应有之义。本课题研究不仅对于认识英国启蒙运动和英国近代史学,并且对于认识欧洲启蒙运动和欧洲近代史学,都具有重要的学术价值;通过研究启蒙时期苏格兰历史学派,可以增强认识学术与社会之关系,可以加深认识西方经济、社会、思想的发展,这对于建设当前具有中国特色的包括史学在内的民族文化,具有重要的现实意义。

一、现有研究成果涉及的主要问题

以往学术界,无论是欧美还是中国,都关注苏格兰启蒙运动,自然涉及休谟、斯密、罗伯逊、弗格森等人,自觉或不自觉涉及其史学,研究其个体的零星成果不断出现,现将已取得的成就以及留下的可以继续研究的空间分述如下。

1. 四位成员的传记种类繁多

休谟在世之时写过《自传》(*My Own Life*);他去世后,托马斯·爱德华·李特切尔(Thomas Edward Ritchie)编《大卫·休谟生平和著作》(*An Account of the Life and Writings of David Hume*)。斯密、罗伯逊去世不久,杜格尔特·斯图尔特(Dugald Stewart)写出《亚当·斯密的生平和著作》(*Account of the Life and Writings of Adam Smith*)、《威廉·罗伯逊的生平和著作》(*Account of the Life and Writings of William Robertson*)。后三种实际相当于中国学者习称的年谱。弗格森去世后,约翰·斯莫尔(John Small)为他写作《亚当·弗格森传略》(*Biographical Sketch of Adam Ferguson*)。它们是据以了解休谟、斯密、罗伯逊、弗格森生平的基本材料。后人所写的相关传记还可以举出一些。关于休谟的有:恩内斯特·C. 莫斯纳(Ernest C. Mossner)《休谟传》(*The Life of Hume*)、尼古拉斯·菲利浦森(Nicholas Phillipson)《休谟》(*Hume*)、阿尔

弗雷德·艾耶尔（Alfred Jules Ayer）《休谟》（*Hume: a very Short Introduction*）、巴里·斯罗德（Barry Stroud）《休谟》（*Hume*）、E. S. 拉德克利夫（E. S. Ladcliffe）《休谟》（*Hume*）、周晓亮《休谟》等，主要记述休谟的生平、社会活动和哲学著作及其理论观点，很少涉及史学。倒是 V. G. 韦克斯勒（V. G. Wexler）《历史学家大卫·休谟》（*David Hume: Historian*）、拉多夫·路德（Radolf Luthe）《大卫·休谟：历史学家和哲学》（*David Hume: Historiker und Philosoph*）、克劳蒂尔·M. 斯克密特（Claudia M. Schmidt）《大卫·休谟：历史中的理性》（*David Hume, Reason in History*），多与史学有关，下文相关部分将提及。关于斯密的有：约翰·雷（John Rae）《亚当·斯密传》（*Life of Adam Smith*）、D. D. 拉费尔（D. D. Raphael）《亚当·斯密》（*Adam Smith*）、加文·肯尼迪（Gavin Kennedy）《亚当·斯密》（*Adam Smith*），多写其生平、社会活动和经济学理论，不大涉及史学。关于弗格森的有：大卫·克特勒（David Kettler）《亚当·弗格森的社会与政治思想》（*Adam Ferguson, His Social and Political Thought*），同样不大涉及其史学。

这些传记，尽管分别有不少雷同，但是对于多角度了解和认识传主具有不可或缺的参考价值。

2. 史学与哲学的关系成为热点

苏格兰历史学派的史学与哲学关系问题成为热点。学术界对于这个问题非常关注，不过"史学与哲学的关系"用在不同成员那里，表述有异。

在休谟那里，学界表述为"哲学的历史"。以 J. W. 汤普森《历史著作史》为代表，主张休谟用哲学和先入为主的方法研究历史，王晴佳《西方的历史观念——从古希腊到现代》、徐正等人《西方史学的源流与现状》持类似观点；而国外以 J. B. 布莱克（J. B. Black）《史学艺术》（*The Art of History*）为代表，则持相反意见，认为休谟天生对于历史兴趣，不是以哲学为主，而是强调历史事实的重要。国内周保巍的博士论文《走向"文明"——休谟启蒙思想研究》，则抽取休谟著作中"文明"一词，突出其史学成分。

在斯密那里，学界说成"历史观"、"推测史学"。不少学者肯定斯密的历史发展四阶段说的价值，例如，亚历山大·布罗迪（Alexander Broadie）在《剑桥苏格兰启蒙运动指南》（*The Cambridge Companion to the Scottish Enlightenment*）中，看到斯密历史四阶段说的特殊性和复杂性，认为斯密把人口、宗教、科学等结合起来考察人类历史的发展，没有认定其完全线性发展。再如，克里斯托佛·伯里（Christopher J. Berry）《苏格兰启蒙运动

5

的社会理论》(Social Theory of the Scottish Enlightenment)认为休谟的四阶段说是马克思历史唯物主义的最初版本,斯密在清楚而准确地阐明该理论的过程中起到至关重要的作用。也有人指出其局限,例如,卢森贝(Д. Розенберг)《政治经济学史》(История политической экономии)指出,斯密将某一个历史时代的特点绝对化,对历史的解释是形而上学的。至于其"推测史学",杜格尔特·斯图尔特《亚当·斯密的生平和著作》、安东尼·布鲁尔(Anthony Brewer)《亚当·斯密的历史阶段》(Adam Smith's Stages of History)等,较详细论述"推测史学"的含义、对象和斯密的具体运用。

针对罗伯逊,学界措词为"史学与哲学关系"、"推测史学"、"天命观"。杜格尔特·斯图尔特在《威廉·罗伯逊的生平和著作》中,充分肯定罗伯逊把哲学引入史学。J. G. A. 朴库克(J. G. A. Pocock)《原始与信仰》(Barbarism and Religion)论述罗伯逊引哲学入史学的渐进过程。而尼古拉斯·菲利浦森(Nicholas Phillipson)《作为史学家的罗伯逊》(Robertson as Historian)充分肯定罗伯逊在历史著作中使用杜格尔特·斯图尔特所界定的"推测"方法。至于其天命观,杜格尔特·斯图尔特看到罗伯逊历史观中天命因素的重要性,恩斯特·布雷塞赫(Ernst Breisach)《古代、中世纪和近代历史学》(Historiography, Ancient, Medieval and Modern)做了类似工作。

就弗格森而言,学界称为"推测史学"、"历史进步论"。皮尔登(Thomas Preston Peardon)《1760—1830年英国历史写作的转变》(The Transition in English Historical Writing, 1760 - 1830),认为《文明社会史论》是"推测史学"最杰出代表,菲利浦斯(Mark Salber Phillips)《社会与情操:1740—1820年不列颠历史学之流派》(Society and Sentiment, Genres of Historical Writing in Britain, 1740 - 1820)则指出弗格森"推测史学"的具体表现。至于弗格森的历史进步论,伦德尔(Jane Rendall)在《苏格兰启蒙运动的起源》(The Origins of the Scottish Enlightenment)中,既看到弗格森在四阶段论上认同斯密等人,又认识到他对伦理因素的强调。欧兹-萨兹伯格(Fania Oz-Salzberger)为剑桥大学出版社1995年出版的弗格森《文明社会史论》所作的"导论"中则指出弗格森阶段说并非历史进步说。

学术界对于苏格兰历史学派一个重要共性——"史学"与"哲学"的密切关系——的重视,启发后续研究者关注其史学的哲学意味和进一步研究"推测史学"的学理机制等问题。

3. 道德、情感实为重要话题

这一问题可细分为斯密历史学中的道德和情感判断、弗格森高地和苏格兰情结及其《罗马共和国兴衰史》中的道德说教。

斯密史学中的道德情感问题。J. 迈克尔·侯根(J. Michael Hogan)在《〈亚当·斯密1762—1763年关于修辞学演讲〉中的史学和伦理》(Historiography and Ethics in Adam Smith's Lectures on Rhetoric, 1762—1763)中,认为斯密更多情况下倡导关于人的感觉和情感的历史,斯密更加强调在历史叙述中对历史人物的感觉和情感的描述,而不是历史事件本身,并在此基础上形成一些对人的情感评价的持久而稳定的道德准则。菲利浦斯在《亚当·斯密和私生活的历史:18世纪史学中的社会与情感叙述》一文中,则看到斯密改变史学传统叙述风格,使其从关注公共生活的叙事题材转向从社会和精神方面来突出个体特征,能够描述内心自然流露的情感,为其他叙述方法所不及。

弗格森史学中的情感道德问题。上述欧兹-萨兹伯格为弗格森《文明社会史论》所写的"导论",大卫·阿兰(David Allan)《弗格森和苏格兰史:〈文明社会史论〉中的过去与现在》(Ferguson and Scottish History: Past and Present in An Essay on the History of Civil Society),都突出弗格森的苏格兰高地背景对于其思想倾向的影响;约翰·罗伯逊(John Robertson)《弗格森的〈文明社会史论〉》(An Essay on the History of Civill Society by Adam Ferguson)对此提出质疑,而布朗(John D. Brewer)《弗格森自己的书信》(Ferguson's Epistolary Self)则依据弗格森的书信反驳欧兹-萨兹伯格等人的观点。还有弗格森《罗马共和国兴衰史》中的道德说教,尼布尔(Bathoid Georg Niebuhr)在其《罗马史讲义》(Lectures on Roman History)给予它毁灭性批评,这一做法被后世一些史学家所继承;而上述克特勒(David Kettler)《亚当·弗格森的社会与政治思想》更多肯定弗格森为考证史学的先驱,代表相反一派的观点。

情感和道德,是史学的人文性所决定的,学术界关注它毫不奇怪;但是如何看待苏格兰史学派中的这一因素,是难以回避的话题。

4. 苏格兰历史学派中的其他问题

学术界关注的苏格兰历史学派,除了上述一些重要问题外,还注意到其他一些方面,例如休谟史学思想的矛盾性、罗伯逊的治史态度等。

休谟史学思想的矛盾性问题。柯林武德(R. G.. Collingwood)在《历史的观念》(The Idea of History)中,一方面赞赏休谟对精神实体的攻击,另一方面又认为休谟的人性不变论陷入实质主义的窠臼。此外,伯恩斯

(R. M. Burns)等人在《历史哲学：从启蒙到后现代性》(*Philosophies of History：from Enlightenment to Postmodernity*)中，指出休谟一方面坚持人性不变，另一方面又承认现实生活中人们行为的差异性。

罗伯逊的治史态度问题。杜格尔特·斯图尔特《威廉·罗伯逊的生平和著作》给予罗伯逊在史料上花费的功夫以高度赞赏，这一看法几乎成为不刊之论，J. B. 布莱克《史学艺术》有详述。但是，也存在相反意见，迈特兰德(S. R. Maitland)在《黑暗的年代》(*The Dark Ages*)中，指出罗伯逊故意选择一些支持自己观点的史料，同时指出他在写作原始状态的人类历史时背离了依靠史料的做法。丹尼尔·弗兰切斯克尼(Daniele Francesconi)《威廉·罗伯逊论历史因果关系和无意识推论》(*William Robertson on Historical Causation and Unintended Consequences*)观点与迈特兰德的看法雷同。相比较赞赏者而言，他们的主张不占主导地位。

启蒙时期的理性主义史学，在西方史学史上，仍处于自然科学化进程中。一些问题没有被史学家认识到，或者虽然被认识到，但是一时还无法解决，这是非常自然的现象，后世史学家指出这些矛盾也不为过。

二、留下可以继续讨论的学术空间

尽管国内外学术界已经取得许多重要研究成果，然而细忖之，还有进一步深入和全面研究的可能和必要。

1. 学派的总体研究尚须加强

目前学术成果，研究苏格兰历史学派，缺乏整体视角，或者虽有整体视角，但是还忽略了一位重要成员亚当·斯密。

H. E. 巴恩斯(Harry Elmer Barnes)于1937年出版《历史著作史》(*A History of Historical Writing*)，他在第七章"社会和文化历史的兴起：发现的时代和理性主义的成长"(*The Rise of Social and Cultural History：the Era of Discovery and the Growth of Rationalism*)中，论述伏尔泰及其后学涉及休谟和罗伯逊，讨论孟德斯鸠学派而带出弗格森。

J. W. 汤普森于1942年出版其鸿篇巨制《历史著作史》，尝试论述苏格兰历史学派。许多时候汤普森学术眼界非常之高，他概括出"苏格兰历史学派"这一做法就很高明。汤普森以为休谟创建苏格兰历史学派，把罗伯逊和弗格森认成休谟的追随者。不过，现在看来，无论如何，其论述还是粗线条的，例如，他赞赏休谟喜欢在历史问题上刨根问底，把哲学运用于历史认识之中;他批评休谟资料工作做得不够,并且深恶痛绝有利于辉格党和宗教的材料;他总体上肯定休谟开创苏格兰历史学派,说休谟史学是近代史学的一座里程碑。然而,汤普森至少没有关注到休谟史学的技术性方法,即使在一些关注到的问题上,也没有具体说明。另外,在《历史著作史》中,汤普森显然把苏格兰历史学派的范围限定在休谟、罗伯逊和弗格森三人那里。其实,无论从时间段上看,还是从与休谟的关系抑或共同思想倾向性上来说,斯密应当归入此派,可是汤普森的著作并未涉及。

恩斯特·布雷塞赫《古代、中世纪和近代历史学》,1981年出版。其第十三章"追求新史学的18世纪"(The Eighteenth Century Quest for a New Historiography),关于18世纪英国史学家提到休谟、罗伯逊和吉本。类似的还有,米歇尔·本雷(Michael Bentley)主编《历史学指南》(Companion to Historiography),他本人为全书第四部分写的"导论"(Introduction)"走向近代:启蒙以来的西方史学"(Approaches to Modern: Western Historiography since the Enligtenment),关于启蒙时期英国史学家也只是提到休谟、罗伯逊和吉本。

到了21世纪初,亚历山大·布罗迪主编《剑桥苏格兰启蒙运动指南》,2003年出版。其中第十三章,是莫雷·G. H. 皮托克(Murray G. H. Pittock)撰写的《历史学》(Historiography)。这一章包括:第一,《导论》,回顾从古典史学到启蒙运动之前,主要思想家、史学家对于普遍历史写作、历史进步观念的贡献。第二,《苏格兰启蒙运动》,概述启蒙运动时期苏格兰学者的文明、社会发展目的论。第三,《休谟和罗伯逊》《弗格森和其他思想家》则讨论休谟、罗伯逊、弗格森的史学思想。第四,《结论》,指出休谟、罗伯逊、弗格森各自所长,肯定其各自在英国史学史上的地位。可见,大体说来,莫雷·G. H. 皮托克关于苏格兰史学派的论述,沿袭汤普森的做法,也限于休谟、罗伯逊和弗格森三人。

英国学者约翰·布罗(John Burrow)于2007年出版《多样史学的历史:从希罗多德和修昔底德到20世纪的史诗、年代记、传奇和探究》(A History of Histories: Epics, Chronicles, Romances and Inquiries from Herodotus and Thucydides to the Twentieth Century)。其二十一章"哲学性的历史"(Philosophic History)里,除讨论吉本外,就只是研究了休谟和弗格森。

丹尼尔·沃尔夫(Daniel Wolf)2011年出版《全球史学史》(A Global History of History),一如其他学者,注意到启蒙运动中英国史学"三驾马车"休谟、罗伯逊和吉本。可见,在这点上他毫无创意。但是,书中不同地方只言片语提到罗伯逊关于北美殖民地历史的写作、休谟《宗教的自然史》对口述史可靠性的否定、弗格森《公民社会史论》体现的孟德斯鸠的理论倾向、斯密的《法理学演讲》和《国富论》中的历史分期说,这对于本课题把休谟、斯密、罗伯逊、弗格森四人结合起来加以研究是有启发的。

作为总编,丹尼尔·沃尔夫主持编写一套5卷本的《牛津历史著作史》(*The Oxford History of Historical Writing*),2011年出版。其中第三卷第二十四章为大卫·阿兰(David Allan)写的"启蒙运动中苏格兰人的历史写作"(*Scottish Historical Writing of the Enlightenment*)。此章尽管分为五节,然而实质上其内容包含三个方面。第一,概述从中世纪后期到文艺复兴时期欧洲大陆史学的繁荣和成就,以衬托英国史学的"漫漫长夜"。第二,概论罗伯逊《查理五世在位时期的历史》《美洲史》、弗格森《文明社会史论》《罗马共和国兴衰史》、斯密《国富论》中"推测史学"的具体表现。第三,分析休谟《英国史》、罗伯逊《苏格兰史》对于英国优雅文学的贡献,指出休谟等人对于史学方法论的贡献,以及他们的"推测史学""怀疑主义"对后世的影响。其中,第三部分给予人们把斯密同休谟、罗伯逊和弗格森结合起来考察,从时代精神角度去认知这一学派以启发。

中国学术界,通常的《西方史学史》中,一般都有对休谟、罗伯逊史学著作的介绍。从整体上考察这一学派的有必要提到两种。第一种,是唐正东的《从斯密到马克思:经济哲学方法的历史性诠释》。其第一章"古典历史主义的经济哲学方法——亚当·斯密及苏格兰历史学派",涉及斯密经济学的历史性研究范式、社会维度,休谟的伦理学与经验主义的结合,以及作为另类史学思想家弗格森的人本主义经济哲学方法。由于他是从经济学角度置喙,因此没有涉及罗伯逊,还不是从史学意义上研究苏格兰历史学派,尽管他表明:"'苏格兰历史学派'是英国近代资产阶级思想史上的一个非常重要的学术流派,亚当·斯密(Adam Smith,1723-1790)、大卫·休谟(David Hume,1711-1776)、亚当·弗格森(Adam Ferguson,1723-1816)是其中的三位代表人物。"[①]不过,他把亚当·斯密纳入"苏格兰历史学派",颇有见地。

第二种,是张广智主编的《西方史学通史》第四卷《近代时期(上)》。其中第十五章专门论述苏格兰历史学派,这是国内西方史学通史性著作或者教材中的首例。书中梳理休谟对于史学与史学家的认识,论述他与孟德斯

[①] 唐正东:《从斯密到马克思:经济哲学方法的历史性诠释》,南京:江苏人民出版社2009年版,第16页。

鸠、伏尔泰、卢梭等人思想倾向的异同,指出他所提出的理性主义史学主张及其内在张力,肯定他对于英国乃至欧美史学的深远影响。书中从罗伯逊皇家史学家的身份入手,论述他刻意模仿伏尔泰的史学特征,分析其批判意识和严谨态度,指出他在英国史学界的崇高地位及其原因。书中追溯弗格森学术的双重渊源,分析其史学思想的理性主义特征,指出他在若干方面对于理性主义的反叛,提出要重新认识弗格森的历史著作在西方史学史上的价值和地位。[1] 显然,《西方史学通史》第四卷《近代时期(上)》采用了汤普森《历史著作史》中的苏格兰历史学派仅包括休谟、罗伯逊和弗格森的观点,同样没有把斯密纳入其中。而且,它出版于几年之前,如今在其基础上,给予苏格兰历史学派以不同的认识视角,亦在情理之中。这样,把启蒙时期苏格兰历史学派单独提出,进行较为详细的论述,就非常必要和有意义。

这一学派的共性问题,例如:他们之间的学谊及对其学术产生怎样的影响,"推测史学"在学派成员那里有什么具体表现,这一学派在英国乃至世界产生怎样的影响,这些问题都是需要从总体上进行探讨的。另外,成员之间历史写作领域区别和理论差异或者说他们的学术分野在哪里,也是整体研究中必须加以适当说明的。

一言以蔽之,从总体上讨论这一学派重要代表休谟、斯密、罗伯逊和弗格森的史学问题,在学术发展层面上还是完全必要的。

2. 哲学史学等具体问题有待深究

上述学界所涉及的主要问题,不少地方有待深入探讨,具体述之如下:

休谟的哲学史学问题。其实,休谟是以人性论解读历史,以史料做实其人性论,本来是合二为一的,却被扯成互相对立的两片。这一现象在斯密、罗伯逊和弗格森那里同样存在。这里涉及学者不同时期对于哲学、史学的偏重问题,涉及不同类型著作中史学、哲学(经济学、社会学)成分的比重问题,有待深入、具体探讨。

罗伯逊的天命史观问题。罗伯逊既是启蒙思想家,又是苏格兰长老会领袖,表面上看神学史观与理性主义史观是矛盾的;但有趣的是,启蒙学者多为自然神论者,历史观包含阶段论与进步论,显然与基督教神学史观的影响密不可分。罗伯逊历史观中看似矛盾的现象,其实在当时的学者那里是普遍存在的,值得深入、细致探讨。

---

[1] 详见张广智主编、李勇著:《西方史学通史》第四卷《近代时期(上)》,上海:复旦大学出版社2011年版,第259—294页。

这一学派史学中的矛盾性问题。有学者认为休谟思想是矛盾的,一方面主张人性相通,另一方面承认历史特殊性。其实,休谟并未把人性作为考量历史的唯一因素,他没有忽视其他因素例如气候、宗教、风俗等;不仅休谟如此,其他学者亦如此,只能说人性考量的是共通性,其他因素聚焦的是特殊性。还有学者指出弗格森不主张历史进步说,这值得商榷。因为像弗格森那样看到历史中的倒退或者可能的倒退,还有其他人,几乎所有启蒙学者都有类似观点,他们受基督教善恶说影响,在看到进步时也看到倒退,只能说他们的看法具有辩证性。

"推测史学"问题。学术界已经把"推测史学"的本质、学者的具体运用说得比较明白。但是,他们的"推测史学"有没有一致性和特殊性?"推测史学"的学术基础是什么?其学理机制是什么?对于这些问题,已有研究成果并未交待清楚,因此需要继续加以考量。

他们史学中的道德情感问题。其实任何史学都无法排除主观因素,史学本来就是主观的产物。尼布尔等人的批评,有其历史背景,他那个时代科学史学盛行,犹如他那个时代学者批评所有人文学者一样,他们是拿着科学史学的尺度来衡量其前辈的。科学史学有其合理性,但是它不是史学的唯一追求,因此对于苏格兰历史学派的史学道德情感问题和尼布尔等人的批评,都需要重新认识。

3. 本书的主要内容和写作框架

本书本着详人所略、略人所详的原则,按照史学史的路数,从理论与实践两方面,以苏格兰历史学派整体角度,讨论其主要成员休谟、斯密、罗伯逊和弗格森等人的学术交往,史学成就及其价值、影响和地位等。涉及对这一学派成员的评价,若欧美学者说得精准而又是可以接受的,则直接引用,尽管给人的感觉是缺少些许批判,然"以西洋谈西洋"不失为一种可行的判断方式,这在前贤那里不乏范例。

在理论方面,讨论其学术渊源、史学观、史料观、历史观、历史研究法等。

在实践方面,说明他们学术交往、历史写作动机、历史写作过程尤其怎样从写国别史走向写世界史。

整体视角表现为,讨论这一学派共通性问题,分析成员之间差异,指出学派在英国、欧洲史学史上的地位,乃至在中国学术界的影响。

具体内容分"总论"和"分论"两大部分。总论部分是:

第一,"导论"。说明研究该学派的必要性和可能性,交待本书结构。

第二,"苏格兰历史学派及其学术分野"。讨论学派产生的社会基础和学术条件。认为英国社会及其全球事务催生学派的产生,经验主义与理想主义给予学派以双重养分;概论理性主义史学在西方史学史上的推陈出新;指出这一学派共同倾向性,并提出其"推测史学"单独加以论述;分析其使用不同的理论解读历史这一主要区别,以及在一些具体问题上的分歧。

分论部分有:

第一,"大卫·休谟:写出具有哲学意味的历史"。从休谟早期教育到他对古典史学的汲取、从经验主义的传承到与启蒙理性的对话,论述其学术渊源的复杂性;详细讨论其对历史研究的前提、历史经验的可靠性、历史研究的用途所进行的哲学批判;通过论述《英国史》的内容和叙事手法,从而分析休谟哲学观念与史学实践契合问题。

第二,"亚当·斯密:经济学中的史学意蕴"。讨论斯密学术储备的多样性:古典传统与当代学谊、大陆理性主义、本土经验主义;论述斯密思想中的史学意蕴:历史四阶段论、"推测史学"、历史的间接叙述、古典历史主义及其他。讨论其经济学与史学的结合:以历史论述经济学,以经济学解读历史。

第三,"威廉·罗伯逊:刻意模仿伏尔泰的史学家"。论述罗伯逊受其大学老师影响,追随伏尔泰、卢梭、休谟等,从诺克斯那里汲取学术营养;讨论他刻意模仿伏尔泰的史学,跟伏尔泰一样,有一个从民族史走向世界史的历程;分析其比较的和中正的思想方法,以及世俗精神和宗教情怀的认知历史的特点。

第四,"亚当·弗格森:具有另类倾向的社会史家"。研究弗格森的学术积累,认为他受古典史学和近代学术双重影响;提出他是一位具有另类倾向的史学家,弗格森具有理性主义史学一般性,以社会学关照历史问题,对于理性主义做出若干反叛;提出重新认识其史学地位问题,指出他在后世史学界的反响和处于夹缝中的尴尬地位,弗格森主张"调和主义",其史学具有矢志不懈的求真意识。

最后的总论是"苏格兰历史学派在欧美和中国的影响"。讨论这一学派在欧美史学中的地位,对于后世学术的影响等。论述休谟在欧美史学史上的地位:他开创苏格兰学派,扩大学派的域外影响,在西方为英国史学赢得尊重。认识斯密在欧美史学的地位:泽被罗伯逊、吉本和米勒,对马克思发生深刻影响,引起后世的持久关注。探讨罗伯逊在欧美史学史上的崇高地位,认为他是学派中纯粹史学家,在历史编撰学上作出原创性贡献,直接影响史学家吉本,是哥廷根学派的先导。讨论弗格森《文明社会史论》《罗马共和国兴衰史》的社会反响,特别是在德国得到的响应。同时从传播、影响角度,梳理这一学派在中国传播与发生影响的事实,并予以最基本的判断。

这样,经过总论后的分论,再到总论,既有关于这一学派的整体认识,又有关于它的深入解读,从而为研究启蒙时期苏格兰历史学派再尽绵薄之力。

第一章　苏格兰历史学派及其学术分野

启蒙运动为苏格兰历史学派的产生提供了契机。它不仅彰显其产生的社会需要，并且为其产生准备了社会基础和学术条件。这就决定学派成员具有共同倾向性；但是，社会复杂性与学者个性，又使得他们在一些具体学术问题上表现出差异。

一、苏格兰历史学派的社会土壤和学术营养

启蒙时期，英国、欧洲乃至世界的发展，为苏格兰历史学派的产生提供契机。这里勿须详述启蒙时期欧美或者世界历史，只须拣出一些重要事实稍加分析和说明。

1. 英国国内及其全球事务对于学派产生的意义

英国工业革命及其后果，为苏格兰历史学派提供新的机会与视角。18世纪，英国首先爆发工业革命。工业革命是生产方式的一次巨大变革，改变了英国的产业结构，使机器生产的资本主义占据领先地位，农村经济中资本主义性质的大农场代替了过去的小农生产经营模式；它冲击着英国整个现存的社会结构，使得英国社会更加开放，各阶层之间流动性增强，特别是"财产，这个同人的、精神的要素相对立的自然的、无精神内容的要素，就被捧上宝座，最后，为了完成这种外在化，金钱、这个财产的外在化了的空洞抽象物，就成了世界的统治者"[①]；甚至它为改变世界权力格局提供了物质条件，英国凭借雄厚的经济基础，取得世界霸主地位。英国经济的繁荣以及由此所奠定的国力强盛，成为史学家关注的对象。他们从英国自身寻找原因，更着眼于英国当时置身的国际环境，这样就把包括英国在内的欧

---

① 〔德〕恩格斯：《英国状况：18世纪》，《马克思恩格斯文集》第1卷，北京：人民出版社2009年版，第94页。

洲历史写作纳入全球范围之中,这种整体或者全局视野,成为启蒙时期史学家的普遍特征。同时,经济发展带来新的社会问题,困扰着英国,自然成为触动史学家考察历史上社会问题的要素,经济发展及其后果、历史上的公民社会,成为斯密、弗格森著作中的核心内容。

英国政党政治的出现、苏格兰与英格兰的合并,成为苏格兰历史学派热衷的话题。光荣革命后,英国形成托利和辉格两大党派。大贵族支持斯图亚特家族的王位世袭,构成托利党的主干。新贵族、商人、银行家们则归于辉格党。他们在王位继承、对法战争以及宗教政策等方面,都存在分歧。1715年,国会大选,辉格党以压倒多数获胜,直到1760年间,成为长期执政党。辉格党长期执政,固然减少了党派纷争,但是其专横与腐败引起越来越多的社会不满。1603年,英王伊丽莎白去世,苏格兰国王詹姆斯六世继承英格兰王位。他虽然身兼两国国王,但是此时苏格兰和英格兰仍属于两个不同国家。苏格兰有独立国会和教会,英格兰把苏格兰排斥于自己的殖民贸易体系之外,双方甚至引发大量的矛盾和冲突。1707年,安妮女王统治时,英格兰和苏格兰合并议案,获得两国议会通过。苏格兰接受联合条款,与英格兰合并,成为不列颠王国的一部分,英格兰殖民地向苏格兰人开放,供其贸易;苏格兰人得以采纳英格兰先进观念和技术,社会面貌呈现出前所未有的景象,思想界空前繁荣。随着经济繁荣,苏格兰人固有的自信和乐观情绪不断高涨,他们高倡"进步"口号,积极进取,满怀创造精神去改变着社会,使得苏格兰文化、教育、科学等事业取得重大成就,这一切都为苏格兰思想家们开启一场轰轰烈烈的启蒙运动提供不可或缺的社会条件。不同政党代表不同民意,历史学家无法脱离党派干系,他们对于英国历史的看法也在表达不同的民意,这正是史学史家要判断他们属于辉格党还是托利党的原因。政党所代表的民意,在某种程度左右着一个国家的政治命运,从古典时期就有的以史为鉴的意识,自然驱动苏格兰史学家去思考历史上的党派之争,弗格森关于罗马共和政治的论述就是显例。苏格兰与英格兰的合并,带来新的社会问题,当时的英国不仅原本的经济、政治不平等依然存在,并且地域差别问题突出了,这促使弗格森讨论公民社会问题,也是后世史学史家讨论所谓"高地情结"的原因。苏格兰与英格兰的合并,还促使休谟、罗伯逊去思考英国政治统绪问题,重写苏格兰史、英国史,成为当务之急。

英国殖民霸权的确立与北美殖民地的独立,成就苏格兰历史学派的全球意识。18世纪,在殖民扩张问题上,英国和法国之间发生激烈冲突。路易十四时代,法国积极推行侵略扩张政策,企图把势力扩张到比利牛斯山、阿尔卑斯山和莱茵河一带，以达到称霸欧洲目的；法国又不断将势力发展到印度、加拿大、路易斯安娜、圭亚那、马达加斯加等地。这样，法国势力的不断扩张构成对英国殖民霸权的威胁。英法之间，经过西班牙王位继承战争、奥地利王位继承战争、七年战争和1778—1783年间的战争，英国终于打败法国。法国在《巴黎合约》中被迫将整个加拿大割让给英国，并从印度撤出，英国东印度公司完全控制孟加拉和卡纳蒂克等重要地区。英国成为世界上头号殖民帝国，成就"日不落"传奇。就在英法为殖民利益争夺之际，美洲却出现大觉醒运动，北美出现与英国政府离心现象。英国为了弥补在与法国、印第安人战争中的巨额债务，1765年决定向殖民地征收印花税，引起北美殖民地的强烈反对。1773年12月发生波士顿倾茶事件，英国认为这是殖民地的公然挑衅，迅速通过5项强制性法令，加强对北美经济、政治和军事控制。这一举动加速北美独立的步伐，殖民地人民决定选出自己的议会以保护其利益，在费城召开第一次大陆会议。后来从1775年4月19日莱克星顿打响第一声独立的枪声，到1783年英国政府批准和谈条约，最终英国的北美殖民地赢得独立和自由。英国殖民霸权确立和北美殖民地独立，其政治和经济上的影响自不必说，而其对于学术巨大而深远的影响却是要说明的。第一，苏格兰史学家关注英国从分散到统一、由弱变强，同时关注路易十四统治时期的法国强盛，休谟、罗伯逊正是这样做的；第二，他们意识到，离开一个国家的对外关系则无从认识这个国家，离开欧洲对外关系也无从认识欧洲，因此欧洲历史的写作必须纳入全球范围内，欧洲民族国家历史的写作必须放入欧洲框架之内。苏格兰历史学家正是在包含上述两因素的视野中，写作英国史，认识英国殖民地印度的历史，考察英国北美殖民地历史的。

2. 经验主义与理性主义给予的双重养分

苏格兰历史学派是不同学术传统和氛围，特别是英国经验主义和大陆理性主义共同孕育的结果。

英国经验主义方法对于产生苏格兰历史学派的作用。16、17世纪自然科学取得突破性进展，并发生方法论意义。培根（Francis Bacon）先后出版《学术的进展》（*The Advancement of Learning*，也译为《广学篇》）、《新工具》（*Novum Organum*）等，提出科学的经验认识论，主张以感性材料作为认识的对象和依据。他反对先验的做法，主张把试验和理性结合起来认识世界。在逻辑学层面，他推崇归纳法，主张从大量个别中抽绎出一般结论。牛顿（Isaac Neuton）出版《自然哲学的数学原理》（*Philosophiae Naturalis Principia Mathematica*），洛克（John Locke）发表《人类悟性论》

(*An Essay concerning Human Understanding*)。他们重视观察和实验，把利用新发明以改善人类生活作为知识研究的目标，延续了培根的经验主义方法。特别是洛克，把培根的经验论进一步发展为人对外部世界的感受即"外部经验"和人心灵自我反省的"内部经验"。这些理论给予方法论的启示在于：真理的认识要有大量的经验材料为依据，结论可以从具体材料中概括出来，自我认识需要反思与批判。经培根、霍布斯（Thomas Hobbes）、洛克、贝克莱（George Berkeley），英国一贯的经验主义形成传统，到18世纪上半叶，休谟集其大成。特别是，英国自然科学的发展改变了人们对人类历史的根本看法。这时人们相信人类历史是不断进步的过程，人类社会按照永恒的规律运动着，通过人的理性可以认知人自身的历史。在这一传统濡染下，启蒙时期苏格兰历史学家，"从大量的孤立的史实中，经过归纳、概括、推理，寻找出共同的规律，导引出历史结论。他们也常用抽象的理性观念或抽象的普遍法则，去说明和解释历史，作出总结性的论断"。① 这表明他们虽然同大陆同仁一样做出类似的结论，但是他们却是从经验事实出发的。

　　大陆理性主义方法对于产生苏格兰历史学派的影响。笛卡尔（René Descartes），作为西方近代哲学、解析几何的创立者，先后发表《谈谈正确运用自己的理性在各门学问里寻求真理的方法》（*Discours de la méthode*，简称《谈谈方法》）、《第一哲学沉思录》（*Les Méditations métaphysiques*）、《自然之光照耀下的真理之后的探讨》（*Recherche de la Vérité par les lumières naturelles*）等。他认为科学研究是建立在怀疑以往结论的基础上的，人们依据自己的直觉来获得知识；而且，科学知识是精确和可演绎的。尽管后来有人批驳他的这些观点和做法，然而其思想有方法论意义，它启示人们：认识事物要怀疑现存甚至权威的结论；真理是明确清晰的认识；可以使用演绎方法来认识事物。这对于启蒙学者的历史认识非常有价值。其思想在产生过程中就有一定影响，死后更在欧洲思想界有重要作用，"支配了近代早期的知识生活，不仅在他的祖国，而且在其它地方，包括在大陆，甚至穿越英吉利海峡"。② 这些发生重要影响的思想包括：对于各种知识秉持怀疑观点，真实知识的对象是可以被清楚认识和理解的，以哲学指导人们的认识。启蒙学者信奉和运用理性至上原则，他们心中的"理性"是

---

① 徐正、侯振彤主编：《西方史学的源流与现状》，北京：东方出版社1991年版，第100页。
② Tad M. Schmaltz, "Introduction", *Receptions of Descartes: Cartesianism and Anti Cartesianism in Early Modern Europe*, edited by Tad M. Schmaltz, London, New York, Routledge Taylor & Francis Group, 2005, p. xi.

指人类认识真理的自然能力和这种能力自身所带来的真理认识。恩格斯指出:"他们不承认任何外界的权威,不管这种权威是什么样的。宗教、自然观、社会、国家制度,一切都受到了最无情的批判;一切都必须在理性的法庭面前为自己的存在作辩护或者放弃存在的权利。"[①]这种思想倾向发展为理性主义,其内容是:用自然神论和无神论来对抗天主教会的权威,以宗教宽容与信教自由来对抗宗教迫害;反对封建专制制度,用资产阶级的政治自由来对抗封建统治阶级的暴戾统治;反对"神授"封建权利,提倡"天赋人权",国家权利属于人民,法律面前人人平等;崇尚知识,提倡科学,力图使人们从中世纪蒙昧主义的桎梏中摆脱出来。理性主义成为启蒙时期历史著作中的主流观念。启蒙运动不仅极大促进了社会变革也推动了史学发展。它以理性主义史学为其主要特征,摒弃虚妄的神学史观,相信历史运动的前进性和可预见性,历史进步观念流行起来。伏尔泰(Voltaire)、孟德斯鸠(Charles-Louis de Secondat Montesquieu)、杜尔阁(Anne-Robert-Jacques Turgot)、卢梭(Jean-Jacques Rousseau)、孔多塞(Marquis de Condorcet)、康德(Immanuel Kant)等,这些顶尖思想家,都是历史进步学说秉持者。他们在批判和继承基督教历史进步说基础上,提出理性主义历史进步学说,"这种历史认识比起人文主义史学家仅满足于探讨所谓人的价值,要深刻得多了"。[②] 这些人中的大多数,把理性作为历史发展的基本动力,把历史发展看成理性与愚昧、迷信斗争并不断走向光明的过程。他们认为理性可以帮助人们认识错误、克服恶行,保证社会趋向完美。这种历史进步观成为启蒙时期历史写作的指导思想,"到了18世纪,启蒙思想家不仅牢固地确立了进步的观念,而且通盘考察了人类过去、现在和未来的整个进步过程和趋势,使之成为一种完整的历史进步学说,对以后西方史学和社会学大发展产生了深远的影响"。[③]

启蒙时期,在经验主义和理性主义双重滋养下,苏格兰爱丁堡大学和格拉斯哥大学自由主义思想氛围浓厚,教育质量优先,对医学、道德哲学、心理学、化学、历史学、经济学等学科的改革作出了突出贡献。[④] 苏格兰教育的发展和人文的昌明,催生一批启蒙史学家诸如休谟、斯密、罗伯逊、弗

---

① 〔德〕恩格斯:《反杜林论》,《马克思恩格斯文集》第 26 卷,北京:人民出版社 2014 年第 2 版,第 19—20 页。
② 张广智:《超越时空的对话:一位东方学者关于西方史学的思考》,北京:北京师范大学出版社 2008 年版,第 221 页。
③ 张广智、张广勇:《史学,文化中的文化》,杭州:浙江人民出版社 1990 年版,第 190 页。
④ 〔美〕彼得·赖尔、〔美〕艾伦·威尔逊:《启蒙运动百科全书》,刘北成、王皖强编译,上海:上海人民出版社 2004 年版,第 19 页。

格森等,成为这一时期英国史学的主流。他们他们相信人类通过理性可以弄清一切,包括自然规律、多元的世界文化、各民族社会发展的普遍规律、人类的思维以及感官通过思维而成观念的。就史学而言,这些为苏格兰历史学派提供了历史观和方法论启发;他们摒弃基督教神学史观,相信历史进步论,怀疑古典权威的历史写作,慎重对待史料,撰写出整体和总体的历史。

3. 启蒙时期西方史学的推陈出新

启蒙时期,西方占据主导地位的史学是理性主义史学。启蒙学者把哲学引入历史研究,不再把研究局限于政治史、民族史,而是从整体和总体上研究历史。它在西方史学史上的地位,可以概括为:批判继承文艺复兴时期的史学,为"历史学世纪"的到来奠定了基础。

批判继承人文主义和博学派史学。人文主义史学人本观念、文献学成就和方法,为启蒙运动时期的史学家所继承。它已经把批判的矛头指向教会,但是许多时候又是在教界人士庇护下的;它代表着新生的资产阶级要求,可是又打着复古的旗号,未免温文尔雅。到了启蒙时代,自由、平等、博爱成为人们的理性目标,促使人文主义史学往前进入理性主义阶段。人文主义史学探讨人的价值,是可贵的,并为启蒙运动时期的史学家所继承,但是对历史规律以及相信历史进步性考虑不多。在史学内容上,其地方史和政治史写作也是有局限的,忽视了历史上的经济和文化,在历史区域上局限于一城一地,没有从更大的范围上考虑世界史体系。人文主义史学的这些不足,必须由一种新的史学来打破,这种新的史学就是理性主义史学。启蒙运动时期的主流史学是理性主义的,它仍然张扬人文主义的重世俗的旗帜,继续揭露和批判教会的专制、腐化与黑暗;它确立历史进步的观念,在自然神论的思维框架中相信历史同自然界一样是有规律的,同时也是可以认识的,为历史学科学化找到哲学的明灯。

博学派史学的贡献与局限也为启蒙运动史学提供了学术条件。历史皮浪主义①者的怀疑态度,为博学派史学家所延续,为理性主义者所继承;博学派史学家重视史料特别是大量希腊文和拉丁文史料的搜集、整理和出版,为启蒙运动时期的史学家深入研究提供了材料;博学派促进了欧洲国家史学的民族化进程,使得民族性在启蒙运动史学中得以继续加强;博学

---

① 皮浪主义起于公元前3世纪希腊怀疑派哲学代表人物皮浪(Pyrrho)。同是希腊怀疑论哲学家的塞克斯都斯·恩皮里库斯(Sextus Empiricus)写出《皮浪主义纲要》(Outlines of Pyrrhonism),阐释皮浪的怀疑论。简单说来,皮浪主义就是怀疑主义,而历史皮浪主义可以理解为历史学中的怀疑主义。

派史学家提出鉴定史料真实性的方法,也为启蒙运动史学提供了工具。然而,博学者无论是新教徒还是旧教徒,他们都是出于宗教论争目的,并不是重视历史的真实问题;其历史观仍然是中世纪的,其著作中还充满着神迹、天意、四大君主国等。博学派史学的这些不足需要清算,理性主义史学就承担起这一历史重任。启蒙史学家们,普遍信奉自然神论,把上帝的作用限制在创造人类这里,至于人类如何发展,他们认为上帝则不关心了。这里,他们普遍强调人在人类历史中的主导作用,同时又构造出一定的规律。某种意义上说,它是文艺复兴时期历史学的人本主义和批判教会的继续和发展,是对博学派神学史观的否定,确定后来一个世纪里在人与自然或者人与规律框架中讨论历史问题的基调。

奠定了19世纪科学史学的基础。19世纪是"历史学的世纪",史学的突出现象之一,就是史学家力图像自然科学那样去追求史学的科学性,因而科学史学势头迅猛。其实,这种科学史学的许多要素,在启蒙运动时期就已经具备了。

启蒙运动史学是在历史怀疑主义泽被下发展起来的,他们不仅怀疑中世纪神学史家,而且怀疑古典作家历史写作的真实性。在怀疑精神指引下,史学家们去重新搜集和考订史料,实现史学创新。它是文艺复兴时期历史怀疑精神、博学派质疑态度、博学史学注重史料做法的继续和发展,启蒙运动时期的许多史学家重视史料的考证,重新审视过去史学家的判断。这种历史皮浪主义的做法到了19世纪以后,成为科学史学乃至反科学史学最基本的学术追求。

人文主义史学家,从总体上说,其历史著作是在写城市的政治军事史,偶尔也有人注意到欧洲以外的历史,但是非常罕见;而博学派基本是在写教会的编年史、圣徒的传记,或者编辑教会文献,主题单调。启蒙运动时期的史学家整体历史写作突破了局部地区历史的不足,其关注社会文化史的做法,突破前两者主题单一性的局限。这种在地域上讲求整体、内容上追求综合、视野上推崇总体的表现,成为19世纪实证主义史学的核心主张。同时,具有哲学意味的历史学成为实证主义史学的先驱。笛卡尔在批驳阿格里帕对科学和艺术的攻击时,加剧了历史知识不可靠的意识。维柯(Giambattista Vico)在反笛卡尔怀疑上帝的论述中,历史俨然于自然是有规律的,这样赋予各地人类历史以共性,似乎历史知识也是可以演绎的。如果说维柯的做法停留在历史哲学层面,那么伏尔泰及其影响下的史学家们则把哲学用于历史的研究。发现公理、规则或者规律,恰好是实证主义史学的一种学术倾向,这是同启蒙史学家的影响分不开的。因此,从这些意义上说,以伏尔泰为代表的理性主义史学是后世实证主义史学的先驱。

苏格兰启蒙学者的史学观念,受法国学者孟德斯鸠、卢梭、伏尔泰等人影响,成为理性主义史学的一个重要分支。

二、学派主要成员之间的学谊

毫无疑问,休谟是这一学派核心人物,开创苏格兰历史学派;斯密的学术,影响多人;罗伯逊和弗格森从他们那里受惠良多。以下就其学术交谊、包括"推测史学"在内的学派共同特征、学派成员之间的分野,分别加以探讨。

1. 休谟与斯密之间的亲密关系

早在格拉斯哥大学求学期间,斯密就认识休谟,那时休谟正在写《人性论》,斯密认真读过,并作了一篇摘要。之后两人成为终生挚友。见于《亚当·斯密通信集》中的斯密与休谟之间的信札,就多达46封,足见两人关系非同一般。

他们之间关系密切,斯密谋生之事,都曾与休谟商量过。1758年6月8日,休谟致信斯密,商量让斯密到爱丁堡大学谋取法学教职,让弗格森任格拉斯哥大学伦理学职位。① 甚至,休谟生命的最后一段时光,是在斯密陪同下度过的,斯密曾向其他朋友透露过休谟的状况,1776年8月14日,他在给亚历山大·韦德信中说:"可怜的大卫·休谟很快就要离开人世,但他神情还是很快活,富有幽默感。……他现在身体很虚弱,就连我陪着他也使他感到疲劳,而精神又很好,只要有人同他在一起,他总要说个不停。孤无他人时,他就专心校订自己的著作,也做点别的,借以自娱。"②

特别是,他们在学术上的交谊值得一提,以下略举几例。

关于休谟的《英国史》。早在1752年9月24日,休谟致信斯密,提到自己撰写《英国史》:"我以极大的热情和兴趣投入这一工作",还说他拟出版关于伦理与政治的论文集。③ 1753年5月26日,休谟再次致信斯密,提

---

① 〔英〕欧内斯特·莫斯纳、〔英〕伊恩·辛普森·罗斯编:《亚当·斯密通信集》,林国夫等译,北京:商务印书馆1992年版,第52页。
② 同上书,第277—278页。
③ 同上书,第30—31页。

到《英国史》写作:"我现在正开始着手写长期国会时期历史,考虑到要仔细阅读大量文件和我谨慎的写作方法,我认为您的假期在这里度过对我有极大的好处。"①1754 年 12 月 17 日,休谟又致信斯密,征求他对《英国史》的意见,拳拳之情流露无遗:"请您告诉我,请坦率地告诉我,我的《英国史》在与您一起的一些行家眼中评价如何?……我能否假定,认为此书值得研究,其中的优点超过了缺点?我急于想知道我作品中的瑕疵,我敢发誓说,您一定认为我作为这样的一个老作家太谦虚了。我真的不能希望很快就有机会改正我的错误之处。……总之,我期望收集各方指教的意见,而您现在闲着。(我的意思是,您除教书外别无所为,而教书对您说是比较清闲的)因此,我坚决要听听您对此书的意见。"②休谟既如此,斯密则不能无动于衷,非常可惜,斯密的回信今天已无从见到,《亚当·斯密通信集》编辑者为该封休谟信做了注释,其中指出:"斯密关于《英国史》写给休谟的信,似乎没有留下来,但斯密仔细研究了这本书,称休谟是'当代最杰出的哲学家和历史学家'(《国富论》第 1 卷)。"③斯密《国富论》对休谟的这一评价斑斑可考。1757 年 3 月某日,休谟致斯密的信,据编辑者说原稿被撕裂,其中道:"我写《英国史》应该往后写,还是往前写?我想,你以前告诉我,您倾向于同意我往后写。可是往前有更多使人们欢迎的题材,但我担心恐怕找不到充分资料来证明事实。"④休谟所说斯密建议他往后写,也许就是上述无法得见的斯密给休谟信中的建议。1759 年 7 月 28 日,休谟致信斯密,提到自己的《英国史:都铎王朝》遭到辉格党人攻击,并说:"我对这种人不屑回答";还提到自己同书商签约,准备写从开始到亨利七世的英国史,表示"当于闲暇时从容为之……我写这部书,主要是作为消磨空闲无聊的办法"⑤。

1766 年 1 月末,休谟致信斯密:"有些人竭力劝我把《英国史》继续写下去,米勒愿为我的书出任何代价。一切关于马尔巴公爵的资料都提供给我。我相信没有人敢拒绝给我资料。但是我贪图的是什么呢?为什么我应放弃懒散、安适和社交的乐趣,再次让自己遭受愚蠢的、有门户之见的公众的叫嚷指责呢?我还没有厌倦安闲的生活,也没有变得非常

---

① 〔英〕欧内斯特·莫斯纳、〔英〕伊恩·辛普森·罗斯编:《亚当·斯密通信集》,林国夫等译,北京:商务印书馆 1992 年版,第 32 页。
② 同上书,第 42 页。
③ 同上书,第 43 页。
④ 同上书,第 47 页。
⑤ 同上书,第 76—77 页。

豁达置外界于不顾。慢慢地我将过分老朽负担不起如此辛劳的工作。"①1766年8月,休谟在巴黎致信斯密道:"现在我有很好的条件把《英国史》继续写下去"②。

关于斯密的《道德情操论》。1759年4月12日,休谟致信斯密,称赞《道德情操论》"是一部了不起的书"③。1759年7月28日,休谟致信斯密,信中表明休谟得知斯密要修订《道德情操论》,希望他能够"充分证明各种类型的'同情'必然令人愉快的论点"④。而且,休谟居巴黎期间看到有人翻译《道德情操论》,就在1763年10月28日,给斯密写信,信中说:"我在巴黎会见霍尔巴赫男爵时,他告诉我,他亲眼见到有个人在从事翻译您的《道德情操论》,要我把这件事转告您。"⑤

关于斯密的《国富论》。1764年7月5日,斯密给休谟写信说:"为消磨时间,我开始写一本书。"⑥《亚当·斯密通信集》编者注释说:"第一次提到关于《国富论》的写作。"⑦休谟非常关心斯密《国富论》的出版,1776年3月5—7日《伦敦新闻》登有《国富论》出版的广告,实际是3月9日出版,3月8日,休谟给斯密写信询问情况,不乏其固有的幽默感:"据大家说,您的书早就付印了,可迄今未见过广告,这是什么原因?如果您要到美国命运确定下来再出版,等待您的时间可就长了。"⑧《国富论》出版后,1776年4月1日休谟致信斯密说:"写得好!真出色!亲爱的斯密先生:您的著作真让我爱不释手,细读之后,我焦灼的心情一扫而光。这是一部您自己、您的朋友和公众都殷切期待的著作,它的出版是否顺利一直牵动着我的心,现在我可以放心了……它有深刻的思想、完整的阐述和敏锐的见解,再加上很令人耳目一新的实例,它最终会引起公众的注意的。……不过,其中几条原理,您要是现在就在我家里,我还是要同您争论。我怎么也想不出农场的地租会是农产品价格的组成部分,我认为农产品价格完全由生产量和需求量决定。……这几个问题以及另外很多很多问题,我们只有通过交谈才能讨论清楚。这交谈,如果您不反对的话,我以为还是早一点为好。

---

① 〔英〕欧内斯特·莫斯纳、〔英〕伊恩·辛普森·罗斯编:《亚当·斯密通信集》,林国夫等译,北京:商务印书馆1992年版,第157页。
② 同上书,第168页。
③ 同上书,第65页。
④ 同上书,第76—77页。
⑤ 同上书,第139页。
⑥ 同上书,第145页。
⑦ 同上书,第146页。
⑧ 同上书,第252页。

我希望早一点,是因为我的健康状况很糟,经不起慢慢来了。"①

关于休谟的遗稿。到了晚年,本来斯密健康状况糟糕,决定委托休谟作他的遗稿保管人。但是,事实上,斯密不得不为先他而亡的密友处理善后事宜。1776年休谟临终前,委托斯密负责出版《自然宗教对话录》。早在1773年,休谟就致信斯密道:"因为我已托您保管我的全部文稿,所以我必须告诉您,其中除我随身带着的外,别的都不值得出版。……除非我突然死去,否则我手头的这些手稿我一定设法托人谨慎地交给您。"②

1776年1月4日,休谟在《遗嘱》中写道:"我把我的全部手稿无例外地都留给我的朋友,格拉斯哥大学前任道德哲学教授亚当·斯密博士,并请求他出版包括这批遗稿中的我的《自然宗教对话录》。至于他感到不是在这五年内写的其他文稿,就请不要出版,而是在他有空时全部把它们销毁。我还要托付他全权处理除上述《对话录》以外我的全部文稿。我们之间是存在有亲密无间的友谊,我也完全信任他会忠实地履行我遗嘱中这一部分有关的责任。"③5月3日在致斯密的信中,他又说:"经过深思熟虑,我遗嘱中委托您处理我的全部文稿那一条内请求您出版、而且是尽快出版我的《自然宗教对话录》一点,有鉴于该著作的性质以及出版对您的处境可能带来的影响,我现在感觉到那样写是不妥当的。谨借此机会稍稍改动一下那一个出于真心的请求:我主张,什么时候出版或者究竟出版与否,这都任您自由决定。"④

不过,1776年8月7日,他在遗嘱中增加一个附录,把《手稿》留给斯特拉恩,要他两年内出版《对话录》和两篇违禁论文《论自杀》、《论灵魂之不朽》,还在另一附录中明言:"我还规定,如果我死后两年内我的《对话录》以及《自传》出版不了而不管什么原因,版权就将归我大侄儿大卫所有。他负有遵照他叔父的临终嘱托出版这两本书的义务。"⑤

1776年8月15日,他致信斯密道:"我的《对话录》除要送给斯特拉恩先生的那本外,我又让人再抄写了一本,由我侄子保存。如果您同意的话,也抄一本给您。您不必拘礼,实际是放一本在您手中,保存本书的可靠性就多了一分。……假使我死后五年内还不见出版,本书版权就归您,您看

---

① 〔英〕欧内斯特·莫斯纳、〔英〕伊恩·辛普森·罗斯编:《亚当·斯密通信集》,林国夫等译,北京:商务印书馆1992年版,第253页。
② 同上书,第227页。
③ 同上书,第267页。
④ 同上书,第266页。
⑤ 同上书,第280页。

25

如何？请立即回信。我的健康状况是不容我等上几个月才看到您的回信了。"①于是，1776年8月22日斯密回信说："我非常乐于接受您赠送的一本对话录。万一此书得到出版前我就不幸死了，我手头的这一本一定设法托人精心保管，使它完好无损，就像我活到一百岁而又亲自保管一样。至于万一您死后五年内此书始终没有出版，您就把版权交给我，这由您决定，您认为怎么合适就怎么办吧。……而且，如果您同意，我还想为您著作的新版的印刷品作校正，一定设法不折不扣地按照您最后的定稿出版。"②

到了1776年8月23日，也就是休谟去世的前一天，他给斯密去信："我死后三年内万一因为什么变故这部手稿未能出版，我就得把它的版权交给我的侄子戴维。"③休谟去世后，1776年9月5日，斯密给威廉·斯特拉恩写信，认为可以出版《自传》，但是《自然宗教对话录》不能出版，而且认为把手稿交给休谟的侄儿小大卫·休谟也不妥。9月16日，威廉·斯特拉恩回信有明证："您知道万一我出了什么事，他最终要把《对话录》交由他的侄子保管并出版，足见他忧心忡忡，惟恐不出的。因此，如若认为它问世并无不妥，我当履行他的嘱托。"④后来，威廉·斯特拉恩还是顺利地将《休谟自传》与《对话录》先后出版了。1776年11月9日，斯密致信威廉·斯特拉恩，末了附一段文字，是准备写在《休谟自传》后的，文字是这样的："我们最杰出、永垂不朽的朋友就这样逝世了。对于他的哲学见解，人们无疑会各执一说，或赞同且予以证实，或相左而施加诋毁。但对于他的品格和为人，则很难会有不同的意见。他的脾气，窃以为实际上比我认识的任何一人也许都要和蔼可亲。俭朴固属于必需，而在他也是一种美德，但即使身处于最不幸状态之下，他待人也从来都宽大为怀，慷慨大方。这种俭朴，其根底不是贪婪，而是不愿受制于人。他在性格上非常温和，同时思想也很坚定，一旦下定决心，绝无动摇之时。他毕生幽默诙谐。而且文雅大方，朴实无华，这是他的好性格、好脾气的真实流露，至于恶意，则连一丁点迹象都没有，而这，常常是他人身上所有那种叫做理智的讨厌的根源。他也挖苦人，但本意不是要伤害人，因此，就连遭他挖苦的对象非但感情没有受到伤害，且每每反倒感到高兴满意。他的好挖苦，使他的谈话更具魅力，在这一点上，朋友们认为在他所有令人

---

① 〔英〕欧内斯特·莫斯纳、〔英〕伊恩·辛普森·罗斯编：《亚当·斯密通信集》，林国夫等译，北京：商务印书馆1992年版，第280页。
② 同上书，第281—282页。
③ 同上书，第284页。
④ 同上书，第251页。

感到亲切的美好品质中也许没有一条比得上,他们就常常是他挖苦的对象。生性快乐而善交际者,往往是同时兼有另一面浮躁、浅尝辄止的品质的,但在他则不然,他是专心致志、学而不倦、勤于思考、在每一方面都力求全面能力的人。总而言之,我始终认为,他无论生前死后,都是接近于具有人类脆弱的性格或许容许一个贤明之士达到的那样一种理想的。"①这段文字表明了斯密对于休谟的深切情谊,可以视作他为好友所写的诔词。

显然,两人关系密切,互相鼓励、互相帮助,扩大了休谟《英国史》、斯密《国富论》的社会影响;而且对于留存和传播他们其他著作例如《自然宗教对话录》、《道德情操论》中的史学观念具有积极意义。

2. 休谟对罗伯逊、弗格森的关切和帮助

休谟分别与罗伯逊、弗格森之间存在着较为密切的学术交往,兹分述如下。

罗伯逊与休谟关系非同一般。剑桥大学出版社,1932年出版由J. Y. T. 格雷(J. Y. T. Greig)编辑的《休谟书信》(*The Letters of David Hume*),1954年又出版雷蒙·K. 李本斯基(Raymond K Libansky)和恩内斯特·C. 莫森纳合编的《休谟书信新编》(*New Letters of David Hume*)。② 他们的关系,从这两种书信集可见一斑。

罗伯逊完成《苏格兰史》后,曾向休谟求教。1758年11月18日,休谟写信提出修改意见。本来在书的结尾,罗伯逊作专文说明玛丽写给伯茨韦尔(Bothwell)信的可靠性。他认为玛丽违背《佩思协定》,但是在巴宾顿反对伊丽莎白的阴谋中是无辜的。在这两个问题上休谟提出相反观点。此外,休谟还指出书的附录中,由于罗伯逊没有读坎斐尔(Dr

---

① 〔英〕欧内斯特·莫斯纳、〔英〕伊恩·辛普森·罗斯编:《亚当·斯密通信集》,林国夫等译,北京:商务印书馆1992年版,第302—303页。

② J. Y. T. 格雷(J. Y. T. Greig)编辑的《休谟书信》(*The Letters of David Hume*),收录休谟写给罗伯逊的信14封,其中5封时间不详,不仅日期,甚至连月份都不能确定,而只是注明"2月或3月"、"夏天"等。雷蒙·K. 李本斯基(Raymond K Libansky)和恩内斯特·C. 莫森纳合编的《休谟书信新编》(*New Letters of David Hume*),收录休谟写给罗伯逊的信5封。两书有重复和出入现象:第一,《新编》中,1759年2月8日的信,是完整的;而《书信》则首尾皆不完整,编者在注中指出:"这封跟下一封可能是同一封信的一部分。"《新编》把这两封信合而为一,并把"下一封"置于"这一封"之前,且文字比那两封要多,内容相同部分个别地方文字也有出入。第二,1759年5月29日的信,两书均收录,《新编》比《书信》中要完整。第三,《书信》中注明"1759年夏天"的那封信,《新编》中定为"4月7日",且相对完整。第四,1763年12月1日的信,两书都有,文字互有出入、短长。第五,其余,《书信》中有9封为《新编》所无,《新编》中有1768年1月27日的信,为《书信》所无。这样,如今在《休谟书信》及其《新编》中,可见14封休谟写给罗伯逊的信札。

Camphell)的手稿而导致事实错误。后来罗伯逊在出版著作时大体上采纳休谟的意见。① 1759 年夏天,休谟写信给罗伯逊鼓励他写历史人物传记:

> 简单说来,你可以采取这种方式摘撷近代史上的所有花朵:显赫的教皇、瑞典国王、新世界发现者和征服者;甚至大量文人也会供你选择。迥异著作的迅速完成会鼓励你开始撰写一部新著作。假如有一本成功了,你就会在闲暇时写另一本,并且取之不竭。有这么些人,你可以在历史的角落里邂逅他们,换言之,是一个出乎意料的娱乐对象;同你生命相始终,你会以这种方式给予或者接受乐趣。甚至,你的子孙若有写史天赋,也可这样世世代代做下去。我不再坚持这一观点了,因为假如它使你喜欢上了,你就会感到所有的益处,当然进而也是所有的困难。②

休谟还帮助罗伯逊扩大影响。1759 年 3 月 12 日,休谟给罗伯逊写信,推荐法国人翻译他的《苏格兰史》。③ 1763 年休谟写信给罗伯逊说自己在巴黎认识一位律师的遗孀,就是她把《都铎王朝史》翻译成法文的,希望能把罗伯逊的《查理五世在位时期的历史》翻译过去。④

休谟颇为欣赏作为后学的罗伯逊。1759 年 2 月 1 日《苏格兰史》出版后,2 月 8 日休谟写信道:"你有很好理由满意于你的历史的成功……我还没听到谁不热烈赞扬它的。"⑤之后,休谟完全把罗伯逊当成后学对待,直言不讳地提出自己的指导性意见。

《苏格兰史》出版后,罗伯逊把写作目标锁定在古希腊史和皇帝查理五世的历史上,并征求朋友的意见。沃保罗(Horace Walpole)认为,写希腊和查理五世,那是写外国历史,有许多内容要出大错误。另外出两个题目

---

① J. Y. T. Greig, edited, *The Letters of David Hume*, Vol. I, Clarendon, Oxford University Press, 1932, pp. 288 – 290.
② Ibid., p. 316.
③ Ibid., pp. 301 – 302.
④ Ibid., pp. 415 – 416.
⑤ David Hume, "To William Roberston, 8 Feb, 1759", *New Letters of David Hume*, edited by Raymond Klibansky and Ernest C. Mossner, Clarendon, Oxford University Press, 1954, p. 44.

"学术史"(History of Learning)和"人文历史"(History of Humanity)。[1]休谟认为,写古希腊历史无异于材料翻译,而关于皇帝查理五世的写作将是枯燥无味的;他建议罗伯逊选写一些近代历史人物,这就是上文已经提到的休谟写给罗伯逊信札的内容。还有人鼓励他写一部完整的英国史。不过,由于他在教会里有太多的活动,健康状况也不好,写英格兰史要重新搜集材料,同时也是避免与休谟写英国史发生冲突,因此,罗伯逊经过慎重考虑还是决定写查理五世在位时的历史。

《皇帝查理五世在位时期的历史》出版后,休谟评价很高:"它是用高贵、庄严、优雅、评价写出的,无与伦比。我认为它甚至实际上超过了《苏格兰史》。"[2]

当然,他也提出批评意见:

> 滥用是苏格兰英语的特点,过去曾经发生过。这一魔鬼使你对旧式捉摸不定的字"wherewith"做了什么?我会很快想到whereupon,whereunto,和wherewithal。我认为这一家族可忍受的高雅绅士只有wherein。我不想见到它。但是,我知道你喜欢wherewith。这一词来自你对斯威夫特(Dean Swift)的偏向。我或许常常笑话他,曾经认同其风格,但是肯定没有尊敬他。它不和谐,不雄辩,无文采,也没有太多纠错作用。不管英国人会怎么想象,其文学在某种意义上还处于粗俗状态,创造者的地位在其文豪那里并不高。但是你总是说 an hand, an heart, an head,这多么奇怪啊!你有 an ear 吗?你不知道这个 n 是附着在元音前面去防止不和谐音调的,而在被使用的时候从不应该出现在 h 之前的吗?在这些字里它从不发音,为什么还要写出来呢?[3]

休谟甚至具体说道:

> 我不喜欢149页上的这一句,This step was taken in consequence of the treaty wolsey had concluded with the Emperor at Brussels, and which had hitherto been kept Seeret……你省略关系代词太频繁了,

---

[1] Dugald Stewart, *Account of the Life and Writings of William Robertson*, with a new introduction by Jeffrey Smitten, Thoemmes Press, 1997, pp. 53-55.
[2] Ibid., 1997, p. 77.
[3] Ibid., pp. 78-79.

which 是口语体的、粗俗的。……你的复合句是偶尔的,尽管不常用,但是太长。①

休谟鼓励罗伯逊写作苏格兰历史,批评其中存在的问题,既批评其事实问题,又批评其语言风格,这对罗伯逊史学的完善有所助益。特别是休谟帮助罗伯逊将其著作译成法文,无疑对于扩大罗伯逊史学的影响非常有意义。

弗格森与休谟关系也非同一般。弗格森与休谟是多年朋友,经常有书信往来。早在 1759 年,弗格森就将所写《论文雅》(*Treatise on Refinement*)呈送给休谟,休谟在 1759 年 4 月 12 日给斯密的信中称赞弗格森:"它将使作者成为优雅而非凡的天才。"②同年 5 月 29 日,休谟致信罗伯逊:"弗格森的书展现了他无与伦比的天赋,写得好,将不时出版。"③据《休谟书信新编》编者推断,引文中的"弗格森的书"就是《论文雅》。

弗格森曾使用休谟的理论认识社会,例如在《文明社会史论》中引用休谟的话来论述人口和财富问题。④ 休谟对弗格森抱有很高期望,他在 1766 年 2 月 11 日给休·布莱尔(Hugh Blair)的信中说:"我不止一次研读弗格森的文章(指弗格森的《文明社会史论》,1767 年出版。——引者注)根据其愿望,它在我手里有一段时间了。我坐下来,带着巨大的偏爱去阅读,尽管文章按照我给予他的建议、按照几年前我看到的一个小样、按照你和罗伯逊博士给予的尊重写成,然而我还是要抱歉地说:它们并没有给我的期望以睿智的答复。我认为,无论是风格、形式,还是从理性、内容,它们都不宜公之于众。鉴于其声誉,我不得不把我的想法告诉你,我发现它也是艾里奥特(Elliots)和娄瑟博士(Dr Lowthe)所非常坦率和纯真批评的。我恳求你和罗伯逊,多一点严厉少一点偏爱,再仔细读一遍。这是一件很严肃的事情。除了遭受耻辱、倒行逆施和使得目前处于如此繁荣的阶层失去信誉外,它在公众中无任何成功可言。关于这个主题,之前他没有给我写过一个字,因此我不能提出任何恰当的评价。我希望你和罗伯逊是最严密的

---

① Dugald Stewart, *Account of the Life and Writings of William Robertson*, with a new introduction by Jeffrey Smitten, Thoemmes Press, 1997, pp. 79 - 80.
② 〔英〕欧内斯特·莫斯纳、〔英〕伊恩·辛普森·罗斯编:《亚当·斯密通信集》,林国夫等译,北京:商务印书馆1992年版,第 64 页。
③ Raymond Klibansky and Ernest C. Mossner, edited, *New Letters of David Hume*, Clarendon, Oxford University Press, 1954, pp. 55 - 57.
④ 〔英〕弗格森著:《文明社会史论》,林本椿、王绍祥译,沈阳:辽宁教育出版社1999年版,第 156 页。

保密者。要记住,不管我怎样评价,你们都要向公众推出《围困阿奎雷亚》(the Siege of Aguileia)。想象这些作为样张送来的片段,是著作最差部分,那是不自然的,何况我看到的是比较好的部分。无须细究,差不多所有事情对我来说都是要反对的。明年夏季,我若去苏格兰,将要竭力阻止或推迟其出版。但是它们现在已经到达克勒克(Clerk)将军和希尔本(Shelburne)爵士的手里,他们不是世界上最好的法官。假如你不干预,它们就肯定会印出来。假如它成功了,证明我是错误的,我将感到惬意的失望。"①

这段话当然表明休谟对弗格森的失望,但同时说明他对弗格森寄予怎样的厚望,所谓爱之深责之切。

就在《文明社会史论》获得成功后,1767年4月10日休谟还是向弗格森表示祝贺:"带着诚挚的喜悦,我告诉你,你的大作取得全面成功,我差一点说成普遍的成功。可以说,这本书有望两周之内就能在政治家和党派活动中传播开来。或许有把握地说,我还没碰到哪个人在阅读之后不赞美它的,有人值此之际利用公共声望和地位为它定了基调,麦尼费尔德(Manifield)更是满意,在其周日聚会上大加赞赏,我听到切斯特费尔德和李特莱顿(Chesterfield and Lyttleton)爵士表达出同样的感受。我明白首要的是卡德尔(Caddel)很高兴,他提议出版同样四开本的第二版,你要有更多的复本送到这个地方来。我不怀疑,你将轻松地处理所有留在爱丁堡的书。希尔本爵士在东方系,我不反对尽力把你的复本送往巴黎。我差点忘记告诉你了,这位高贵的爵士,还有布特(Bute)爵士,是你最痴迷的支持者。后者说你的书是他读过的最好的书之一。昨晚,豪雷斯·保罗要我把其赞美转给你,他已经收到你的书,就像他希望的那样,最近从你那儿得到。他对你表示多谢,完全赞成已经读过的部分,但是要到他读完以后才给你写信。"②

休谟对于弗格森,完全是长辈对后生的关系,他的期许和批评促成弗格森学术的成长。

---

① J. Y. T. Greig, edited, The Letters of David Hume, V. 2, Clarendon, Oxford University Press, 1932, pp. 11-12. 1766年2月24日,布莱克在回信中说他认为休谟把弗格森的书批评得太严格了,对此,现在无论如何都不能做些什么了,由于他和罗伯逊都给予作者以赞成的意见,因此不可能收回了,他还说:"你太了解作者的个性了,不会过于屈从。"

② J. Y. T. Greig, edited, The Letters of David Hume, V. 2, Clarendon, Oxford University Press, 1932, pp. 125-126.

3. 斯密与罗伯逊、弗格森之间的学谊

斯密作为具有全局性影响的人物,自然会受到罗伯逊、弗格森的追捧,同时斯密也愿意与他们交往。

斯密与罗伯逊的学谊。斯密《道德情操论》出版后,在伦敦获得好评,罗伯逊从朋友约翰·霍姆处了解这一情况。1759年6月4日,罗伯逊致信斯密道:"此书在知识界已经人手一册,由于其内容和文体都使人满意,因此受到广泛赞扬。谈这样严肃的主题的任何著作不可能得到人们更亲切的接纳。……霍姆和我都坚决认为,您下一部作品将是论述比较浅显易懂的主题。我仍然希望您考虑一下'哲学史'这个题材。"①

1776年4月8日,罗伯逊致信斯密,称赞《国富论》:"您给一个正规而历久不变的理论体系引进了政治学中一部分最复杂、最重要的内容,如果英国人有能力把他们的思想向前推进一步,突破由重商主义革命理论拥护者创立、而又得到洛克以及部分得宠的作者的支持的那种狭隘而偏颇的理论结构,我想您的书将引起警察和财政方面几个重要法规的根本改变……不过,如果我们有机会见着您,我们也许还要大胆地和您讨论讨论您的理论体系的一些条文,有的还要和您争论争论,当然我们是本着虚心求教的精神的。但是,您的朋友们都能从您的劳动和发现中得到好处,不过谁也没有我得到的多。您有关殖民地的看法对我具有极重要的意义。我将常以您为师。……我的著作已经全部完成,至于同英国殖民地以及导致这些殖民地前途未定的原因有关的部分,我还在犹犹豫豫地写着。

由于大作势必成为全欧的一部政治或商业法典,从事于这些领域工作的人和研究的人必定常常查阅,所以我希望本书再版时,您能增添一个详尽的索引以及说明每一段讨论进展情况的书商称为旁注的一类东西。这将大大方便于翻阅或查找。……休谟先生病情急转直下,我忧心如焚。天气变暖后他如果仍不见好转,我可真担心他的命运了。他要有个不幸,我们的损失真不堪设想。"②

罗伯逊在给斯密信中曾提到斯密很多关于殖民地的看法对其认识北美殖民地具有极重要的意义,它们为其关于限制殖民地贸易是荒谬的这种见解提供了诸多有力的证实。另外,罗伯逊为撰写《查理五世在位时期的历史》还曾从斯密那里借过相关的历史资料,他感慨自己从斯密那里获得

---

① 〔英〕欧内斯特·莫斯纳、〔英〕伊恩·辛普森·罗斯编:《亚当·斯密通信集》,林国夫等译,北京:商务印书馆1992年版,第72—73页。
② 同上书,第261页。

的益处比其他任何人都多,并对斯密表达了无限敬意。①

斯密与弗格森的交往。早在 1754 年 10 月,弗格森给斯密写过信,到同年 12 月 1 日,他又致信斯密谈及伏尔泰说:"近来我见到伏尔泰与法国高级教士之间通信的极妙的信件手稿,谈到他的无宗教信仰。"并称斯密是"最博学的,最闻名的"。②

法格(Jane B. Fagg)作《1764—1806 年弗格森对爱丁堡大学图书馆的利用》(*Fergusion's Use of the Edinburgh University Library*:1764 - 1806),给人们提供弗格森所藏和所借的启蒙学者的著作中就有亚当·斯密的《国富论》。弗格森对该书及斯密本人给予肯定,1776 年 4 月 18 日,弗格森致信斯密谈《国富论》,他认为斯密的大作无懈可击,就所涉及的那些问题而论,"您无疑是卓尔不群,自成一家,我认为至少要影响今后几代人的思想。我认为大作没有必要再作什么增补了"。③

弗格森谋职之事是斯密和休谟关注的对象。1772 年 11 月 23 日,就弗格森谋取东印度公司事务调查委员会秘书长未遂一事,休谟在给斯密的信中说:"弗格森虽然谋事不遂,但坦然自若,而且很高兴,也胖了。他这样回来,我认为很好。他下星期就要住到这边来。今冬就请来和我们一起生活一段时间。"④弗格森辞去道德哲学教授职位后,以年薪 400 英镑的待遇,成为陪同切斯特菲尔德大陆旅行的私人教师,1774 年 1 月 23 日,弗格森写信给斯密并征求其同意。⑤ 1774 年 2 月 13 日,休谟写信给斯密认为弗格森要任新职辞去道德哲学教授职位很不妥。⑥ 1774 年 6 月 1 日,弗格森告诉斯密:"我荣幸地告诉您,担任公爵的家庭教师,诸事顺遂。我受到了隆重的礼遇,还会继续得到敬意。"⑦

休谟晚年的健康成为斯密和弗格森关注的话题。1774 年 3 月 11 日,弗格森致信斯密说:"我曾和大卫·休谟共进晚餐,他说,他心情很郁闷,而且日甚一日,快酿成病了,但您还从未设法给他治一治这一病症。"⑧ 1776 年 4 月 18 日,弗格森致信斯密谈到休谟:"他的心情是快活的,精神

---

① 〔英〕欧内斯特·莫斯纳、〔英〕伊恩·辛普森·罗斯编:《亚当·斯密通信集》,林国夫等译,北京:商务印书馆 1992 年版,第 261 页。
② 同上,第 40 页。
③ 同上,第 263 页。
④ 同上,第 224 页。
⑤ 同上,第 231—232 页。
⑥ 同上,第 231—232 页。
⑦ 同上书,第 234 页。
⑧ 同上书,第 233 页。

状态是轻松的。"①1776年4月,弗格森又致信斯密道:"我担心大卫是无望了。他兴致很高,精神也与平常一样好,但得承认我抱有的随着春季到来而好转的希望是很渺茫了。"②

顺便指出,欧内斯特·莫斯纳、伊恩·辛普森·罗斯编《亚当·斯密通信集》,林国夫等译,商务印书馆2000年出版,第38页注上说:弗格森"最重要的著作是《论文明社会史》,此书出版后引起指责,说他剽窃斯密的想法,因而他们两人的感情一度趋于冷淡。因弗格森此作的问世,在时间上先于《国富论》,使马克思在劳动分工不利条件这一理论上把他看作是斯密的'先生'(《资本论》第1卷)。当斯密最后病笃时,弗格森与他和好"。这条材料揭示,弗格森和斯密之间曾有过不愉快,但是终究雨过天晴,两人重归于好。

学派成员之间的学谊,对于这个学派的史学具有重要意义,上文已多少述及,这里再赘述几句。他们关系紧密,作为一个群体,所造成的影响要比单个人影响大得多。他们在谋职和经济上互相帮助、提携,有助于其学术研究拥有更为优裕的物质条件。他们学术上互通声气、相互捧场,有利于这一派的历史著作受更多人的关注,还可以帮助读者更好理解著作中的事实和精神。他们之间互相批评有利于学术的改进。例如,休谟批评罗伯逊写作的语言,罗伯逊在后来的著作中加以改进,无疑促进其思想在英格兰的传播和被接受。休谟给罗伯逊《苏格兰史》提出的质疑,促使它对此书的修订精益求精,无疑帮助罗伯逊史学的进步。休谟对弗格森的指导,同样有利于《文明社会史论》在英国的畅销。还有,斯密《国富论》中关于"推测史学"的观点,为罗伯逊和弗格森所接受,成为他们著作中的理论营养。需要特别提到的是,本书第六章论述休谟对其他三人的影响时,还会就这个问题强调与此不同的方面。

总之,苏格兰历史学派之间的学术交往,对于该派史学的进展、改善和社会影响的扩大,都起到积极作用。

三、苏格兰历史学派共性与分野

苏格兰历史学派具有理性主义史学一般特征。其成员之间互通声气,

---

① 〔英〕欧内斯特·莫斯纳、〔英〕伊恩·辛普森·罗斯编:《亚当·斯密通信集》,林国夫等译,北京:商务印书馆1992年版,第263页。
② 同上书,第264页。

共同作用于苏格兰启蒙运动,具有共同学术倾向性;他们是苏格兰人,苏格兰、英格兰的历史和现实问题,自然成为其学术的聚焦点,因此其理性主义史学就是把本土或者民族问题纳入欧洲乃至世界框架中,再用理性主义加以解读,这就又使它同法国启蒙学者的理性主义史学区别开来。

1. 苏格兰启蒙运动一般精神

欧洲启蒙运动时期,理性得以张扬,人权针对神权、科学针对迷信、自由针对专制,都取得显著进步。18世纪,理性主义弥漫整个欧洲,不仅渗透到哲学、文学、政治学,并且直接影响历史学,致使"理性主义史学在该世纪西方史学中也占据着支配地位"[1]。特别是伏尔泰,他不仅仅是法国的史学家,在其他国家也拥有追随者。苏格兰史学界同样受其影响,张广智在论伏尔泰史学影响时,有一句话说得精彩:"伏尔泰对当时及后世的西方资产阶级的史学的影响是深远的。在本国及那时的英、德等欧洲国家,到处都有他的门生和追随者。如法国的康多塞、英国的罗伯特逊和吉本,都是伏尔泰理性主义史学派的传人。"[2]引文中的"康多塞"、"罗伯特逊",就是本书中所称的"孔多塞"、"罗伯逊"。就罗伯逊而言,他还是仅从苏格兰专业史学家着眼的。其实,受伏尔泰影响的苏格兰学者还不止于此,同时法国启蒙学者也不只是伏尔泰,像孟德斯鸠、卢梭等人也影响了苏格兰学者。

苏格兰启蒙运动参与者的身份,就像在其他地方一样,很多都是专业人士,主要是律师、医生和大学教授。这与法国启蒙者有不少是具有独立经济地位的人不同。

不过,有几点需要提及:第一,伏尔泰与天主教传教士抗争,向宗教迷信开战,这是启蒙运动一般特点,"即使是口气略为缓和,苏格兰仍然是伏尔泰的同路人"[3]。第二,卢梭和孔多塞的社会进步理论影响苏格兰启蒙者的进步观念。卢梭以《论科学与艺术》(*Discours sur les Sciences et les Arts*)和《论不平等的起源和基础》(*Discours sur l'origine et les fondaments de l'inegalite parmi les hcmmes*),在他人一致推崇进步的舆情下,质疑进步对于人类的意义;孔多塞以《人类精神进步史表纲要》(*Esquisse d'un Tableau Historique des Progrès de l'Esprit Humaim*),

---

[1] 张广智主著:《西方史学史》第三版,上海:复旦大学出版社2010年版,第134页。
[2] 张广智:《克丽奥的东方形象:中国学人的西方史学观》,上海:复旦大学出版社2013年版,第89页。
[3] 〔英〕克里斯托弗·J.贝瑞:《苏格兰启蒙运动的社会理论》,马庆译,杭州:浙江大学出版社2013年版,第6页。

对于进步之于人类的意义表现出积极乐观的情绪。这两种进步观念都被苏格兰启蒙者吸收过去,以"文明"的观念体现出来。第三,孟德斯鸠《论法的精神》(De l'esprit des lois)和卢梭《社会契约论》(Du Contrat Social),既关注法律的正义,又注重公共利益的美德,他们影响亚当·斯密、詹姆斯·邓巴、亚当·弗格森等,"苏格兰启蒙运动的社会理论既有法律语言,又有美德语言,也就不是什么特殊的事情了"①。第四,法国启蒙学者伏尔泰、孟德斯鸠等人的普世精神,或者是世界主义、全球视野也同样传到苏格兰并发生影响,休谟关于人性的思考、斯密关于公共财富的认知、弗格森关于公民社会的构想、罗伯逊关于历史的写作,都多少含有普世意义。这样,从精神上说,苏格兰启蒙运动显然是法国启蒙运动的延续和演变。

苏格兰启蒙运动的特殊性需要指出。相对于英格兰而言,苏格兰经济比较落后,政治和社会风尚也有一定差距。与英格兰正式合并后,苏格兰学者存在身份认同问题。他们生怕苏格兰被看成乡下的,担心自己被看成是粗俗的人,害怕遭到英格兰特别是伦敦人的蔑视,因此要在语言上、习惯上表现得跟伦敦人一样优雅和有修养。这一心理状态其实就是那时苏格兰学者所表现出的时代精神。这一时代精神表现在学术研究上,就是特别关注人性的相通、共同利益包括国民财富,特别关注文明进步、社会演变、风尚改善等等;这一时代精神表现在学术研究逻辑结构上,就是不把苏格兰历史当成地方史,而是赋予不列颠国家,乃至欧洲,甚至是世界意义,这显然是对苏格兰史地方特性的有效回避。

2. 学派共同的思想倾向

苏格兰历史学派在治史之中表现出一些共同思想倾向;同时各有自己的研究领域和视角,呈现差异。

其共同思想倾向可以概括为:

第一,批判天主教会,批判中世纪。张广智曾指出罗伯逊批判中世纪、批判旧教的做法:"他具有与同时代理性主义史家相接近的历史观念。如他认为中世纪是个'黑暗时代',又如对宗教,他是完全站在新教的立场上来著书撰史的,在《查理五世在位时期史》一书中,作者对马丁·路德及其他宗教改革家备加赞扬,而对罗马天主教会则持批判的态度,这些都与伏尔泰、休谟等人的观点相合拍。"②其实,斯密和弗格森亦如此,下文相关

---

① 〔英〕克里斯托弗·J. 贝瑞:《苏格兰启蒙运动的社会理论》,马庆译,杭州:浙江大学出版社2013年版,第9页。
② 张广智主著:《西方史学史》第三版,上海:复旦大学出版社2010年版,第147页。

部分还将涉及。

第二,关注人从野蛮到文雅的发展。布罗迪指出:"大卫·休谟、威廉·罗伯逊和亚当·斯密,全都关注于追寻'人类通过某些进步阶段从野蛮到文雅的发展轨迹'。"[1]弗格森也是如此,下文将述及。他们沿着采集、渔猎、畜牧、农耕、工业这样生产序列来研究人类智能、艺术的改善和风尚、风俗的走向文明。这些突出表现在他们的"推测史学"上。"推测史学"的共性问题,每个学者著作中的具体内容,下文专论"推测史学"和分别论述其史学之时,将有具体交待。

第三,以全球眼光看待历史问题。与同时代的苏格兰学者文学批评家休·布莱尔(Hugh Blair)、自传作家亚历山大·卡莱尔(Alexander Carlyle),以及许多其他的杰出的教会和大学人士一样,休谟、斯密、罗伯逊、弗格森"成为联合主义者、世界主义者和热烈地为统一后的苏格兰而自豪"[2]。他们都为大不列颠的联合欢呼雀跃,都从全世界角度去看现实和历史上的问题,都为苏格兰的机缘感到庆幸。这些使得他们的历史意识和历史眼光跟上大陆同行所具备的认知水平,摆脱了以往落后于大陆的状况。

3. 学派成员之间的分野

这一学派成员之间有明显差异,这里概括为:

第一,其研究对象和理论倾向不同。休谟研究英国史;斯密以公共财富发展为研究对象;罗伯逊由研究苏格兰史开始,再研究欧洲史,最后走向研究欧洲殖民地或世界历史;而弗格森则关注公民社会发展史。显然,休谟从人性角度解读历史;斯密赋予历史以经济学视角;弗格森的理论兴趣是社会学;罗伯逊似乎没有独钟于某种理论,只是沿着人类进步线索展开历史论述,与其同胞们是共同的,同时有选择地使用了他们的理论工具。这些在下文相关部分将有详细论述。

第二,在一些具体问题认知上有差异。这里举出一些事实加以说明。罗伯逊与休谟不同。作为史学家,罗伯逊比休谟要专业,就史料使用而言,两者差距明显,这是公认的,"对于史料,休谟漫不经心,没有为其《英格兰史》的后来版本做学术上的更新。相反,罗伯逊尽管没有旅行,没有检索更大地理范围里的档案馆,然而却对其附录卷中确切的文献、公开出版的原

---

[1] Alexander Broadie, edited, *The Scottish Enlightenment*, Cambridge University Press, 2003, p. 262.

[2] Karen O'Brien, *Narratives of Enlightenment*, Cambridge University Press, 1997, p. 94.

始材料表示自豪"①。在著作语言上,与休谟相比,罗伯逊保留了苏格兰古典公共词汇的痕迹,有学者认为他"在更大程度上受到本土苏格兰知识传统的影响"②。不仅如此,他们的一些具体看法不完全相同。

在苏格兰宗教改革问题上,休谟和罗伯逊依据的史料是诺克斯(John Knox)的《苏格兰宗教改革史》(*The History of the Reformation in Scotland*),以及凯特主教(Bishop Keith)和斯波茨伍德原主教(Archibishop Spottiswoode)的相关记载,都认为新教是合理的。可是休谟和罗伯逊认知有差异。休谟强调的仅仅是宗教本身,试图使用诺克斯自己的话来呈现宗教改革史,而罗伯逊则从世俗主义角度支持改革者的意见;休谟没有把宗教改革和政治、民族利益混在一起谈,而罗伯逊"在诺克斯把'法国因素'作为改革的敌人而突出的基础上……认为法国因素在于发动吉斯事业反对宗教改革和不列颠的自由……显然,在休谟的论述中,没有关于会众政治活动的民族利益,他看到他们是策略上需要保持一个宗教派别的存在。没有民族和宗教敌人的合并,对于吉斯志向没有宗教衡量,休谟看成是国际而不是王朝的。在其论述中,休谟通过推翻主角政治性摧毁罗伯逊为改革者暴动的辩护"③。

在苏格兰问题上,罗伯逊世界主义历史学与休谟有不同的倾向。罗伯逊《苏格兰史》举例说明他和同时代的苏格兰人所面临的民族困境的一些方面,而休谟《英国史》则反讽英格兰的外省特性,以欧洲视野的冷眼,旁观苏格兰人的任性及其历史功绩。

在地理环境问题上,罗伯逊超越休谟。休谟在思考人性时候,在论述英国历史之时,自然离不开地理环境问题,休谟停留在一般启蒙学者水准上,而"罗伯逊作为一个史学家,其活动拓展,从苏格兰到欧洲,再到美洲,这一拓展使其声望比休谟更为广泛和卓越。他不仅拓宽了休谟的历史范围,而且深化了休谟关于史学家必须在研究中包含着多方面研究的观念"④。

特别要提到的是,弗格森与其同胞理论倾向差距较大。他是启蒙运动

---

① Alexander Broadie, edited, *The Scottish Enlightenment*, Cambridge University Press, 2003, p. 270.

② Ibid., p. 270.

③ Mary Fearnley-Sander, "Philosophical History and the Scottish Reformation: William Robertson and the Knoxian Tradition", *The Historical Journal*, Vol. 33, No. 2(1990), p. 337.

④ J. B. Black, *The Art of History: a Study of Four Great Historians of the Eighteenth Century*, London, Methuen & Co. Ltd, 1926, p. 135.

重要人物中唯一来自盖黑塔奇(the Gaidhealtachd)苏格兰说盖尔语的,其《文明社会史论》受孟德斯鸠影响,把进步的观念与不同社会中人们的不同特征结合起来,这些不同特征可通过清晰看到历史变化得失的人的感觉而呈现。可是,"弗格森保持古老的爱国主义史学的价值,看到物质和道德进步之间的张力,与其他启蒙思想家不同,他还从接近和远离野蛮专制主义回归的危险角度看待高度发展的社会"[①]。弗格森这一思想倾向,与斯密、罗伯逊等人关于历史进步的观点有较大不同。这个问题,第五章还将详论。

四、苏格兰历史学派的"推测史学"

这一学派像大陆启蒙学者一样,关注历史长期性和整体性,出于这种认识及其表述的需要,不可避免涉及尚未认知的历史领域或者方面,这样对历史加以"推测",就成为其构建总体历史认识的利器。这也是上述第三节中所谈的该学派的共性之一。

这种依据"推测"构建的历史认识体系,学术史上一般称为"推测史学"(Conjectural History)。以往学界研究这一学派个别学者,涉及是题,下文在分论休谟、斯密、罗伯逊和弗格森时将有述及。尽管如此,这里说明"推测史学"的实质,从学派整体的角度讨论其合理性与学理机制,还是有必要的。

1. 启蒙时期"推测史学"含义与实质

一言以蔽之,"推测史学",就是赋予历史认识以理论色彩,或者对历史进行有哲学意味的研究。

"推测史学"的提出。据托马斯·普莱斯顿·皮尔顿在《1760—1830年英国历史写作的转变》中的说法,"Conjectural History"一词,由杜格尔德·斯图尔特首次提出。斯图尔特是亚当·斯密的传记作家,他在《亚当·斯密的生平和著作》中,率先提出"Conjectural History"或者"Theoretical History"(理论史学),并把它看成是休谟"Natural History"(自然史学)和法国"Histoire Raisounée"(理性史学)的类似物,他说:"我将冒昧地称之为理论的历史或推测的历史(Theoretical or Conjectural

---

[①] Alexander Broadie, edited, *The Scottish Enlightenment*, Cambridge University Press, 2003, p. 274.

History)。这个措词在意思上十分接近休谟所提出的自然历史(Natural History)和一些法国作家所提出的理性历史(Histoire Raisounée)。"[1]"推测史学"还有其他称谓,例如,布莱恩认为,"Conjectural History"可称为"Stadial History"(分期史学),就是细分历史为不同阶段(Stages)、研究历史自然法则(Natural law)。[2] 其实,就是玛丽·芬蕾·桑德(Mary Fearnley-Sander)所谓的"Philosophical History"(哲学意味的历史)。[3]

就在启蒙学者要把全部历史纳入研究范围,并试图对它进行总体认识时,总有一些历史领域、方面、主题,包括人物、事物及其关系,他们不得而知或者不能确知,可是并不愿意放弃,而是相信人的理性能力,依据一些经验或者共通性,把其工作做下去。特别是,当启蒙学者把自己的观念、方式和习俗,与原始部族流行的那些进行比较时,自然会提出一连串问题,例如:人类是怎样一步步从开化之初进化到今天这样精巧复杂的?人类的一切制度、思想、文化及其魅力是从哪里来的?

不幸的是,现存的知识没有提供足够的答案或者有助于探索答案的线索。对此,斯图尔特指出:"在缺少直接证据的情况下,我们必须凭推测补足事实。当我们不能确定在特殊场合人们实际上是怎样行事的时候,我们必须根据他们的本性原则和外界环境来考虑他们可能以什么方式来进行活动。在这样的探索中,旅行家和航海家提供给我们的支离破碎的事实,可以经常用作我们推理的佐证。"[4]

历史研究的这一倾向,启蒙时期非常流行。那时,差不多所有思想家在阐述其观点时,都援引历史为证;而差不多所有史学家,都援引经济学或政治学或社会学或哲学以解读历史。史实与理论的结合,产生历史学中一些学术现象,其中最突出者,当为历史分期说的盛行和历史进步说的确立。

历史分期说的盛行。这一时期大陆学者普遍赋予历史以分期。例如,詹巴蒂斯塔·维柯在《关于各民族共同性的新科学原理》(简称《新科学》Scienza Nuova)中指出,人类各民族发展都不外三个阶段:神祇时代、英雄

---

[1] 〔英〕杜格尔德·斯图尔特:《亚当·斯密的生平和著作》,蒋自强等译,北京:商务印书馆1983年版,第30页。按:这里的History一词,译成"史学"较好。

[2] Karen O'Brien, *Narratives of Enlightenment: Cosmopolitan History from Voltaire to Gibbon*, Cambridge, Cambridge University Press, 1997, pp. 132 – 136.

[3] Mary Fearnley-Sander, "Philosophical History and the Scottish Reformation: William Robertson and the Knoxian Tradition", *The Historical Journal*, Vol. 33, No. 2(1990), p. 330.

[4] 〔英〕杜格尔德·斯图尔特:《亚当·斯密的生平和著作》,蒋自强等译,北京:商务印书馆1983年版,第29页。

时代和凡人时代。相应就有三种自然本性（诗性和创造性，高贵性，理智、谦恭、善良心和责任感）、三种习俗（宗教虔诚的，暴躁、拘泥细节的，有责任感的）、三种自然法（神的法，由宗教支配的凭强力的法，受人类理智左右人道的法）、三种政府或政体（神的政府，英雄或贵族专政政府，人道的政府）、三种语言（神的心头语言表现于无声的宗教动作或神圣的礼仪，英雄们的徽纹，发音的语言）、三种字母或者文字（神的字母"象形文字"，英雄的字母、想象的共相，土俗字母）、三种法学（秘奥的神学，关于神的语言的科学或对卜秘奥教仪的知识；英雄的法学，讲究辞令、文字的妥帖，严格按照法律条文裁决；人道的法学，审核事实本身真实与否，宽厚的使用法律条文）、三种权威（财产所有权的权威，依据法律正式条文的权威，在智慧方面享受信任和名誉的权威）、三种理性（神的理性，国家政权的理性，自然理性）、三种裁判（神的裁判，常规裁判，人道的裁判）。[①] 再如孔多塞，有《人类精神进步史表纲要》，分10个时代依次考察和思考人类精神的进步。这10个时代是：人类组合成部落、游牧民族、农业民族的进步、人类精神在希腊的进步、科学的进步、知识的衰落、科学在西方的复兴、从印刷术发明到科学与哲学挣脱权威的束缚、从笛卡尔下迄法兰西共和国的成立、人类精神未来的进步。

  历史进步说的确立。启蒙运动时期，进步观念为学界普遍接受，恩格斯曾说：自然神论者伏尔泰、卢梭等人，几乎狂热抱着"人类（至少是现时）总的说来是沿着进步方向运动的这种信念"。[②] 伯瑞指出："在1690—1740年间，启蒙的无限进步观已经在法国的知识界出现，而且曾经一度经常成为沙龙中讨论的主题。"[③]例如，杜尔阁（Anne-Robert-Jacques Turgot），发表《关于人类心灵不断前进》（*On the Historical Progress of the Human Mind*，或译为《人类理性的不断胜利》或《人类精神之连续前进的哲学评论》）和《论基督教的创立为人类带来的好处》（*On the Benefits which the Christian Religion has Conferred on Mankind*）两篇演讲。这两次演讲的主题是"援引基督教的贡献来证明人类和人类精神的进步。历史的进程虽然有时被偶尔的倒退所打断，但却是由简单的进步原则支配的"。[④] 他还

[①] 〔意〕维柯：《新科学》（下册），朱光潜译，北京：商务印书馆1989年版，第491—525页。
[②] 〔德〕恩格斯：《路德维希·费尔巴哈和德国古典哲学的终结》，《马克思恩格斯文集》第4卷，北京：人民出版社2009年版，第286页。
[③] 〔英〕约翰·伯瑞：《进步的观念》，范祥涛译，上海：上海三联书店2005年版，第91页。
[④] 〔德〕卡尔·洛维特：《世界历史与救赎历史：历史哲学的神学前提》，李秋零、田薇译，北京：生活·读书·新知三联书店2002年版，第116页。

有《关于财富的形成和分配的考察》(*Reflexions sur la Formation et la Distribution des Richesses*),认为人类总的发展趋势是:"人们的生活方式变得越来越高雅,人们的头脑变得越来越精明,原先孤立的各民族越来越互相接近,贸易和政治终于把地球上所有的部分都联结在一起,而整个人类通过安定和动荡、幸福和苦难的交替,虽然步子慢些,却始终在向更大的完美前进。"① 再如,上文提到的孔多塞,在《人类精神进步史表纲要》中,阐述人类精神进步观念,被后人视为18世纪思想家笃信理性进步学说的代表作。须要说明的是,从17世纪晚期开始,一直到法国大革命前夕,无论历史进步史观是出于怎样的学理,甚至,历史进步观是包含着基督教意蕴的,但是被那些有重要影响的思想家和史学家所普遍接受,成为解读历史发展进程的理论。②

2. 苏格兰历史学派"推测史学"及其合理性

苏格兰史学派的上述成员,全部秉持历史发展阶段性和进步性的观念,与大陆启蒙学者相一致。

历史发展阶段性与进步性观念。休谟论述历史发展阶段性观念,有这样一段话,非常典型。他说:"世界也一定像万物一样,有其幼年、青年、成年和晚年;而人类,可能和一切动植物一样,也有这些不同的发展阶段。……世界却象动物一样,有一个从幼年到老年的自然过程"。③ 休谟多次表明其历史进步的思想,他说:"人的思想总是生气勃勃,日新月异,人的才能和本领也在不断增长";④他把社会起源时期的人称作"野蛮的、苦于生计的动物";⑤他还说:"凡是冷静地考虑问题的人,都会认为,人类的天性一般倒是乐于接受现在的自由,哪怕在欧洲最专横的政府统治下,也要比在古代最繁荣时期的自由好得多"。⑥

斯密提出历史发展四阶段理论。早在1762—1763年《法学演讲集》中,他就提出人类社会发展的框架"人类社会的四个时期是:畋猎、畜牧、

---

① R. L. Meek, edited, *Turgot on Progress, Sociology, and Economics*, Cambridge University Press, 1973, p. 41.
② 张广智主编、李勇著:《西方史学通史》第四卷《近代史学(上)》,上海:复旦大学出版社2011年版,第13—19页。
③ 〔英〕休谟:《休谟经济论文选·论古代国家的人口稠密》,陈玮译,北京:商务印书馆1984年版,第93页。
④ 〔英〕休谟:《休谟经济论文选·论技艺的日新月异》,陈玮译,北京:商务印书馆1984年版,第19页。
⑤ 〔英〕休谟:《宗教的自然史》,徐晓宏译,上海:上海人民出版社2003年版,第6页。
⑥ 〔英〕休谟:《休谟经济论文选·论古代国家的人口稠密》,陈玮译,北京:商务印书馆1984年版,第96—97页。

农作和贸易"①。后来在《国富论》中,他详细论述了各个阶段特有的生产、生活方式,并且从"财产"、"政权"、"国防"、"司法"等方面对上述四阶段进行充实,那就是:

"最低级和最粗野"的狩猎时期,"现今北美土人就是如此"②;"比较进步的游牧民族的社会状态","如鞑靼人和阿拉伯人的社会状态"③;"比较更进步的农业社会"④;"制造业和商业社会"或"文明社会"。⑤ 显然,斯密把人类历史四个阶段即从"狩猎社会"经"游牧社会"和"农业社会"到"制造业和商业社会"的演变看成是一个从低级到高级,从野蛮到文明的历史进步过程。

罗伯逊主张历史发展阶段说和历史进步论。他写苏格兰史,有突出的分期概念,罗伯逊认为苏格兰的历史应该分为四个时期:"第一个时期是从君主制的起源,到凯奈斯二世的统治;第二个时期从凯奈斯征服皮克特人到亚历山大二世去世;第三个时期延伸到詹姆斯五世去世;最后一个时期,从那时到詹姆斯六世入主英格兰国王。"⑥对英格兰和苏格兰两国的合并,他认为两国合并后"商业不断进步,并且政府也接近达到了完美"⑦,这显然是历史进步论。他在《查理五世在位时期史》的序言中说:"在欧洲,我不仅关于国内的政府、法律和文明,而且关于国家在国外事务中表现出的强制力都表明了一个社会进步的观点,并且我还用这一观点去描写查理五世统治时期欧洲国家政治机构的原则问题",⑧在该书其他地方他还指出:"科学的进步和文学的培养,在改变欧洲各国人民的生活方式上起到了相当大的作用,礼貌和高雅的引入使得他们现在受人敬佩",⑨"商业的进步在促使欧洲各国人民拥有高雅的生活方式上,以及在建立他们的秩

---

① 〔英〕坎南编著:《亚当·斯密关于法律、警察、岁入及军备的演讲》,陈福生、陈振骅译,北京:商务印书馆2009年版,第128—129页。
② Adam Smith, *An Inquiry into the Nature and Causes of the Wealth of Nations*, Vol. 2, edited by Edwin Cannan, London, Methuen, 1904, p. 152.
③ Ibid.
④ Ibid.
⑤ Ibid., 1904, p. 47.
⑥ William Robertson, *The History of Scotland*, London, Routledge and Thoemmes Press, Vol. 1, 1996, p. 5.
⑦ William Robertson, *The History of Scotland*, London, Routledge and Thoemmes Press, Vol. 2, 1996, p. 253.
⑧ William Robertson, "Preface", *The History of the Reign of the Emperor Charles V*, London, Routledge and Thoemmes Press, 1996.
⑨ William Robertson, *The History of the Reign of the Emperor Charles V*, Vol. 1, London, Routledge and Thoemmes Press, 1996, p. 86.

序,平等的法律,和人性上都起到了重要的影响"。① 这些历史发展的观念,在《美洲史》、《论古人的印度史知识》中都有类似表述,不赘述。

弗格森在《文明社会史论》中肯定社会的进步,不过因其歌颂野蛮民族所具有的崇高美德,而对现代商业文明社会大加批判,以至于有学者例如休谟嘲讽他的厚古薄今。② 尽管如此,仍不能表明弗格森不是历史进步论者,只不过他类似于卢梭,给予现代文明以批判而已。《文明社会史论》多次表明:"就人类而言,这种发展比任何其他动物的发展都强,可以持续到更高的水平。不仅个人要从幼婴阶段进入成人阶段,而且整个人类也要从野蛮阶段进入文明阶段。"③"人类对于这一切的感知和理解到底会将他引向何方呢？毫无疑问是进步。"④可见,他也是秉持历史发展阶段论和进步论的。

苏格兰史学派的学术难题。在认识整体和长期历史中碰到无法弄清楚的历史现象,是苏格兰历史学派都要面临的难题。

休谟在探讨古代人口问题时,就碰到这样的难题。古代人口问题是经济中的重要某种意义上也是有意思的问题,可是古代学者并没有给后人留下太多的史料。对此,休谟说:"有关这一饶有趣味的课题,既然若干世纪以来除了古代著述家们所提供的一星半点的线索,完全是一片空白,我们也只好妄判是非,臆断曲直,以纠正种种考虑不周,牵强附会的论断,舍此而外,难道还有别的良策嘛？"⑤他所说的"妄判是非,臆断曲直",其实就是其假设的自谦之词。

斯密碰到的类似难题更多。他关于"天文学史"、"模仿的艺术"、"语言的起源"的论述都涉及"推测",甚至《道德情操论》和《国富论》中也有无法确定的历史事实。怀特曼(W. P. D. Wightman)赞成斯图尔特用"推测史学"一词来形容斯密的这一特征。⑥ 特别是,斯密的"天文学史"是"推测史学"一个范例,即研究具有哲学意味历史的范例,菲利普斯肯定了斯密这一做法的思想意义。⑦

---

① William Robertson, *The History of the Reign of the Emperor Charles V*, Vol. 1, London, Routledge and Thoemmes Press, 1996, p. 91.
② 〔英〕休谟:《休谟经济论文选·论古代国家的人口稠密》,陈玮译,北京:商务印书馆1984年版,第96—97页。
③ 〔英〕亚当·弗格森:《文明社会史论》,林本椿、王绍祥译,沈阳:辽宁教育出版社1999年版,第1页。
④ 同上书,第10页。
⑤ 〔英〕休谟:《休谟经济论文选·论古代国家的人口稠密》,陈玮译,北京:商务印书馆1984年版,第114页。
⑥ W. P. D. Wightman, "Adam Smith and the History Ideas", *Essays on Adam Smith*, edited by Andrew S. Skinner and Thomas Wilson, Oxford, Clarendon Press, 1975, p. 47.
⑦ Mark Salber Phillips, *Society and Sentiment*, *Genres of Historical Writing in Britain*, 1740-1820, Princeton, Princeton University Press, 2000, pp. 177-178.

罗伯逊研究美洲历史同样遇到这样问题。关于南美土著居民的最初生活状态，流传下来的可靠证据是缺乏的，可这又是他写作《美洲史》无法回避的，最后他不得不采取"推测"的方式。菲利浦森肯定罗伯逊的做法，他说："罗伯逊通过传统的方法在人文主义历史的写作框架内引入了'推测历史'，这是很新颖的。"①罗伯逊在《美洲史》中，对哥伦布到达美洲之前当地土著居民的生活方式、习俗等方面进行推测，而这种推测在菲利普森看来，"相比较启蒙运动时期其他的历史学家来说，罗伯逊关于哥伦布之前的美洲文明的阐述是最细心、差别最小的"。②

弗格森写作《文明社会史论》遇到类似困境。他要阐明人类社会的起源与早期发展，就需要描述原始部落的生活状况及其演变，可是现存材料是有限的，他不得不采用"推测"的方式。而弗格森通常又被认为是这种历史方法运用的杰出代表，皮尔登就说："或许推测方法运用的杰出的例证就是亚当·弗格森的《文明社会史论》了。"③

总之，苏格兰史学派的学者们写史之时，涉及无法回避却又尚未可知的领域，在大陆学者"推测"做法垂范作用下，他们走上"推测史学"之路。这就是其合理性，斯图尔特的话一针见血："考察人类历史……当我们不能追溯那些曾经产生的历史事件的过程时，能够说明它可能是怎样由于自然原因而产生的，这经常是一个重要的方法。"④

3. 苏格兰历史学派"推测史学"的学理机制

苏格兰历史学派"推测史学"的学理机制比较复杂，但是大体上可以说得清楚，那就是以自然科学超越神学、以演绎补充经验、把人性与环境相结合。

以自然科学超越神学。启蒙学者关于历史总体认识，若仅从历史阶段性观点和历史进步性主张而言，并未超出基督教神学史观之囿，关于这个问题，学术史上早有人论述过。

卡尔·贝克尔（Carl Becker）在《18世纪哲学家的天城》（*The Heavenly City of the Eigteenth-Century Philosophers*）中，从时代舆论气氛的角度，考察历史进步论与基督教神学进步观之间的等同或者类似关

---

① Nicholas Phillipson, "Robertson as Historian", William Robertson, *The History of Scotland*, London, Routledge and Thoemmes Press, 1996, p. xlii.
② Ibid., p. liii.
③ Thomas Preston Peardon, *The Transition in English Historical Writing*, 1760–1830, New York, Columbia University Press, 1933, p. 15.
④ 〔英〕杜格尔德·斯图尔特：《亚当·斯密的生平和著作》，蒋自强等译，北京：商务印书馆1983年版，第29页。

系。他指出每一个时代有着特殊的舆论气氛,与这种不同舆论气氛相匹配就有不同的词汇来表达实际上是一样的含义。例如,用"自然规律"和"自然界"来代替"上帝"[1],"仁爱"、"人道","都是'哲学家们'以世俗的词句缔造出来表达基督教服务思想的新词汇"。[2] "神恩"被翻译成为"德行","灵魂不朽"变成"未来状态","福祉"被变成"人类的可完善性"。[3] 这样,"天城"就转移到尘世上来,"上帝"成为"一种远为简单的自然得多的、远非那么神秘和深奥的方式在通过他的事迹而向人们启示他的目的不是记录在圣书里的,而是记录在自然这部大书里的,是全人类都可以公开阅读的"。[4]

卡尔·洛维特(Karl Löwith)在《世界历史与救赎的历史:历史哲学的神学前提》(*Weltgeschichte und Heilsgeschechen, Die theologischen Voraussetzungen der Geschichtsphilosophie*)中,通过许多个案研究得出结论说:"一切历史哲学都毫无例外地依赖于神学,即依赖于把历史看作救赎历史(Heilsgeschehen)的神学解释。"[5]而现代的历史哲学是"发源自《圣经》中对某种践履的信仰,终结于末世论(eschatologischen)典范的世俗化"[6]。他还说:"基督教和后基督教(nachchristliche)的历史观原则上都指向未来;它扭转了与现在和过去的事件相关联的事(historein)这个词的古典涵意。"[7]尽管他们的说法很精辟,然而,启蒙学者还是超越了基督教神学史观的,这是不争的事实。

启蒙学者超越基督教神学史观,凭借的是自然科学。17世纪自然科学的飞速发展,不少时候打破了基督教神学的虚妄。他们受到自然科学的启发,一方面认识到,既然自然界具有共通性,自然科学可以认识自然界,那么人类社会也应该有共通性,研究人类的知识也就能认识人类的历史;另一方面借鉴自然科学方法论来研究历史,历史学既要按照事实说话,又要根据共通性实现演绎。这就是苏格兰历史学派"推测史学"学理机制的第一要义。

---

[1] 〔美〕卡尔·贝克尔:《18世纪哲学家的天城》,何兆武译,北京:生活·读书·新知三联书店2001年版,第28页。
[2] 同上书,第44页。
[3] 同上书,第52页。
[4] 同上书,第54页。
[5] 〔德〕卡尔·洛维特:《世界历史与救赎历史:历史哲学的神学前提》,李秋零、田薇译,北京:生活·读书·新知三联书店2002年版,第4页。
[6] 同上书,第5页。
[7] 同上书,第10页。

以演绎弥补经验不足。英国本土学术方法，推崇的是经验主义。培根1605年出版《学术的进展》，1620年出版《新工具》。他认为，历史学以历史为研究对象，历史即经验、经历，是人类过去经历的被时间和地点所限定的单个事件的集合；人类可以把自己观察而得到的历史（经验）进行分析，探求异同、规律；人类可以把历史（经验）作为逻辑起点，通过广泛搜集、比较分析材料，扫除认识障碍，加以科学归纳，即可得到科学的历史知识。显然，他建立感性经验为一切知识基础的原则，依据感性材料，进行分析、归纳和综合，但是，当经验材料缺乏之时，一切都无从谈起。1690年，洛克出版《人类悟性论》，他把培根的经验论进一步发展为人对外部世界的感受即"外部经验"和人的心灵自我反省"内部经验"。其对于方法论的启示是：真理性认识要有大量的经验材料为依据，结论可以从具体材料中概括出来，自我认识需要反思与批判。不过，仍然没有解决经验材料缺乏所带来的难题。

而大陆学术方法，推崇的是理性主义。笛卡尔于1637年出版《谈谈方法》，严厉指陈史学歪曲、夸张或省略史实，而导致历史写作所呈现的历史不能尽如历史原貌。他1647年为自己《哲学原理》法译本所写的代序，坚持认为历史学无法弄清个别事实；它不能像哲学那样发现普遍的东西，用笛卡尔的话说历史知识只能进行归纳而不能像哲学那样进行演绎；更因为历史学完全与数学的运用无缘，不像天文学、物理学、医学和机械学（解析几何自不待言）那样，都是建立在数学基础之上，相反历史学对于数学完全是陌生的。总之，在笛卡尔那里，演绎成为知识的必要特征及其获取的手段，而历史学做不到。

本来，历史研究面临的困难是史料缺乏，又受理性主义抨击，可是启蒙学者聪明地接受笛卡尔的启发，希望找到历史共通性，以求历史中可演绎性，既可以抵挡笛卡尔主义者的攻击，又可以化解史料匮乏的难题，这就是"推测史学"学理机制的第二要义。

共通人性与特殊环境相结合。既要找到各民族历史的共通性，又要把上帝限制于人类历史之外，这就是自然神论者天道与人道的诉求，这样，把人性共通意义和环境特殊作用结合起来，成为苏格兰史学派"推测史学"学理机制的第三要义。

他们把人性作为历史共通因素。按照休谟的说法，依据人性，通过观察和联想，推此及彼，自然就认识了历史，例如，只要好好研究法国和英国人的性情和行为，就可以知道希腊人和罗马人的感情和日常生活，因为"人类在一切时间和地方都是十分相仿的，所以历史在这个特殊的方面并不能告诉我们以什么新奇的事情"。① 斯密发现人性中的恶,使得历史发展有曲折性,他看到随着物质财富的积累,人们的占有欲望也愈加强烈,自私、自利、奢侈、欺骗、贪婪等人性的众多缺点暴露无遗,这些让物质丰富的市民社会中存在着不道德,他试图通过"正义观念"去完成市民社会的道德化,其《道德情操论》就是这一努力的体现。罗伯逊写作美洲史,许多地方完全是基于人性进行推论,尼古拉斯·菲利浦森就认为:"罗伯逊认识到人之所以具有掌握事件的能力是被人的本性和他所生活时代文化的约束力决定的。"② 弗格森《文明社会史论》在某种意义上是人性的哲学式描述,通过已知的其他民族中现存的古老风俗,来类推自己祖先的面貌,有学者业已指出这种推断的原则就在于"人性是恒定不变的,人类肯定一直是社会的"③。

问题是,人性一致并对历史发展起作用一经设定,那么势必的推论是历史普遍性的彰显,这将意味各时代、各地区特殊性的缺失。事实不是这样,他们找到决定历史特殊性的因素——地理环境。

自然因素对人类的影响,是困惑休谟的一个难题。为什么居住在热带地区的人,一直技术落后,教化欠施,内政不修,军纪松弛;而少数地处温带的国家却始终完全免除这些弊病?休谟的答案表明他看到环境与社会差异之间的关联,但是没有走向环境决定论,最终落到人性共通性上,他说:"产生这种现象的原因之一可能是:在热带地区,四季常夏,衣服和住宅对当地居民来说不是十分必需的,因而部分地失去了这种需要,而这种需要却正是刺激一切勤劳和发明创造的巨大动力。"④ 他认识到地理环境对于居民贫富的重要影响;但又认为地理环境只是贫富原因的一种可能。⑤ 不过,无论如何,他在思考历史差异问题上想到环境。斯密对于野蛮人生活状态的描述,是从其所处恶劣环境入手的,认识到环境对于野蛮人的重要性,他指出:"野蛮人的生存状况是极不稳定的,他们的生命每天都暴露在危险之中,这让他们没有闲心对思考自然界的奇特现象感兴趣,没有什么

---

① 〔英〕休谟:《人类理解研究》,关文运译,北京:商务印书馆1957年版,第76页。
② Nicholas Phillipson, "Robertson as Historian", William Robertson, *The History of Scotland*, London, Routledge and Thoemmes Press, 1996, p. xxxvii.
③ Lisa Hill, *The Passionate Society: The Society, Political and Moral Thought of Adam Ferguson*, London, Springer, 2006, p. 67.
④ 〔英〕休谟:《休谟经济论文选·论商业》,陈玮译,北京:商务印书馆1984年版,第16页。
⑤ 瑜青主编:《休谟经典文存·论商业》,刘根华、璐甫译,上海大学出版社2002年版,第69—70页。

其他的意向除了使得自然界更加连贯地出现在他们的想象之中。"[1]罗伯逊的《美洲史》尤其绕不开地理环境与社会发展之间的关系,他讨论印第安人的风俗、习惯、制度、美洲大陆的气候和地理几乎各占四分之一,他认识到气候对于人种影响的普遍意义,但是又认为社会环境才是决定性的,因此有学者称:"他关于美洲印第安人身体特征的叙述,在很大程度上似是而非;其关于阿兹特克和印加文化比较分析除外,他常常能够按照其文化学理论来处理。"[2] 弗格森写作《文明社会史论》受到孟德斯鸠的熏陶,在重视环境这方面与孟德斯鸠极为相似。他看到普遍规律下历史的差异,所谓"人性本身在不同的气候下,不同的年代里会有很大的不同。这种多样性值得我们注意,并且这股巨流分成的每道细流都值得我们去溯源"。[3]

总之,"推测史学"是启蒙学者对历史进行有哲学意味的探索,其表现方式是依据已有的历史知识对未知的历史领域进行推测,它不仅是对神学史观的超越,并且是后世科学史学的最初尝试。

---

[1] Adam Smith, *Essays on Philosophical Subjects*, edited by W. P. D. Wightman, Oxford, Oxford University Press, 1980, p. 48.
[2] E. Adamson Hoebel, "William Robertson: An 18th Chentury Anthropologist-Historian", *American Anthropologist*, New Series, Vol. 62, No. 4 (Aug., 1960), pp. 650–651.
[3] 〔英〕弗格森:《文明社会史论》,林本椿、王绍祥译,沈阳:辽宁教育出版社1999年版,第11页。

第二章　大卫·休谟：写作具有
哲学意味的历史

大卫·休谟，苏格兰启蒙运动时期的重要历史学家、哲学家和经济学家。休谟生前以其卓越的史学成就跻身欧洲史坛，成为当时倍受推崇的历史学家。[①] 然而，在他辞世以后，人们对其哲学的关注逐渐掩盖其史学成就。休谟的史学成就应当予以重视，布莱克在《史学艺术》一书中指出："有大量事实可以证明休谟对历史的兴趣是天生的，从很早他就开始涉猎古代史家的著作。史学知识极大地丰富了他的哲学和经济学方面的研究。"[②] 维科勒对休谟的《英国史》作了进一步分析，并赞赏备至，他认为："作为一个有学者气质的综合史家，休谟的努力改变了英国历史编纂的历史。"[③] 而著名史学史家汤普森亦赞扬休谟的《英国史》是"近代史学上的一个里程碑"[④]。

休谟出生于苏格兰爱丁堡郡奈因威尔斯镇贵族家庭。按照休谟的说法，他们的家族是霍姆（或休谟）伯爵家族的一支，父亲约瑟夫·霍姆是一位律师，且在奈因威尔斯拥有财产；母亲凯瑟琳·福克纳，是民事最高法院院长大卫·福克纳的女儿，其兄弟世袭了赫尔克顿勋爵的名号。休谟排行第三，上有一兄一姐，在他幼年时，父亲去世，由母亲抚养和教育，并成功通过常规教育。年轻的休谟曾主修一段时间的法律，但后来发现自己更热衷于追寻普遍知识。

---

① 大卫·休谟原本姓氏是 Home，因此中文有人译为霍姆。后因英格兰人念 Home 为 Hume，休谟于 1734 年将 Home 改为 Hume。此人注定是一个传奇，他在哲学领域的贡献，将康德从绝对论的迷梦中惊醒；作为亚当·斯密的同时代人和朋友，他为现代经济学的发展铺平了道路；与此同时，但凡对他政治学有所接触的学者都会痴迷不已，甚至提出"回到休谟"；更遑论被他同时代人所认可的历史学成就。
② J. B. Black, *The Art of History*, London, Methuen, 1926, p. 79.
③ V. G. Wexler, *David Hume: Historian*, NewYork, Columbia University, 1971, p. 8.
④ James Westfall Thompson, *A History of Historical Writing*, Vol. II, New York, The Macmillan Company, 1942, p. 72.

休谟一生致力于学术。他在自传中这样写道:"在很早的时候,我就被爱好文学的热情所支配,毕生志趣和主要乐趣莫过于此。"①但是伴随着这种独立反思,却是缠绵不去的抑郁症,医生诊断其为"学者病"。开出的药方是:抗歇斯底里丸、苦啤酒、日服法国波尔多产红葡萄酒一品脱、锻炼。但是,休谟很清楚他和其他思想家一样经受着思想的折磨,由于不懈地沉思人性而心力交瘁。1734年,在与病魔抗争了四年之后,休谟的身体终于康复。中国古语云:"三年学,不至于谷,不易得也",②后引申为一句"读书不为稻粱谋"而流行于世,两千年来一直为文人所论道。与之相映成趣的是休谟读书除了兴致使然,毫不掩饰他对"文名"的追求,在一封给友人的信中,他说:"在这个世界上,除了做学者和哲学家,我再想不出别的途径可以提升我的声誉。"③而且,著书论说还是其主要的经济来源。

休谟的论述涉及历史、政治、经济、文学、哲学领域,代表性著作有:《人性论》、《道德原则研究》(An Enquiry Concerning the Principles of Morals)、《人类理智研究》(An Enquiry Concerning Human Understanding)、《自然宗教对话录》、(Dialogues Concerning Natural Religion)《英国史》等。

休谟兴致勃勃要在文学的道路上一展身手,首先被寄予厚望的是《人性论》,这部论著共分三卷:论知性、论情感、论道德。1739年前两卷在伦敦出版,但令人沮丧的社会反响让休谟失望至极,不过他很快调整好心态,走出了失望的阴影,并继续研习。《人性论》第三卷"论道德"定稿前,休谟前往格拉斯哥,拜访并求教于伦理学教授赫奇逊,此后与赫奇逊书信往来。这一部分内容也于1740年出版。1744年,休谟申请爱丁堡大学的伦理学和精神哲学教席,然而惠夏特(Wishart)校长等人以《人性论》中的思想观念为由,反对休谟接任该教席。

休谟自认为《人性论》之所以受冷遇,是因为表述风格不当。于是,他开始对《人性论》进行改写,改变先前晦涩深奥的写作风格而代之以轻松活泼的表达方式,并将研究对象从抽象的哲学转到关注于社会生活中流行的政治、文学和道德方面的题材。1748年,"论知性"的改写本以《伦理和政治短著》④为名出版。1751年,"论道德"的改写本以《道德原则研究》为名

---

① E. C. Mossner, *The Life of David Hume*, London, Oxford University Press, 1980, Second Edition, p. 611.
② 杨伯峻译注:《论语译注·泰伯篇第八》,北京:中华书局1980年版,第82页。
③ J. Y. T. Greig (editor), *The Letters of Hume* Ⅰ, Oxford, Clarendon Press, 1932, p. 13.
④ 1757年该书改为现在通行的书名《人类理智研究》。

在伦敦出版。

《人性论》没有带给休谟预期的文名,但那些贴近社会生活的随笔和散文却给他带来了极大的声誉。对此,有学者指出:"他在世时,主要由于《道德、政治、文学论文集》一书,并作为一个历史学家而为人们所欣赏的。"①1741年,休谟以12篇短文编为《伦理和政治论文集》(*Essays Morals and Political*)交爱丁堡出版商金凯德(Alexand Kincaid)匿名出版,这本书一上市就大获成功。次年,以15篇短文编为《伦理和政治论文集》第二集出版于爱丁堡,获得收入约200镑,个人生活有了保证。此卷中《罗伯特·华尔波尔爵士的品质》(*A Character of Sir Robert Walpole*)一文立即受到注意,为《君子杂志》(*Gentleman's Magazine*)等刊物转载。1748年,休谟出版了《伦理和政治论文三篇》,这是他第一次使用真实姓名署名的著作。从此以后,他保持了在著作上署名的习惯。1751年《自然宗教对话录》草成,稿子在爱丁堡友人手中传阅。

1752年,休谟担任苏格兰律师公会图书馆管理员和公会书记,年薪40镑,并利用图书馆藏书开笔撰写《英国史》。今人所见《英国史》共六卷,最初是分别写成和出版的。1754年《英国史:从詹姆斯一世到查理一世朝》出版,此前休谟对这本书的成功满怀希望,他以为在历史学家当中,唯有他既不在乎当时的利益和权威,又不在乎甚嚣尘上的大众偏见;他以为此书的题材能适合各色人等,所以期望它受到应有的欢迎,可结果却令他大失所望:他遭到了指责、非难甚至憎恶。无论是英国人,还是苏格兰人和爱尔兰人;无论是辉格党人,还是托利党人;无论是教士,还是非国会派新教徒;无论是自由思想家,还是宗教狂热分子,全都联合起来,群起而攻之,说他竟敢对查理一世和斯特拉福德伯爵的命运抛洒同情之泪。在最初的暴怒结束后,更令人恼火的是这本书似乎被遗忘了,它一年中只售出了45本,②它的失败使休谟感到绝望,甚至一度想改名换姓,隐居他乡,但他终于没有消沉下去而是振作精神,又着手写作后期斯图亚特王朝的历史。1756年,《英国史:从查理一世之死至1688年革命》出版。这本书受到世人的欢迎,同时也间接地使得第一册地位上升。③其余各卷陆续出版后,亦广受欢迎。1762年休谟以《英国史》为名,统一编卷、编章予以出版,因

---

① 〔美〕D. W. 利文斯顿:《休谟哲学的历史命运》,周婷译,《哲学译丛》1983年第4期,第69—70页。
② E. C. Mossner, *The Life of David Hume*, London, Oxford University Press, 1980, Second Edition, p. 613.
③ Ibid., p. 614.

此而成为享誉文坛的历史学家。虽然有关英国史的研究经历过一番曲折，但总体来说写作过程相当顺利，且书商给休谟的稿费超过了英国向来所有的作品，他也因此实现了经济独立，还小有资产。①

1769年8月休谟回到爱丁堡，继续做《英国史》的修订工作。大约从1772年开始，他的健康逐步恶化，深受晚期肠癌折磨，并于1776年8月25日与世长辞。是年9月，伦敦《君子杂志》发表简短死讯。②

休谟在日常生活中忠于自己的主张，可是在他向世人揭示：启蒙运动对理性的赞誉言过其实之时，他却在社会活动中理性的奉行中庸之道，从而树立了"好人大卫"的形象。思想认识与生活方式之间的契合度究竟能实现几何？后人不易考证，但有一点可以确定，即休谟生前所获得的成功并不顺利，每一步无不伴随着问责。

一、休谟史学的学术渊源

休谟《英国史》的写作为苏格兰历史学发展掀开了崭新的一页，影响休谟历史认识的因素主要有三方面：

1. 早期教育与古典修养

早期生活中的内容会被纳入或构成为人们的意识。休谟的家世背景及早期求学经历对他的历史思想具有终身影响。休谟一家在宗教上是苏格兰长老会信徒，政治上倾向于辉格党，是1688年革命、1707年英苏合并、1714年汉诺威王朝即位的坚定支持者，但他们是政治的辉格党而非宗教的辉格信徒，因此虽然是政治自由主义分子却也不会对此产生宗教式的

---

① E. C. Mossner, *The Life of David Hume*, London, Oxford University Press, 1980, Second Edition, p. 614.
② 大卫·休谟的传记资料主要有以下几种：休谟于1776年4月18日写下的自传，这是了解休谟的重要文献，这份自传有生平介绍，也有关于重要事件发生时自我的内心剖析。这份自传在1777年苏格兰的一份杂志上发表，同时发表的还有亚当·斯密纪念休谟的文章。这位著名古典经济学家是休谟的生前好友，在他与其他友人的信件中往往会谈到他们共同的朋友——休谟。因为大卫·休谟在学术界的重要地位，对于他的生平叙述并不少见，其中以欧内斯特·莫森纳(Ernest C. Mossner)为典型，他对休谟及其思想，都有研究，曾编辑出版休谟书信集，并著有《休谟传》(*The Life of Hume*)，对休谟的生平和思想介绍颇为详尽，是后人研究休谟的重要文本依据。美国学者伊丽莎白·S. 拉德克利夫所著《休谟》甚得读者好评。另有英国畅销书作家大卫·埃德蒙兹和约翰·艾丁诺所著《卢梭与休谟——他们的时代恩怨》，文笔生动，从中亦可见休谟生前活动。国内有周晓亮所著《休谟》，对休谟生平与思想的介绍言简意赅，后附有休谟年谱。就年谱、年表类而言，陈尘若编写《作者生平和著作年表》颇为详实。

狂热。①

休谟两岁丧父,从家庭教师和母亲那里得到早期教育。这些家教多是刚从学院走出来的牧师,且常常同时服务于几个家庭,所以雇佣这些家庭教师的费用一般比较低廉,教育质量也不是很高。② 其学前教育主要还是来自母亲的言传身教。凯瑟琳·霍姆笃信宗教,这对年幼的大卫颇有影响。尽管还是个孩子,他却以非常严肃的态度对待宗教,且热衷于内心的自我反思。他从当时流行的宗教小册子和古典著作中摘录了很多条目,时时检省自己。③ 这种自我反省和反思的习惯非常可贵,对他个人的人格成长和知识的形成有重要意义。

1723年,12岁的休谟和哥哥一起进入爱丁堡大学就读,在那里他们度过了3年美好的时光,却没能得到学位,这在当时是很普遍的情况。不过正是在此期间,他接受逻辑、形而上学、自然哲学、精神哲学等方面的基本教育,同时也获得关于笛卡尔、洛克哲学的初步知识,并对牛顿的学说有了系统的了解。尤其是在德拉蒙德教授的逻辑、形而上学班学习中,教授的个人兴趣影响他重视自然科学。自然哲学教授罗伯特·斯图亚特和数学教授詹姆斯·乔治都是牛顿学说的追随者。实际上,除了牛顿本人所在的剑桥大学,爱丁堡大学是最为尊崇牛顿原理的学校,因此休谟得以充分习得牛顿学说的基本原理。在道德哲学的选修课上,休谟主要阅读了近代思想家普芬多夫④和培根的作品,还涉猎了古代的西塞罗和斯多葛派晚期代表马克·奥勒留的著作。

次年进马基教授(Charles Mackie)的历史班学习。查尔斯·马基教授开设世界史和苏格兰史课程。世界史的范围极其广博,不过马基教授是位天生的编目员,他习惯对知识资料进行列表使之系统明了,世界史也被他分成两个单元:一个是古罗马史;另一个是世界史。马基的世界历史讲义一般从人类文明之初讲到现当代,包括罗马帝国衰亡、历史记载和传记作者的错讹以及苏格兰史;除此之外,他还热心文学史研究,评论各类文学著作及其作者,喜欢与大家一起分享一些优美的文论。他的这种新的文学视

---

① E. C. Mossner, *The Life of David Hume*, London, Oxford University Press, 1980, Second Edition, p. 32.
② Ibid., p. 31.
③ 例如在休谟早年的笔记第二本上有希腊喜剧诗人伊壁查米(Epicharmus)的名言:Keep sober (or Be sober-minded) and remember to be skeptical.(头脑要清醒,凡事持怀疑。——休谟:《人性论》,关文运译,北京:商务印书馆1980年版,第742页。
④ 萨缪尔·冯·普芬多夫(Samul von Puffendorf, 1632—1694),德国著名法学家、哲学家、数学家。

角广受学生欢迎,是以后 25 年里爱丁堡文学繁荣的先声。休谟在其指导下写了《历史论文:论骑士制度和现代荣誉》(An Historical Essay on Chivalry and Modern Honour),获得好评。[1]

休谟回忆青年阶段的学习生涯时说:"因为我的好学、沉静和勤勉,所以众人都想,法律才是适合我的行业。不过除了哲学和一般学问的钻研之外,我对任何事情都感到一种不可抑制的厌恶。因此,当他们以为我正在披阅屋艾特(Voet)和维尼乌斯(Vinnius)的时候,我实际在暗暗贪读西塞罗(Cicero)和维吉尔(Virgil)诸位作家。"[2]休谟特别推崇古罗马演说家西塞罗,在其论著中多处引证西塞罗的观点,有学者统计,系统考察休谟的著作,西塞罗的名字被提及达五十多处。[3] 休谟去世前不久仍在修改并对之津津乐道的《自然宗教对话录》,以写作技巧和理性的胜利而著称,他曾多次暗示这一对话录形式是效仿西塞罗的。西塞罗虽然没有在史学方面提供具体意见,但他爱读书、勤思考、善怀疑的个性却是富有史学精神的。他的思想涵盖政治、教育、文学及法学等多个领域。他主张综合各派的学说,因此被认为是古代折中主义最典型的代表。西塞罗认为,自然的发展是有其自然法则的必然性所决定的,同时他又认为虽然我们缺乏一种可以区分真理和谬误的方法,但是在现实生活中把握可能性就足够了。休谟虽然在哲学上持怀疑主义的态度和不可知论,但同样也持常识和习惯的信念。

古典文化是影响休谟历史认识的一个重要因素。在休谟的论著中可以看到许多历史学家的名字特别是古典史学家,如塔西佗、波利比乌斯、普鲁塔克等。古典史学家对休谟史学影响最重者当属修昔底德。休谟多次引证修昔底德的论述,例如:"修昔底德告诉我们,在雅典那场著名的瘟疫期间,死亡仿佛随时都会降临到每个人头上,民众中盛行着一种放荡的欢乐情绪。人们互相劝告说:只要还活着就该尽情地享受生活"。[4] 他为修昔底德的文笔倾倒,曾赞叹说:"修昔底德在着力刻划所有希腊城邦之间倾轧内讧所造成的混乱局面时,充分表现了这位历史学家文笔的刚劲简练,以及希腊语言的词汇生动传神。"[5]

---

[1] E. C. Mossner, *The Life of David Hume*, London, Oxford University Press, 1980, Second Edition, pp. 35—51.
[2] Ibid., p. 611.
[3] Peter Jones, *Hume's Entiments: Their Ciceronian and French Context*, Edinburgh, Edinburgh University Press, 1982, p. 30.
[4] David Hume, *Essays Moral, Political, Literary*, Indianapolis: Liberty Fund, 1987, p. 116.
[5] Ibid., p. 231 - 232.

那个时代对真实的渴望引起人们对修昔底德的重新关注,休谟也不例外,他相信历史是真实的代言人,从而认为:"从修昔底德的第一页起,才是正史的开端。在此以前的一切记载,都大量掺杂着传说的成分,哲学家们应该尽量少引用,留给诗人和演说家们当作修辞手段吧。"①修昔底德为西方史学树立了求真求实的治史宗旨。这源于他的一种追求:"关于战争事件的叙述,我确定了一个原则:不要偶然听到一个故事就写下来,甚至也不单凭我自己的一般印象作为根据;我所描述的事件,不是我亲自看见的,就是我从那些亲自看见这些事情的人那里听到后,经过我仔细考核过了的。就是这样,真理还是不容易发现的:不同的目击者对于同一个事件,有不同的说法,由于他们或者偏袒这一边,或者偏袒那一边,或者由于记忆的不完全。我这部历史著作很可能读起来不引人入胜,因为书中缺少虚构的故事。"②他还坚持说:"在研究过去的历史而得到我的结论时,我认为我们不能相信传说中的每个细节。"③启蒙时期有学者认为修昔底德:"是没有偏见的;如果不是他自己经常提到'雅典人修昔底德'的话,天真的读者有时会诧异他是那一国的人"④。正是在这个意义上,休谟认为修昔底德的《伯罗奔尼撒战争史》才是正史的开端。在《英国史》开篇,休谟就确立了书写信史的通则。

修昔底德重视人在历史发展中的作用,他通过伯里克利之口说:"人是第一重要的,其他一切都是人的劳动成果。"⑤尼西阿斯也鼓励他的士兵:"你们中间的雅典人会重建雅典的伟大势力,虽然现在倾复了。建立城市的是人,而不是那些没有人的城墙或船舰。"⑥其历史观的基础是人性变化缓慢的观念,他相信那些想要清楚地了解过去所发生的事件和将来也会发生的类似事件的人会从这本书里获益,因为人性相对不变。⑦休谟坚守这一理念,并从中寻出史学的实用意义。这一想法不仅使其学说自相矛盾,还为后人所诟病,柯林伍德就认为那是实质主义的最后残遗。

修昔底德注意到经济、政治和军事之间的关系,并重视经济因素对历

---

① David Hume, *Essays Moral, Political, Literary*, Indianapolis: Liberty Fund, 1987, p. 237.
② 〔古希腊〕修昔底德:《伯罗奔尼撒战争史》,谢德风译,北京:商务印书馆1960年版,第17—18页。
③ 同上书,第16页。
④ 同上书,第20页。
⑤ 同上书,第103页。
⑥ 同上书,第556页。
⑦ 同上书,第17—18页。

史发展的影响;重视对人类历史上的风俗习惯的描述,他还是第一个试图揭示历史事件因果关系的历史学家,这些都影响到休谟的历史写作。

2. 经验主义的传承

休谟史学思想的另一个来源是本土的经验主义。英国思想多少世纪以来就富于经验主义传统。16世纪末到17世纪初,在英国资本主义发展和资产阶级革命拉开序幕之时,哲学界出现了一位富有开拓性的学者——弗兰西斯·培根。虽然经验主义在古希腊历史文化中早见端倪,但真正竖起这面旗帜的无疑是培根。可以说:"英国唯物主义和整个现代实验科学的真正始祖是培根。"①英国的经验主义形成传统,经培根、霍布斯和洛克、贝克莱,直到18世纪上半叶的休谟将经验论推向极致,提出了近代哲学中第一个怀疑论哲学体系。

在经验主义传统浸润下的休谟对其应用可谓驾轻就熟。他曾多次引证经验主义哲学家的观点,如"培根爵士曾说:南方人通常都比北方人更具创造才能,但寒冷地区的人中若出现了一位天才,他的才具便会比南方才子所能达到的还高。后来有一位作家证实了培根的这个见解,他将南方才子比作黄瓜,说黄瓜的品质通常都很不错,但最好的黄瓜也只能算是一种没有味道的水果。而北方的天才则犹如甜瓜,其中品质良好的虽然不到一半,但只要是好瓜,其滋味便一定鲜美无比"。②引文中的这位作家所言,就是爱尔兰主教、哲学家贝克莱所著《小哲学家》(*Minute Philosopher*)第5篇第26节对话中克里托所说的话。休谟对经验感知和观察方法的信赖源自对培根尤其是牛顿科学方法的信任,培根和牛顿所处的时代即17世纪的知识展示了一个简单而理智的社会,在这个世界里,自然规律支配着人们生活;中国人和欧洲人遵奉同一样的伦理、有着同样的习性;通过实验和观察可以探测宇宙自然的秘密……,这也是培根和牛顿的信念。牛顿的方法对休谟影响尤甚,他的《人性论》副标题是"在精神科学中采用实验推理方法的一个尝试",就是期望用牛顿提供的自然科学研究方法来考察精神科学。他对观察方法的运用也得心应手。他甚至认为:"我们离了观察和经验的帮助,那我们便不能妄来决定任何一件事情,妄来推论任何原因或结果。"③

休谟是一位经验主义的集大成者。像其他经验论者一样,休谟也把

---

① 〔德〕马克思、恩格斯:《神圣家族》,《马克思恩格斯文集》第1卷,北京:人民出版社2009年版,第331页。

② David Hume, *Essays Moral*, *Political*, *Literary*, Indianapolis: Liberty Fund, 1987, p. 132.

③ 〔英〕休谟:《人类理解研究》,关文运译,北京:商务印书馆1957年版,第30页。

感觉经验确立为知识的前提和基础,他明确表示:"思想中的一切材料都是由外部的或内部的感觉来的。人心和意志所能为力的,只是把它们加以混合和配列罢了。"①通过感觉经验获得的名为"知觉",知觉又区分为"印象"和"观念"。二者有所区别,所以"各给以一个特殊名称,以标志这种差异",②但这种区别只是进入人们思想或意识中的强烈程度和生动程度各不相同,并没有实质区分。在继续追问感觉经验的来源时,休谟的前辈——经验论者洛克和贝克莱的论述有了分歧,洛克创立了"物质实体"和"精神实体"的形而上判断,贝克莱批判了洛克的物质实体,却保留了上帝,即精神实体。休谟则持彻底的经验主义立场,他始终坚持人类的观念超不出其经验这一原则。依据这一立场,休谟对"实体"进行了反思,他没有像贝克莱那样否定物质实体,而是认为人们关于实体的观念不是源于感觉印象就是源于反省印象,从感觉印象获得的不过是一些颜色、声音、味道等等,从反省印象获得的是一些情感和情绪,显然它们都不可能等同于实体,既然人们没有关于实体的任何经验,就不能肯定它们的存在,也不能否定它们的存在,只能采取不可知的态度,对精神实体的态度也应如此。休谟进一步确立了知识体系,他认为真正的知识建立在经验基础之上,不可能普遍适用,也就意味着知识适用于特定的环境。他也承认存在逻辑概念的真理,但它不解决现实生活的问题。

正是因为休谟史学思想流衍着经验主义的风韵,这位充满了怀疑和不可知论色彩的哲学家,同时还是一位出色的历史学家。经验主义与历史学有着天生的亲缘关系,正如柯林武德所认识的那样,经验主义者的认识至少在四个方面有利于历史学的生存:否定天赋观念而坚持知识来自经验。如果全部知识是建立在经验上,那么它就是一种历史产物;否定了有意沟通所谓的观念和事物二者间的鸿沟的任何论证。它是观察历史知识的最自然的方式;否定抽象观念并坚持一切观念都是具体的。它显然也是思考历史的自然方式;人类知识的概念尽管没有绝对的真理和确实性却能够达到我们的情况所需要的那种确实性,或者理性是不能驱散怀疑的乌云,但是大自然本身(我们的人性)却足以达到那个目的。③实际上,历史凭借人类的记忆能力方被培根重视,他把知识划分为诗歌、历

---

① 〔英〕休谟:《人类理解研究》,关文运译,北京:商务印书馆1957年版,第21页。
② 〔英〕休谟:《人性论》,关文运译,北京:商务印书馆1980年版,第10页。
③ 〔英〕柯林武德:《历史的观念》,何兆武、张文杰、陈新译,北京:北京大学出版社2010年版,第74页。

史学和哲学三大领域,由想象、记忆和理解这三种能力驾驭。但记忆是一种巨大的力量。"只要记忆与'实际发生的'经验相关,历史就仍然是对集体记忆中这种经验因素的一种言说。"①历史也是凭借人类的记忆能力方被休谟重视,他相信人类可以在前人的经验基础之上,走得更远,发展得更快。

经验主义促使英国学派"朝着历史学的方向在给哲学重新定向,虽然大体上说,它并没有清楚地觉察到自己正在这样做。然而,休谟对这种形势却不像他的前人那样盲目"。② 他在 35 岁左右时就开始把主要精力放在历史的研究上了。至于他的哲学和史学的关系学界评论不一,但一个确定的事实是在他的思想体系里历史学已经与哲学并驾齐驱。

另外,经验主义大师霍布斯、洛克等人虽然态度并不明确但已经表现出对历史的特殊兴趣。如洛克便是通过追溯财产权的起源而建立起一套有关财产权的理论的。而休谟在《英国史》,特别是《宗教的自然史》中所使用的为后人称道的正是这种倒溯的历史研究方法。

3. 与启蒙理性的对话

有着源远流长的爱国主义传统的苏格兰因为发展迟滞、贫穷落后,在与英格兰合并之后,不可避免地要思考苏格兰会不会像爱尔兰一样沦为英格兰经济的附庸?"苏格兰思想家们试图在法国先进的理性主义文化中寻找答案,法国的理性主义思想很快在苏格兰广泛传播开来。"③因为苏格兰和法国之间特殊的渊源关系,法国学者特别是早期理性思想家在苏格兰有广泛的影响。在休谟的文论中经常可见关于理性的说法,例如,在《论趣味的标准》(The Standard of Taste)一文中,休谟非常明确地说:"本文的目的是想从理性的角度对各种情感作一初步分析。"④"勤劳、知识和人道这三者就由一个不可分割的链条联结在一起,并从经验和理性中见到它们进一步的加工洗炼。"⑤又说:"的确,在诗歌方面,其他民族虽然可以和我们抗衡,在其他一些足以欣赏的文艺方面,他们虽然可以超过我们,而理性和哲学的进步,却只能归功于我们这个容忍和自由的国家。"⑥自豪之情溢于

---

① 〔德〕德罗伊森:《历史知识理论·序一》,胡昌智译,北京:北京大学出版社 2006 年版,第Ⅱ页。
② (英)柯林武德:《历史的观念》,何兆武、张文杰、陈新译,北京:北京大学出版社 2010 年版,第 74 页。
③ 张钦:《休谟伦理思想研究》,北京:中国社会科学出版社 2008 年版,第 20 页。
④ David Hume, Essays Moral, Political, Literary, Indianapolis: Liberty Fund, 1987, p.146.
⑤ Ibid., p.164.
⑥ 〔英〕休谟:《人性论》,关文运译,北京:商务印书馆 1980 年版,第 4 页。

言表。不过,休谟的这些言论不能简单地被视作对理性的认可和推崇,在休谟论著中,这种理性实际上是启蒙理性,更确切地说是怀疑和批判精神。

怀疑和批判精神不能不追溯到笛卡尔等法国思想家。1737年,休谟在写给伦敦一位朋友的信中说:"我希望如果你有空的话,读一下马勒伯朗士爵士的《关于形而上学的对话》、贝克莱博士的《人类知识原理》,以及培尔的《辞典》中形而上学较强的一些条目,如有关芝诺和斯宾诺莎的那些条目。笛卡尔的《沉思》也是有用的,但我不知道你是否容易在你的熟人中找到它。这些书将使你便于理解我的推理中形而上学的部分,而至于我的推理的其他部分,由于它们很少依据于以往的一切哲学体系,所以,你的天生的良好的辨别力将足以使你对它们的力量和可靠性作出判断。"[1]特别是笛卡尔所倡导的"普遍怀疑"的方法,以及蒙田主张用怀疑的眼光重新审视一切,抨击天主教颂扬理性,实是启蒙理性的滥觞。休谟的历史著作中有大量引证这类思想的例子,如对理性思想家怀疑方法的赞同和反思:"有一种先行于一切研究和哲学的怀疑主义,笛卡尔以及别的人们曾以此种主义谆谆教人,认为它是防止错误和仓促判断的无上良药。那个主义提倡一种普遍的怀疑,它不只教我们来怀疑我们先前的一切意见和原则,还要我们来怀疑自己的各种官能。"[2]但"笛卡尔式的怀疑如果是任何人所能达到的(它分明是不能达到的),那它是完全不可救药的。而且任何推论都不能使我们在任何题目方面达到确信的地步"[3]。不过"我们必须承认,这种怀疑主义在较中和的时候,我们正可以认为它是很合理的"[4]。这种温和的怀疑主义尤其适用于历史写作中。例如,培尔著有《历史批判辞典》,他并不是像笛卡尔那样对历史予以摈弃或排斥,他醉心事实,企图把全部知识都建立在确立的事实上。和笛卡尔相反,他的怀疑并不针对历史,而是运用这种方法以发现历史真实。简而言之,历史事实是他论证的根据,他的批判工作选择《历史批判辞典》的形式不是偶然的。不过"培尔的天才不在于发现真,而在于发现假"[5]。休谟在《宗教的自然史》等著作中使用的证伪方法和培尔的这一点如出一辙。

---

[1] 原信发表于 *Archiwum Historii Filozoflii Mysli Spolecznej*,第9期,第127—141页。转引自周晓亮:《休谟哲学研究》,人民出版社1999年版,第73页。
[2] 〔英〕休谟:《人类理解研究》,关文运译,北京:商务印书馆1957年版,第132—133页。
[3] 同上。
[4] 同上书,第133页。
[5] 〔德〕E.卡西尔:《启蒙哲学》,顾伟铭译,济南:山东人民出版社2007年第2版,第190页。

休谟本人与法国有着不同寻常的联系,他的第一部著作《人性论》就是在法国写成的。他还作为大使秘书出使法国,在法国的日子应该是休谟一生最意气勃发、春风得意的时候。① 相较于同笛卡尔等思想家的神交,休谟和同时代法国学者的直接对话更是影响了他的历史认识。学界普遍认为18世纪是个"非历史"的世纪,毋宁说,它是接踵而至的浪漫主义运动在历史领域反对启蒙运动时创造的一个战斗口号。另外柯林武德的批评未免有些现代人的自大,就算诚如他所言18世纪有的只是"人性的科学"而不是历史学,那其实也是历史学发展过程中的一种形态。这个世纪"致力于对历史获得清楚明白的观念,认清一般和特殊、观念和实在、法律和事实之间的关系,精确地划清它们之间的界限,力图由此把握历史的意义"②。启蒙运动不仅极大促进社会的变革也推动了史学的发展。它以理性主义史学为其主要特征,摈弃虚妄的神学史观,相信历史运动的前进性和可预见性。

这一时期的历史学家们"努力开拓历史编纂学的新天地,开始打破西方史学中的政治史传统,重视经济因素和文化因素在历史发展中的作用,力图把人类活动的各个方面都列入历史研究的领域,并出现了近代意义上的世界通史"③。代表人物如伏尔泰,在历史领域,他勇敢地提出一种新的方法论方案。《路易十四时代》著述的目的就是"着重描绘那个时代人们的精神面貌和文化技艺的日臻完美"④。早在16世纪波普利尼埃尔(La Popeliniere,1540-1608)就提出"完整历史"的概念,以及他主张探究各种艺术和科学的起源、进展与变迁,尤其是关于一般文化人类学的出色构想。此后,法学家兼历史学家帕基耶(Etienne Pasquier,1529-1615)及其同仁主张,人类创造了他们自身,只有研讨他们的思想遗产及其所处的社会,才能获得自我意识。他们首次提出史学研究的主要对象是基于文化的内容和结构所表现的人类状况。文化(文明)在他们那里,基本上包括语言、法律和各种技艺等。⑤ 而18世纪则"是近代西方文化观念逐步酝酿成熟的年代"⑥。伏尔泰认为历史学家不能再仅局限于政治军事的记述,重要的是

---

① 〔英〕大卫·埃德蒙兹:《卢梭与休谟——他们的时代恩怨》,上海:上海人民出版社2013年版,第77—92页。

② 〔德〕E.卡西尔:《启蒙哲学》,顾伟铭译,济南:山东人民出版社2007年第2版,第183页。

③ 张广智主著:《西方史学史》第三版,上海:复旦大学出版社2010版,第134—135页。

④ 〔法〕伏尔泰:《路易十四时代·序言1》,吴模信等译,北京:商务印书馆1982年版。

⑤ 张广智、张广勇:《史学:文化中的文化》,上海:上海社会科学出版社2003年版,第239—240页。

⑥ 同上书,第240页。

研究人类,因为人类社会的规律要在人性中寻找。伏尔泰还是进步观念的热烈预言者,但他又认为人类永远是基本相同的,真正的人性从未改变过。俄国诗人普希金说:"伏尔泰是第一个走上了新的道路,并把哲学的明灯带进了黑暗的历史档案库中。"①休谟把伏尔泰视为楷模。伏尔泰只是提出"历史哲学"这个概念,而他却是身体力行地把历史和哲学紧密结合在一起。

另外,他们的历史叙述在内容上也有很多相似之处。都持实用的确切地说是道德说教的历史观;在进入史学领域时都有明确的哲学观点甚至影响他们的史学;都痛恨迷信、狂热、褊狭;都谴责形而上的、主观唯心的、神意的人类历史;最后,都极端强调道德因素,并区别道德的进步与文化的进步。②像伏尔泰那样,休谟撰史不局限于政治军事史,在叙述完詹姆士一世朝的历史后附一章,论及当时的社会政治、经济文化、风俗习惯等。经詹姆士的努力,或者,更确切地说应归功于那个民族,他们促进了商业的繁荣,但更大的成功当属知识的进步。当时不仅出现莎士比亚、约翰逊、费尔法克斯、唐纳等一些知名文人。知识界最大的成功是出现了培根爵士,他可能比不上同时代的伽利略,甚至也比不上开普勒,但他却是一个全才,他是演说家、商人、智者、政治家、爵士,还是作家、哲学家。仅仅考虑他的文学和哲学也已经成就斐然,可以这样说,他一定程度上指明了通往真正哲学的道路。③ 政治冲突弥漫在 16 世纪的欧洲,当时所有基督教国家彼此联合以形成一个广泛的政治体系,但是随着路德的出现,这个体系瓦解,路德的纲要应更多地归功于学问的复兴和印刷的进步,"而不是说,理性在帮助人们睁开眼看清天主教会的欺诈方面产生了多大的作用"。④ 即使在寻常章节也可看出休谟对风俗习惯的青睐。他指出,"在所有野蛮人的邦国里,日耳曼人以其习俗和政制,堪称翘楚。野蛮人除了勇敢,大多不知公义和人道为何物,而日耳曼人崇尚武德、热爱自由,配得上较好的评价。"⑤无怪乎巴恩斯在《历史著作史》中认为休谟在史学领域是伏尔泰的追随者。

---

① 转引自〔苏〕维·彼·沃尔金:《十八世纪法国社会思想的发展》,杨穆、金颖译,北京:商务印书馆1983年版,第34页。
② J. B. Black, *The Art of History*, London, Methuen, 1926, p. 78.
③ David Hume, *The History of England*, Vol. Ⅴ, London, T. Cadell, 1778, pp. 151—155.
④ David Hume, *The History of England*, Vol. Ⅲ, London, T. Cadell, 1778, p. 140.
⑤ David Hume, *The History of England*, Vol. Ⅰ, London, T. Cadell, 1778, pp. 4—5.

二、休谟史学中的哲学批判

休谟是一位历史学家,同时也是位了不起的哲学家,他的历史认识蕴涵着深刻的哲学思考。

1. 历史研究的前提批判

"事实"关系到历史学的可信性,它和虚构之间一度界限严明,然而现在这个边界正在逐渐模糊。历史思维往往带有历史学家的前提假设,在这种情况下,历史学有义务对其进行反思。休谟对事实或历史事实的质疑和思考值得关注。

对事实或事件的重视、思考与历史学科的发展紧密相关。整个希腊化晚期和罗马时代,历史学受轻视的传统流传了下来。"随着基督教的出现——一些宣称是历史事实的事件被升华了,尤其是与耶稣有关的事件被提升到一种普遍重要性的高度——人们认为这会对历史学的科学地位有所强化,然而这种情况并没有出现。"[1]历史学在随后发展起来的经院哲学体系中依然受到怠慢。到了14世纪的文艺复兴时期,"文艺复兴"与其说是重新发现、估价古典文化,不如说是启发和引导了近代文化。它的特征之一就是对历史抱有浓厚的兴趣,但大多不是为历史而历史,而是要解决现实的问题。同时17世纪自然科学日新月异的发展,人们对必然性知识的追求,导致历史学不被重视也是情理之中了。被誉为现代哲学之父的笛卡尔对史学的社会价值称颂不已,"史传上的丰功伟业,可以激励人心;精研史册,可以有助于英明善断"。[2] 但他又说,如果求真理的学问是树,则哲学是根,物理学是干,而医学、机械学和道德学是树枝。[3] 他之所以放弃将历史学作为真理之源,是因为他发现历史的变动不居,历史学不可避免的选择性。

18世纪的苏格兰启蒙运动巨擘——休谟,在经验论立场上把知识进行了分类:"人类理性(或研究)的一切对象可以自然分为两种,就是观念的关系(Relations of Ideas)和实际的事情(Matters of Fact)。"[4]所谓"观念

---

[1] Burns, R. M. Pickard, H. R.:《历史哲学:从启蒙到后现代性》,张羽佳译,北京:北京师范大学出版社2008年版,第10页。
[2] 〔法〕笛卡尔:《谈谈方法》,王太庆译,北京:商务印书馆2000年版,第6页。
[3] 同上书,第61页。
[4] 〔英〕休谟:《人类理解研究》,关文运译,北京:商务印书馆1957年版,第26页。

的关系"是指"几何、代数、三角诸科学",即"任何断言,凡有直觉的确定性或解证的确定性的",都属于这一种。而历史无疑属于后者——"实际的事情"。这类对象"各种事实的反面总是可能的;因为它从不曾含着任何矛盾,而且人心在构想它时也很轻便,很清晰,正如那种反面的事实是很契合于实在情形那样"①。人类研究的对象有两种,一种是研究确定性的,不可变更的知识如数学;另一种则专门研究可能性的的知识,他把历史学和自然科学统一到可然性推论的学科中,认为:"可然性的推论有两种对象,一为特殊的事实,一为概括的事实。人生中一切思考都涉及前者;历史学中、年代学中、地理学中和天文学中一切研究,也涉及前者。关于研究概括事实的科学,则有政治学、自然哲学、物理学、化学等等。"②历史学作为研究特殊事实的学科属可然性推论。

休谟知识论体系的建立将历史学正式纳入学科体系之中,并使之与自然科学并肩而立。这与17世纪学术氛围有关,当时出现了一种关于可能性判断的理论兴趣。③ 它反对以往把知识视作确定性的观点。一方面,帕斯卡尔等人考察各种形式的数学可能性判断;另一方面,阿诺德则探讨"道德或然性"的判断。对偶然性、特殊性的关注助益于历史学的发展,历史知识不再仅仅是被当作一般规律的例证而是具有自身特殊性被知晓。尤其是英格兰,在生活的各个领域都存在这种关于"道德或然性"的判断。随后的启蒙时期,虽不是历史感浓厚的时代,却是对历史学深入思考的时代。休谟知识体系的确立在其中居功至伟。因为休谟的经验主义和怀疑主义的立场,批判抽象观念,坚持一切观念的具体性,相信知识与实在无涉,而仅仅关涉自身一致与否,被认为放弃实在论,而列入"非现实主义者"行列。后世学者从休谟著作里看到历史主义思想的萌芽。柯林武德指出,当时英国学界正朝着历史学方向给哲学以重新定向。

随着19世纪的来临,克丽奥有了自己尊贵的身份。在事实面前,人们奏唱着胜利的华丽乐章,他们不假思索、无比信赖这位"忠仆"。事实或仅就历史事实而言,它被理所当然地看作历史研究的客体,因此历史就是一系列事实的集合。事实为何物或者事实是否存在并不重要,人们要做得不是阐释事实,而是确定事实。实证主义者极力宣称历史是一门科学,对这

---

① 〔英〕休谟:《人类理解研究》,关文运译,北京:商务印书馆1957年版,第26页。
② 同上书,第145页。
③ Burns, R. M. Pickard, H. R.:《历史哲学:从启蒙到后现代性》,张羽佳译,北京:北京师范大学出版社2008年版,第13页。

种事实的崇拜施加极大地影响。实证主义的兴起是自然科学发展的结果,却从休谟那里获得丰富的精神养料。艾耶尔十分清楚休谟曾经提出过"一个卓越的实证主义的立场"[①],认为他在《人类理解研究》的结束语中确定了一种实证主义的原则。一个更明显的证据是休谟早年的作品《人性论》,也是其代表作,副标题就是"在精神科学中采用实验推理方法的一个尝试"。其实休谟《英国史》也是实证主义史家约翰·穆勒的幼年读物。[②] 实证主义的目的是超越神学或形而上学的界限,只研究实在、有用的东西的知识,他们坚持休谟的经典立场,相信人文科学与自然科学之间没有本质的区别。实证主义者希望发现历史的规律,但这首先需要确定事实,然后从事实中得出结论,这种历史观正适合自洛克以降的经验主义传统。经验主义者预先假定主、客体之间相分离。像感觉印象一样,事实从外部影响着观察者,历史学者接受事实的过程是被动的,接受了事实之后,方才可以以事实为依据行事。

休谟对事实的重视,赋予历史学在知识结构中一席之地,这不妨碍他对(历史)事实的质疑和反思。怀疑论立场也是休谟一以贯之的态度,他曾言:"长期以来,我一直在怀疑哲学家们对一切问题的论断,并且发现自己更喜欢质疑他们的结论,而不是赞成他们的结论。"休谟在谈到历史事实时,他的意见是:"由古籍流传下来的事实,不是模棱两可,便是残阙不全,使我们无从获得任何明确的东西。"[③]实际上,"当一个历史的事实,从亲历者和同代人那里经由口述传统传下来时,在每一次前后相继的叙事中都会得到修饰,最后也许只保留了与它由之而来的原初真相很少——如果说还有的话——的相似之处。在论述和推理几乎无足轻重,也无法唤回曾经从这些叙事中逃遁的真相的地方"[④]。休谟同样认为:"历史不过是追求着自己目的的人的活动而已。"[⑤]他相信:地理环境、工具和机器,似乎应该是人们考究的对象,但实际上,在所有这些东西背后的是人类。对于优秀史家

---

① Ayer, A. J., *Logical Positivism*, Free Press, 1959, pp. 69—75. 转引自 Burns, R. M. Pickard, H. R.:《历史哲学:从启蒙到后现代性》,张羽佳译,北京:北京师范大学出版社 2008 年版,第 141 页。
② 〔英〕约翰·穆勒:《约翰·穆勒自传》,吴良健、吴衡康译,北京:商务印书馆 1998 年版,第 13 页。
③ 〔英〕休谟:《休谟经济论文选·论古代国家的人口稠密》,陈玮译,北京:商务印书馆 1984 年版,第 129 页。
④ 〔英〕休谟:《宗教的自然史》,徐晓宏译,上海:上海人民出版社 2003 年版,第 8 页。
⑤ 〔德〕马克思、恩格斯:《神圣家族》,《马克思恩格斯文集》第 1 卷,北京:人民出版社 2009 年版,第 295 页。

而言,只有人,才是他所追求了解的目标,否则,充其量只是博学的把戏。在休谟那里,历史研究要关心的不是一般意义上的事实,而是具有思想的行为,特别是行为主体。他或它充满了各种可能性。

休谟进一步区别了事实与价值、"是"与"应该"的关系。他说,"判断美丑和令人愉悦或厌恶的性质却不同于判断真伪对错"①。可是"判断美丑等性质时,心灵并不满足于只是考察对象,并不将对象仅仅看作对象本身,而会在观察后产生好恶及褒贬的情感,这些情感势必会将美丑及好恶的判断附加在对象上"②。休谟认为,价值判断不等于事实判断。受休谟极大影响的钱钟书曾有类似言论"一主事实而一重鉴赏也。相辅而行,各有本位",又说:"史以传信,位置之重轻,风气之流布,皆信之事也,可以证验而得;非欣赏领会之比,微乎!茫乎!"③彼彻姆指出,后世的理解偏离了休谟的初衷:"休谟实际上只想表明还存在着学派之间的分歧,但是许多哲学家一直将其解释为他在坚持这样一个观点:价值陈述不能从纯事实陈述中推导出来,因为在逻辑上至少要求有一个非事实的价值前提。休谟的这一萌芽状态的论点,到 20 世纪初叶被 G. E. 摩尔以新颖的手法加以发展。"④也许它有更深刻的内涵,无论如何,休谟的价值陈述与事实陈述存在对立被传承了下来。

休谟的这种"对立论"可能也与启蒙时期的学风有关。根据与休谟私交甚好的吉本自述,当时历史学家的身份是值得尊重的,不过受尊重的历史作品不是考订、考古之作,而是蕴涵哲理和道德训诫的叙述文,而备受尊崇的《罗马帝国衰亡史》也被学界认为是从博学式经典考据向近代历史叙述转型的代表作。其实,休谟的《英格兰史》和罗伯逊的《苏格兰史》都可以算作叙述型作品。在这种氛围下,休谟对价值判断和事实判断不是一回事的论述是有先见的。

值得注意的是,休谟之前及同时代,对"事实"乏人思索,在历史研究中,人们至多追求客观、真实的历史事实。而且随后历史学专业化的 19 世纪,这一趋势不断被深化,历史是人类经历的真实的、能够被证实的存在,是事实的保证,而事实是历史编撰的基础。历史学家可以从文献、遗存或

---

① 〔英〕休谟:《休谟散文集·怀疑论者》,肖聿译,北京:中国社会科学出版社 2006 年版,第 76 页。
② 同上。
③ 钱钟书:《钱钟书散文》,杭州:浙江文艺出版社 1997 年版,第 491 页。
④ 〔美〕汤姆. L. 彼彻姆:《哲学的伦理学》,雷克勤等译,北京:中国社会科学出版社 1990 年版,第 508 页。

遗迹等处获得事实。历史编撰的目的就是再现过去,而历史文本的目的是呈现历史事实。如此,则无论是作者还是读者,都获得了确定性的心满意足。当时的学者在论证自己的主题时,大都青睐用"事实"提高自己的可信度,他们引经据典,用"事实"来表达自己所言不虚。19世纪晚期成书,对诸多国家史学研究有颇多影响的法语作品《史学原论》,其作者朗格诺瓦和瑟诺博司相信从材料中可以合法推论出事实,事实或历史事实是被当作确信无疑的"事实"来加以使用的。英国历史学家F.约克·鲍威尔于1898年7月完成的介绍此书的文章中指出:"历史学家的工作,是要从那些他所关注的人物和情势中找出所能知道的事实;并在他的读者面前,以一种晓畅明白的形式陈述他所能确定的事实;最终,厘清并努力查明他所确定的那些事实能够带来何种科学的用途",而且确信"无论我们是否喜欢历史,历史都必须被科学地研究,而且在研究者面前,这不是一个风格问题,而是一个精确性的问题、全面观察的问题、正确推理的问题"[1]。1900年在巴黎举办的世界博览会上,亨利·乌赛举办了第一届国际历史学家大会,他指出,"我们再也不想牵涉假设的近似推论,无用的体系和理论,它们看上去堂而皇之,其实是虚有其表的骗人的道德教训。我们要事实、事实、事实——它们本身就蕴涵教育和哲理。我们要真相,全部的真相,除了真相其他一概不要"[2]。

  直到19世纪末,这种对"事实"的迷信才稍有缓和。例如,在法国学者古斯塔夫·勒庞的眼里历史几同于神话,真实的历史是不可求的,所谓的历史人物的生平也是不可信的,不过这些无关紧要。我们需要的并不是真实的历史,而是对民众产生效果的有效神话的历史。[3] 这种有效历史对后来社会发展产生了影响。效果历史的有效性是随时可以发生变化的,其实是一直就处于变动不居之中,人类群体的想象力不断改变它们。[4] 而对"事实"进行反思则是批判历史学兴起才开始的事情。一般认为,批判历史学从1874年英国学者F. H.布莱德雷《批判历史学的前提假设》问世算起,布莱德雷指出:"一切事实都是根据推论而得出的结论或理论。"[5]随着时

---

[1] 〔法〕朗格诺瓦、瑟诺博司:《史学原论》,余伟译,郑州:大象出版社2010年版,第2页。
[2] 转引自Peter Novick, *That Noble Dream · The "Objectivity Question" and the American Historical Profession*, Cambridge University Press, 1988, pp. 37 - 38。
[3] Gustave Le Bon, *The Crowd: A Study of the Popular Mind*, Dover Publications, 2002, p. 20 - 21.
[4] Ibid., p. 21.
[5] 〔英〕F. H.布莱德雷:《批判历史学的前提假设》,何兆武、张丽艳译,北京:北京大学出版社2007年版,第17页。

间推移,人们渐已接受历史学家决定事实这一种观点,而"如实直书"被编织出来只是为了免除吟唱者独立思考所引起的重负。其实,追求事实真相只不过是人们一个高贵的梦想。20世纪60年代,海登·怀特就指责其同行还身陷19世纪的"现实主义"之中不能自拔,这种挑战带来的震动至今未息。所以说,早在18世纪的休谟就对历史事实质疑和思考,具有一定的前瞻性。

休谟对事实的质疑和思考,与其历史研究之间的关系是怎样的?必须考虑英国学者G. R. 埃尔顿的指责,他说,像柯林武德等人虽然触及草率历史学家的弱点,但他们自己却没有尝试撰写历史,无法依据他们的哲学来分析其史学。① 针对这个问题,在哲学和史学领域均有所成的休谟为人们的考察提供了一个极好的蓝本。

其实,学界对休谟的研究史中,在他的思想体系里哲学和史学的关系问题首当其冲的被提了出来。休谟思想本身复杂,兼人们对他的研究又往往喜欢偏重一方,在这方面有争议也不足为奇。一种观点是二者是从属关系,史学实践是在他的哲学观念的观照下进行的。如出版于1942年的《历史著作史》就批评说,"固定地应用哲学观念和先入为主的看法"是休谟写史的一个缺点。② 他在"自己的哲学的束缚下,确信人类天性在任何时间和地点都是一样的,从而忽视了作为其基础的动因和特殊条件"③。这种观点相当流行,直到20世纪后期的研究成果中还能看到它的余脉。维科勒对休谟的《英国史》作了进一步分析,并赞赏备至,然而在他眼里,休谟的《英国史》只是他再一次表达他的哲学观点的中介。④ 因为其哲学认识,"在解释英国史进程的大多数篇幅中,休谟的重点是政治宗教经验的特性和人类性格的特性"⑤。这倒不是唐纳德有意为这种观点张目,只是它具有先天的优势,因为任何一种实践都是在其思想指导下进行的。

柯林武德等人却认为休谟的历史著作是对其哲学兴趣的背离。⑥ 休

---

① 〔英〕G. R. 埃尔顿:《历史学的实践》,刘耀辉译,北京:北京大学出版社2008年版,第49页。
② James Westfall Thompson, *A History of Historical Writing*, Vol. II, New York, The Macmillan Company, 1942, p. 71.
③ Ibid.
④ V. G. Wexler, *David Hume: Historian*, New York, Columbia University Press, 1971, p. 6.
⑤ 〔美〕唐纳德·R. 凯利:《多面的历史——从希罗多德到赫尔德的历史探询》,陈恒、宋立宏译,北京:生活·读书·新知三联书店2003年版,第443页。
⑥ 参见 Schmidt, Claudia M, *David Hume: Reason in History*, Pennsylvania, The Pennsylvania State University Press, 2003, p. 378。

谟怀疑的哲学立场应该会影响到他对历史的理解和叙述,但实际上,他为其历史写作而另辟蹊径反驳这种怀疑论调。相比较哲学原理,休谟更重视历史研究。柯林武德又指出,其实早在写《人性论》的时候休谟就有反对笛卡尔之贬低史学的意识了,甚至认为,休谟的全部哲学都是对历史学思想的一种深思熟虑的辩护。① 这种观点同样存在于布莱克的《史学艺术》一书中。布莱克说:"有大量事实可以证明休谟对历史的兴趣是天生的,从很早他就开始涉猎古代史家的著作。史学知识极大的丰富了他的哲学和经济学方面的研究,这虽然是个事实但他并非有意为之。他的随笔也多是这类阅读的结果。此外,他整个的哲学认识就是要强调他早先获得的史实的重要性。"②

但是,这种观点在最近的研究中也遭到挑战,认为休谟为历史而放弃了哲学的老观点这种天真形式的论断是过于简化了。③ 目前学界普遍认为休谟的哲学观点和他的史学实践是相辅相成的。人们在考察休谟思想时同时兼顾其史学和哲学上的成就。休谟和维柯、黑格尔、马克思、柯林武德等人一样,看到历史学在人类认知中的意义。甚至休谟哲学中隐含着近代史学意识。④ 伯恩斯和皮卡德合著的《历史哲学:从启蒙到后现代性》就是把休谟作为一位历史哲学家加以考察。也因此在休谟那里发现了更丰富的历史思想。列文斯通主编的《休谟〈英国史〉中的自由》和施密特的《大卫·休谟:历史中的理性》就是这一思潮影响下的努力。和列文斯通等人选择"自由"这一核心概念一样,施密特从"理性"入手重新考察了休谟的史学和哲学著作。

实际如何呢？在休谟看来,历史不但能给我们带来愉悦,还是"一门最能增长知识的学问。我们通常高度重视的所谓'博学',其中很大一部分也不是别的,而正是对历史事实的了解"⑤。广泛地了解历史事实,是文人的

---

① 〔英〕柯林武德:《历史的观念》(增补版),何兆武、张文杰、陈新译,北京:北京大学出版社 2010 年版,第 76 页。
② J. B. Black, *The Art of History*, London, Methuen, 1926, p. 79.
③ 〔美〕唐纳德·R. 凯利:《多面的历史——从希罗多德到赫尔德的历史探询》,陈恒、宋立宏译,北京:生活·读书·新知三联书店 2003 年版,第 442 页。
④ 参见 Schmidt, Claudia M, *David Hume: Reason in History*, Pennsylvania, The Pennsylvania State University Press, 2003, p. 378. 另外,有: Sabine, *Hume's Contribution*; Mossner, *An Apology for David Hume*; Popkin, *Skepticism and the Study of History*; Norton, *History and Philosophy in Hume's Thought*; Stockton, *David Hume Among the Historiographers*; Wootton, *David Hume, The Historian*; Wexler, *David Hume and the History of England*.
⑤ 〔英〕休谟:《休谟散文集·论学习历史》,肖聿译,北京:中国社会科学出版社 2006 年版,第 236 页。

长处,在另一处他又说,"我的确听说:女性对历史并不像我描述的那样反感,只要它是秘史,只要它包含着某种能激起女人好奇心的难忘记录。但在那些趣闻逸事里,我却看不到对史实的起码尊重。因此,我并不认为这个说法能证明女人喜欢学习历史"①。对休谟而言,事实是历史的本质,而历史的功能只能凭借其真实性方能实现。通过真实的历史,才能发现人性中恒常的普遍的原则;也只有如此,我们从历史中得来的道德说教才令人信服。

休谟曾经质疑:"我们对于古代历史上任何一点所以能够相信,显然只是通过了几百万个原因和结果。并通过了长的几乎不可度量的一串论证。……因此,根据前面的推理也许可以得出这样的结论:全部古代史的证据现在必然消失了,或者至少随着原因的连锁的增加和达到更长的程度而逐渐消失。"②他又发现这似乎是违背常识的,后人不应该怀疑历史上曾经出现过尤利斯·恺撒那样一个人,他的解决办法是换一种思路,即:

> 联系任何原始事实和作为信念的基础的现前印象的那些环节虽然是无数的,可是它们都是种类相同,都依靠于印刷者和抄写者的忠实的。一版之后继之以第二版,跟着又印了第三版,这样一直下去,直到我们现在所阅读的这一册。在各个步骤之间并没有变化。我们知道了一个步骤,就知道了一切步骤。我们经历了一个步骤,对其余的步骤就不再怀疑。单是这一个条件就保存了历史的证据,而会把现代的记忆传到最后一代。③

因此,人们在《英国史》中看到的是整体统一的布局和叙述,休谟愿意相信遵循事实能使他言之成理、持之有故。他在一封写给朋友的信中说:"历史学家的第一品质就是求真、无偏见;其次才是有趣。如果你不认为,我已经做到了公正无私,或者如果您的夫人对可怜的查理国王不怀有一丝同情,我将烧掉我所有历史作品,去研究哲学。"④休谟推崇修昔底德,认为他是治史第一人,而后者除了史著出色,也以批评前人不尊重事实真相而

---

① 〔英〕休谟:《休谟散文集·论学习历史》,肖聿译,北京:中国社会科学出版社2006年版,第234—235页。
② 同上书,第163页。
③ 同上书,第164—165页。
④ J. Y. T. Greig, editeal, *The Letters of Hume* Ⅰ, Oxford, Clarendon Press, 1932, p.210.

闻名。

这都是休谟折节相信历史事实的"罪证",为他辩护是不合时宜的,但在博学考据向历史叙述转向的历史时期要求休谟反思历史事实,近乎苛责。而且今天的人们即便已经意识到"事实"的复杂性,意识到这个概念的解释存在诸多困难,也没人愿意用其他概念来取代它,或者说它根本无可替代,因为它已经具有修辞学意义而深入人心。何况在历史研究中坚持执中立场正是休谟的追求,休谟和伏尔泰不同,后者更似一位斗士,而前者是一位学者。在日常生活中,休谟希望身处一个和谐的环境;在历史研究中,他希望保持一种客观中立的立场。他相信:"生活中的居中之位更有助于美德与智慧,也更有助于幸福。"① 他认为:"通晓安邦定国之术,自然会产生宽厚中庸之道,用高尚的立身处世之道来教化万民,而不用酷刑峻法,因为苛政会导致官逼民反。"② 教化正是历史学三大功能之一。相比较哲学的玄思和文学的虚构,历史的优势正在于它"恰恰处于这两个极端的正中,从真实的视点考察对象"③。而"史书的作者和读者对历史人物和事件的兴趣,足以使他们作出如实的褒贬判断,同时他们也绝不会怀有妨碍其判断力的利欲或私心"④。对文明进步的信念阻止休谟滑向极端怀疑主义。很多时候,哲学和史学在休谟的知识体系里是被区别来看的,史学这门经验科学与人类日常生活息息相关,它的教化功能也体现在这种中庸立场上。在这点上,威廉·罗伯逊有类似倾向,第四章有述。

2. 历史经验的可靠性

休谟的怀疑主义与其历史性立场相关,这种历史性立场关涉具体处境和事件,由经验主义衍生而来。在历史研究中,怀疑主义所导致的证据缺失由经验来弥补,二者相互生成、彼此制约。休谟作为经验主义者是学界共识,不过经验还可以细分:生活经验和智识经验。前者倾向于从直觉体验生活世界而得出经验结论;后者倾向于从内在体验和反省心理活动而得出经验结论,比如笛卡尔的"我思故我在"。简单地讲,智识经验促成休谟的怀疑主义立场,而生活经验为休谟在历史研究中所

---

① 〔英〕休谟:《休谟散文集·论生活的居中之位》,肖聿译,北京:中国社会科学出版社2006年版,第115页。
② 〔英〕休谟:《休谟经济论文选·论技艺的日新月异》,陈玮译,北京:商务印书馆1984年版,第22页。
③ 〔英〕休谟:《休谟散文集·论学习历史》,肖聿译,北京:中国社会科学出版社2006年版,第238页。
④ 同上书,第238页。

信赖。

证据链的消失。休谟质疑所有哲学家的言论,他认为这些哲学家都无一例外地提出过分死板的原理,他们"根本没有考虑到广泛的多样性,而大自然在她的所有运作中却极为钟爱多样性。哲学家一旦抓住了他中意的某个原理(它或许能解释很多自然现象),便将它无限扩大,去解释万事万物,将每一种现象都归因于它,尽管他们的推论牵强、荒谬,我们的思维因此而变得狭隘短浅,不能认识大自然的多样性和广度,却以为大自然的运作也像我们的思考一样受到了限制"①。一个生动活泼、变动不居的生活世界被人为的概念和原理切割得支离破碎,这种认识直到19世纪末法国学者柏格森那里才有系统表述,随后这种哲学批判观照下的意识流小说方才兴起。

休谟的怀疑主义立场与其个人学术倾向有关,不过也不能否认当时存在的一种怀疑和批判的学术氛围,可能是对中世纪经院哲学的反动。实际上,怀疑主义"就含在西方文化的骨髓里。到18世纪启蒙运动时,似乎真正的知识分子都不免有某种程度的怀疑论。启蒙运动领袖之一狄德罗曾说:'一切事物都需检验,一切都需过滤筛选。没有任何例外,不怕伤谁的感情'。在狄德罗宣布的新时代里,思考的人必须'无情地践踏'过所有旧的传统,向每一种思考障碍提出质疑。自那时起,没有所谓既定前提,也没有不容质疑的事"②。不过,休谟对怀疑主义也有过自觉审慎的反思,他指责那种粗鄙而愚昧的怀疑主义,它"给通常人以一种抗拒他们所不易了解的事物的普遍的偏见,使他们对于每一种需要精深推理来证明和建立的原则,一概拒不接受"③。肤浅的怀疑主义对知识的增长无益。

在这种氛围下,休谟对事实的质疑,对因果关系的重新思考也算情理之中。他发现,"关于实际事情的一切理论似乎都建立在因果关系上。仅凭借这种关系,我们就可以超出我们记忆和感观的证据以外。如果你问一个人,他为什么相信任何不存在的事实,例如,问他为什么相信他的朋友是在国内或在法国,他便会给你一个理由,这个理由又是别的一些事实,类如他接到他朋友的一封信,或者知道他先前的决心和预告。一个人如果在荒

---

① David Hume, *Essays Moral, Political, Literary*, Indianapolis, Liberty Fund, 1987, p. 106.
② 〔美〕乔伊斯·阿普尔比、〔美〕林恩·亨特、〔美〕玛格丽特·雅各布:《历史的真相》,刘北成、薛绚译,北京:中央编译出版社1999年版,第6页。
③ David Hume, *Dialogues Concerning Natural Religion*, Clarendon, Oxford University Press, 1935, Part 1.

岛上找到一个表或其他任何机器,他就会断言说,从前那个岛上一定有过人"①。因果关系是人们赖以作出判断的根据。人们相信事实情况的一切推理都建立在因果关系上,因果关系是人们预测的基础,它们的关系被比作逻辑中的根据和论断的关系,但是休谟却说这种认识是错误的。因果之间并没有必然联系,它其实只是我们的先有观念和后续观念的习惯性推论。人们观察到一些事情前后相连,如寒冷降雪、火能生热,于是人们推论这两种事物之间有因果关系,使得我们看到其中一个出现,就期待另一个出现,因果联系只不过是主观上的习惯性推想。心灵因习惯而以为二者有联系,这就是因果关系的真实内容,因此人们深信不疑的科学定律都只是我们一厢情愿相信"归纳原则"的结果。波普尔从此点出发,或者说主要从此点出发提出了对历史学界影响甚深的"覆盖定律模型",②旨在强调历史学与自然科学在方法上统一。

在休谟看来,不能认为一件事物与另一件事物有必然关系,或者说一件事物造就另一件事物,只是比较多地看到一件事物的出现伴随另一件事物的出现,由此,休谟提出一个新的概念:恒常连结(constant conjunction)。因果关系不是世界或自然的本质,只是人们对两种事物前后相继出现而形成的心理习惯。休谟之前,这种认识已经在伊斯兰哲学家那里出现,休谟之后,罗素进一步将因果关系斥之为迷信。

因果关系被解构之后,休谟指出,"关于实际事情的一切推论都是这种性质。我们总是假设,在现在的事实和由此推得的事实之间,必然有一种联系"③。历史被休谟列入有关"实际事情"的学问里,因此研究历史不仅需要假设,还有研究假设和推理结论之间联系的必要。任何一种理论或结论都不能做到完美无缺,人们需要考量的是它能不能启发后人,休谟无疑做到了这一点。休谟在逻辑上承认因果关系,而事实上取消因果关系,是由对历史偶然性的关注生发而来。他说,"有一条原理可被看作确定无疑:任何事物本身都既不高尚也不卑贱,既不可爱也不可憎,既不美也不丑;事物的这些特征来自人类情感倾向的特性与构造"。④ 将这种观点再推进一步,得出的结论是:"心灵单独运作,产生了臧否褒贬的情感,断定某个对

---

① Daved Hume, *Enquiries Concerning the Human Understanding and Concerning the Principles of Morals*, Clarendon, Oxford University Press, 1902, pp. 31–32.

② 参见〔美〕L. 明克:《当代西方历史哲学述评》,肖朗译,《国外社会科学》1984 年第 12 期,第 25 页。

③ Daved Hume, *Enquiries Concerning the Human Understanding and Concerning the Principles of Morals*, Clarendon, Oxford University Press, 1902, p. 32.

④ David Hume, *Essays Moral*, *Political*, *Literary*, Indianapolis, Liberty Fund, 1987, p. 107.

象是丑的和可憎的,断定另一个对象是美的和可爱的,即使在这种情况下,这些性质其实也并不存在于对象中,而完全属于进行褒贬的心灵的感受。"①他甚至发现偶然性的普遍存在,"一切民族特性都不取决于确定的精神因素,而是来自上述一些偶然因素;自然因素对人类心灵也没有显著的影响。将未显现的原因视为并不存在,这是一切哲学当中的一条基本准则"。② 即使是政府的起源也带有偶然性。③ 其实,休谟早已经发现"历史的事实和思辨性的意见之间有着重大的差别"。④ 这和当代史家柯文(Paul A. Cohen)的"逻辑推理的正确并不等于那就是历史事实"的意见如出一辙。

经验主义的立场相信知识来源于经验,但历史却很特殊。历史一去不复返,它不可能成为经验对象,可以感知和经验现在,却不能经验过去,而一切逻辑推理都变得不可靠,在历史研究中如何弥补这种缺失?或许这对休谟而言,根本不成问题。首先,休谟的历史研究在其学问体系中相对独立;其次,他区分了学术研究和日常生活;更重要的是,在其学问体系里,相信人性同一性在一定范围内的确定无疑。

从经验到观念。休谟的怀疑主义和经验主义不是逻辑推演的顺序结构,而是并列、互相制约的关系。休谟对经验主义立场有过经典表述:

> 任何事物的存在,只能以其原因或结果为论证,来加以证明,这些论证是完全建立在经验上的。我们如果先验地来推论,那任何事物都可以产生任何别的事物。石子的降落也许会把太阳消灭了,人的意志也许可以控制行星的运转。只有经验可以把因果的本性和范围教给我们,使我们可以根据一件事物的存在,来推测另一件事物的存在。或然性的推论,其基础就是这样的,虽然这种推论形成了大部分人类知识,并且是一切人类行为的源泉。⑤

这段话至少包含两层意思:首先,像休谟宣称的那样,"我们的观念超

---

① David Hume, *Essays Moral, Political, Literary*, Indianapolis, Liberty Fund, 1987, p. 108.
② Ibid., p. 129.
③ Ibid., p. 41–43.
④ David Hume, *The Nature History of Religion*, London: A. and H. Bradlaugh Bonner, 1889, p. 16.
⑤ Daved Hume, *Enquiries Concerning the Human Understanding and Concerning the Principles of Morals*, Clarendon, Oxford University Press, 1902, p. 103. 译文参考〔英〕休谟:《人类理解研究》,关文运译,北京:商务印书馆1957年,第144—145页。

不出我们的经验"。① 柯林武德赞美从洛克到休谟的经验主义者们对实体的攻击。休谟坚持一种经验主义的立场,坚持知识来源于感觉经验,比如你意识到旁边有一张桌子,你所意识的不过是汇聚在你头脑中各种感觉(颜色、形状)的集合。人不能超越自己的意识而观察外在于意识的东西,当你闭上眼睛,桌子消失,就无法说明它是持续存在的,仅仅是观察主体在假设它的存在。"实体观念正如样态观念一样,只是一些简单观念的集合体,这些简单观念经由想象结合起来,被我们赋予一个特殊的名称,借此我们便可以向自己或他人提到那个集合体"。② 实体已经被休谟主观化或唯名论。对实体观念的摈弃在柯林武德看来是一种历史性思维,这种历史性思维对认知是有益的。中国大儒朱熹尊经抑史,他认为:"看经书与看史书不同:史是皮外物事,没紧要,可以札记问人。若是经书有疑,这个是切己病痛,如人负痛在身,欲斯须忘去而不可得,岂可比之看史,遇有疑则记之纸邪!"③他主张用经书的是非来判断史书所记的史事:"凡读书,先读《语》《孟》,然后观史,则如明鉴在此,而妍丑不可逃。若未读彻《语》、《孟》、《中庸》、《大学》便去看史,胸中无一个权衡,多为所惑。"④相较之下如何?休谟认为知识源于经验,经验终结之处便是知识完结之时,从而把社会现象从神和形而上学的束缚中解放出来,为历史学身份认同和独立创造了条件。人们甚至在休谟的论述中奇迹般地发现"历史主义思想的萌芽",以至于历史主义论的代表人物赫尔德在看了休谟的《论国民性》一文后热情赞扬道:休谟以"一种生动的方式"表明"每一阶段,每一种生活方式都有其自己的风俗"。⑤

休谟对实体说的批判并不彻底,他在历史考察中有一个重要的前提假设:人性不变。涉及具体问题,则充斥对人性的各种假设,演绎出各种结论。如"见异思迁,反复无常,本是人类的天性,所以极易受种种不同观点、原理和行为准则的影响。一种东西,当你信奉某种思想方法时可能认为是正确的,等到你接受了另一套截然相反的观点态度时就会认为是谬误"。⑥

---

① David Hume, *Dialogues Concerning Natural Religion*, Clarendon, Oxford University Press, 1935, Part 2.
② David Hume, *A Treatise of Human Nature*, Clarendon, Oxford University Press, 1896, p. 24.
③ 黎靖德编、王星贤点校:《朱子语类》卷 11,北京:中华书局 1986 年版,第 189 页。
④ 同上书,第 198 页。
⑤ Burns, R. M. Pickard, H. R.:《历史哲学:从启蒙到后现代性》,张羽佳译,北京:北京师范大学出版 2008 年版,第 55 页。
⑥ David Hume, *Essays Moral*, *Political*, *Literary*, Indianapolis, Liberty Fund, 1987, p. 156.

一般认为,启蒙运动导致一种冰冷的形式主义,就像荷兰小说家尼可拉斯·比茨(N. Beets,1814——1903)于1837年所说:启蒙运动"给予我们的是冷冰冰的形式主义:A+B=C。温度从人类热血的水平降到冰点以下。它真的像下大雪一样落下了许多宏大观念。虽然很清新,但它最终还是一种令人不舒服的寒冷"。① 柯林武德甚至指出18世纪有的只是"人性的科学",而不是历史学,休谟像启蒙运动的那些人们一样"被一种实质主义的人性观阻拦在科学历史学的门外"。②

就休谟本人而言,坚持人性同一性是有道理的。在漫长岁月中,充满偶然性,但人性几乎无甚变化,古人和今人在心性上的相似,有助于人们通过观察和联想,推此及彼,自然地认识历史,"你想知道希腊人和罗马人的感情、心向和日常生活么?你好好研究法国人和英国人的性情和行为好了。你如把由后两国人所得的大部分观察结果推到前两国人上,你是不会有大错误的。人类在一切时间和地方都是十分相仿的,所以历史在这个特殊的方面并不能告诉我们以什么新奇的事情"。③ 在休谟看来,我们应该承认当中存在的一律性,"我们不但在身体的动作方面,而且在人类的动机和行为方面,都会确信无疑地普遍地承认有一种一律性"。④ 正因为人性同一性,"波里比阿(Polybius)和塔西佗(Tacitus)所描写过的人物正和现在管理世界的那些人相仿"。⑤ 不过,休谟也认识到希腊人在他们行为的许多方面——乱伦、杀婴、同性恋、自杀——是与现代法国人迥然有别的,于是他主张:人类行为的任何差异最终都能用"习惯与教育"这个统一原则来解释,从而保持理论的一致性。

对人性的关注,和对人性不变的坚持者并不仅仅只有休谟,即使到了20世纪,也有著名学者在这方面的认同。与休谟一样,罗素认为历史在增进对人性的知识方面,是无可估价的。罗素的人性论是其整个思想的理论基础,1950年他获诺贝尔奖时所作的演说谈的仍然是人性和历史。研究历史就是研究人性,研究人性在不同的历史时期、不同的历史环境下的具体表现。罗素认为,历史最根本的源头不应该单纯地求之于社会制度或物

---

① 转引自〔荷兰〕F. R. 安克斯密特:《崇高的历史经验》,杨军译,北京:东方出版中心2001年版,第8页。
② 〔英〕柯林武德:《历史的观念》,何兆武、张文杰、陈新译,北京:北京大学出版社2010年版,第77页。
③ Daved Hume, *Enquiries Concerning the Human Understanding and Concerning the Principles of Morals*, Clarendon, Oxford University Press, 1902, pp. 61-62.
④ Ibid., p. 62.
⑤ Ibid.

质生产方式或者其他,而应该进一步向着人心或人性的深处去追寻。在休谟那里,"人性"并不是历史的产物,而是先天给定了的,是永恒不变的。罗素又进一步化约为"本能"来解释历史。他认为推动历史发展的不是物质的而是精神的或心理的因素。例如:罗素把人性简约成占有欲、权利欲和创造欲三个组成部分,认为这三者是先天给定的,或者至少是目前还看不出它们的变化。比较来看,似乎对休谟也不能过分苛责。而且休谟本人在思考时始终保持一种开放态度,人们总是能从他那里读出不一样的意思。卡西尔就与柯林武德持相反意见,他在《启蒙哲学》一书中说:休谟"不太注意对历史进行静态的研究——这种研究旨在认识人性的恒久属性,而更多地留意历史过程本身,而不是构成这种过程的前提的坚实基础","休谟不仅作为逻辑学家,还作为历史哲学家批判了实体概念。他甚至不是把历史描述为稳定的发展过程,而是津津乐道于它的不停的变化和对过程本身的观察"[1]。

  关于初始经验的信念。因为休谟作出的某些区分,就得出这样的认识:理性不能驱散怀疑的乌云,但大自然本身却能达到这个目的,并在人们的实际生活中给出一种必要性来像其他人那样生活、交流。人类知识尽管缺乏绝对的真理或必要性,却能达到人们所需要的确定性。这种确定性也表现在上述引文的第二层意思上,"只有经验可以把因果的本性和范围教给我们,使我们可以根据一件事物的存在,来推测另一件事物的存在"。这也是休谟虽然认为人们无法把握古代历史,但还是相信:古代史的证据并不会随着单纯的长度而毁灭。

  这就涉及前面提到的"恒常连结"的概念,经常性的联系让人们可以理性地推衍。比如雪遇到火会融化,在一个荒岛上看到废弃的用具会猜测曾经有人来过这里……。对于古代史的推测也可以遵循这样一种常识,休谟说:"联系任何原始事实和作为信念基础的当前印象的那些环节虽然是无数的,可是它们都是相同种类,都依靠于印刷者和抄写者的忠实。一版之后继之以第二版、第三版,这样一直下去,直到我们目前所阅读的这一册。在各个步骤之间没有变化。我们知道了一个步骤,就知道了一切步骤。我们经历了一个步骤,对其余的步骤就不再怀疑。单是这一个条件就保存了历史的证据,且会将当前记忆传到最后一代。"[2]依赖这种忠实性,初始经

---

[1] 〔德〕E.卡西尔:《启蒙哲学》,顾伟铭等译,济南:山东人民出版社1988年版,第209页。
[2] David Hume, *A Treatise of Human Nature*, Clarendon, Oxford University Press, 1896, p. 109.

验得以一代代保存,如果后代在千万年以后怀疑有过尤利斯·凯撒这个人,那似乎就是违反常识的。

对"恒常连结"的信任就可能会对多种初始经验产生认同,比如,"我们相信,恺撒于3月15日在元老院遇刺;是因为这个事实是根据历史学家们一致的证据所确立的,这些历史学家都一致给它指定这个确切的时间和地点。这里有若干符号和文字呈现于我们的记忆或感官之前;我们也记得这些文字符号曾被用作某些观念的记号;这些观念或者是存在于行刺时亲自在场、并由这件事的存在直接得到这些观念的那些人的心中;或者是这些观念由别人的证据得来,而那个证据又从另一个证据得来,这样清楚可见地层层推进,直至最后我们达到那些目击此事发生的人们为止"①。如此,则"即使这些印象已经完全从记忆中消失,它们所产生的信念仍然可以存在。同样真实的是:关于因果的一切推理原来都是由某种印象得来的,正像某种理证的信据永远是来自观念的比较一样,虽然这种比较已被遗忘,信据却仍然可以继续存在"②。

这种历史演进的策略与近代学者胡适的"历史的方法"有异曲同工之妙,历史的方法即"祖孙的方法",胡适"从来不把一个制度或学说看作一个孤立的东西,总把他看作一个中段:一头是他所以发生的原因,一头是他自己发生的效果;上头有他的祖父,下头有他的子孙"③。学界多认为从结果追溯原因的方法是自休谟始。"论辩表明教授历史最好的方法是从已知追溯不知;从我们所熟知的制度、法律和习俗追溯它们遥远时代的起源,这种方法并没有得到普遍的认可,正如吉本提到的那样,'人们更乐意于从原因下溯结果,而不是从结果上溯原因'。然而休谟实践了这种方法。他写历史如霍恩所说,'像巫师祷告,从后往前。'④休谟为了对爱尔兰国事有个合理的认识,他认为"往前回溯一段时间,并且简要地联系一下英国那场难忘的革命时期两地间的交往,是很有必要的"⑤。

人们相信,历史学家有能力揭示过去所发生的事,"这样一种观念实际

---

① David Hume, *A Treatise of Human Nature*, Clarendon, Oxford University Press, 1896, p. 68.
② Ibid., pp. 68-69. 译文参考(英)休谟:《人性论》,关文运译,北京:商务印书馆,1980年,第101页。
③ 胡适:《演化论与存疑主义》,欧阳哲生编:《胡适文集》10,北京:北京大学出版社,1998年,第350页。
④ J. B. Black, M. A., *The Art of History*, London, Methuen, 1926, p. 82.
⑤ David Hume, *The History of England*, Vol. Ⅵ, London, T. Cadell, 1778, p. 7.

上是一种常识性的信念,是为大多数人在大多数时间所毫无疑义地接受的一种常识性信念"。[1] 人们关于这个世界的所有知识可能都是不确定的,甚至是错误的,但我们发现,相信这些关于世界的描述是相当有用的,"因为它们可以很好地解释我们的感性经验"。[2] 这些信念为我们提供行动指南,一般而言,还相当成功。所以人们是出于实践的原因持这种信念的。休谟对历史学的探讨正是基于这样一种信念。

针对古代史证据的可信性,休谟相信常识判断和理性演绎。托马斯·里德(Thomas Reid)在批判休谟等人"观念论"基础上建立了"常识学派",[3]实际上只看到休谟对智识经验的思考,认为自笛卡尔、经洛克、贝克莱至休谟,最核心的主张是哲学思考的唯一正当方法是对心灵和知觉的反省,却忽视了休谟对自身立场的质疑,对智识经验的反省,从而导致他向生活经验寻求确定性慰藉的转变。

知识都是相对的,认识主体有自己的能动性,而且需要这种能动性。休谟认为,心灵不能总是无止境的推论,需要一些信念,"理性永不能使我们相信,任何一个对象的存在涵摄另外一个对象的存在;因而当我们由一个对象的印象推移到另一个对象的观念或信念上时,我们不是由理性所决定,而是由习惯或联想原则所决定"。[4] 例如宗教信仰,休谟并不认为上帝存在,但是他要相信上帝的存在。上帝存在只是一种猜测,但可以信以为真。人们有道德观念,信仰上帝不是出于理性而是出于本能。休谟确信,自然神论者和理性基督徒都错了,因为他们大谈用理性来支持各种宗教,其实人们对宗教的信仰只是一种信念的选择,习俗是可靠的指南。

如果说,经验的超验化是西方哲学的一个显著特色,[5]对休谟思想的考虑还应该更谨慎、全面一些。怀疑主义立场促成他的自我反思,一位真正的怀疑主义者对自己的怀疑主义亦持怀疑态度,他知道自己也终将遭到批判。亦诚如巴特菲尔德所说"不偏执历史,历史极为有用"。[6] 温和的怀

---

[1] C. B. McCullagh:《历史的逻辑:把后现代主义引入视域》,张秀琴译,北京:北京师范大学出版社,2008年,第8页。

[2] 同上书,第25页。

[3] 〔英〕托马斯·里德:《按常识原理探究人类心灵》,李涤非译,杭州:浙江大学出版社,2009年。

[4] David Hume, *A Treatise of Human Nature*, Clarendon, Oxford University Press, 1896, p. 78.

[5] 〔荷兰〕F. R. 安克斯密特:《崇高的历史经验》,杨军译,北京:东方出版中心2001年版,第6页。

[6] 转引自杜维运:《史学方法论》,北京:北京大学出版社2006年版,第9页。

疑主义对历史研究极为有用。怀疑的态度助长求知,也促使人们通过相信自己可能有错而保持一种开放的心境。

3. 历史研究的用途

古希腊戴尔菲神殿那句"认识你自己"的训谕意味深长,西方人本主义思想古已有之。伴随文艺复兴、理性启蒙……人文主义思潮弥漫西欧诸国。"人是万物的尺度",这种思想同样影响到历史学的发展,历史学家们也就不再把"上帝"作为历史的中心,而是把人作为历史研究的对象。

作为一名人性哲学家,休谟的所有努力都是围绕着人学尤其是人性即人的本质展开的,他要建立关于人的一个新的理论或看法。对于他而言,"人类不仅是能够推理的存在者,而且也是被我们所推理研究的对象之一"。① 人不仅是主体,还可以是客体,而且科学研究的核心问题应该是人性,他坚信:"一切科学对于人性总是或多或少的有些关系,任何学科不论似乎与人性离得多远,它们总是会通过这样或那样的途径回到人性。"②历史学自然也不例外。

休谟发现:"尘世的一切都不是永恒的。任何生命无论看上去多么稳固,都在不断地流动变化。"③任何事物都是变动不居的,而"一般的人性在某种范围内是不恒常、不规则的。人性的特质在某种范围内恒常是这样变幻的"④。正是因为人性是恒常变化的,完善道德感以增益人性方才有了可能,但是应该认识到的是:"人类表面上虽然有这些貌似的不规则行为,可是他们的内部原则和动机仍可以在一律的方式下来动作。"⑤"人类的动机和其有意的动作之间那种会合,正和自然的任何部分中因果间的那种会合是一样有规则,一样一律的,不论在哲学中或在日常生活中,它都不曾成为争论的题目。"⑥比如:"人的能力不会超过人的需求,并且仅限于此生,这就如同狐狸和野兔的能力不会超过其需求和生命期限"。⑦ 即便我们不能设想,"人类行为的这种一律性是不容例外的,我们并不能说,一切人类在同一环境下总会精确地照同样方式来行事,我们必须承认性格、偏见和意见,在各人都有差异的地方。这种在各方面都很一律的性质,是不能在自然中任何一部分找得出来的。正相反,我们在观察了各个人的不同的行为以后,还正可以由此来构成较多数的通则。不过这些通则仍然以前设某

---

① 〔英〕休谟:《人性论·引论》,关文运译,北京:商务印书馆1980年版,第6页。
② 同上。
③ David Hume, *Essays Moral, Political, Literary,* Indianapolis, Liberty Fund, 1987, p. 323.
④ 〔英〕休谟:《人类理解研究》,关文运译,北京:商务印书馆1957年版,第80页。
⑤ 同上。
⑥ 同上。
⑦ David Hume, *Essays Moral, Political, Literary,* Indianapolis, Liberty Fund, 1987, p. 320.

种程度的一律性和规则性为其条件"①。休谟在《人性论》中有一个重要的前提假设：人性中自然的、固有的原则和情感是不可改变的,但依靠于这些原则和情感的人类的行为是可以改变的。② 同时又因为"在一切社会中,人类间的依属关系是很广的,所以人类的任何一种行为很难是完全孤立的,人在行事时总要参照别人的行动,必须有别人的行动才能使行事人充分达到他的意向"③。正因为人性的变化是在一定范围内进行且人类社会整体是有规律可循的,因而认识人性才有了可能。这种可能还需要经验的辅佐才得以实现。"我们如果寿命长,阅历多,交游广,那我们由此所得的经验也正有一种大利益,这种经验可以使我们熟悉人性的原则,使我们来规范自己将来的行为和思辨。"④"长时间的经验给我们所贮存的概括的观察,可以给我们以人性的线索,可以教我们解开人性中一切错综的情节。所谓借口,所谓冒充,都不能欺骗我们。"⑤比如"一个老农所以比一个青年农民精于他的稼穑,只是因为经验教给那个老实验家以支配和指导这些作用的适当规则"⑥。

历史的可贵之处在于为后人提供前车之鉴。因此,历史的主要功用"在于给我们发现出人性中恒常的普遍的原则来,它指示出人类在各种环境和情节下是什么样的,并且供给我们以材料,使我们从事观察,并且使我们熟悉人类动作和行为的有规则的动机"。⑦ 除此而外,"每一件艺术作品都具有某种目的,它就是为了那个目的而被创造出来的。艺术作品的完美程度各有不同,因为它实现其目的的程度不同。雄辩旨在说服,历史旨在教导,诗歌旨在借助激情与想象使人愉悦。审视任何作品,我们都必须始终牢记这些目的,必须能够判断作者采用的手段是否与作品的目的相适应"。⑧ 各种学问虽各有侧重,然而有一点是明确的：无论是雄辩、历史抑或诗歌都是为促使人性完善而存在。

休谟在一篇散论⑨中又进一步论述了历史的具体用途,"学习历史大

---

① 〔英〕休谟：《人类理解研究》,关文运译,北京：商务印书馆1957年版,第77—78页。
② 〔英〕休谟：《人性论》,关文运译,北京：商务印书馆1980年版,第431页。
③ （英〕休谟：《人类理解研究》,关文运译,北京：商务印书馆1957年版,第80页。
④ 同上书,第77页。
⑤ 同上。
⑥ 同上。
⑦ 同上书,第76页。
⑧ David Hume, *Essays Moral, Political, Literary*, Indianapolis, Liberty Fund, 1987, p. 149.
⑨ 指《论历史学习》,大卫·休谟向亚当·斯密坦言,他懊悔发表了这篇文章,并从其著作的晚期版本中撤回了这篇文章。其实是针对另一个内容而言,他建议妇女研究历史以便从中学到两条重要的真理：男人远远不是完美的,爱不是支配男性世界的唯一情感。——参见〔美〕格特鲁德·希梅尔法布：《新旧历史学》,余伟译,北京：新星出版社2007年版,第233页。

概有三种益处,即愉悦想象、增长知识和加强美德"。① 当他谈到历史时,充满了无限向往:

> 神游最遥远的古代世界,看看人类社会如何从其幼年期初次懵懂的努力开始,踏上了追求艺术和科学之路;看看政府制度和文明礼仪如何逐步精进;看看一切使人类生活多姿多彩的事物如何日臻完善;说实话,没有什么比这更能愉悦心智的了。看看那些最繁荣的帝国如何兴起、发展、衰落和最后灭亡;看看造就那些帝国的伟大美德和导致那些帝国毁灭的恶德;一句话,纵览全人类从远古至今的真实景象,他们都呈现出真实的本色,没有任何伪饰,而他们在世的时候,却使旁观者大感困惑,不知如何判断。什么样的想象奇观能如此辉煌灿烂,如此多种多样,如此令人称奇呢?什么样的娱乐,无论是实在的还是想象的,能与之媲美呢?②

历史不但能给我们带来愉悦,还是"一门最能增长知识的学问。我们通常高度重视的所谓'博学',其中很大一部分也不是别的,而正是对历史事实的了解"。③ 休谟说,"若想到人生的短暂,想到我们的知识十分有限(我们甚至对当代发生的事情都缺乏了解),我们便一定会意识到:倘若人类没有发明历史,我们在智能方面将永远都是个孩子,而历史将我们的经验延伸到了全部的古代,延伸到了最遥远的国家,用它们来增进我们的智慧,使它们犹如真实地发生在我们眼前。在某种意义上,我们可以说:具备历史知识的人从世界肇始就一直活着,每个世纪都在不断增加他的知识储备"。④ 广泛地了解历史事实,是文人的长处,但休谟又指出:"无论男女,无论在什么情况下,不了解自己国家的历史,也不了解古希腊和古罗马的历史,这都是不可原谅的无知。一个女子可以做到举止得体,有时甚至可以出于机智而表现出几分活泼;但她若毫无历史知识,在有见识、善思考者眼中,她的谈吐便毫无趣味可言了。"⑤ 另外,"历史不仅是知识的宝贵组成部分,而且是通向其他很多学问的大门,还能为大多数科学提

---

① David Hume, *Essays Moral*, *Political*, *Literary*, Indianapolis, Liberty Fund, 1987, p. 307.
② Ibid..
③ Ibid..
④ Ibid..
⑤ Ibid..

供材料"①。

休谟希望强调的一点是:"与从现实世界的实践中学到的经验相比,从历史中学到的经验还有一个长处:它既能使我们熟知人类的事务,又丝毫不会减少我们对美德的最细腻情感。"②他说:"我不知道还有什么学问或职业在这方面能像历史那样无懈可击。诗人能用最诱人的色彩描绘美德,但诗人若是完全沉溺于种种激情,便往往会变成恶德的鼓吹者。连哲学家也往往会在他们的玄妙沉思里迷失自己,我们已经看到有些哲学家走得更远,否定一切道德差别的真实性。"③他认为有一种意见值得善于思索者注意:"历史学家都是美德的朋友,总是用最恰当的色彩去表现美德,几乎无一例外,无论他们对具体人物的判断可能是多么错误。"④这方面有一个很好的例子:马基雅维利,在他的佛罗伦萨史著作中就发现自己有一种对美德的深切感受。当他以一个政治家的身份来说话和进行一般推理时,他把下毒手、暗杀和弥天大谎看作夺取和保存权力的正当艺术;但当他以一个历史学家的身份进行具体叙述时,在许多地方,他对罪恶表现出那样强烈的愤怒,对美德的嘉许显得那样热情。⑤

作为一名彻底的经验论者,休谟重视基于具体的可证实材料基础上的哲思阐发。这一点几乎和伏尔泰相同,不同的是伏尔泰从历史材料中引申出政治教训,而休谟则强调历史的道德教训和娱乐功能。"休谟认为娱乐和教诲,有用和有趣应是历史写作的主要原则。"⑥娱乐和教诲正可增益人性。

中国有句古话:"君子以多识前言往行,以畜其德。"⑦所谓"前言往行",后人解释为前辈贤者的嘉言懿行,包含有道德、学识、智慧的广泛内容。因此这里所说的"德",也就具有道德、学识、智慧的广泛内容。所谓"畜"是培养和积累。这个古训揭示的是:人们从历史中可以得到"德",即得到道德、学识和智慧。⑧ 西方文化中也存在着这种传统认识,因此在历史的功用问题上休谟并没有多少特别的认识。也许恰恰就是这种并不高尚或者华丽甚至非常简单的追求,对今天而言才意味深长。史学绝不可能

---

① David Hume, *Essays Moral*, *Political*, *Literary*, Indianapolis, Liberty Fund, 1987, p. 307.
② Ibid., p. 308.
③ Ibid.
④ Ibid.
⑤ Ibid.
⑥ 宋瑞芝、安庆征等编:《西方史学史纲》,开封:河南大学出版社1989年版,第167页。
⑦ 郭彧译注:《周易·大畜》,北京:中华书局2006年版,第137页。
⑧ 瞿林东:《史学与史学评论》,合肥:安徽教育出版社1998年版,第595页。

像科学那样有助于生产的发展,它的意义只有在社会中方能体现。

三、《英国史》：形式与内容

如上所述,休谟代表性历史著作是《英国史》,其形式和内容值得细述。

1. 执著于自由与法制

1752年,休谟获得苏格兰律师公会图书馆管理员和公会书记的职位,年薪40镑,并利用图书馆藏书开笔撰写英国史。这项工作持续了将近10年,直至1761年才最终完成。

在此之前,16世纪问世的英格兰史还很少能超过从中世纪编年史中剪裁资料并施以秩序性编排的"剪刀加浆糊"式的作品,它们不像叙述故事,更似被串联起来的事件。① 随后逐渐有历史学家开始探究因果,叙事逐渐丰富。17世纪的历史学家,如在培根、克拉兰敦(Clarendon)和博内特(Burnet)等人的作品中,政治箴言的加入以及生动的个人描述,历史叙事又有了明显的进步。"更重要、更精微的变化则出自培根和18世纪的休谟的著述之中。这就是视历史为一个过程,涉及了人与非人的因素,而过程亦有自身的驱动力。这种观点与早期看待历史的观点不同,在后者之中,所有事务亦被加以归类(和前者一样),但是归因于人,抑或归诸神意。"②休谟在这个历史进程中形成自己的叙述风格,他将自己对历史作品娱情用途的期待转化到历史写作中,注意对事件情节的叙述。正像加利(Gallie)和利科(Ricoeur)的断言：历史理解就是实践领悟一个故事的能力。

其实,学界对休谟的史学实践有过讨论。虽然维科勒认为："作为一个有学者气质的综合史家,休谟的努力改变了英国历史编纂的历史。"③但更多的是指责之声：柯林武德指出,无论是伏尔泰还是休谟"对宗教的论战态度确实太激烈而又太片面了"④,在汤普森看来,休谟强烈的历史偏见直接影响到其历史研究方法的因循。他们也都指出：休谟忽视资料并厌

---

① Herbert Butterfield, "Narrative History and the Spadework Behind it", *History*, Vol. 53, Issue 178, 1968, p. 167.
② 〔英〕迈克尔·斯坦福：《历史研究导论》,刘世安译,北京：世界图书出版公司2012年版,第81页。
③ V. G. Wexler, *David Hume: Historian*, New York, Columbia University, 1971, p. 8.
④ 〔英〕柯林武德：《历史的观念》,何兆武、张文杰、陈新译,北京：北京大学出版社2010年版,第77—78页。

恶艰苦的工作,这使他无法进行严格的研究或核对事实。① 休谟自己说,搜集史料是一个永无休止的过程,必须做一些删节以便让它们清晰易懂。而实际上,布莱克说,休谟自认为在写作历史时是不偏不倚的,但实际上,他在选择史料的时候却有很大的随意性,只选择那些对自己有用的史料,而他的斯图亚特卷历史也确实招来了辉格党人的不满。② 正是因为休谟这种写史的态度促使布罗迪重写查理一世到王朝复辟的历史,他说,他要拯救英国的历史写作。③

这些批评虽不免偏颇,却是空穴来风。虽不能说休谟的《英国史》是他表达哲学观念的中介,然而他的史学实践确实蕴涵了其诸多思考。《英国史》主角基本是自恺撒入侵至1688年革命的英国人,这毋须赘言。故事情节被注入政治、争战、科技、文化和习俗等诸多元素,在众多场景中,休谟对法制和自由的瞩目和偏爱甚至有将之变身主角之嫌。

在休谟这里,法制和自由是政治的两个重要因素。蒙昧时代法制松弛,休谟谴责撒克逊七国不知礼法,"君王的继位缺乏成例,即使有,也不一定遵守"④。而9世纪末10世纪初,勇武过人的丹麦小王罗洛在顾问辅佐下开疆拓土,它以诺曼人殖民之故,得名诺曼底。罗洛故后,"子威廉一世继位,在他统治的25年里,诺曼人已经与法国人融合,接受了他们的语言和习俗,迈入文明。威廉去世后,其子理查德虽年龄尚轻,也顺利即位,这充分证明诺曼人已进入文明境地,他们的政府建立在法律的基础上,传位以例不以贤"⑤。休谟认为封建法律是诺曼人在英格兰建立的政治和司法体制的基础,要研究当时的政体,必须公正地理解封建法。天性自由的古人总是将一个人统治视为暴政或僭政,难以理解合法循例的君主制概念。封建法首创长子继承权,嫡长孙继承祖父的权利优于其叔父。虽然封建法规定了长子继承权,但是英国人并没有习惯这种法例。自诺曼征服以来,每逢革鼎易君,必然发生动乱。⑥ 休谟尤其擅长描写争战或者是党争场景。特别是深陷其中的人们或是顾全大局,或是汲汲钻营,或是正义凛然,或是首鼠两端,在冲突中彰显人性。

另一重要事件就是《大宪章》的制订。13世纪初的约翰不顾封建法规

---

① James Westfall Thompson, *A History of Historical Writing*, Vol. Ⅱ, New York, The Macmillan Company, 1942, p. 71.
② J. B. Black, *The Art of History*, London, Methuen, 1926, pp. 91 – 94.
③ V. G. Wexler, *David Hume: Historian*, NewYork, the Columbia University, 1971, p. 4.
④ David Hume, *The History of England*, Vol. Ⅰ, London, T. Cadell, 1778, p. 48.
⑤ Ibid., p. 115.
⑥ Ibid., p. 73.

定,从其侄子手中抢去王位,后抢马什伯爵未婚妻,伯爵愤而起兵,约翰为平乱召集英格兰贵族追随他,然而这些贵族一致要求恢复和保障他们的特权,这是贵族第一次有迹象的形成正规联盟去实施争取自由的计划。约翰对外卑躬屈膝,对内专横暴虐,致使贵族对他深恶痛绝,在约翰向教会献媚后再次组织联盟,争取自由权利。经过交涉,约翰国王妥协了,签署了著名契约即《大宪章》,保证了王国各等级的自由与特权不受侵犯。"必须承认,《大宪章》的前一部分条款公正合理地厘清了封建法律的解释,后一部分条款奠定了法统政府的基础,保障了司法公正和财产自由,人类起初缔造政治社会的目的正在于此。人民有永恒不变、不可剥夺的权利,没有任何先例、法令、人为的制度可以妨碍权利在他们思想和注意力中占据至高无上的地位。尽管《大宪章》与时代精神一致,过于简洁,缺乏可操作性"[1],它却"开始了宪制的新时代"[2]。

  宪章的内容一直在不断补充丰富,随后例如《森林宪章》等一些著名法律规条渐渐成形。"历代英国人对宪章都极其钟爱,将它们视作保卫国民自由和独立的最神圣堡垒。"[3]在休谟看来,自由与法制密切相关。陷入党争和内战的爱德华四世,年轻有为、胆量过人、精力充沛、勇猛果锐却恣其勇武,以历抱怨,新朝以诛戮开始,一个伦敦商人的一句戏言被解释成讽刺爱德华僭位,被定罪处死。随后大批与爱德华政见不合的贵族都被处决、没收财产。休谟指责说,"将军事法庭用于民政是严重的滥权"[4]。又说,"英国人这么执著地守护自由权利,如果不是因为乱世,这种滥权在国民眼中大概会显得可憎"[5]。在述说1688年革命之后建立的政体时,休谟说:"或许可以公正地讲……它即使不是最好的政体,至少也是我们至今所知的在人类历史中最完整的自由体制。"[6]当代自由主义大师哈耶克赞扬休谟是位"杰出的自由主义政治和法律哲学家"。[7] 他说:"有关个人自由的自由主义理想首先在英国形成的,在整个18世纪它一直是令人羡慕的自由之邦,它的政治制度和信条是辉格党的信条,是1688年光荣革命的信条。正是从休谟的著作中,而不是像普遍认为的那样,在为这场革命提供

---

[1] David Hume, *The History of England*, Vol. I, London, T. Cadell, 1778, p. 445.
[2] Ibid., p. 488.
[3] David Hume, *The History of England*, Vol. II, London, T. Cadell, 1778, p. 6.
[4] Ibid., p. 460.
[5] Ibid., p. 460.
[6] David Hume, *The History of England*, Vol. VI, London, T. Cadell, 1778, p. 531.
[7] 〔匈〕弗里德里希·冯·哈耶克:《经济、科学与政治——哈耶克思想精粹》,冯克利译,南京:江苏人民出版社2000年版,第556页。

辩护的洛克的著作中,我们找到了对这些信条最全面的阐述。"①甚至称赞说,"休谟的《英国史》在18世纪向欧洲传播辉格党自由主义方面的作用,大概同麦考莱的《历史》在19世纪的作用一样大"②。面对后世学者对休谟的指责,列文斯通指出:"对休谟及其同时代人来说,自由意味着反对奴隶制。在18世纪的文化生活里,自由民和奴隶的等级差别还是很鲜明的",以20世纪的自由标准来指责休谟显然是一种苛责。③

休谟对自由和法制的偏爱与其对文明的思考有关,在他眼里,这二者是进步社会的重要标志。其实在休谟的历史叙述中,充斥了他对人生、世界的思考。《英国史》除了叙述的颇为生动活泼以外,更具思想性,表现出质疑、反思以及说服的力度。

2. 哲学观照下的史学

《英国史》夹叙夹议、寓论于事,例如对爱德华一世一朝的叙述:

当爱德华从荷兰抵达西西里王国时,得知父亲(亨利三世)去世,异常悲痛。同时,他又得到爱子约恩夭折的消息,他反而没有表现出异常的悲伤。西西里国王惊诧于这种差别,爱德华解释说:"我失去一个儿子还可以再有,可是失去父亲却是永远无法弥补的损失"。……爱德华即位前即其父亨利三世统治后期,国家正处于内忧外患的境况。这种局面需要一位强有力的君主,而爱德华不负众望。他的军事才能一举平息叛乱,以及出色的管理能力为他带来了国民的尊重和爱戴。他的政策宽厚仁慈且强而有力。他认为贵族不仅是王权的敌人而且是压迫人民的元凶。因此他决定通过严格的执行法律和社会公正来保护弱势群体,削弱贵族特权。他要所有民众明白:王权是公正的源泉。但其间我们也发现爱德华严酷的性格和那个时代的偏见。当权者很不公正地把伪币出现完全归咎于犹太人,爱德华更是对那个民族表现了异乎寻常的厌恶。仅在伦敦就有280人被吊死,还不包括其它各地受刑的人。他们的房屋和土地就像大多数商品那样被买卖或充公。犹太人的苦难并没有因此而结束,他们的被迫害与宗教有关。至少15000人被剥夺财产、驱逐出境,迄今已经很少有犹

---

① 〔匈〕弗里德里希·冯·哈耶克:《经济、科学与政治——哈耶克思想精粹》,冯克利译,南京:江苏人民出版社2000年版,第555页。
② 同上书,第556页。
③ Nicholas Capaldi and Donald W · Livingston, edited, *Liberty in Hume's 'History of England'*, Dordrecht, Kluwer Academic Publishers, 1990, p.112.

太人居住在英国。王室府库空虚,可能是犹太人遭受这种骇人听闻暴行的原因。①

目前一个相当普遍的看法是:至少有两个理由去重新阅读休谟《英国史》,或可通过才情横溢的叙述而娱情;或可明晓启蒙运动大哲在他的时代是如何表述过去的。②休谟以哲学家身份撰史,自是赋予史学作品以不可多得的思想深度。休谟还说:"物极必反是人类事务的自然倾向。越过顶点,进步的欢愉极少不会转化成没落的哀痛,反之亦然。"③像这类语言,《英国史》中随处可见。观察休谟对爱德华国王所经历之事件结合《英国史》其他内容,除了一贯秉持的怀疑和求真精神以外,④休谟至少在以下几个方面也作出了自己的贡献。

《英国史》"具有古典的文字风格,采取的是编年体例"⑤。一般认为休谟历史仍然属于以公共事务与公众人物为核心的古典传统。休谟认为选择列王志是描述古代历史的最好方式,在他看来,古代历史"人物繁多,事迹模糊,因果难明,背景浑莽,即使思想最深刻、文笔最优美的史家欲求读者明道、娱心,亦不可得。学富五车,具如椽妙笔的弥尔顿尚不能堪此任,予小子不才,……欲求汇通纷纭杂陈之古事,不得不简述列王世系志,追溯列国革故鼎新之事"⑥。这种叙述方式正可满足他对认识人、认识人性的诉求。《英国史》充盈着对人物性格的分析。从疲于征战的撒克逊七国王公子孙到11世纪的征服者威廉,再到17世纪的查理一世、查理二世,可以看到一张张鲜活的面孔。勤奋、勇敢、警觉,有洞察力、有进取心的爱德华一世,他节约各项开支,却知道给公众带来财富,他严惩罪犯,却对臣仆和蔼可亲,他公正无私但偏见也很明显;年轻、天真、心地纯洁的殉道者爱德华;集蛮族的勇武和文明国家的政略于一身的罗洛;勇武刚毅、不屈不挠的埃德蒙;勇武、虔诚、智慧的克努特;矫健、暴虐、怨毒、酗酒无度的哈德克努特;无所畏惧、桀骜不驯、性格强悍、心如铁石而又慷慨的征服者威廉;彬彬

---

① David Hume, *The History of England*, Vol. II, London, T. Cadell, 1778, p. 74.
② John W. Danford, "Hume on Development: The First Volumes of the History of England", *The Western Political Quarterly*, Vol. 42, No. 1 (Mar., 1989), pp. 107 – 127.
③ David Hume, *The History of England*, Vol. II, London, T. Cadell, 1778, p. 519.
④ 张广智主编,李勇著:《西方史学通史 第四卷 近代时期(上)》,上海:复旦大学出版社2011年版,第269页。
⑤ 〔英〕约翰·布罗:《历史的历史:从远古到20世纪的历史书写》,黄煜文译,桂林:广西师范大学出版社2012年版,第322页。
⑥ David Hume, *The History of England*, Vol. I, London, T. Cadell, 1778, p. 25.

有礼、和蔼可亲、风度翩翩、雄辩滔滔却反复无常、不忠不信、报复心重、缺乏原则和责任感的纳瓦拉国王查理;勇敢、智慧、幽默、爱好女色又异常悲悯仁慈的亨利一世;拥有一颗狮子心嗜好征战同时爱好诗歌的理查德一世;有着种种恶习的约恩等等。当然还有性格并不是很明显的,如亨利二世。因为休谟经常性的分析和总结性的评论,又不免给人贴标签之嫌。

休谟对那些他心生好感的君王着墨甚多,比如9世纪的阿尔弗烈德,"少负盛德奇才,受命于危难之际,成功把王国从彻底的毁灭和奴役中拯救出来。……无论在公共还是私人领域,他的行为都堪称美德的典范。……他是圣人,也是贤哲,他的形象更接近小说的想象,而不像真实的人物。他的各种美德彼此平衡,相互融合,多么恰到好处!多么有力的防止了彼此之间的失衡!他知道怎样用最冷静的节制调和最活跃的功名心,用最善变的灵活平衡最顽固的保守,用最温厚的仁慈调剂最严格的公正,用最和蔼的举止彰显最伟大的勇武,既有最高明的学术天赋,又有最卓越的行动能力。他在民政和军事方面的才德不多不少,真是让人羡慕。大多数君王很少具备民政方面的才能,但这方面无比重要,阿尔弗烈德值得我们赞颂。大自然赋予他这么多禀赋还意犹未尽,又给予他完美的身体、强壮的四肢、健美的体型、优美的气度,以及和蔼、好客、开朗的面容。可惜,偏偏被命运抛进一个野蛮的时代,没有配得上他的历史学家为他记录行迹,扬名后世"[1]。

《英国史》中的女人跟人民的角色意义类似,在历史进程中只是次要角色,至多起到推波助澜的作用,而君王或者伟大人物的所作所为才具有关键性、决定性的影响。多数女性是作为政治联姻者被记载的,不过正像普通民众在休谟历史中具有的那种"水可载舟亦可覆舟"式隐性力量一样,另一半边天的女性在《英国史》中也有自己的一席之地。例如参与玫瑰战争的玛格丽特王后,除了记载其行踪,休谟也给予她几句评语:"玛格丽特王后在世界舞台上叱咤风云,几起几落,在宁静和隐遁中度过余生,直至1482年去世。王后在逆境中刚毅勇敢,令人敬佩;但在顺境中缺乏节制。她似乎既没有女性的优点,也没有女性的美德。她所生活的那个野蛮时代既赋予她勇气,又以狠毒残酷的风气熏染之。"[2]休谟忍不住要对弱者施以同情之心,描述了深受格洛斯特公爵谋权篡位之苦的爱德华四世情妇简·肖尔。"这位夫人出生于伦敦一个极有声望的家庭,受过良好教育,嫁

---

[1] David Hume, *The History of England*, Vol. I, London, T. Cadell, 1778, pp. 74-75.
[2] David Hume, *The History of England*, Vol. II, London, T. Cadell, 1778, p. 488.

给一个殷实市民,却不是很快乐,她的婚姻更多考虑利益而不是其情感。她的心灵虽然富有美德,却依然没能抵抗住爱德华大献殷勤时的诱惑。即使如此,她依然保持了其他受人尊重的品德。她以持续的魅力和活泼长期拥有国王的喜爱,始终保持慈悲和仁义。她一向反对诽谤中伤,保护被压迫者,救济贫苦。她追随自己内心最诚挚的想法去做善事,不求任何回报。但现在她不仅忍受格洛斯特暴虐的羞辱之痛,还要经受衰老和贫困,体验那些长期恳求她友谊、依靠她保护的廷臣恩将仇报。受她恩惠的人为数众多,却没有一个人伸出援助之手,安慰她,减轻她的伤痛。"[1]

休谟对历史人物描述细致,这与他在哲学上对人性思考的热衷有关。"他的社会历史观点以人性论为基础,把对财富、享乐和权力的追求看作是人的本性,认为无论何时何地,人性是一致的和不变的",[2]由此成就了休谟历史研究中的一个独特方法。休谟认为:"很多人都无法产生恰当的美感,其明显原因之一就是他们缺乏敏锐的想象力,而要传达对细腻情绪的敏锐感觉,想象力是不可或缺的。"[3]休谟很重视学者的想象力,他赞美历史学家亨利在撰写英国的历史时能够驰骋想象,复活故事。休谟对历史人物神态、语言的描写不可不谓想象力丰富,当今天看到埃德加的训喻时,可以想象他表面上的大义凛然,实际上的志得意满,又如上文爱德华的悲伤和坦然、严酷和偏见等等。休谟发现"人类有一种普遍的倾向,即像设想他们自己一样设想一切存在物,并把他们熟知和真切意识到的那些品质移植到每一个对象上"[4]。其实这也是他进行历史叙述的一个重要方法,即:在经验基础上,运用想象思维叙述历史人物的行为举止,以己度人,揣摩历史人物的心理。这种方法的运用在对历史人物性格分析中比比皆是,通过休谟对克伦威尔种种举止和心理活动的描述,如"护国主再也没有以前的沉着冷静。他感觉曾经凭借勇气和权谋得到的富贵,无法保证他内心的宁静"。他感觉身边除了叛节的朋友和愤怒的敌人,已别无他人。[5] 我们看到一个疑心病重的护国主。即便是在宗教史的研究中,也是如此,比如他说,"在犯了罪行之后,人们就会产生懊悔和隐秘的恐惧感,这导致了内心

---

[1] David Hume, *The History of England*, Vol. II, London, T. Cadell, 1778, p. 502.
[2] 张广智主编,李勇著:《西方史学通史 第四卷 近代时期(上)》,上海:复旦大学出版社2011年版,第269—270页。
[3] David Hume, *Essays Moral, Political, Literary*, Indianapolis, Liberty Fund, 1987, p. 146.
[4] David Hume, *The Nature History of Religion*, London, A. and H. Bradlaugh Bonner, 1889, p. 20.
[5] David Hume, *The History of England*, Vol. VI, London, T. Cadell, 1778, p. 105.

的不安,使人的心灵诉诸宗教仪式和典礼作为赎罪"①。以今人之认识感受古人之认识,以今人之情感体会古人之情感,以今人之行为印证古人之行迹。

休谟认为习俗是最好的导师,其《英国史》也不拘囿于政治军事史,还考察各个时代习俗、文化;不仅关注政治家、军事家,还有文人、学者。对休谟而言,"艺术和科学的发生、进步、完善和衰退是有趣的思考对象,与文明进程的叙事密切相关。人们无法充分解释特定时期的一些事件,却可以掌握某些特定时期的文明程度"②。休谟相信,"科学、文明与美德、人道密切关联,是摆脱迷信最有效的解毒剂,能够治愈每一种恶习与混乱"③。

休谟专列附录,以描写各历史时期的习俗。他发现决定权力限度的,不是公共立法,而是偶然的历史事件和特殊的风俗习惯。④ 蒙昧时代是没有法制可言的,解决争执的习俗颇为独特。休谟指出,不应该把化外蛮族想象为天真纯朴,他们实际上比文明人更虚伪诡诈。"美德,无非是理性的延伸,在恶行、诡计和伤风败俗的恶果熏染下,永远不可能实现,只有普及良好的教育,才能在荣誉法则的基础上稳固建立起来并逐渐昌盛。"⑤那些法官普遍缺乏辨析能力,只能依赖证人和犯人的承诺,背信弃义的行径泛滥成灾,后来欧洲大陆各邦用决斗审判来弥补这些靠不住的承诺,蛮族各邦一直沿用这些野蛮的司法程序。如果争执的事情过于复杂,他们还会乞灵于神谕。获取神谕的途径很多,有一种是十字架审判。如果某人被控有罪,先发誓自表清白,然后取两块木头,其中一块标有十字形,都用羊毛包裹,放在祭台或某圣物上。牧师庄严祈祷裁判成功,最后由犯人或某个没经验的年轻人取木头,如果取到标有十字形的木头就表示此人无罪,否则被判有罪。另一种神裁法是使用沸水或红烙铁。沸水或烙铁都经过反复祈祷、弥撒、驱邪,然后被告或者持石入水一定深度或者握铁走过一段距离。然后他的手被包裹起来,密封三天后开封检查,如果没有烫伤的痕迹,就被宣告无罪。还有一种神裁法,如果被告能咽下并消化圣糕就被宣告无罪。总之,"我们对盎格鲁—撒克逊人的习俗所知不多,只知道他们是未开化的蛮族,粗野不文,不谙工艺,目无法纪,酗酒无度,暴动骚乱。他们军事

---

① David Hume, *The Nature History of Religion*, London, A. and H. Bradlaugh Bonner, 1889, p. 52.
② David Hume, *The History of England*, Vol. Ⅱ, London, T. Cadell, 1778, p. 519.
③ Ibid., p. 519.
④ David Hume, *The History of England*, Vol. Ⅰ, London, T. Cadell, 1778, p. 171.
⑤ Ibid., pp. 179 - 180.

才能出众,但无纪律兵法可言。他们对君王缺乏忠诚,习于背叛,后期尤甚。他们自始至终都毫无人道。即使是诺曼史家,虽然自己文明程度不高,在提到诺曼底公爵入侵时亦称撒克逊人为蛮族"①。

历史事件是否符合当时的风俗习惯还成为能否被列入休谟历史叙述中的标准。休谟始终认为,如果我们"想来驳倒历史上的伪造事实,我们最有力的论证就在于证明,所记载的个人行为不符合自然规律,而且在那些情境下,没有哪种人类动机能促使他发生那种行为。就如库舍曾记载亚历山大有超自然的气力,使他能够抵挡众敌,它的真实性就受到质疑,我们非常容易且普遍承认人类动机与行为的一致性"②。对他人的观点和认识一开始就抱有怀疑是不现实的,但更不应该对他们的证言不加鉴别地一概轻信,而应该从一种最初的信任出发,只是这种最初的信任可能会被许多可疑的因素抵消。③ 休谟描述了一则关于爱德华三世的民间故事:在一次宫廷舞会上,爱德华的情妇袜带脱落,国王替她系上。这时国王发现几个廷臣窃笑,于是吼道:"Honi soit qui maly pense"(邪恶之人才会有邪恶之想法),并把此话列为授予勇武者勋章上的箴言。虽然没有任何古代权威作家支持这个传说,但是休谟记述下来,那是因为"这种起源虽然失之轻佻琐屑,却符合当时的习俗"④。当时欧洲盛行风流倜傥的骑士精神。

休谟认为因果联系是一切推理的基础,他相信"一切开始存在之物,均有其存在之因"⑤,甚至认为只有追溯到源流才是学问的至境。"一位作者只需说某个事件是出于偶然,便可以彻底放弃对它的进一步调查,由此陷入像其他人一样的无知状态。但是,若假定一个事件来自某些必然而稳定的原因,他便会在找出这些原因的过程中表现出自己的智慧,而由于任何人只要具备起码的精明,都不会在追索因果方面束手无策,所以他便有机会大大增加他著作的篇幅,阐明普通人和无知者看不到的那些问题,尽情展示其渊博的学识。"⑥学界高度赞扬休谟在历史叙述时重视因果分析,布莱克在《史学艺术》开篇之初就注意到休谟的由结果反溯原因的研究方法。

---

① David Hume, *The History of England*, Vol. Ⅰ, London, T. Cadell, 1778, pp. 184 – 185.
② Daved Hume, *Enquiries Concerning the Human Understanding and Concerning the Principles of Morals*, Clarendon, Oxford University Press, 1902, p. 62.
③ Burns, R. M. Pickard, H. R.:《历史哲学:从启蒙到后现代性》,张羽佳译,北京:北京师范大学出版 2008 年版,第 57 页。
④ David Hume, *The History of England*, Vol. Ⅱ, London, T. Cadell, 1778, p. 194.
⑤ David Hume, *A Treatise of Human Nature*, Clarendon, Oxford University Press, 1896, p. 65.
⑥ David Hume, *Essays Moral*, *Political*, *Literary*, Indianapolis, Liberty Fund, 1987, p. 79.

他说,任何一个民族、任何个人都是更热衷于从原因探讨结果,很少有人从结果追溯原因,可休谟却这么做了①。汤普森虽然对休谟颇有微词,他赞扬休谟的《英国史》"是近代史学上的一个里程碑……在所有历史作者当中,是他首先看到'起因'在历史上的性质和意义,历史上一切变化都是以这个起因为依据的"②。这样的认识同样存在于苏联史家那里,维诺格拉多夫说,"历史学家休谟一点好的方面是企图建立历史中的因果关系"③。

致力于保障弱势群体利益的爱德华之所以会对犹太人采取严苛打压的政策,在休谟看来,主要原因是王室府库空虚。在叙述亨利三世王朝史时,休谟先考察前人的观点,"新教文人急于宣扬这个王朝的冲突事件,是希望让罗马教廷的贪婪、野心、诡计昭之于世;并试图证明当那些天主教显贵假装除了救世再没有其他什么目的时,实际上是在致力于获取财富,他们已经没有什么公正心和荣誉感了"④。他承认这个原因,不过不赞同他们叙述历史的方式,他认为:"这种结论轻而易举就能得出,尽管它并不能由对那些了无生趣的细节描述中得到证实。"⑤除此之外,他说:"我要指出,教皇及其廷臣对于大多数他们统治的教会而言是外国人,因为距离,导致他们劫掠城池而无任何羞惭和懊悔之心。"⑥哈罗德国王对自己主要利益所在判断有误,是他国破家亡的直接原因。⑦ 盎格鲁—撒克逊时期的历史简册微茫、史料无征,后人很难了解当时大多数差异和变化的前因后果,因此休谟简而述之。休谟驾驭史事的一个重要方法就是围绕一个中心事件进行因、果的追溯和分析。

正像休谟对历史事实和证据思考时所持的立场一样,在历史叙述中,他倾向于呈现多数人的意见,而不仅仅呈现单一个人的看法。《英国史》中经常出现"所有史家记载"这类句式,屡见不鲜。当古代作家对某一事件众说纷纭、莫衷一是时,休谟选择自己认为最前后一致、可能性最大的说法。⑧ 有时休谟会写下一些说法,随后注明孤证不立、不足为信。例如莫

---

① J. B. Black, *The Art of History*, London, Methuen, 1926, p. 82.
② James Westfall Thompson, *A History of Historical Writing*, Vol. Ⅱ, New York, The Macmillan Company, 1942, p. 72.
③ 〔苏联〕维诺格拉多夫:《近代现代英国史学概论》,何清新译,北京:生活·读书·新知三联书店1961年版,第25页。
④ David Hume, *The History of England*, Vol. Ⅱ, London, T. Cadell, 1778, p. 4.
⑤ Ibid.
⑥ Ibid.
⑦ David Hume, *The History of England*, Vol. Ⅰ, London, T. Cadell, 1778, p. 155.
⑧ Ibid., p. 117.

西亚国王裴亚达被其王后谋杀一说,因无第二份材料证明就不能相信。有时,多人记载也未必可信,还要考察对立方史官的记述。例如,英格兰王阿瑟尔斯坦率军攻打苏格兰,苏格兰国王为了保全王冕,愿意称臣纳贡。英格兰史官还补充说,阿瑟尔斯坦的大臣怂恿国王拒绝苏格兰王的请求,索性彻底征服整个国家,阿瑟尔斯坦回答,把王国封授与人比征服更光荣。休谟认为这些记录"既不准确也不完整,受民族狂热和民族仇恨情绪的感染,不太可信。而对这件事情并不比他们了解更多的苏格兰史官极力否认这件事情,似乎更可信"①。另外一些即使类似民间传说,但如果众多历史学家都有记载,也可被放入信史之列。例如:完美君王阿尔弗烈德在抗击丹麦人失利后微服避难,藏身于牧牛人的小屋。牧牛人的妻子不知道这位高贵宾客的真实身份,有一天看见阿尔弗烈德正在炉火边修理弓箭,就让他照顾下炉子上的糕饼,然后自己忙其他家务事了,但心有所思的阿尔弗烈德并没留心。当这位好妇人回来后发现糕饼烤糊了,厉声责骂国王,斥责他只知道喜欢吃她烤的热腾腾的糕饼,却不会好好照管。习惯删减史料的休谟之所以记下这件轶事,因为所有历史学家都记载了这样一件事情,事情本身虽然没有什么意义,但当时的环境饶有趣味,美德和尊严消解了环境的凄惨。②

3. 历史进步的讽喻

讨论一本著作的文本风格,大致有两条路径:一种是分析其叙述结构;一种是观察其喻义。从作者偏好的比喻方式可以发现他关于历史实在的某种预设。

虽然历史学家总是真诚地希望能真实展现关于过去的真相,史学作品却只能被视作个人产物,历史材料往往会被史家选择性的设计和建构,经验亦被塑造成某种特定秩序。人们总是试图组织这个世界,以人们自以为和可接受的方式去设计这个世界,也许在外人眼里,堂吉诃德的所作所为不过是些荒唐行径,但对他本人而言,却是在实践美德。虽然休谟批评哲学家们用个别原理简化生动活泼的世界,《英国史》确实以一种合目的的方式呈现的历史著作,即从野蛮到文明的进步史;从教权阶层的专制到世俗社会的胜利史。

《英国史》第一卷开篇伊始,即言:

> 每个文明的民族在追问自己祖先的冒险和英雄事迹时总怀有一

---

① David Hume, *The History of England*, Vol. I, London, T. Cadell, 1778, p. 86.
② Ibid., p. 67.

份好奇,这也常常会令他们失望,远古时代遗留的史乘充满了模糊费解、互相矛盾和无法确定。才智之士,即使拥有闲暇,在他们的研究中也倾向于避开此一阶段,因在其中,文化遗迹是被作了伪证抑或被保存,没有任何提示;当我们依赖记忆和口述传统时,以往事件的历史往往立刻被毁灭或损害;而且野蛮民族的冒险即使被记录了下来,也不能向更文明时代出生的人提供任何乐趣。文明国家遭遇的冲击常常是它历史中最有教益和最有趣的部分;但是野蛮民族那些意外的、粗暴的、突如其来的暴动、骚乱往往事出突然,又常常以残酷告终,这种千篇一律的故事不免令人厌烦。实际上它们湮没无闻对文字来说是相当幸运的事。……任何民族考察他们起源的唯一途径是思考他们祖先的语言、习惯和风俗,同时和邻近民族相比较。寓言,经常被当做真实历史来使用的,应当完全被摈弃;这一普遍规则或者有个别例外,它也只能去支持古希腊小说(它们是如此的著名且令人愉悦,在将来也一定是人类关注的对象)。因此,忽略关于英国更早时期历史的所有传统和故事传说,我们只需考察自罗马入侵以来居民的状况。至于帝国征服史的主要事件,它与其说属于英国史,不如说属于罗马史,我们只予以简略回顾;我们应该快速浏览晦涩无趣的撒克逊编年史,把更多的篇幅留给以后的时代,以后的时代已经产生完整、清晰信史,足以能为读者陶冶性情、提供借鉴。[①]

基于以上认识,他采用略古详今的写作手法。从1603年至1688年"光荣革命"80多年的英国史事,休谟用了两卷来书写,从1485年到1603年间约120年的历史同样用了两卷,但从公元前55年恺撒入侵至公元1485年都铎王朝建立约1500年间的历史,休谟也仅仅用了两卷。这种做法遭到柯林武德的严厉批评,"休谟的《英国史》是一部轻率的和草草勾绘的著作。这种把兴趣限于近代的真正原因,乃是他们对理性的狭隘概念,对于从他们的观点看来这一切都是人类历史上非理性时代的东西没有同情,因此也就没有对他们的洞见"[②]。

这一时期理性受到尊重,普遍把理性看作是与未开化的风俗和文化相对立的。之所以有这种自信,跟另外一个术语的流传息息相关,"它最初不常用,意义很有限制,这就是'进步'。它逐渐变得更加惹人注意和更为人

[①] David Hume, *The History of England*, Vol. Ⅰ, London, T. Cadell, 1778, pp. 3-4.
[②] 〔英〕柯林武德:《历史的观念》,何兆武、张文杰、陈新译,北京:北京大学出版社2010年版,第78—79页。

们所熟知了,最后就替事实判断,替人生行动、替历史编写提供了一个标准,它成了专门研究的主题、成了一种新型历史的主题,即人类精神进步史的主题"①。进步观念起源于17世纪,在启蒙运动时期发展成熟。在这种普遍认知的影响下,休谟不止一次地表达了社会在进步的思想。他说:"人的思想总是生气勃勃,日新月异,人的才能和本领也在不断增长"②;他把社会起源时期的人称作"野蛮的、苦于生计的动物"③。

18世纪还有另一种叙述野蛮人生活的作品,颇有影响,如沙勒瓦神父(Charfevoix)的作品,他的记述赞美野蛮部落的幸福,他欣赏那里所有人都被看作是平等的,不辨出身,不别贵贱,尊重个体的权利;他们享有的自由是对物资匮乏极大的弥补。18世纪的人们热烈接受了这种弥补说。④ 休谟对这种喜好有自己的考虑,他说:"一些厚古薄今论者以及向往平民自由的鼓吹者(事实上,这两种感情,基本上总是形影不离,不可分割,那是理所当然),情不自禁地为这一制度的灭亡扼腕叹息,他们在憧憬缅怀一切权力归于一人的令人毛发悚然的奴隶制时代时,是不惜将大多数人统统沦为真正的奴隶,处于屈膝受辱的境地的。不过,凡是冷静考虑问题的人都会认为,人类的天性一般乐于接受现在的自由,哪怕在欧洲最专横的政府统治下,也要比在古代最繁荣时期的自由好得多。"⑤至于某些人推崇古圣先贤的至德,颂古非今,那也只是为了针砭时弊。

《英国史》可以说是对休谟这一认识的实证研究,进步是历史进程的主线。在休谟看来,对原初居民来说,躬执耕稼相较游牧生活就是文明、进步。"早在恺撒登陆以前,不列颠东南部就已经向文明社会迈出了第一步乃至最重要的一步。布立吞人躬执耕稼,已经跃入复杂文明之列。而不列颠的其他居民仍保守游牧古风,他们以兽皮为衣,藏身于林莽之中。他们的生活动荡不安、居无定所,要么掳掠邻人,要么逃避强敌,要么为牲畜寻找水草。他们不知有精致的生活,他们的需求和财富都简陋不足道。"⑥而"日耳曼人不解风雅,不务耕稼,好似存心铲除一切进步的胚芽"⑦。相比

---

① 〔意〕贝奈戴托·克罗齐:《历史学的理论和实际》,傅任敢译,北京:商务印书馆2005年版,第195页。
② David Hume, *Essays Moral, Political, Literary*, Indianapolis, Liberty Fund, 1987, p. 164.
③ David Hume, *The Nature History of Religion*, London, A. and H. Bradlaugh Bonner, 1889, p. 16.
④ 〔法〕乔治·索雷尔:《进步的幻想》,吕文江译,上海:上海人民出版社2003年版,第237页。
⑤ David Hume, *Essays Moral, Political, Literary*, Indianapolis, Liberty Fund, 1987, p. 221.
⑥ David Hume, *The History of England*, Vol. I, London, T. Cadell, 1778, pp. 4-5.
⑦ Ibid., p. 16.

较农业社会,商业文化是进步了的文明。科学技术、文学艺术都在日新月异的发展着,即便是自由,古代的自由和近代的自由也是不能同日而语的。在休谟眼里,盎格鲁—撒克逊人貌似自由,其实是恣睢,他们的过度自由其实是一种无政府状态,这也是构成暴政的直接原因。"暴政即使没有统治整个国家,也凌驾于许多人民之上了。"[1]休谟在对待历史上有争议的人物时总是能赋以同情之理解,然而在对待古代史时,因为进步法则,他更像是凌驾一切的大法官,以讽刺口吻述说野蛮,特别是在宗教信仰一事上。

那个被称为启蒙运动的时代以变革西方人想象和描述他们社会和文化的方式而彪炳史册,其中一种就是普遍的社会世俗化,它被视作启蒙时代和后启蒙时代最显著的特点。不过它并不意味着宗教对西方人而言已经消失或若有若无,它可以被描述为社会和文化领域从宗教机构和象征束缚下解放的过程。世俗化是消解宗教神学在智识文化、科学艺术以及个人意识等方面权力的过程。因此,当一些西方人仍以宗教的方式来理解他们的信仰和个人实践时,另一些身处世俗化进程中的西方人已经在毫无对宗教权威的依赖下成功组织自己的人生和世界观。[2] 这是一个复杂的历史过程,休谟是一位自然神论者,他承认人们愿意相信上帝存在,但上帝高高在上且遥不可及,他已经不再插手人间事务,所谓上帝存在仅只是一种信念,休谟谴责迷信。

例如,宗教是布立吞各邦要务。他们的神职人员——德鲁伊特,掌握大权。他们除了主持祭祀典礼、指导宗教事务,还控制青少年的教育权。他们不服兵役、不纳赋税,有权判决民事诉讼和刑事案件,仲裁一切公私争议。人们若违背其教义则必将受到苛罚。违律者一旦被逐出教门,也就被摈弃在公共祭祀和公共宴享之外,与他接触者也会蒙受渎神污名,因而举族共弃。他不再受到保护,生活在悲惨和屈辱中,只有死亡才能给他带来解脱。休谟评论说:"在这种粗暴而乖戾的人民中,政府的纽带素来松弛,自然需要以迷信的恐怖代劳。德鲁伊特教迷信的恐怖远胜于其他。德鲁伊特不仅借助教权,用严厉的惩罚把世界束缚在恐怖之中,还向人们灌输灵魂永恒转世的歪理邪说,借此他们的权威随着信徒的怯懦而自然

---

[1] David Hume, *The History of England*, Vol. I, London, T. Cadell, 1778, p.169.
[2] Mark Washofsky, "Narratives of Enlightenment: On the Ues of the 'Captive Infant' Story by Recent Halakhic Authorities", *Nepoleon's Influence on Jewish Law: The Sanhedrin of 1807 and Its Modern Consequences*, Walter Jacob, ed., Pittsburgh: Solomon B. Freehof Institute of Progressive Halakhah, 2007, pp. 95 – 147.

增长。"①

在休谟眼里,对野蛮时代而言,人们放弃偶像崇拜,信奉基督教就是进步。肯特王国的埃塞尔伯特一朝最值得书之史册的一件大事是"他为英国的撒克逊人引介基督教"。②撒克逊人原有的异教迷信也是异常粗陋和野蛮的,来源于历代口耳相传的传说,不成体系,更没有政治做后盾,因此改变起来比较容易。沃登是撒克逊异教信奉的祖先和战神,撒克逊人相信,沃登大神如果嘉许你的勇武(休谟在此处注释说"蛮夷之德,舍此无他"),你的灵魂就可以进入诸神的宴会厅,倚在卧榻上,用你沙场手刃仇敌的头颅作酒杯,畅饮美酒。接着休谟写道:"野蛮人心目中乐园不过如此,他们衷心渴望的,无非就是复仇与纵欲!……撒克逊人的崇拜和其他迷信一样,虽然有自己视为神圣的教义,但在外人眼中幼稚的犹如耳语,荒诞不经。"③休谟的叙述不是为了鄙视野蛮,而是得出一个关于进步的道理。他指出,"文明国家即使屈服于蛮族铁蹄之下,其精神上的优越性不会湮没",文明往往屈从于野蛮的暴力,而后以润物细无声的方式改造野蛮。罗马帝国灭亡了,作为征服者的各个蛮族却陆续皈依罗马遗留的基督教,所以,"文明必然开化野蛮,简陋必然进为精致,此乃自然之趋势"④。

基督教在消除蒙昧、驯化蛮俗方面虽有进步,但收效甚微,它的教旨掺杂了大量迷信的元素,对于求知修德,为害匪浅,自然科学知识也就此荒疏。一旦这种宗教普及欧洲,它的荒谬暴露无遗。"倘若这种卑劣的迷信能制造普世的和平与安宁,也能稍微弥补其危害。但是,人性对权力和财富的贪婪,以及神学细节上的争执,引起致命的后果,因为神学上的是非曲直没有任何世俗权力可以裁决,英国陷入各种神学论战的漩涡,这些争论实在荒谬无稽,真是无愧于那个蒙昧和野蛮的时代。"⑤基督教的专横和恣睢也逐渐显露,教皇恣意欺凌世俗权力,"欧洲深陷蒙昧和迷信之中,神职人员主宰着人们的心灵。人们很少受到荣誉的约束,更少受法律的约束,陷入最恶劣的罪行和混乱中,除了他们的精神导师强加予他们的仪式以外,不知道别的救赎之道。他们相信圣战可以赎清一切罪过。但是,现在从这些卑贱的迷信中产生了普遍的军事精神,正如火如荼的散播开来"⑥。

---

① David Hume, *The History of England*, Vol. I, London, T. Cadell, 1778, p. 15.
② Ibid., p. 26.
③ Ibid., p. 27.
④ Ibid.
⑤ Ibid., p. 53.
⑥ Ibid., p. 237.

即使是近代以前的史官,休谟的批评也是毫不客气。"修道士是那个时代主要编纂史书者,他们远离公共事务,除了视一切世俗事务低基督教务一等,还给愚昧野蛮煽风点火。其著作为轻信所污、习于荒诞。他们的职业与生活习惯与恶行密不可分。"①

休谟,正如同安克斯密特对吉本的描述一样,是一位18世纪的绅士,"以一种漫不经心的讽刺述说人类历史中的罪恶和愚昧,这种态度只有启蒙时代的历史学家可能且乐于持有"。② 可能在休谟眼里,历史本身就是一部讽刺剧。战争、革命、动乱是《英国史》最常见的场景,休谟描述了不列颠人在入侵者匈奴大军面前的悲伤、哀痛、无助乃至绝望,但在蛮族人满载玉帛撒离之后立刻恢复了往日奢靡的生活方式,在蛮族卷土重来之前,他们只懂得享受片刻的太平,毫无应付侵略的深谋远虑。各地豪强都各自做着皇帝梦,互不团结、四分五裂,僧侣只有压迫异己的欲望,却没有共御外敌的决心。③ 以及埃德加国王与修道士的互相利用。更遑论像战争和动乱之后,文明对野蛮的濡染乃至反噬这类事件,在《英国史》中亦比比皆是。总之,在人类的蒙昧和野蛮时代,只有暴力和粗俗,那段历史只能被当作人类的反面教材。

人类历史要进入一个新纪元,商业兴起,文化繁荣,风俗习惯日益文明精致,这虽是一个历史过程,但在休谟的叙述中,野蛮摇身一变为文明,文明似乎是突然出现、瞬间产生。休谟看到了物极必反,却丝毫没有考虑过历史连续性,如果将休谟无意中有关历史断裂性的描述类同于近代学者们关于这方面的思考,实在是高估了休谟。从蒙昧到文明的分水岭,被休谟界定为11世纪。"基督教世界的人们深陷蒙昧和混乱的最严重时期,可以公正的确定为11世纪,大约与征服者威廉同时。从那时起,科学的太阳重新升起,发出耀眼的光芒,到15世纪文艺复兴时期,它的光芒照耀了整个黎明。长久以来,丹麦人和其他北方一些民族时时侵犯欧洲海滨乃至内陆地区,现在也学会了耕稼和农业的技艺,开始安居乐业,再不为了掠夺邻邦而抛弃自己勤勉劳作的成果。在更接近南方的诸邦,封建政体已经瓦解为一种奇特的世俗政体,虽还不太能保障自由与和平,仍然略胜于以前遍布各地的特权和混乱。"④

---

① David Hume, *The History of England*, Vol. I, London, T. Cadell, 1778, p. 25.
② 〔荷〕F·R.安克斯密特:《历史表现》,周建漳译,北京:北京大学出版社2011年版,第108页。
③ David Hume, *The History of England*, Vol. I, London, T. Cadell, 1778, pp. 14-15.
④ David Hume, *The History of England*, Vol. II, London, T. Cadell, 1778, pp. 519-520.

休谟相信人类社会在进步,文化和科学日新月异,并认为这种发展和繁荣是人们行为方式及文化互相影响的缘故,是时代精神和个人自由意志共同作用的结果,因为"人类的心灵十分善于模仿。……凡有理性的动物都具有结伴和交往的强烈倾向。使我们产生某种倾向的气质,也会使我们深刻地互相理解对方的情感,像彼此传染一样,使一群在一起的人产生相似的激情与好恶"①。休谟赞同斯特拉波的看法,即能影响人的唯有习俗与教育,而不是自然环境,他说,"我们若走遍全球或查阅编年史,便会发现:其中到处都有行为方式互相影响或互相传染的迹象,却根本没有气候影响行为方式的迹象"②。

实际上,休谟规划了一幅历史发展总体图景:

> 无论从道理上或现象上,都找不到什么根据可以断言世界是永恒不朽的。物质的不断而迅速的运动,搅得天下动荡不安的暴力革命,天上出现的变化,关于全世界洪水泛滥的传说和清晰的遗迹,或者普遍的自然灾变,——凡此种种,都有力证明这种世界结构必然要死亡,通过腐烂和分解,从一种状态或种类转化为另一种状态或种类。因此,世界也一定像万物一样,有其幼年、青年、成年和晚年;而人类,可能和一切动植物一样,也有这些不同的发展阶段。在世界的全盛时期,可以设想,人类在思维和肉体两方面都较发达,身体更强壮,精神更旺盛,寿命更长,传宗接代的意愿和机能更强。然而,要是世界万物以及人类社会的进程都是这样逐渐演变,其速度之慢使得我们在按照历史和传统看来是如此短暂的时期难以看得清这种变化。所以,直到现在,我们似乎觉得人的身高、体重、寿命乃至胆量和智慧,千百年来原封不动,依然还是老样子。至于技艺和科学,在各个时期倒的确有盛衰之迹;不过我们看到,当技艺和科学的发展在某个民族达到全盛时期时,所有周围的邻国可能对此根本一无所知;虽然在某个时期它们普遍地衰落,可是在嗣后的年代却又复兴,传播到世界各地。因此,就观察所及而论,对于人类的发展看不出有普遍的、可以觉察的变化,但可以认为,世界却象动物一样,有一个从幼年到老年的自然过程;然而我们现在还无法肯定:它是在走向极盛时期呢,还是开始衰落;所

---

① David Hume, *Essays Moral*, *Political*, *Literary*, Indianapolis, Liberty Fund, 1987, p. 128.
② Ibid., p. 129.

以也就不能预言人类本身的衰亡。①

休谟将人类历史与自然界相类,无论是他的世界观还是自然观,都是坦率的目的论的。这段从野蛮开始进步到近代文明社会的历史,这种不可避免的进步法则产生出了极不寻常的乐观主义。休谟既没有像康德那样将进步的目标设定为未来的千年福王国,也没有像席勒那样置于当下,声称历史的目的就是表明近代的语言、法律、制度等等诸如此类,是如何成为现在这样的。从休谟的哲学著作和历史叙述中综合观察,只能得知这是一种与有机体相类比的进步,在休谟那里,古代文明到奥古斯丁时代近乎登峰造极,而后是显而易见的退步,人类渐渐沦入蒙昧和野蛮,到 11 世纪衰落到极点,同时文明曙光乍现,到 15 世纪文艺复兴时期,文明之光普照大地,直至休谟所处的时代,他无法确定人类到了这时是继续进步还是突然衰落。对此克罗齐的评论一语中的,"我们在这里看到了基督教思想的坚持性和潜在力量。可以说,被多方讨论过的进步乃是一种没有发展的进步,它主要表现为一种感到满足与安全的叹息,像一个幸运儿一样,他成功的克服了许多障碍,现在宁静地注视着当前,他对未来蛮有把握,而对过去则有意避开,或仅偶一回顾,为的是悲叹它的丑恶、蔑视它、笑话它"②。

人们无法直接经验过去,只能以类比的方式体验它,由人们发现的历史证据在其中起着至关重要的作用,而历史证据和主体人一样也是身处历史之中,那么,所谓进步是否是人们在可类比的经验上所得之感受?

休谟的史学思想和认识有着启蒙思想的共性,如对古代,尤其是中世纪持否定态度。认为英国的盎格鲁—撒克逊时代不过是老鹰与乌鸦战斗的时代,中世纪是人类历史上的黑暗时代,近代的历史才有研究的价值;在其历史著述中可以明显地看到"野蛮"与"文明"的对立,等等。然而,现代历史著述的进步,恰恰就在于历史学家能够从政治形式的外表深入到社会生活的深处。在这方面休谟和伏尔泰、罗伯逊等人一样作出了贡献,扩大了历史研究的范围。对此,卡尔·贝克尔的表述更为贴切:

> 休谟写的历史是要比马布利的更加开阔,更少明显的教诲。初读

---

① David Hume, *Essays Moral, Political, Literary*, Indianapolis, Liberty Fund, 1987,译文参考〔英〕休谟:《休谟经济论文选·论古代国家的人口稠密》,陈玮译,上海:商务印书馆 1984 年版,第 93—94 页。

② 〔意〕贝奈戴托·克罗齐:《历史学的理论和实际》,傅任敢译,北京:商务印书馆 2005 年版,第 195 页。

之下，它似乎只不过是对历史事迹的一部沉闷的、毫无绚烂色彩的编年史，而且人们会感到奇怪，为什么期待着自己的历史学家们能用一种对 les moeurs（风尚）的描述来取代对事件的描述的那一代人，竟然如此之热心地阅读它。进一步再仔细地阅读，它那风行的原因就显然可见了。休谟设法以审慎的技巧在叙事的行文中织入了对恰好是 18 世纪所要加以谴责的那些事物的谴责——暴政、迷信、不宽容。有论者说："书中的故事是对历史事件的叙述，然而那毕竟讲述得很好，而且尤其是那是 en philosophe（以哲学）在讲述的；也就是说，不是以它们的起源和效果来追踪事件的演变或者是解释它们，而是为了要把'公正和不公正的观念'运用到事件上面来，为了要把理性时代的现成判断应用到事件上面来。不能从这样一部书里领会到对 18 世纪最有用的教训的人，就确乎是一个冥顽不灵的读者了"①。

相比较那些共性，更引人注目的是他思想的个性特征，那些引人争议的论题。《英国史》第一卷发表后，因为有着"托利党的立场"而为人诟病，休谟对此耿耿于怀，一再解释："我没有党派观念，也没有什么偏见。"②直到晚年对早先人们对他的误解都无法释怀，现今的人们已经愿意把休谟作为自由主义者加以接受。其实人们最初的指责并不是空穴来风，因为在第一卷《英国史》的遣词造句中，很容易发现休谟的同情之心。比如在查理一世死后，他叙述道："查理一世被弑后，整个英国都陷入混乱，这是因为改良和革命使执政党感到不安；世俗和教会的权力顷刻之间瓦解，而民众却已经习惯了他们的统治。"③他接着论述说："被削弱了权力和没收了财产的贵族和相当数量的绅士组成了保皇党，他们被那些怒气冲天使他们屈服的卑劣的敌人激怒了；长老会最初是支持议会军的，但当他们发现胜利的果实被狡猾的同伴攫取，感到一种背叛时，也被激怒了。"④如果相信休谟随后的解释，他对革命力量的诋毁并不难理解。这确实是他心中所思所想的忠实记录，恰恰表现出他的家庭——长老会成员的立场。他确实是有偏见的，只是这种偏见在他心里根深蒂固，所以才能不自觉的

---

① 〔美〕卡尔·贝克尔：《18 世纪哲学家的天城》，何兆武译，北京：生活·读书·新知三联书店 2001 年版，第 103—104 页。
② J. Y. T. Greig, edited, *The Letters of Hume*, Vol. I, Clarendon, the Oxford University Press, 1932, p.185.
③ David Hume, *The History of England*, Vol. VI, London, T. Cadell, 1778, p.3.
④ Ibid.

表露。

但是，如果由此论定休谟是长老会立场的话，也是有失公允。虽然家庭的影响不容小觑，不过他亦有自己的判断，休谟更像是一位政治宽容主义者。他对克伦威尔多有指责，然而他希望："鉴于人性固有的弱点，让我们以最大的宽容来观察克伦威尔的德行。"①他说："我们不应该像他的敌人那样，一味地指责他的残暴。在那个充满激情和偏见的岁月，他热衷于议会而不是王室的事业，并不奇怪。即使是现在，一些有德才学识得人，依然倾向于认为，在这个问题上到底谁对谁错还是有争议的。"②

爱德华·卡尔认为历史学家要反映人的本质，他既不是历史事实的"卑贱的奴隶"，也不应该成为其"暴虐的主人"。休谟并不暴虐，不过在他渴望得到一个真实的历史时，却有着强烈的目的，且贯穿着他的哲学思考。例如他说："每个人都有自己心中的共和政体，不管它是多么新鲜或怪诞的，他都渴望公众能够认可和接受它，甚至不惜为此动用武力。每个人都有自己的宗教信仰，那是他们特有的，而不是传统赋予的；这些信仰是建立在所谓感性，而不是任何人类理性原则基础之上。没有任何办法可以使一个人为了迎合他人而改变自己的信仰，即使是伪善言词和低劣的花言巧语。每个人都是如此，再有权势和财富的人也避免不了。"③对此，列文斯通认为："休谟一直把他的英国史视为他的哲学的一种表述，理由在于休谟的哲学观念要求与历史的密切关联。他认为'哲学结论只不过是对于共同生活的条理化和恰当性的反省'。而所谓'共同生活'在休谟那里意味着在历史中的社会存在。哲学既是对于社会与历史境况的反思，又是把它们予以梳理和修正。这才是哲学蕴涵的富有深度的历史观念，而如果没有付诸于历史著作，则其不复存焉。"④这是一段精彩的概括。无法说出在休谟的思想体系里哲学和史学哪个更重要，它们都只是休谟对人生、世界思考的一部分。

休谟无意于构建任何体系，"只是根据常识和经验，对重大的历史问题或过程，做出一种自己的、富有浓厚自由主义色调的判断"⑤。他是一位怀疑主义者，但在历史知识的可靠性上却持现实主义的见解。历史对于他而

---

① David Hume, *The History of England*, Vol. Ⅵ, London, T. Cadell, 1778, p. 109.
② Ibid., pp. 109-110.
③ David Hume, *The History of England*, Vol. Ⅵ, London, T. Cadell, 1778, p. 3.
④ 转引自高全喜：《休谟的政治学与政体论》，www.chinalegaltheory.com，2006-7-26.
⑤ 何兆武、陈启能主编：《当代西方史学理论》，上海：上海社会科学院出版社2003年版，第182页。

言只是朴素的事实,经过对这些事实的反思之后,得出自己的理解和解释;历史研究中也只有一种方法可以信任:具体问题具体分析。也许人们都能发现他思想的矛盾,其实他也早已有所体察,只是他非常明智地选择容许各种矛盾性的存在。

第三章　亚当·斯密：经济学中的史学意蕴

亚当·斯密，①是英国古典政治经济学的创立者，著名的伦理学家，18世纪苏格兰启蒙运动的领军人物之一。

1737年10月，14岁的他以出色成绩进入格拉斯哥大学。1740年6月，斯密获得牛津大学巴利澳尔学院的斯内尔奖学金，开始6年的牛津大学生活。1748—1749年冬，斯密被聘为爱丁堡大学讲师，成功地开设英国文学这门当时还很少有人讲授的课程。同时，他还讲授修辞学、法学和经济学方面的课程，吸引了大批听众。1751年1月，斯密被选为格拉斯哥大学逻辑学教授，讲授修辞学和文学。1752年4月，他又被任命为道德哲学教授，这一任期长达13年之久，其讲授内容涉及自然神学、伦理学、法学和政治经济学等领域。斯密从此进入具有非凡创造力的时期。

斯密是一位涉猎广泛、思想深邃的学者。学术研究已远远超出经济学和伦理学范畴，而旁及政治学、法学、修辞学、社会学、历史学诸多领域。正如美国经济学家罗伯特·海尔布伦纳（R. L. Heilbroner）所说："斯密绝非只是经济学家，他是哲学家、心理学家、历史学家和社会学家的结合。"②

其代表作有《国民财富的性质和原因的研究》，简称《国富论》③和《道德情操论》（*The Theory of Moral Sentiments*）④是广为人知的两部传世经典。他还有一些论文集由后人整理并出版，如《哲学命题论文集》（*Essays on Philosophical Subjects*）⑤、《修辞学和纯文学演讲集》（*Lectures on*

---

① Adam Smith，在20世纪初曾有人译为斯密·亚丹，现在仍有少数人译为亚当·史密斯。
② 〔美〕罗伯特·海尔布伦纳：《向亚当·斯密致敬!》，外国经济学说研究会编：《现代国外经济学论文选第四辑》，北京：商务印书馆1982年版，第34页。
③ 汉译有：亚当·斯密：《国民财富的性质和原因的研究》，郭大力、王亚南译，北京：商务印书馆2009年版。本书所引《国富论》之文，汉译参考了郭大力、王亚南译本。
④ 汉译有：亚当·斯密：《道德情操论》，蒋自强等译，北京：商务印书馆2009年版。
⑤ Adam Smith, *Essays on Philosophical Subjects*, edited by W. P. D. Wightman, Oxford, Oxford University Press, 1980.

Rhetoric and Belles Lettres)[①]、《法理学演讲集》(Lectures on Jurisprudence)。[②]

一、斯密学术储备的多样性

斯密学术储备除了早期教育和学术熏陶打下的基础外,该时期崇尚古典的学术传统、"经验主义"与"理性主义"的社会思潮以及斯密与同时代众多史家的学谊也非常重要。

1. 早期教育和学术熏陶

斯密从小就勤奋好学、博学强记。他在格拉斯哥大学学习期间,深受出类拔萃的道德哲学教授弗朗西斯·哈奇森(Francis Hutcheson)的影响。当时神学占统治地位,但哈奇森不拘泥于陈规,宣扬宗教乐观主义,其关于宗教自由和政治自由等原则的阐述,对斯密影响至深。此外,哈奇森的法学、政治经济学和道德哲学中的某些观点亦被斯密所继承并加以完善。例如,斯密后来提出的财产权理论就是从哈奇森那里得到的启发;他的整个道德情操论是对哈奇森理论的完善与扩展;而斯密最初从哈奇森那里接触的经济问题和原理已包含了自由、劳动和价值等学说的萌芽。在格拉斯哥求学3年,斯密学完拉丁语、希腊语、数学和伦理学等课程,并且已经具备独立思考问题的能力,该时期成为他开始形成其经济、政治和道德思想体系的最为关键的基础阶段。牛津大学生活期间,斯密虽然没有从该校的老师那学到多少东西,但事实上,丰富的图书馆资源使其"整整六年都在读书和思考"[③]。他广泛阅读当时的人文作品,特别是有关文学、历史和当时正处于萌芽状态的社会科学的著作。例如休谟的《人性论》、卢梭的《论人类不平等的起源》、德·波意利(De Pouilly)《同意情感的理论》等,其阅读范围之广,为他日后广博的知识储备和多方面的研究打下基础。

斯密除了在大学里讲授英国文学、修辞学、法学和经济学等方面的课程,他还参加政治经济学俱乐部、格拉斯哥文学会、爱丁堡哲学学会、择优

[①] Adam Smith, *Lectures on Rhetoric and Belles Lettres*, edited by J. C. Bryce, Oxford, Oxford University Press, 1983.

[②] Adam Smith, *Lectures on Jurisprudence*, edited by R. L. Meek, D. D. Raphael, P. G. Stein, Oxford, Oxford University Press, 1978.

[③] 〔英〕约翰·雷:《亚当·斯密传》,胡企林、陈应年译,北京:商务印书馆1983年版,第22页。

学会、爱丁堡拨火棍俱乐部等,这些主要由上流社会组成的涉及商业、农业、文学、艺术、政治等多方面的学术组织或社交团体,对斯密丰富学识、成熟思想提供了良好机会。可见,斯密后来之所以能够在多个学术领域有所建树离不开早期教育和学术经历所做的铺垫。

2. 古典传统与当代学谊

18世纪的西方是一个崇尚古典的时代,当时许多史学家纷纷举起崇尚古典的大旗,且相互间结下深厚学术情谊。

古典文化传统的浸染。斯密早在上学时代就打下深厚的古典文化基础,他博览群书,广泛而深入地阅读许多学科和多种语言的书籍,其中,希腊文和拉丁文的古典著作尤其成为其涉猎目标。正如爱丁堡大学的希腊语教授达尔泽尔(Dalzell)常对杜格尔德·斯图尔特说,斯密精通希腊语语法,能够流畅而准确地背诵希腊作家的作品。[①] 此外,斯密还大量阅读意大利诗歌,并能自由地加以引用。另外,他对法国古典著作亦给予特别注意,花费大量时间将这类作品译成英文,以改进自己的文体。[②] 在斯图尔特看来,斯密如此广泛而精确地掌握各种语言,"不是为了显示毫无意义的渊博,而是为了熟悉了解每件能说明各个民族不同时代的制度、风俗和观念的事情"[③]。因此,在斯密著作中的每一个主题下,几乎都可以看到古希腊和古罗马的例子,这足以反映出他深厚的历史知识底蕴。斯密在其著述中还会经常引用古典史学家的观点。例如,他在《国富论》关于游牧民族社会状况的描述中,就曾多次引用修昔底德的观点来作为自己的例证,时常会看到"据修昔底德观察","修昔底德说"这样的语句,除此以外,也有诸如"古罗马作家告诉我们","根据最可靠的历史记载"等用语的出现,从这些行文中,能够感受到斯密对古典作家及其历史经验的重视和吸纳。

良好的古典文化的熏陶,不仅表现在斯密经常引用古典史家的观点和历史事件来论证相关的经济学、法学等问题,而且还可以从他对古希腊、罗马史家及其著作的熟悉和推崇上反映出来。斯密在《修辞学和纯文学演讲集》中曾提到许多历史学家特别是古典史学家,如希罗多德、修昔底德、塔西佗、色诺芬、恺撒、波里比乌斯、李维等,并对他们各自的叙史风格和文体进行了评述。这里略举几例加以说明。譬如,斯密认为希罗多德是第一位

---

① 〔英〕约翰·雷:《亚当·斯密传》,胡企林、陈应年译,北京:商务印书馆,1983年版,第23页。
② 同上。
③ 〔英〕杜格尔德·斯图尔特:《亚当·斯密的生平和著作》,蒋自强等译,北京:商务印书馆1983年版,第6页。

扩大历史写作视野,形成自己独特风格的史家。希罗多德选取比他那个时代早 240 年的历史时段,并且领会到历史写作的范围不能只局限于希腊诸邦,还应包括所有未开化的地域。他所选取的内容不仅仅是各个国家那些值得纪念的重大改变,亦有令人愉悦的事情,而且他的写作目的更多是为了娱乐而不是指示。由此,能够从他的叙述中了解更多不同国家的风俗习惯和一系列事件,而不是有关内部体制或是对产生这些事件的原因的解释。[1] 关于修昔底德,斯密提到他从事于伯罗奔尼撒战争史的写作,而这种以政治、军事为题材的历史写作与之前的史学家有很大的不同。修昔底德通过对战争中所发生的不同事件及其原因的记录,揭示了战争为何会爆发以及怎样去避免它,同时也使人们形成关于每处战争进程的一个整体概念。[2] 斯密认为修昔底德和尤利乌斯·恺撒在历史写作中对事件产生的解释都是依据其外部原因,例如舆地形势、排兵布阵等,而塔西佗的写作风格则与之相反,他更多强调的是活动者自身的情感和思想,在描述重大事件时,他给人们的并非是那些关于外部原因的解释,而只有对那些内在东西的描述,这虽然并不能让人们了解太多关于事件产生的缘由,但却可以知道人们活动的动机。[3] 斯密提到李维时,曾给予很高评价,说他"毫无疑问是所有罗马史学家中最优秀的一位,而且是当之无愧的"[4]。针对有人指责李维关于军事事件的描述不够准确,斯密辩护说:"李维在这方面是不存在缺陷的……他给我们提供了一种很好的关于罗马往事记述的范例。"[5]在语言方面,李维总是言简意赅,文体精炼,叙事写人栩栩如生,"从他的描述中,人们可以想象自己身临其境"[6]。斯密表现出对古典史学家所形成的别具一格的历史叙述方法的推崇,并自觉地秉承其写作传统,如文笔精炼生动;善于对历史人物心理活动和内在情感进行描述;重视历史事件的因果关系以及对政治、经济和世俗社会史领域给予关注等。如果不是对古典史学家及其著作的熟知,斯密难以有上述一番独到而不失准确的评论。

---

[1] Adam Smith, *Lectures on Rhetoric and Belles Lettres*, edited by J. C. Bryce, Oxford, Oxford University Press, 1983, pp. 105 - 106.

[2] Ibid., p. 106.

[3] 转引自 Andrew Stewart Skinner, *A System of Social Science: Papers Relating to Adam Smith*, Oxford, Oxford University Press, 1996, pp. 14 - 15.

[4] Adam Smith, *Lectures on Rhetoric and Belles Lettres*, edited by J. C. Bryce, Oxford, Oxford University Press, 1983, p. 108.

[5] Ibid., p. 109.

[6] Ibid., p. 110.

与同时代史家的学谊。斯密一生社交广泛,朋友众多,其中既有学者、教授、诗人、法律从业者、商人等各界名流,又有政府的高官要员和地位显赫的王室贵族。广泛的人际关系使斯密深受其益,他的许多思想与知识正是在与朋友的交流和思想碰撞中产生的。而他与同时代史家的学术交往则使其思想中不可避免地濡染着史学的意蕴。

　　斯密与这一时期的休谟、罗伯逊、弗格森、吉本等人都有书信往来,尤其与休谟关系最为密切。"休谟最大的贡献在于他创立了苏格兰历史学派。休谟不仅自己从事史学活动,还对后学进行鼓励和帮助。"[1]早在格拉斯哥大学求学期间,经道德哲学教授哈奇森的介绍,斯密认识了当时正在写作《人性论》的休谟,不仅认真拜读了此书,还为之作了一篇摘要。从此休谟成为斯密终生的挚友,无论是其独树一帜的哲学观点还是卓越的观察和科学分析的能力都对斯密影响至为深远。在斯密通信集中,斯密与休谟之间的往来书信占很大分量,达46封之多。斯密曾就休谟的《英国史》写作提出过自己的看法,认为编写英国史最好从亨利七世时期开始。而休谟最终决定从詹姆斯一世开始,他认为在詹姆斯时期,英国的政治变化所带来的影响才开始表现出来,形成当时历史中最奇特、最有趣和最有教益的部分。[2] 虽然斯密关于《英国史》写给休谟的信,似乎没有留下来,只能从休谟写给斯密的回信中了解到这一点,但在该书出版后,斯密仔细研究了这本著作,称休谟是"当代最杰出的哲学家和历史学家"[3]。休谟也就斯密的《道德情操论》和《国富论》的写作和出版给予过意见和评论。在《国富论》出版之后他曾去信表示祝贺,并对《国富论》的畅销寄予很大期望,认为"它有深刻的思想、完整的阐述和敏锐的见解,再加上有很多令人耳目一新的实例,它最终会引起公众注意的"[4]。同一天,吉本在回复弗格森的贺信中也写道:"我们共同的朋友亚当·斯密先生以何等卓越的著作丰富了人们的头脑啊!"[5]同样,在吉本的《罗马帝国衰亡史》第六卷出版当天,斯密

---

[1] 张广智主编,李勇著:《西方史学通史》第四卷《近代时期(上)》,上海:复旦大学出版社2011年版,第273页。

[2] 〔英〕欧内斯特·莫斯纳、(英)伊恩·辛普森·罗斯编:《亚当·斯密通信集》,林国夫等译,北京:商务印书馆1992年版,第30页。

[3] 同上书,第43页。

[4] 同上书,第253页。

[5] James Westfall Thompson, *A History of Historical Writing*, Vol. Ⅱ, New York, The Macmillan Company, 1942, p. 83.

也去信称赞吉本道:"这件事使你夺得当前全欧学术魁首。"①罗伯逊在给斯密信中曾提到斯密很多关于殖民地的看法对其具有极重要的意义,它们为其关于限制殖民地贸易是荒谬的这种见解提供了诸多有力的证实。另外,罗伯逊为撰写《查理五世在位时期的历史》还曾从斯密那里借过相关的历史资料,他感慨自己从斯密那里获得比其他任何人都多的益处,并对斯密表达了无限的敬意。②弗格森与斯密也有着学术上的联系,在法格(Jane B. Fagg)给人们提供的弗格森所藏和所借的启蒙学者的著作中就有亚当·斯密的《国富论》。③弗格森对该书及斯密本人给予肯定,他认为斯密的大作是无懈可击的,就所涉及的那些问题而论,斯密"无疑是卓尔不群,自成一家,至少要影响今后几代人的思想"④。弗格森对于斯密《国富论》中批判教会、大学和商人的做法是表示支持的,但对于斯密不满国民军的看法,则持反对态度。

  这些方面的具体材料,第一章论学派成员间的学谊有详述,这里从略。

  除以上与斯密有直接书信往来的史学家外,还有像伏尔泰、孟德斯鸠、富兰克林等思想家对斯密也有一定影响。斯密曾作为巴克勒公爵的私人教师陪同前往法国,在此期间,斯密拜访了他崇敬已久的法国启蒙巨匠伏尔泰,并与之交谈过五、六次,每次都会让他激动不已。他们在会面中谈到恢复省议会或维持省长特任制下的行政管理制度等政治问题,据斯密说,在这个问题上伏尔泰对三级会议深表厌恶,而对君权政治则表示好感。斯密在其《国富论》中谈到中世纪教会吸纳知名学者入教时,曾援引伏尔泰关于这方面的观察,并认为,"伏尔泰的观察,不但可适用于法国,对一切其他罗马天主教国家也可适用"⑤。斯密看到伏尔泰思想中闪耀着的理性光芒,对其历史地位给予很高评价,他说"理性受赐于他之处不可估量。通过他给予一切教派的狂信者和异教徒的大量嘲笑和讽刺,才有可能使人类的知性产生真理之光,使人们做好准备,去进行一切有理智的头脑应该进行

---

① James Westfall Thompson, *A History of Historical Writing*, Vol. Ⅱ, New York, The Macmillan Company, 1942, p. 86.
② 〔英〕欧内斯特·莫斯纳、(英)伊恩·辛普森·罗斯编:《亚当·斯密通信集》,林国夫等译,北京:商务印书馆1992年版,第261页。
③ 转引自张广智主编,李勇著:《西方史学通史》第四卷《近代时期(上)》,上海:复旦大学出版社2011年版,第286页。
④ 〔英〕欧内斯特·莫斯纳、(英)伊恩·辛普森·罗斯编:《亚当·斯密通信集》,林国夫等译,北京:商务印书馆1992年版,第262页。
⑤ Adam Smith, *An Inquiry into the Nature and Causes of the Wealth of Nations*, Vol. 2, edited by Edwin Cannan, London, Methuen, 1904, p. 240.

的探索。他对人类的贡献,远远大于那些板着脸的哲学家。①

孟德斯鸠对斯密的影响主要是法学方面的,但他们在有关"公民社会史"的历史写作方法上存在极大的相似性。按照西方学者的说法,"在孟德斯鸠时代以前,大部分政治家,满足于对各种事实做一个历史性的叙述,满足于模糊地把法律归结为特殊立法者的聪明才智或现在无法确定的偶然环境。但孟德斯鸠却认为法律主要是从社会环境中产生的,并企图从人类社会发展各个不同阶段发生的条件改变来说明过去社会制度所经历的相应变化"②。此外,孟德斯鸠还经常借助旅行家和航海家的那些无心的观察并将其融入对法律史和风俗史的哲学评论中来。同样,在斯密的各类著作中,他也习惯于从人性原则和社会环境去追溯所描述的观点和制度的起源。关于孟德斯鸠和斯密之间的这种联系,米勒论斯密这一层道:"曾有幸听他讲'市民社会史',并且很高兴能同他一起充分地讨论这一题目。伟大的孟德斯鸠指出了应该遵循的道路,它是这一哲学分支的培根,而斯密是牛顿。"③

此外,或许是受孟德斯鸠"地理环境决定论"的启发,斯密也尤其注重从地理环境的角度来分析一定的经济和社会现象。他看到一国农业和制造业一般最初都发轫于沿海沿河一带。而不同的国家因地理位置和自然条件的不同,其农业和制造业的发展情况又有所差异。斯密分别列举了地中海沿岸各国、东印度孟加拉各省、中国东部沿海各省和非洲内地,乃至黑海和里海以北极远的西伯利亚等地,认为前者农业和制造业发展较早,后者却不甚发达,这在很大程度上是其所处的地理位置和自然环境决定的。斯密还看到,如果一个国家其所处的地理位置和自然环境有利于农业耕作和其他技艺改进,那么则会促使共和政治的建立。他指出:

> 就鞑靼或阿拉伯来说,采用共和政治的可能是很小的,因为鞑靼或阿拉伯所处的地位是很难改进的。这些地方大部分是山和沙漠,不能耕种,只适合于牧畜。此外,这些地方一般是干燥的,而且没有大的江河。在那些已经建立了共和政府的国家,特别是在古希腊,情况恰

---

① 〔英〕约翰·雷:《亚当·斯密传》,胡企林、陈应年译,北京:商务印书馆1983年版,第171页。
② 〔英〕杜格尔德·斯图尔特:《亚当·斯密的生平和著作》,蒋自强等译,北京:商务印书馆1983年版,第30页。
③ 转引自 Henry C. Clark: "Montesquieu in Smith's Method of 'Theory and History'", *The Adam Smith Review Volume* 4, edited by Vivienne Brown, Abingdon, Oxon, New York, Routledge press, 2008, p. 133。

恰相反。古希腊的三分之二以海为界,而另外三分之一以高山岭为界。这样,他们和他们的邻国有海道可通,而同时又不至受邻国的侵犯。①

斯密强调地理环境对人类社会经济形态和政治体制的直接或间接作用,这里看到了孟德斯鸠地理环境论的影子。

但斯密也不免带有一定的偏见。他认为,"生长在欧洲温带的人民体格,不能在西印度炎日下从事挖土劳动"。当"亚洲南部懒惰的、柔弱的、饱食的国民碰着了活泼、坚韧而苦饥的北方鞑靼人的侵略"时,便会"全然无以自卫"②。这些观点在今天看来有失偏颇。

斯密于1759年在爱丁堡与本杰明·富兰克林相识,获得大量的关于美洲殖民地的详情,因此奠定了斯密殖民地理论的基础。据富兰克林的传记作者说,"只要看一下《国富论》的索引,就会知道,斯密具有的关于美国殖民地的知识,正是富兰克林最有资格传授的知识。书中谈到殖民地的地方多达数百处,从殖民地的状况和发展引用的例子几乎遍及各章。我们可以进一步说,美国殖民地是此书基本原理的事实根据。没有这些,此书的许多主要命题就将成为空论"③。当然,这里不免有些夸大之词,但斯密后来所写关于美洲将由殖民地组成一个国家时说,"这些殖民地很有可能成为一个空前的、最强大的国家",无疑是受到了富兰克林的影响。

3. 本土的经验主义

斯密的著作是理性主义和经验主义、演绎法与归纳法的一种独一无二的混合。他的理性主义使他能够以少数几个最重要的原则为基础构建一个伟大的思想体系;而充溢于其整个著作的经验主义则使他的思想非常现实,并且赋予了他去说服别人的才能,即,使他能够为每个一般化的思想找到大量恰当的和有说服力的例子。④

16—18世纪,随着英国资产阶级的反封建斗争和自然科学的大发展,再加上自身的理论传统,英国成为近代经验论的发祥地,并涌现出一批极

---

① 〔英〕坎南编著:《亚当·斯密关于法律、警察、岁入及军备的演讲》,陈福生、陈振骅译,北京:商务印书馆2009年版,第48页。
② Adam Smith, *An Inquiry into the Nature and Causes of the Wealth of Nations*, Vol. 2, edited by Edwin Cannan, London, Methuen, 1904, p. 223.
③ 转引自〔英〕约翰·雷:《亚当·斯密传》,胡企林、陈应年译,北京:商务印书馆1983年版,第240页。
④ 〔美〕斯皮格尔:《经济思想的成长》,晏智杰等译,北京:中国社会科学出版社1999年版,第205页。

具影响力的经验主义哲学家,如培根、霍布斯、洛克、巴克莱和休谟等,这些经验主义哲学家尽管在具体思想上各有不同,但在认识论问题上都注重感觉经验对人认识事物的重大作用,指出感觉经验是人们认识客观事物的来源。弗兰西斯·培根是英国经验主义的奠基人,他"提出了知识和观念起源于感性世界的基本原则,制定了系统的经验主义归纳法"①。约翰·洛克是经验论的集大成者,他对天赋原则和天赋观念学说进行批判,倡导人类心灵的"白板说",指出:"心灵是一块白板,既没有天赋的思辨原则,也没有天赋的实践原则,我们的一切知识都是导源于后天经验的。"②大卫·休谟则将经验论哲学发展到极致,并最终走向怀疑论和不可知论。他认为人们对于万物起源或者宇宙终极原因的解释,只是来源于人们的生活经验。而人类的经验又是不完全的,其范围和持续是有限的。因此,人类无法凭借经验来获得关于万物起源的知识。人们的知识只能局限在"经验"的范围之内,对经验以外的东西只能保持一种怀疑的态度。或许正是出于对抹杀历史学在人类知识领域中的地位的笛卡尔主义的反击,英国经验主义哲学家不自觉地与历史学越来越紧密的联系起来,他们开始不断突出历史知识的地位,对历史学思想给予更多的关注。正如柯林武德所认为,经验主义派别在积极方面是"对哲学朝着历史学重新定向做出了贡献"③。如果说休谟之前的经验论者对历史的关注是无意识的,那么休谟则不像他的前人那样盲目,他意识到历史经验对于人的观念所产生的重要作用,将其"哲学原则应用于历史知识"之中,而把历史学置于一个和任何其他科学至少是同样坚实的立足点之上。

经验主义方法成为斯密所有研究中一以贯之的东西,即从经验事实中获得基础资料,然后再根据这些资料进行归纳,并提出论点。斯密在其著述中尤其喜欢运用历史经验来论证相关的政治、经济、哲学和法律问题。例如:在《法理学演讲集》中,斯密一开始就考察历史上尤其是古罗马时期的法学体系,在具体论述法律政治理论时,斯密着重从历史演进的角度作出解释,并以丰富的例子予以佐证;在《道德情操论》中,斯密以全书 1/4 的篇幅详细考察了历史上的各个不同道德哲学体系,④相比其他同体裁的著作而言,该书更依赖从真实经验中获取的事例,无论是观察到的还是从历

---

① 陈修斋主编:《欧洲哲学史上的经验主义和理性主义》,北京:人民出版社 1986 年,第 62 页。
② 同上书,第 66 页。
③ 〔英〕柯林武德:《历史的观念》,何兆武、张文杰、陈新译,北京:北京大学出版社,2010,第 73 页。
④ 胡怀国:《对斯密研究方法的评价与新评价》,《学术交流》,1999 年第 5 期,第 24 页。

史著作中搜集来的;而《国富论》更是包含有大量以经验为根据的资料,其第三、四篇即是从经济史和经济学说史的角度,对前述理论予以佐证。斯密为了避免轻易地得出不谨慎的结论,在提出一种观点或理论时,总是求助于大量的实际事例或历史资料。

4. 大陆的理性主义

和英国经验主义的学术传统不同,在法、荷、德等欧洲大陆诸国盛行的是以注重演绎推理和理性直观为特征的理性主义。这与当时的自然科学家自哥白尼到伽利略、开普勒在其科学研究中十分注重数学的应用和对实物的定量分析的科学传统有很大关系。笛卡尔是大陆理性派的创始人,他倡导"普遍怀疑"的哲学理念和"天赋观念"学说,主张唯理论,认为"由感官经验获得的知识是靠不住的,只有凭借理性才能获得确实可靠的知识;我们是凭借理性直观而得到关于我们自己心灵的本性的知识"[①]。莱布尼茨则把人的心灵比作是一块有纹路的大理石,而"观念和真理是作为倾向、禀赋、习性或自然的潜能天赋在我们心中,而不是作为现实天赋在我们心中"[②]。此外,像斯宾诺莎、马勒伯朗士等也是重要的理性派代表。

在当时,整个欧洲弥漫着理性主义的气息,史学在这一社会思潮的浸染下具有鲜明的时代特征,表现为理性主义史学的发轫。在理性主义史家看来,普遍的理性是改造社会的唯一力量,是推动历史前进的动力,是评判过去的依据;历史就是人类理性的发展史,历史学的任务就是批判宗教愚昧和封建专制,揭示人类理性,启迪民智;他们秉持自然神论,强调物质世界或者是上帝创造物对与人类历史的重要,相信历史发展是有规律的,可以用自然科学的方法来研究历史。在具体写作上表现为对于人类精神史、文化史、普遍史和世界史的重视。[③] 尽管斯密的研究方法更多表现出鲜明的经验主义特征,但是也能看到,作为18世纪启蒙运动的主要思想家之一,他的历史观念中包含着一定理性主义成分。例如:斯密提出人类社会发展的"四阶段论"就是启蒙学者所普遍秉持的历史进步观的鲜明体现,这在后面有详细论述;在对宗教的看法上,斯密表现出怀疑主义的特征,他对原始的异端宗教进行了猛烈的抨击,斯密曾引用休谟《英国史》中的一段话,表明自己的宗教立场,他说:"把真的宗教除外,其余一切宗教都有极

[①] 陈修斋主编:《欧洲哲学史上的经验主义和理性主义》,北京:人民出版社1986年版,第73页。
[②] 同上书,第78页。
[③] 张广智主编、李勇著:《西方史学通史》第四卷《近代时期(上)》,上海:复旦大学出版社2011年版,第333页。

大的害处,而且有一种自然倾向,把迷信、愚想及幻想强烈灌输到具体的宗教里面,使其陷于邪道","脱去一切荒谬、欺骗或迷妄的夹杂物,而成为纯粹的、合理的宗教,是世界各时代贤智之士最希望见其成立的宗教"①;《国富论》也体现出斯密的"全球眼光"。其中,他对野蛮民族和未开化民族的社会生活、生产方式以及组织形式和财产等进行了论述。但其着眼点不仅仅放在对欧洲野蛮部落和民族进行描述,甚至对游牧社会时期的鞑靼人、阿拉伯人也给予详细介绍;在探讨殖民地问题时,斯密的目光已经远远超出欧洲,而到达非洲、美洲和印度;在论证三种状态的社会时,斯密还以中国为例来说明停滞社会。他指出:中国道路,固然使其成为"世界上最富的国家,就是说土地最肥沃、耕地最精细、人民最多而且最勤勉的国家",却也从此"停滞于静止的状态了",看似"未曾退步",却也难以前进,毕竟这种"静止"状态自马可·波罗访华已经消失了500年之久。此外,无论是《国富论》中的"个人利己主义"还是《道德情操论》中的"同情心",斯密把它们看成是人类的共同本性,并以此作为自己探讨人类社会经济发展规律和道德哲学原理的出发点。但需要指出的是,斯密在提倡理性的同时,又不完全地寄托于理性,他认为理性本身的能力是有一定限制的,"人性"具有不依赖人的理性的一种倾向。斯密憎恶罗马教会组织,认为它"反对政府权力和安全,反对人类自由、理性和幸福,是旷古未有的可怕团体。在这种制度下,极愚蠢的迷信幻想得到如此之多数人利己观念的支持,任何人类理性的攻击都不能动摇它。因为,理性虽也许可以揭穿某些迷信妄想,使普通人明白其荒诞无稽,但是决不能瓦解那基于利己心的结合"②。在关于历史进步论的动力问题上,斯密并没有突出理性的巨大作用,而更多地认为是"无意识后果律"推动的结果。斯密对有限理性的看法也正反映这一时期大多数苏格兰启蒙思想家们所蕴含的哲学精神。

二、斯密思想中的史学意蕴

18世纪启蒙思想界,史学家们纷纷思考和探讨历史发展进程、趋势以及历史研究目的和方法等问题。斯密作为该时期苏格兰启蒙运动中的领

---

① Adam Smith, *An Inquiry into the Nature and Causes of the Wealth of Nations*, Vol. 2, edited by Edwin Cannan, London, Methuen, 1904, pp. 225-226.
② Ibid., p. 234.

军人物之一，首次将历史的概念带入人类经济生活领域，不仅形成其独具特色的历史分析方法，而且也反映出历史观的基本倾向。斯密提出人类历史四阶段理论，秉持历史进步观念；在历史研究方法问题上，又体现着"推测史学"和"古典历史主义"特征；不仅如此，斯密还对史学自身的方法论问题提出了看法。具体述之如下。

1. 历史四阶段论

历史进步观是18世纪苏格兰启蒙运动乃至整个欧洲启蒙运动中学者们所普遍持有的一种观念。这一时期学者们关于社会历史演进的阶段论正是这种历史进步观的鲜明体现。其中，斯密的历史"四阶段"理论是苏格兰启蒙学者中论述的最为详尽而系统的。早在1762—1763年的《法理学演讲集》中，斯密就对人类社会所要经历的四个阶段及其变迁给出一个大体框架：

人类社会的四个时期是：畋猎、畜牧、农作和贸易。如果一些人因船只失事流落在一个荒岛上，他们最初是靠土地所生的野果和他们所能捕杀的野兽来活命。由于这些果子和野兽不可能时时够用，他们不得不把一些野兽养驯，以便要使用时就能拿来使用。过了相当时间以后，连这些也不够用了。当他们看到土地能生出相当大的数量的蔬菜时，他们就想开垦土地，使土地能生产更多的蔬菜。农业就应运而生。农作需要很大的改善才能成为一个国家的主要职业……继农业时代之后的是商业时代。[①]

在随后出版的《国富论》中，斯密不仅对各个阶段特有的生产、生活方式进行详细论述，并且从"财产"、"政权"、"国防"、"司法"等方面对以上这一简单的框架进行充实。在他看来，人类的生存方式与财产关系在社会历史变迁中起着"决定性"作用，而在每一阶段中所出现的组织机构和政治制度则是与这种生存方式相对应的。

斯密的"四阶段论"以"最低级和最粗野"的狩猎时期为开端，而"现今北美土人就是如此"[②]。他指出，在这一阶段，生产力水平十分低下，普遍的贫乏，造成普遍平等的局面。这种社会只由几个独立家族组成，这些家族住在同一乡村，说同一种语言，为了共同安全约定相守，但谁也没有权力统治谁。对任何侵犯行动，整个社会都休戚相关。[③] 尽管他们中间也可能

---

① 〔英〕坎南编著：《亚当·斯密关于法律、警察、岁入及军备的演讲》，陈福生、陈振骅译，北京：商务印书馆2009年版，第128—129页。

② Adam Smith, *An Inquiry into the Nature and Causes of the Wealth of Nations*, Vol. 2, edited by Edwin Cannan, London, Methuen, 1904, p. 152.

③ 〔英〕坎南编著：《亚当·斯密关于法律、警察、岁入及军备的演讲》，陈福生、陈振骅译，北京：商务印书馆2009年版，第41页。

有一个极受他们尊敬和深具影响力的人物,但不存在绝对的权威,更没有所谓的君主。在斯密看来,"造成财富不均的对牛羊的私有,乃是真正的政府产生的原因"①,由于这一时期财产权还没有建立,因此不可能有政府的存在。根据斯密的解释,在人类社会的第一个阶段即狩猎民族时期之所以没有产生与建立起财产权,首先是由当时生产力水平低下,几乎没有任何财产的根本原因决定的,其次是因为他们还没有形成比较完善的"占有"观念:"在野蛮人中间,财产权以占有开始并以占有结束,因为他们对于不在自己身体周围的东西似乎没有这些东西是属于他们自己的这种观念。"②由于野蛮人认知能力的"狭隘"和"局限",使其尚未形成财产的"权利"观念。因此,在这样的生存环境下,也就自然用不着任何"固定的审判官"和"经常的司法行政机构","他们按自然法则生活"③。

第二个阶段是"比较进步的游牧民族的社会状态","如鞑靼人和阿拉伯人的社会状态"④。在这一阶段,畜牧成为主要生产方式,生活时时迁移,且"在牧人中间,财产权的观念进一步扩大了。不但他们带着走的东西属于他们,而且放在他们小屋里的东西也属于他们"⑤。随着占有观念的产生,人们之间出现了财富不均和贫富分化。

对于游牧时代的财富不均,斯密深刻地看到,其所起的作用比它对此后时期所起的作用大得多。⑥ 首先,在经济生活上,"富者对贫者具有很大的左右力量",且该阶段的这种"左右"力量超过以后任何时期。贫者因为毫无生活资料不得不倚靠富者,而富者由于消费有限也只能将财产的一部分给予穷人,从而加强对其控制与支配,"穷人在一定程度上成为他们的奴隶"。其次,"由财产造成的权威,以这时为最大,因而权威与服从的判分,也以这时最为确定"⑦。在当时"总有一个人对其余的人拥有很大的权力,

---

① 〔英〕坎南编著:《亚当·斯密关于法律、警察、岁入及军备的演讲》,陈福生、陈振骅译,北京:商务印书馆2009年版,第42页。

② 同上书,第129页。

③ Adam Smith, *An Inquiry into the Nature and Causes of the Wealth of Nations*, Vol. 2, edited by Edwin Cannan, London, Methuen, 1904, p.166. 〔英〕坎南编著:《亚当·斯密关于法律、警察、岁入及军备的演讲》,陈福生、陈振骅译,北京:商务印书馆2009年版,第41页。

④ Adam Smith, *An Inquiry into the Nature and Causes of the Wealth of Nations*, Vol. 2, edited by Edwin Cannan, London, Methuen, 1904, p.152.

⑤ 〔英〕坎南编著:《亚当·斯密关于法律、警察、岁入及军备的演讲》,陈福生、陈振骅译,北京:商务印书馆2009年版,第130页。

⑥ 同上书,第42页。

⑦ Adam Smith, *An Inquiry into the Nature and Causes of the Wealth of Nations*, Vol. 2, edited by Edwin Cannan, London, Methuen, 1904, p.168.

在很大程度上支配着他们的决定"①。斯密列举了阿拉伯酋长和鞑靼可汗,认为他们就是这一时期权威的象征,甚至可以说达到完全专制独裁的程度。再者,财产上的不平等还带来了保持以上权威与服从所必要的民政组织,国家也随之产生。"民政组织的建立,实际上就是保护富有者来抵抗贫者,或者说,保护有产者来抵抗无产者。"②斯密看到这一时期的行政司法机构在很长一段时间内更多为君主服务的,成为其收入的源泉。他列举了亚洲的鞑靼政府以及颠覆罗马帝国的日耳曼民族和塞西亚民族所建立的欧洲各政府,指出一切野蛮国的司法行政,都长期陷于极度的腐败状态,毫无公正、平等可言,它们不过是一种政府或者说是君主敛财的组织。

此外,斯密还看到游牧民族具有特别强的战斗力和征服欲。他引用修昔底德的话,"无论是欧洲还是亚洲,都不能抵抗团结起来的塞西亚人"。斯密认为该断言为一切时代的经验所证明。在他看来,最可怕的战争,无过于鞑靼人在亚洲屡次进行的侵略。像他们这样的游牧民族,一旦团结起来,那么其周边的地方就会遍遭蹂躏,满目荒芜。③

第三个阶段是"更进步的农业社会"④,中世纪西欧封建经济多属此类。这种"更进步",首先在于它克服了上一阶段生存方式的局限,显然农耕要比游牧生活更稳定、更丰裕,甚至会有很多剩余产品。⑤ 其次,"财产权的观念由于农业而得到了最大的扩充"⑥。因为在农耕时代,土地是最主要的生产资料,而对土地的占有就成为获取财产权的重要标志。这一时期所有的土地"都被吞并了,其中大部分是被少数大地主所吞并"。这样,他们自然也就成为社会政治权力的执行者,而"他的佃户,便是他的隶属,他是他们的裁判官,是他们和平时节的立法者,亦是他们战争时节的领导人"⑦。

在斯密看来,农业社会即"没有对外贸易,除了几乎全在各自家中制造

---

① 〔英〕坎南编著:《亚当·斯密关于法律、警察、岁入及军备的演讲》,陈福生、陈振骅译,北京:商务印书馆2009年版,第42页。
② Adam Smith, *An Inquiry into the Nature and Causes of the Wealth of Nations*, Vol. 2, edited by Edwin Cannan, London, Methuen, 1904, p. 175.
③ Ibid., p. 153.
④ Ibid.
⑤ 〔英〕坎南编著:《亚当·斯密关于法律、警察、岁入及军备的演讲》,陈福生、陈振骅译,北京:商务印书馆2009年版,第49页。
⑥ 同上书,第130页。
⑦ Adam Smith, *An Inquiry into the Nature and Causes of the Wealth of Nations*, Vol. 1, edited by Edwin Cannan, London, Methuen, 1904, p. 318.

为自己使用的粗劣用品的制造业外,没有其他制造业"①,农业是最重要的经济形式,人们过着定居生活,战时出征,农时务农。

斯密认为农业社会有两大尤为重要的特征。一是,贵族地主的消费方式受到严格限制:

在既无国外贸易又无精制造业的农村,一个大地主,对维持耕作者所剩余的大部分土地生产物,既无物可以交换,就无所谓地将其花费于乡村式的款客。这剩余部分,若足够养活一百人,他即用以养活一百人,如足够养活一千人,他即用以养活一千人。舍此以外,实无其他用途。所以,他的周围常有成群的婢仆和门客。他们依赖他的给养,既无任何等价物为报酬,就服从他,像士兵服从国王一样。②

二是,以上的经济组织形式决定了贵族地主享有绝对权力,而绝大多数的农民几乎没有任何权利和自由。他们被牢牢地束缚在地主的土地上,负担沉重不堪。"农民对于地主,除了纳租,还须提供各种劳役。那种劳役,既不明定于租约内,又不受任何规定支配,只要庄主诸侯需要,就得随命随到。这种全无规定的劳役,使佃农不知受了多少痛苦。"不仅如此,"农民所负担的纳税义务,其不规则和横暴的程度也和劳役义务不相上下"③。

第四个阶段是"制造业和商业社会"或"文明社会"。其显著特征就是"一切人都要依赖交换而生活,或者说,在一定程度上,一切人都成为商人,而社会本身,严格地说,也成为商业社会"④。从经济方面看,重要的变化是出现了由商业和制造业构成的两大经济部门。一切货物和劳务都参与市场活动,生产资料和劳动力得以自由流动,人们的经济利益得到充分保护,形成一个私人利益与公共利益和谐一致的制度结构。⑤ 从政治方面看,国王和土地贵族的统治权力不断被分散,封建依附关系削弱并最终消失,新兴工商业资产阶级力量逐渐壮大起来,并积极谋求适应资本主义经济发展的民主政治制度。

在他看来,这一新阶段的兴起是在上一阶段社会体制解体的基础上实现的,是"财产制度与风习"、"技艺、制造业及商业"、人之自利、奢侈等欲望

---

① Adam Smith, *An Inquiry into the Nature and Causes of the Wealth of Nations*, Vol. 1, edited by Edwin Cannan, London, Methuen, 1904, p. 153.
② Ibid., p. 336.
③ Adam Smith, *An Inquiry into the Nature and Causes of the Wealth of Nations*, Vol. 2, edited by Edwin Cannan, London, Methuen, 1904, p. 324.
④ Ibid., p. 49.
⑤ 〔美〕欧文·索贝尔:《亚当·斯密是怎样的一个制度主义者?》,外国经济学说研究会编:《现代国外经济学论文选第四辑》,北京:商务印书馆1982年版,第90页。

共同推动的结果。斯密这样写道：

> 商业与制造业的兴起，渐使大领主得以其土地的全部剩余产物与他物交换。由此而得的物品，于是无须与佃农和家奴共享，而完全由自己消费。完全为自己不为他人，这似乎是一切时代为主子者所遵守的可鄙格言。所以他们一发现了由自己来消费所收地租的全部价值的方法之后，他们就不愿再和别人共同享受这价值。他们就宁愿把足以维持一千人一年生活的粮食或其价格，用来换取一对金刚石纽扣或其他同样无用而无意义的东西，随而也把这粮食所能给他们带来的权威一并舍弃了。……为了满足最幼稚最可鄙的虚荣心，他们最终完全舍弃了上述权威。①

此外，根据斯密的观点，欧洲城市的兴起也是推动商业社会确立的重要力量。这些城市成为大量劳动力聚集与流动场所，且城市的发展依赖对外贸易，而这些都是商业社会建立所必须的条件。伴随新的经济方式的出现，城市中，新的政治氛围也不断形成，斯密看到，这一时期的生产者享有的自由比以往任何社会发展状态下都多，"秩序、好政府以及个人的自由安全，就在这种状态下，在各都市确立了"②。

综上，斯密秉持历史进步观念，把人类历史四个阶段即从"狩猎社会"经"游牧社会"和"农业社会"到"制造业和商业社会"的演变看成是一个从低级到高级，从野蛮到文明的历史进步过程，并且认为"这种演进，似乎是自然而然的"。③ 在斯密的宏观视域里，人类社会从一个历史阶段迈进另一个历史阶段，并非是人之理性选择的结果，而是生存方式、经济形式变迁使然。尽管这四个历史阶段是前后相继出现的，但并不意味着它们之间的过渡在所有情况下都不可避免，如"非洲内地，黑海和里海以北的亚洲地方，古代的塞西亚，即今日的鞑靼和西伯利亚，似乎一向都处于野蛮未开化状态"④。而只有具备了一系列适合的经济、文化和地理条件时，进步性的社会历史演进才会发生。斯密已经意识到在基于一定物质生产方式所建

---

① Adam Smith, *An Inquiry into the Nature and Causes of the Wealth of Nations*, Vol. 1, edited by Edwin Cannan, London, Methuen, 1904, p. 338.
② Ibid., p. 331.
③ Adam Smith, *An Inquiry into the Nature and Causes of the Wealth of Nations*, Vol. 2, edited by Edwin Cannan, London, Methuen, 1904, p. 169.
④ Adam Smith, *An Inquiry into the Nature and Causes of the Wealth of Nations*, Vol. 1, edited by Edwin Cannan, London, Methuen, 1904, p. 47.

立起来的不同社会形态中,社会政治制度和组织也会有相应的不同。至于以后人类历史的发展趋势如何,斯密并没有预想,他甚至把资本主义工商业阶段看成是人类社会最高级、最进步的社会历史形态。此外,在斯密看来,人类社会从古代的野蛮状态到近代文明的历史发展进程并不是一帆风顺,不断前进的,这期间也出现过文明的中断。斯密认为日耳曼人的入侵破坏乃至中断了欧洲固有文明,是欧洲由繁荣到衰落的一个重要历史界标。他指出:"自日耳曼民族和塞西亚民族侵扰罗马帝国西部以来,欧洲起了一个大变革,跟着这个大变革发生的是,欧洲扰攘了好几百年。野蛮民族对原居民的掠夺和迫害,中断了城乡间的贸易。城市都成了荒墟,乡村亦无人耕作。在罗马帝国统治时很富裕的西欧,一变而为极贫乏,极野蛮。"①斯密的这种论断,与弗格森有着不谋而合之处,弗格森也曾把日耳曼人的入侵及其破坏作为划分文明周期的重要标志,指出"人类两次在历史的经纬中,从野蛮的开端上升到非常高的文明程度"②。弗格森似乎更加强调:在一社会发展之初其实就已孕育着文明的种子;当一种文明没落后会出现另一种新的文明;而当这种文明发展到极致时便会走向其反面,人类历史"仅能交替显示人类思想所能达到的最完美的境界或最堕落的地步"③。关于弗格森进步史观的具体情况,详见第五章。

还需要指出的是,与孔多塞等进步至善论者不同,斯密的历史进步观念并非是绝对的,其中还带有一定的辩证色彩。他在看到近代商业社会或者说是市民社会比之前任何一种社会形态更先进、更优越的同时,也正视了其所带来的负面影响。随着物质财富的积累,人们的占有欲望也愈加强烈,自私、自利、奢侈、欺骗、贪婪等人性的众多缺点暴露无遗,斯密看到了市民社会下所存在的种种不道德事实,并力图通过"正义观念"去达成市民社会的道德化,而他的《道德情操论》正是对这一问题的论述与深化。

2. "推测史学"

"推测史学"是18世纪启蒙思想界所流行的一种历史研究方法。第一章已详论。这里就斯密的情况再行申论。

关于社会历史演进问题,斯密像其他绝大多数的苏格兰启蒙思想家一样,秉持自然主义的社会历史观,将人类社会的发展演变看作是一个逐渐

---

① Adam Smith, *An Inquiry into the Nature and Causes of the Wealth of Nations*, Vol. 1, edited by Edwin Cannan, London, Methuen, 1904, p. 318.
② 〔英〕弗格森:《文明社会史论》,林本椿、王绍祥译,沈阳:辽宁教育出版社1999年版,第123页。
③ 同上。

过渡的自然历史过程,并对这一历史过程作了充分的理论说明。他在探究各种现象产生的自然原因与演进的自然过程时,包含着一些推测的论断。斯图尔特把这种研究方法称为"推测史学",并首次对这一方法进行了较为详尽的阐述。

在斯图尔特看来,当人们把自己的观念、方式和习俗与原始部族流行的那些进行比较时,一连串有趣的问题总会出现在人们面前,如:

到底经过了怎样的渐进步伐,人类开化之初的简单努力才发展成了如此精巧复杂的状态?我们在文明语言的结构中所欣赏的系统美感,是哪里来的?……不同的科学和艺术,它们源自何处?人的精神经过怎样的环节才从最初的简陋形态走到至善至美的进步境界?那令人惊叹的政治联盟结构,通用于一切政府的基本原则,以及世界不同时期的文明社会所采用的不同形式,它们又是从哪里来的呢?[①]

然而,关于这些问题的历史,只能得到"极少的信息",因为"在人们开始想着要记录他们的事情这一社会阶段很久之前,关于他们进步的很多重要的步骤就已经完成了"[②]。因此,在缺少直接证据的情况下,必须凭推测补足事实。当不能确定在特殊场合人们实际上是怎样行事的时候,必须根据他们的本性原则和外界环境来考虑他们可能以什么方式来进行活动。在这样的探索中,旅行家和航海家提供给支离破碎的事实,可以经常用作推理的佐证。有时候,人们的结论,可能先验地有助于加强事实的可靠性,而这些事实,以肤浅的眼光看来是可疑的和难以置信的。[③]

斯图尔特首次对上述研究方法进行了命名。他说:"对这一类的哲学研究,在我们的语言中还没有合适的名称。我将冒昧地称之为理论的历史或推测的历史(Theoretical or Conjectural History)。"[④]并指出"考察人类历史,犹如考察物质世界的现象一样,当我们不能追溯那些曾经产生的历史事件的过程时,能够说明它可能是怎样由于自然原因而产生的,这经常是一个重要的方法"[⑤]。

---

① 转引自 Adam Smith, *Essays on Philosophical Subjects*, edited by W. P. D. Wightman, Oxford, Oxford University Press, 1980, p. 292。
② 转引自 Adam Smith, *Essays on Philosophical Subjects*, edited by W. P. D. Wightman, Oxford, Oxford University Press, 1980, p. 292。
③ 〔英〕杜格尔德·斯图尔特:《亚当·斯密的生平和著作》,蒋自强等译,北京:商务印书馆1983年版,第29页。
④ 同上书,第30页。
⑤ 同上书,第29页。

其实早在17世纪,关于社会起源问题的讨论中就包含着一些想象的成分。尽管想象使得人们对社会的起源得出不同的结论,但有一点是肯定的,即每一个人类社会都在历史的某一点上经历了类似北美的野蛮社会一样的原始生活状态。斯密及其同时代的人也都意识到,人类的谋生方式是从远古时代的未知祖先那里发展而来的。他对于原始状态下人类的精神面貌提出了种种推测:例如,"野蛮人"害怕"令人惊异"的世间现象[1];"两个野蛮人"必须努力才能使对方明白自己的愿望[2],"野蛮人"之间缺少"同情和宽容",以及他们"对人类生活充满无以复加的蔑视"[3]等等。斯密还进一步指出:

> 人类在法律、秩序和安全建立起来之前的最初的社会时代中,没有什么好奇心去发现那些把表面上孤立的自然现象捆绑在一起的潜在链条。野蛮人的生存状况是极不稳定的,他们的生命每天都暴露在危险之中,这让他们没有闲心对思考自然界的奇特现象感兴趣,没有什么其他的意向除了使得自然界更加连贯地出现在他们的想象之中。[4]

在这里,斯密并没有通过引用原始文献来说明野蛮人的生存状态和兴趣爱好,实际上要获得这方面的资料也是相当困难的。斯密选择从当时野蛮人所处的恶劣的生存环境入手,加之自己一定的推理和想象,从而得出原始状态下,野蛮人对自然的盲目依赖的结论。

除了在描述原始人的生存状态时提出过种种推测外,斯密在探讨语言的起源及其发展演变的问题上也采用了同样方法。他没有详细论述某种特定语言实际上是怎样形成的,而只是对语言形成可能经历的语法次序进了推测。斯密意识到,伴随着人类世世代代的不断进化,人类的早期语言也在很长的时间内不断地从简单的形式(即单字音)演化到复杂的形式,他推测单字音的发展可能经历了从名词到形容词、介词、分词、代词和动词的

---

[1] Adam Smith, *Essays on Philosophical Subjects*, edited by W. P. D. Wightman, Oxford, Oxford University Press, 1980, p. 48.
[2] Adam Smith, *Lectures on Rhetoric and Belles Lettres*, edited by J. C. Bryce, Oxford, Oxford University Press, 1983, p. 203.
[3] Adam Smith, *The Theory of Moral Sentiments*, edited by D. D. Raphael and A. L. Macfie, Oxford, the Oxford University Press, 1976, p. 288.
[4] Adam Smith, *Essays on Philosophical Subjects*, edited by W. P. D. Wightman, Oxford, Oxford University Press, 1980, p. 48.

进化次序。而关于语言产生的原因,奥特森(J. R. Otteson)在概括斯密的看法时指出:

> 斯密的要点是,语言是自然形成的,是在人类无意识地思考的情况下发生的——但这并不是说它是无序的或混乱的。确实,如果在语言的发展过程中,没有规则规定其适当的用法,人们就不可能沟通进而满足自身的要求——斯密认为人们就想要的东西进行沟通则是语言产生的最终原因。①

斯密在思考这一问题时,还特别想象出两个"之前从未学过说话"的"野蛮人"碰到一起后,是如何"自然而然地开始构造一种语言",并且"努力尝试通过发出一些特定的声音来指示他们想要表达的某些物体",以便"理解彼此的要求"的。② 正是基于这样的想象,斯密才有了上面的结论。

斯密关于天文学史的研究也是"理论史学"的一个范例,从中能够了解斯密在历史和理论的关系问题上的看法。需要指出的是,在当时,科学与哲学是不作明确区分的,斯密把天文学历史的论述作为探究"引导和指导哲学研究的原理"的例证,但同时,又认为:想象力在论证科学理论中是不可缺少的,它能够弥补一个体系中的缺陷,这个体系就是一种理论或模式,它试图对来自从观察的资料加以综合以求一致,而将想象力运用于科学也是对想象力的最好锻炼。③ 斯密关于想象力作用的看法或许是直接受休谟的启发。休谟曾说过,想象力可以填补观察"印象"(感觉到的材料)之间的空白,为的是推测一件永久物体的存在。而斯密则进一步将这一理论推广到对未被观察到的实体所作的科学假设上。他把一切科学和哲学体系都看成是想象力的产物,并指出:

> 一个体系就是一部想象的机器,发明它是为了把实际中已经完成的各种运动和效果在想象中连接起来。④

---

① James R. Otteson, *Adam Smith's Marketplace of Life*, Cambridge, Cambridge University Press, 2002, p. 265.
② Adam Smith, *Lectures on Rhetoric and Belles Lettres*, edited by J. C. Bryce, Oxford, Oxford University Press, 1983, p. 203.
③ 〔英〕D. D. 拉波希尔:《亚当·斯密》,李燕晴、汪希宁译,北京:中国社会科学出版社1990年版,第143页。
④ Adam Smith, *Essays on Philosophical Subjects*, edited by W. P. D. Wightman, Oxford, Oxford University Press, 1980, p. 66.

可见,在斯密那里,科学历史只是作为阐释科学理论或体系的例证,而要想寻求事物之间的内在联系、构建科学理论或体系则需要发挥想象的作用。想象,是把不同事物联系起来的中介,它"努力寻找某种能够填补这种空白的东西,就像桥梁一样连接那些看起来彼此疏远的事物,提供一条流畅、自然和简单的、联系不同事物的思想通道"①。

尽管斯密并没有从理论上对"推测史学"方法进行直接阐释,但它显然是斯密著述中成功运用的一项重要方法,具有如此广泛性。正如斯图尔特所说,"一种特殊的研究方法……似乎引起了斯密不同寻常的好奇。在他所有的著作中,我们都能发现一些和这种方法非常近似的东西,无论是他的道德、政治还是文学著作;而在所有这些学问之中,他都极为成功地把这一方法展示了出来"②。这种"特殊的研究方法"就是"推测史学"。在斯密那里,"推测史学"具体的实现途径除了上述的"想象"之外,还一个重要的方法就是"类比",斯密采用霍布斯的观点,认为人们可以从"以那样的野蛮方式生活到今天"的"许多地方的美洲野人"那里,发现一种与史前社会相似的生活。此外,他还以北美野蛮人的生活水平来衡量英国历史上所出现的类似状态。斯密在对撒克逊人统治下相对贫困的状况和公元前55年凯撒"入侵"之前更加原始的状况进行比较时,指出,在罗马人统治之前,英国居民"和北美的野蛮人几乎处在相同的状态之下",而这种状态是"最低级和最不开化的社会状态"③。

需要指出的是,包括斯密在内的启蒙史家虽然惯用之"推测史学"方法,但并不表示他们要以杜撰来代替事实本身,更不是对历史真实性的否定。这一方法只能作为事实资料不足的补充,在把握相关资料和适当理论抽象之基础上,对历史和现实做出合理的阐释。而这一方法要比之前人们在探寻事物发展规律时,总是借助于上帝、神灵等非世俗力量要进步和合理得多。

3. 历史的间接叙述

斯密在《修辞学和纯文学演讲集》中对历史的叙述方法(Historical Narrative Methods)进行了集中而详细的论述。他认为"历史的"方法就是

---

① Adam Smith, *Essays on Philosophical Subjects*, edited by W. P. D. Wightman, Oxford, Oxford University Press, 1980, p. 42.
② 转引自 Adam Smith, *Essays on Philosophical Subjects*, edited by W. P. D. Wightman, Oxford, Oxford University Press, 1980, p. 292。
③ 〔英〕加文·肯尼迪:《亚当·斯密》,苏军译,北京:华夏出版社2009年版,第172页。

"如事直书,不夹杂着任何偏袒"。① 显然,这即是古典时期萌发、后来系统化了的史学上所倡导的如实直书、不偏不倚。正如 J. 迈克尔·侯根(J. Michael Hogan)所说:"斯密关于历史编纂学的描述成为他这本讲稿中最具创新性的贡献"②,而"忽视斯密对历史编纂学的这种描述将会是一个尤其重大的错误"③。的确,斯密在这里针对历史学家所提出的关于历史编纂学的方法论更具有哲学意义。

关于描写历史的事实和原因,斯密说:"历史学家需要懂得两种普通的叙述方法和几种类型的历史客观对象。"这"两种普通的叙述方法"即"直接的方法"(direct method)和"间接的方法"(indirect method),任何一种类型的历史客观对象都可以用这两种方法中的一个去加以叙述。在斯密看来,所谓"直接的方法",就是通过描述人们想要表示的构成特征的几个部分来表达对象的一些特征",而"当我们是通过描述这种特征对观察它的人所产生的作用时,这或许就该被称为'间接的方法'"④。"间接的方法"更加强调的是对历史活动者因客观对象所产生的情感和感觉的描述。另外,斯密还将历史客观对象归为四大类,即"简单的看得见的对象"、"简单的看不见的对象"、"混合的看得见的对象"和"混合的看不见的对象"。但不同的对象所运用的描述方法又有所不同,"简单的看不见的对象"和"混合的看不见的对象"因为它们在现实世界中并不存在,包括着一些个人的思想、观点、情感等,斯密认为应该用"间接的方法"加以叙述。相比较"直接的方法","间接的方法"不仅是必要的,而且适用的范围更广。

尽管任何一种类型的历史客观对象都可以用"直接的方法"或者"间接的方法"加以描述,但斯密更加倡导在历史编纂过程中"间接的方法"的运用,并将其主要精力致力于对间接的方法"在大多情况下是最好的方法"的证明。⑤ 他认为,历史能够为道德准则的教育提供实例,历史学家通过对不同情况下历史活动者内在情感的描述,能够使历史活动者和读者之间产生共鸣,进而使读者从历史的范例中充分地归纳出正确和错误的情感和行为。这样要比那些来自于直接的感觉和关于真实生活的有限的经验获得更多、更明确和更稳定的道德准则。在这里,斯密不仅意识到了历史的借

---

① Adam Smith, *Lectures on Rhetoric and Belles Lettres*, edited by J. C. Bryce, Oxford, Oxford University Press, 1983, p. 89.
② J. Michael Hogan, "Historiography and Ethics in Adam Smith's Lectures on Rhetoric, 1762 - 1763", *A Journal of the History of Rhetoric*, Vol. 2, No. 1 (Spring 1984), p. 77.
③ Ibid., p. 76.
④ Ibid., pp. 83 - 84.
⑤ Ibid., p. 84.

鉴和引导作用,而且也看到间接叙述方法的优越性,相比较直接叙述历史事实,间接叙述可以使历史事件更加流畅、丰满,人物形象更加鲜活、生动,更有助于探究历史活动者内心丰富的情感特征,和人性中普遍的道德准则。斯密似乎更加偏爱间接叙述法,并自觉地将这种历史叙述风格带到其道德哲学、修辞学和纯文学乃至政治经济学和法学等领域的研究中。在此基础上,斯密认为历史写作应该强调人对逐渐形成的历史环境的反应而不是客观自然条件本身。在他看来,历史编纂将不再仅仅是关于历史事件的编年史,而是关于各种各样的人的情感和感觉的目录。因为基本的感觉和情感也是构成人类本身历史的一部分。[1] 另外,斯密在重视人物情感描述的同时,也意识到不同的情感对史学家的历史写作所产生的影响也是不同的。例如他说道:"一个对战争及其结果进行叙述的历史学家,如果他一点也不感兴趣,那么他自然会详细讲述更多关于被征服者的苦难和哀悼,而不是关于胜利者的凯旋和愉悦。"[2]因此,在倡导间接叙述时,"斯密似乎更加鼓励那些关于将来的决定,即使这些决定是基于有时渗透了一些错误的感觉和情感的偏见的历史,而不是那些根植于客观的、不带任何感情的关于历史真实的评定"[3]。这虽然在一定程度上有悖于史学的客观性原则,但也反映出斯密对历史编纂的独特看法。

4. 古典历史主义

这里之所以称作"古典历史主义"(Classical Historicism),是与后来的"历史主义"相区别,特指由斯密等苏格兰历史学派思想家所持有的一种与历史性的思考有关的思维方法。[4] 而真正意义上的"历史主义"是一种成长于19世纪的西方史学思潮。其含义有多种,如"复古主义、传统崇拜;历史循环论、历史决定论、历史第一主义;历史进化规律研究"[5]。根据史学界的现行观点,"历史主义"主要包括:"具体的观点。从客观的历史实际出发,而不是从某种观念出发;从既有的事实出发,考虑具体时间、具体环境里的历史过程的客观内容。发展的意识。用发展的眼光看问题,而不是

---

[1] J. Michael Hogan, "Historiography and Ethics in Adam Smith's Lectures on Rhetoric, 1762-1763", *A Journal of the History of Rhetoric*, Vol. 2, No. 1 (Spring 1984), p. 86.

[2] Adam Smith, *Lectures on Rhetoric and Belles Lettres*, edited by J. C. Bryce, Oxford, the Oxford University Press, 1983, p. 86.

[3] J. Michael Hogan, "Historiography and Ethics in Adam Smith's Lectures on Rhetoric, 1762-1763", *A Journal of the History of Rhetoric*, Vol. 2, No. 1 (Spring 1984), p. 87.

[4] 参见唐正东:《斯密到马克思——经济哲学方法的历史性诠释》,南京:南京大学出版社2002年版,第34页。

[5] 李勇:《保卫历史学》,北京:世界知识出版社2009年版,第157页。

用僵死的、停滞的观点去研究历史。阶级的观念。就是同阶级分析方法结合起来,用阶级的眼光看待历史问题。"①

尽管斯密并没有对"历史主义"在史学上的具体运用进行系统论述,但他在其著述中尤其是对经济理论的历史性分析中,已经对上述"历史主义"的三个主要观点有深刻地认识和自觉地运用了。例如阶级的观念,斯密凭借自己对当时社会现象的敏锐洞察力,深刻地认识到当时社会中已经出现三大不同的阶级,他以生产资料的占有和使用为依据将其称为"靠地租生活的地主阶级"、"靠工资生活的工人阶级"和"靠利润生活的资产阶级"。而这三个阶级在生活习性、社会地位及作用、价值观等方面是决然不同的。在斯密看来,地主阶级"所处的安乐稳定地位,使他们自然流于懒惰。懒惰不但使他们无知,并使他们不能用脑筋来预测和了解一切国家规章的后果"。他们的利益"是和社会一般利益密切相关,不可分离的"。工人阶级则随时处于不稳定的边缘,他们的利益虽然也同样与社会利益密切相关,"但他们没有了解一般社会利益的能力,更没有能力理解本身利益与社会利益的关系"②。其现实状况决定他们缺乏时间也缺乏能力去维护自己的利益,不仅在繁荣社会中不能享有地主阶级那样大的利益,在衰退的社会中更要蒙受任何阶级所经受不到的痛苦;资产阶级相对而言更富有敏锐的理解力,他们因为拥有较多资本,成为社会所尊敬的对象,但他们对社会的关注却只出于私心,通常是为自己特殊事业的利益打算,而不是为社会的总体利益考虑。斯密指出,资产阶级的利益既与另外两个阶级的利益相冲突,也和社会的一般利益相冲突。"他们的利益,在于欺骗公众,甚至在于压迫公众。事实上,公众亦常为他们所欺骗所压迫。"③相对于反感资本家的自私自利行径,斯密表现出对工人命运的关心。他看到除劳动力之外工人们几乎一无所有,他们对社会财富积累的参与取决于他们所获得的劳动报酬的多少。而"每个人对他自己的劳动所得的占有,是最神圣不可侵犯的,因为它是所有其他财产的根本源泉"。如果谁不以自己的双手靠劳动养活自己,就是"对这种财富的侵犯"。斯密对劳动者的劳动持肯定与尊重态度,且主张给予他们相应的工资报酬,因为劳动者的私有财产神圣不可侵犯。斯密还看到,劳动者在维护自己权益的能力极其有限,除有自身时

---

① 李勇:《保卫历史学》,北京:世界知识出版社 2009 年版,第 160—161 页。
② Adam Smith, *An Inquiry into the Nature and Causes of the Wealth of Nations*, Vol. 1, edited by Edwin Cannan, London, Methuen, 1904, p. 220.
③ Adam Smith, *An Inquiry into the Nature and Causes of the Wealth of Nations*, Vol. 2, edited by Edwin Cannan, London, Methuen, 1904, p. 221.

间、教育、习惯和判断力局限外,还常常受到雇主的严格限制,"在公众集会时,在特殊场合即雇主为着自己的特殊目的,而不是去为着劳动者的利益,出来鼓励并支持劳动者发言的场合,劳动者才发表意见。此外,劳动者能发言的很不多见,其意见受到尊敬的更为少闻"①。斯密表现出对工人阶级的同情,然而,不可否认,其在本质上还是站在资产阶级立场上,不可能真正地超越当时的阶级和历史局限,但他的分析显然是在朝向阶级观点分析的道路上迈出重要一步,这在一定程度上被后来的马克思所借鉴,并在此基础上形成其独具特色的关于历史的阶级分析法。最后一章谈及斯密阶级分析法的历史影响时还会作进一步论述。

又如具体的观点。尽管在斯密的著述中不免带有一些猜想和想象成分,但他更多时候仍是以具体的历史事实作为依据的。在论述某一主题时,为了避免空洞的理论说明,斯密总会对该事物产生、发展的历史过程进行追溯,从而将其放到当时特订的历史环境中去考察。例如,他在探究法律的演进时,就和历史的四个阶段理论联系在一起,即从最野蛮的时代开始,一直延伸到最文明的时代,在他看来,"与所有权有关的法律规定在这几个社会时代中一定是大不相同的"②法律的制定与具体的谋生方式密切相关,而不是理性的意愿或设计创造的结果。它们会随着每一历史阶段经济形式的演进而发生相应的改善和变革。斯密的这一观点无疑受到孟德斯鸠的启发。斯密认为,在比较野蛮的时代,因为没有需要,几乎没有"确定的法官或是常规的法律管理",人们处理各种问题的根据是惯例或一时的情绪,可见,这一阶段的法规是极不健全的。在畜牧阶段,伴随着所有权观念的产生及其表现形式的不断扩大,人们逐渐加深对争执的原因和结果的认识,解决问题的方法也在部族内部积累起来,这样,正式的行为法则就确立起来。在农业社会,所有权制造更多争执的机会,争执和冲突的增加,使得法律法规的数量大大增加。斯密进一步总结说:"社会越是进步,它所携带的维持居民生活的各种手段存在的时间越长,维护法律、保障财产权利不受侵犯所需要的法律规定的数量就越多。"③而这在斯密看来是特别适用于商业社会的。与法律的演进过程一样,斯密认为政权的性质也是随着人类走过不同的历史时代而发生不同的改变,他在孟德斯鸠关于政体

---

① Adam Smith, *An Inquiry into the Nature and Causes of the Wealth of Nations*, Vol. 2, edited by Edwin Cannan, London, Methuen, 1904, p. 220.
② Adam Smith, *Lectures on Jurisprudence*, edited by R. L. Meek, D. D. Raphael, P. G. Stein, Oxford, Oxford University Press, 1978, p. 16.
③ Ibid.

形式(共和-君主-专制)划分的基础上,将社会初期的政体类型分为君主、贵族和民主,后二者又统称为共和。他对古希腊和古罗马历史社会初期政权的性质及其发展作了论述,并指出,古希腊和古罗马大都经过了酋长统治、贵族政治、民主政治和君主政治等政体形式,但它们二者的发展过程是不同步的,而且在同一历史时期,政体的具体表现形式也有所不同。另外,斯密还对古罗马帝国崩溃以后欧洲出现的政体形式尤其是对15世纪以来大不列颠向君主立宪制的政体演变作了历史分析,这里不再赘述。

斯密除了从历史领域来考察法律和政体的演进过程外,还将其道德理念纳入历史观的考察范围之内。斯密反对当时天命论历史观关于道德超历史性的观点,认为历史主要是用来记载过去为实现道德完美而作出过的种种尝试,而道德完美却是超越历史的,即纯粹的道德要高于历史。与之不同,斯密则认为,道德从整体上说就是一种历史现象。道德性格的种类取决于人们所处的社会环境。比如:狩猎民族是"最低级",也是"最粗野"的,而农业和商业社会的人们则要文明得多。为了解释人格可能的主要作用和形式,斯密将其放到他所构建的历史四个阶段理论中,并指出,一个猎人根本不可能想象出他自己或是邻居靠耕田为生的情景,而游牧部落也根本不可能有占有纸币的概念。[①] 可见,在斯密看来,无论法律、政体、道德观念,乃至任何一事物或生存状态都不能离开历史而单独存在,它们都是特定历史环境下的产物。因此,斯密十分注重从其所处的特定历史环境来进行相关的分析,这反映了他朴素的历史主义中的具体的观点。

此外,斯密还强调历史的连续性,用一种发展的眼光看待相关的历史问题。以上他的历史"四个阶段"理论便是很好的说明。在斯密看来,人类从原始的谋生方式过渡到商业时代,不是一代人之内发生的事情,甚至也不是几代人之内发生的事情,而是花费了几千年的时间,它绝不是一个简简单单的发展过程。同样地,他在对商业时代的时间进行考证时,亦表现出了这种态度。与卡尔·波拉尼(Karl Polanyi)[②]认为商业在19世纪的"大变革"之前完全不存在的观点相反,斯密认为商业时代是在18世纪的几千年前,随着城镇在农业社会的出现而出现的。斯密在"论罗马帝国崩溃后都市的勃兴与进步"一章中,专门论述罗马帝国崩溃后,在原有城镇废

[①] 转引自 Alexander Broadie edited, *The Scottish Enlightenment*, Cambridge, Cambridge University Press, 2003, p. 217.

[②] 卡尔·波拉尼(1886—1964),匈牙利著名经济史家,对社会学、人类学等学科也颇有影响。其主要著作有《大转变》、《早期帝国的贸易和市场》、《达荷美及其奴隶贸易》、《远古、古代及近代经济:波拉尼论集》、《人的生计》等。

墟之上,人们为了生存一开始从事小商小贩类的简单的交换活动,后来随着交换范围的扩大、交易的频繁,一些有商品交换的地反逐渐变成市镇。市镇的出现反过来又推动商业的发展。从历史角度讲,这种看法无疑是正确的,它反映了斯密历史连续性的观点。

总之,历史性思维是斯密著述中一个非常突出的特点。作为苏格兰历史学派的代表人物之一,斯密同其他启蒙思想家一样,无一例外地把历史研究放在十分重要的位置上。在他那里,历史被阐述成人们通过经验实践不断地认识到一事物的产生、发展和完善的过程,因而关于进步的观念贯穿于"这一过程"的始终。斯密无论在对法律的演进、政体的嬗变还是商业时代的起源等问题进行历史分析时,都和特定历史时期的谋生方式联系在一起,从而将其放到关于人类社会演进的分期理论的框架下来考察,这一做法也是当时大多数启蒙学者所共同遵循的。但需要指出的是,由于斯密更多地是关注历史线索上不同的社会发展阶段在内容上的不同,对这些阶段之间是怎样过渡的却几乎没有进行分析,这便决定了斯密的"历史"必然是不严谨的,而他的历史主义方法也不可避免地存在一定的局限性。然而,作为一名"古典历史主义者",斯密对这一史学方法的具体运用,使其关于具体问题的叙述更加系统化和完整化,从而为后人提供了一种很好的研究思路,仍然有其学术意义。

三、经济学与史学的结合

斯密研究学术的一个显著特点即不单单是对经济学原理和理论的阐述,而是从经济学史的角度进行论证,即把经济学与史学做到有机结合。正如有学者指出,斯密写东西时更像一个历史学家,习惯于从有限的材料中搜寻,而不像现代的经济学家,要把前辈提出的各种"体系"拼命纳入自己的完整理论中。[1]

1. 以历史论述经济学

斯密以历史论证经济学的一个显著例子就是他的殖民地理论。斯密是最早对殖民地问题进行过系统论述的学者之一,有论者曾指出:"正如许多经济理论问题是第一次在斯密的《国富论》中得到系统的论述一样,殖民地理论问题也是第一次在其中得到系统的论述。"他认为斯密是西方殖

---

[1] 〔英〕加文·肯尼迪:《亚当·斯密》,苏军译,北京:华夏出版社2009年版,第160页。

民地理论的开山者。①

斯密的殖民地理论从内容上看,有纵向的,即历史的,也有横向的,即现实的。"历史的"主要是古希腊和罗马两种不同类型的殖民地;"现实的"主要是指以西印度和东印度为代表的两种不同类型的殖民地。②尽管斯密主要着眼于后者,但他认为后者跟前者之间有很大的相似之处,并试图在对前者历史分析的基础上,为后者寻找有力的事实根据。在论建立殖民地动机时,斯密首先指出古代社会有两种殖民地。一种是希腊社会各邦,将逐渐增加的部分人民,移到地中海沿岸和岛屿的荒地,这是移民垦殖民地;另一种是罗马社会的奴隶主们,将征服的土地分给贫困的自由人,并用武力来对付被征服和反抗的人,这是奴役土著殖民地。随着征服地的扩大,罗马人成为殖民地的统治者。在斯密看来,这两种殖民地无论就其性质或建立动机来说,都是完全不同的,尽管两种建立的动机同样明显。斯密由此认为近代社会也有两种与上述相似的殖民地,即以西印度为代表的移民垦殖民地和以东印度为代表的奴役土著殖民地。斯密在分析近代两种殖民地类型不同的原因时,再次从历史上寻求原因,他认为是由于欧洲殖民者踏上这两种土地时,土地主人的生产力水平不同。"非洲或东印度最野蛮的民族,都是游牧民族,连好望角的土人也是游牧民族。但美洲各地的土人,除了墨西哥及秘鲁,只是狩猎民族。同样肥沃和同等面积的土地,所能维持的游牧人数与狩猎人数,相差很大。"也就是说,游牧民族人口稠密得多。"所以,在非洲及东印度,要想驱逐土人,并把欧洲殖民地推广至土人居住的大部分地方,那就比较困难。"③

斯密曾对古希腊各邦即母城与其殖民地之间的母子关系予以高度称赞,认为古希腊各城邦对于殖民地的治理其实十分宽松。他说:

> 母城虽视殖民地为儿子,常常给予大的恩惠与援助,也得到殖民地的感戴,但却视殖民地为已解放的儿子,不要求直接的统治。殖民地自决政体,自定法律,自选官吏,而且以独立国资格向领国宣战媾和,无需母城的承认或同意。④

---

① 陈其人:《殖民地的经济分析史和当代殖民主义》,上海:上海社会科学院出版社1994年版,第2页。
② 同上书,第3页。
③ Adam Smith, *An Inquiry into the Nature and Causes of the Wealth of Nations*, Vol. 2, edited by Edwin Cannan, London, Methuen, 1904, p. 110.
④ Ibid., p. 50.

因此,"许多古希腊殖民地,似乎非常迅速地进于富强。在1世纪或2世纪中,就有一些能与母城抗衡,甚至超过母城了"①。斯密对于希腊某些殖民地的灿烂文学艺术予以高度肯定,认为这些殖民地"建设虽较晚,但一切学艺、哲学、诗学及修辞学,却和母城任何部分发生得一样早,进展水平一样高"②。希腊殖民地之所以有如此成就,他认为主要原因在于:殖民地相对于母市全然独立,新殖民者能按照他们自己认为最有利于他们自己的方式,自由处理他们自己的事物。③ 这正是斯密所期望的殖民地与母城的关系。相比之下,罗马殖民地则远没有希腊殖民地如此辉煌。其原因,斯密认为是:"殖民地不能独立,他们并非经常能按照自己认为的最有利于自己的方式,自由处理他们自己的事务。"④

在探究了古希腊罗马的殖民地之后,斯密着重分析了英国一向对殖民地实行的独占政策。鉴于古希腊和罗马殖民地的历史经验,斯密并不认同这种独占的方式。他认为,此种独占除了仅仅成为殖民地隶属于英国的主要标志之外,并不能给英国带来任何实际利益,相反还会成为母城的负担。他曾明确指出:"无论母城在特定期间有多少资本,这种独占必定会妨碍它的资本,使它不能维持本来能够维持的那么大的生产性劳动量,并使它不能给劳动大众提供本来能够提供的那么多的收入。"⑤有鉴于此,斯密建议"解放殖民地",即"英国自动放弃它对殖民地的一切统治权,让他们自己选举地方长官,自己制定法律,自己决定对外媾和宣战"⑥。他认为这一改变如能付诸实施,

那么英国不仅能立即摆脱掉殖民地平时每年全部军事费用,而且可与殖民地订立商约,使英国能够有效地确保自由贸易……这样,殖民地和母国,就像好朋友的分离,那么几乎为近来的不和所消灭的殖民地对母城的自然感情,就会很快地恢复。他们不仅会长此尊重和我们分离时所订订的商约,而且将在战争上、贸易上赞助我们,不再做骚扰捣乱的人民,却将成

---

① Adam Smith, *An Inquiry into the Nature and Causes of the Wealth of Nations*, Vol. 2, edited by Edwin Cannan, London, Methuen, 1904, p. 58.
② Ibid.
③ Ibid.
④ Ibid.
⑤ Adam Smith, *An Inquiry into the Nature and Causes of the Wealth of Nations*, Vol. 2, edited by Edwin Cannan, London, Methuen, 1904, p. 93.
⑥ Ibid., p. 96.

为我们最忠实、最亲切、最宽宏的同盟。① 可见,斯密从当时英国立场出发,在英国殖民地相关问题上,首先借鉴古希腊、古罗马统治殖民地的做法,从历史中获取经验,建议英国当局要保持殖民地一定独立性,以便母城取得更大利益,并从财政、税收、商业、贸易等经济学角度阐述其必要性。

此外,斯密在《国富论》中关于都市起源的论述也自觉地遵循了这种历史分析的方法。他将都市的兴起放到了当时欧洲的历史框架之下,从欧洲中世纪都市的兴起开始研究,同时看到了都市在促使封建制度向资本主义转变中所发挥的作用。在斯密看来,野蛮民族的入侵,导致城乡间交易的中断,大部分都市成了废墟,但仍有一些残存的都市人口存在了下来,他们迫于生计成为流动的商贩,也就是后来工商业者的雏形。随着他们集聚地的固定与扩大,由城镇逐渐发展起来的都市也就出现了。封建制度的衰落推动了都市的兴起;反过来,都市的兴起又加速了封建制度的瓦解。但是,斯密又认为,这种都市的进一步发展在封建制度内是不可能的,只有在条件更充分、更成熟的资本主义制度下才能实现。

斯密的经济学正是因为加入了历史的元素显得更加丰富与充实,他在分析经济问题时所采用的历史思维和方法为后来新经济史学②的分析提供了很好的范例。

2. 以经济学解读历史

斯密经济学中含有历史因素,那是不容置疑的,正如唐正东所指出的那样:"以我之见,斯密的经济学研究中是有'历史'的,他不但从起源和发展过程的角度对当代市民社会进行了探讨,而且把经济的线索放到社会发展的背景之中,提出了经济因素与政治和道德因素之间的决定与被决定关系的思想。"③斯密在运用历史来论证经济学的同时,还从经济的角度来解读人类历史的发展过程,其典型例子就是"历史四阶段论"。在每个历史阶段中,斯密着重向人们勾勒了不同地区不同民族的生产生活方式及其主要经济形态,并且蕴含了经济活动决定同一时期的政治制度与文化习俗的朴素唯物主义观点。其实,早在斯密之前,休谟就已经把研究的触角伸向人类生活的经济领域,而斯密更是第一个较系统、深刻地阐释人类生产、生活

---

① Adam Smith, *An Inquiry into the Nature and Causes of the Wealth of Nations*, Vol. 2, edited by Edwin Cannan, London, Methuen, 1904, p. 97.
② 新经济史学指 20 世纪五六十年代的美国,一些经济学家开始将规范的经济学理论和计量、统计的方法相结合,应用于美国经济史研究,从而开辟了一个融合历史学研究和经济学研究的新领域。
③ 唐正东:《从斯密到马克思——经济哲学方法的历史性诠释》,南京:南京大学出版社 2002 年版,第 19 页。

的经济规律和理论的学者,并且将其放到人类历史的发展脉络之中。

《国富论》是斯密以经济学解读历史的集中体现。在第一篇和第二篇中,斯密追踪了社会从人类最"粗野"时代(即狩猎时代,以北美的印第安人部落为代表),最终发展到"商业"时代的历史情形,在这一过程中,社会通过劳动分工获得发展,而劳动分工实际上是由"交换"这一习性引发的。在斯密看来,"交换"才是人类的社会关系、伦理关系和经济关系中最具影响力的特征。

随着农业和农业技术的发展,人类社会逐渐、偶然、分散地产生一些剩余产品,这有可能使人们发现简单的劳动分工方法,以及"互通有无、物物交换和商品交易"的机会。进步的农业社会和狩猎生活的区别在于,越来越多的剩余财富产生,使得人口增长成为可能,并且大量的剩余被精英统治阶层转移到自身消费、城市建设、军备扩充和组织国家政府等方面。继农业时代之后,迎来商业时代,劳动分工的作用在这一时期得到充分发挥,"物物交换停止了",让位于货币交换,代之货币经济产生。这一时期的人们,也不再固着于土地,而是聚在一起,奔向附近的城镇和村庄,而这些地方就逐渐演进为商业中心。在斯密看来,商业的兴起意味着人均生活水平持续改善,社会财富有了显著增加,商业社会是一个崭新、进步的社会。接下来,斯密又重点探讨构成商业社会的四个要素,包括源于土地的以剩余食物和物产的形式出现的资本、大量失去土地的劳动者、作为私有财产的土地,以及知识的积累,这些要素在当时14、15世纪的欧洲都出现了。正如有学者指出:"《国富论》重点所写的是最后一个阶段,它描述了隐藏在这个阶段内部的经济趋向和机制,指出仍然阻碍它充分发展的上一阶段所遗留下来的陈旧制度必然被摧毁。"[1]

在斯密看来,经济活动应属人类历史的基本活动,也构成人类社会发展的重要内容。因此,斯密在其构建的人类历史发展的框架之中,填充经济学元素,并试图探究人类经济活动的规律。斯密笔下,依次经历四个时代的"理想的"进步过程中,每一步都是"自然的"和"渐进的",很明显也是朝着规则迈进的。[2] 这一过程是财富不断积累、资本不断储备的过程,也是生产方式不断改进、交换范围日益扩大、劳动分工趋于细密的过程。

一直以来,斯密始终是以经济学家和道德哲学家的身份出现在人们的

---

[1] 转引自〔美〕罗伯特·海尔布伦纳:《向亚当·斯密致敬!》,外国经济学说研究会编:《现代国外经济学论文选第四辑》,北京:商务印书馆1982年版,第40页。

[2] Adam Smith, *Lectures on Jurisprudence*, edited by R. L. Meek, D. D. Raphael, P. G. Stein, Oxford, Oxford University Press, 1978, p. 15.

视线中,其思想中的史学意蕴很少受到学界关注。诚然,相比较休谟、罗伯逊、吉本等历史学家,斯密并不能算是一个完全意义上的历史学者,其关于史学的直接探讨也是最少的;另外,斯密正好处在群星璀璨的18世纪,一大批卓越的思想家和史学家在欧洲启蒙运动中熠熠生辉,如伏尔泰、孟德斯鸠、休谟、罗伯逊、吉本等等,其史学成就的光芒已经远远遮住了斯密思想中的史学意蕴;再加上斯密又更多体现着这一时期启蒙思想的共性,因此,学界对斯密这方面的关注偏微,似乎也就不难理解了。

斯密学术研究的突出特点是综合性、跨学科性和整体性,其研究领域不仅仅局限于经济学和伦理学范畴,更延伸到政治学、法学、哲学、社会学、文学、历史学等领域。他那名垂后世的代表作之一《国富论》正是这样一部包罗万象的鸿篇巨制。对此,雷克顿沃尔德指出:"人类社会生活是斯密关于伦理学、经济学、政治学、历史学等四大类主要著作的共同的主题。这一中心主题的四个方面看来是密切关联而在评价《国富论》时必须考虑到的。"①肯尼迪也说"《国富论》不是一本经济学教科书,也不是现代经济学家心目中的那种经济学理论著作,它体现的是亚当·斯密的世界观在更为宏大的历史问题上的应用"②。又如J.W.汤普森也曾将亚当·斯密的《国富论》与孟德斯鸠的《论法的精神》相比肩。他认为后者对政治思想和历史见解的影响比当时任何其他著作都大,但或许只有亚当·斯密的《国富论》可算例外。③ 因此,斯密作为18世纪苏格兰启蒙运动时期一位思想界的巨擘,特别是苏格兰历史学派的重要代表者之一,同时又与该时期同为这一学派的史学家休谟、罗伯逊、弗格森等人有着密切学术交往,这些因素不禁使人们意识到有必要挖掘斯密思想中所蕴含的史学价值。

通过上文,从历史四阶段论、推测史学、历史间接叙述方法和古典历史主义四个方面对斯密思想中史学意蕴的探讨,可以看出,斯密更多显现出的是这一时期启蒙史学的主流取向。他同绝大多数的启蒙思想家一样坚持历史进步的观点,并且认为历史发展不是完全线性的;他在进行某一具体领域的历史(如经济史、天文学史等)写作时很好地运用了"推测"的方法,将历史与理论结合在一起;斯密在提出历史叙述方法的同时,还流露出对史学求真性与致用性的肯定,对"述而不作"治史理念的赞同,对古典史

---

① 转引自〔美〕欧文·索贝尔:《亚当·斯密是怎样的一个制度主义者?》,外国经济学说研究会编:《现代国外经济学论文选第四辑》,北京:商务印书馆1982年版,第77页。
② 〔英〕加文·肯尼迪:《亚当·斯密》,苏军译,北京:华夏出版社2009年版,第4页。
③ James Westfall Thompson, *A History of Historical Writing*, Vol. II, New York, The Macmillan Company, 1942, p. 62.

学家叙史风格的推崇,而这些也正是当时启蒙史家们所普遍持有的观点。另外,斯密的阶级观念,及其注重具体的历史演进过程和历史发展的连续性则很好地体现了历史主义原则。尽管斯密思想中的史学意蕴缺少鲜明的个性特征,但有一点是其他启蒙史家所望尘莫及的,那就是斯密意识到了决定社会前进的经济因素的重要性,即物质生活方式是说明一切历史事变的最根本的依据,从而将其研究的视角放到了经济领域,尤其是对人类社会的经济发展史进行了详尽描述,这样就打破了先前史家们笔下的政治和战争这些传统的历史主题而转向关注于商业、贸易等世俗社会史的研究。综上,探讨斯密思想中的史学意蕴既是研究苏格兰学派整体史学不可缺少的一部分,也为全面认识亚当·斯密提供了新视角。

第四章　威廉·罗伯逊：刻意模仿伏尔泰的史学家

威廉·罗伯逊①,启蒙时期苏格兰历史学派重要成员。

他出生于苏格兰的波斯维克(Borthwick),其父亲为苏格兰教会一教区牧师。罗伯逊早年在戴尔肯特文法学校(Dalkeith Grammar School)接受教育,师从莱斯勒(Mr. Leslle)。1733年,举家迁至爱丁堡,1735年进爱丁堡大学(Edinburgh University)学习。1740—1741年,研究神学,随后成为苏格兰教会一名牧师,1743年,他在东罗希安(East Lothian)格拉茨缪尔(Gladsmuir)开始其传教生涯。1756年成为爱丁堡最佳牧师,并开始领导苏格兰教会中的稳健派。1762年,在布特爵士(Lord Bute)庇护和帮助下,罗伯逊任爱丁堡大学校长。1764年,他成为皇家史学家。可见,其职位优越而闲适。他有坚韧的性格、卓越的组织领导才能,不仅使稳健派在最高司法机构中保持旺势,爱丁堡大学在18世纪末成为兴旺发达的机构,并且为其历史著作获得优厚的社会资源。1793年,因病在爱丁堡附近格兰其寓所(Grange House)去世。②

---

① Robertson,或译罗宾逊、罗伯孙、罗拔森、罗伯特逊,本书译为罗伯逊。
② 罗伯逊传记资料主要有以下几种：罗伯特·李斯顿(Robert Liston)曾在1772年4月的《伦敦杂志》(*The London Magazine*)上发表《罗伯逊博士的品行》(*A Character of Dr. Robertson*)。由于李斯顿是爱丁堡大学校友,被罗伯逊的亲密朋友约翰·狄里戴尔(John Drysdale)、杜格尔特·斯图尔特(Dugald Stewart)推为罗伯逊的庇护者吉尔伯特·艾里奥特(Gilbert Elliot)儿子的私人教师,因此,他是罗伯逊圈子里的人。其《罗伯逊博士的品行》是关于罗伯逊的简单形状,多颂扬之词。同年6月,《伦敦杂志》发表詹姆斯·波斯威尔(James Boswell)的《关于罗伯逊博士近来品行的质疑》(*Sceptical Observations upon a Late Character of Dr. Robertson*)。波斯威尔多次攻击罗伯逊,这篇传记资料也不例外,同李斯特唱起对台戏,对罗伯逊的一些优秀品行提出质疑。1793年6月16日,罗伯逊的同事约翰·艾尔斯金(John Erskine)发表布道词《人类伟大中的神能》(*The Agency of God in Human Greatness*)及其附录,颂扬罗伯逊在宗教事务中的修养和贡献。1796年3月,杜格尔特·斯图尔特发表《威廉·罗伯逊的生平和著作》(*Account of the Life and Writings of William Robertson*),关注罗伯逊的写作和政治活动,在这几种传记中是最为具体详尽的。1845年,布鲁海姆伯爵亨利(Henry, Lord Brougham)编写《乔治三世时期的人文学者和科学家传记》(*Lives of* （转下页）

有西方学者称:"18世纪不列颠历史学家三驾马车吉本、休谟和罗伯逊,其中只有罗伯逊写出不止一部历史著作。"[1]

是的,其著作,劳特里杰/托密斯出版社(Routledge / Thoemmes Press),于1996年出版12卷本《威廉·罗伯逊文集》(The Works of William Robertson)。其中历史著作就有《苏格兰史》(The History of Scotland)2卷即《文集》第1—2卷、《查理五世在位时期的历史》(The History of the Reign of the Emperor Charles V)4卷即《文集》第3—6卷、《美洲史》(The History of America)3卷即《文集》第7—9卷、《美洲史》(第九、十编)(The History of America, Books IX and X)1卷即《文集》第10卷、《论古人的印度史知识》(The Historical Disquisition Concerning the Knowledge which the Ancients Had of India)1卷即《文集》第11卷。

能够反映其历史见解者,除其4部专著外,还有1755年布道词《耶稣献身时的世界情形》(The Situation of the World at the Time of Christ's Appearance),表达出一个牧师在历史研究中的敬神与天命之感,收入《威廉·罗伯逊文集》第11卷。

另外,其《杂著与评论》(Miscellaneous Works and Commentaries)1卷即《文集》第12卷。其中,部分文章也可见其历史观点。这些文章有:1737年写成的《论历史可能性或道德证据》(On Historical Probability, or Moral Evidence),1755—1756年,罗伯逊在《爱丁堡评论》上发表8篇书评,其中有6篇直接与历史有关,内容涉及从古代世界到新大陆。他还为凯姆伯爵亨利·休谟(Henry Home, Lord Kaim)《历史上的法系》(Historical Law-Tracts)写评论,[2]为罗伯特·亚当(Robert Adam)《狄奥克拉丁皇帝在达尔马提亚的斯巴拉特鲁的宫殿遗录》(The Ruins of the Palace of the Emperor Diocletian at Spalatro in Dalmatia)撰写导论,阐释自己的历史观念。他还就"光荣革命"、美国革命发表布道词,对一些具体历史问题提出看法。

(接上页)Men of Letters and Science in the Reign of George III),其中有《罗伯逊》(Robertson)一篇,重点记述其家族事迹和私生活情况。后三种偏重不同方面,前两种代表不同评价意见;它们一起成为了解罗伯逊的重要材料。

[1] D. J. Wormersley, "The Historical Writing of William Robertson", Journal of the Historical of Ideas, Vol. 47, No. 3(Jul.-Sep. 1986), p.497.

[2] 此文发表在1759年4月的《批判性评论》(The Critical Review)上,关于是否为罗伯逊所写,学术史上有不同看法,《杂著与评论》的编者杰弗莱·斯密顿(Jeffrey Smitten)在该文集《导论》中认定此文出自罗伯逊之手,这里从之。

一、罗伯逊多方汲取学术营养

罗伯逊勤奋好学,从许多人那里获取学术营养,这里概括为"受大学老师引导"、"追随伏尔泰"、"孟德斯鸠的影响"、"受益于休谟"、"宗教史的诺克斯传统"。

1. 受大学老师引导

约翰·斯蒂芬森(John Stevenson)的引导。1735年,罗伯逊14岁进入爱丁堡大学读书。翌年选修斯蒂芬森的讲授诗歌、逻辑和哲学史的修辞学和纯文学课程。根据杰夫雷·斯密顿为罗伯逊《杂著与评论》所写《导论》,与罗伯逊同时代选过斯蒂芬森课程的卡莱尔(Alexander Carlyle)在《各时代的轶事和人物》(Anecdotes and Characters of the Times)中回忆:斯蒂芬森上午给学生读亚里士多德《诗学》和朗吉努斯(Longinus)《论崇高》(Sublime)、海奈修斯(Heineccius)《逻辑》、洛克《人类悟性论》,下午读肯彭狄欧斯(Compendious)《古代哲学家及其信条的历史》(History of the Ancient Philosophers, and their Tenets)。杜格尔特·斯图尔特《威廉·罗伯逊的生平和著作》提到罗伯逊受朗吉努斯《论崇高》和亚里士多德《诗学》影响,旁证了斯蒂芬森的引导作用。

斯蒂芬森的讲座让包括罗伯逊在内的学生受益匪浅。后来,罗伯逊当上爱丁堡大学校长,称颂斯蒂芬森的教益:"在这里我走进哲学的明媚春光,在这里我如饥似渴吸纳知识,这些知识如今植根于我内心最深处,我常常回味,愉快不亚于受益。"[①]斯蒂芬森还要求学生提交一篇论文。按照斯密顿的说法,今天所见罗伯逊《论历史可能性或道德证据》,就是罗伯逊提交的课程论文。罗伯逊在论文中认为,历史证据中,可能的推论从未能够达到数学推论那样的肯定;然而,可能的推论是一个可靠的引导,因为它最终由上帝认可。因此,人类必须努力去尽最大可能使用可能性推论,最纯粹的路径在于不偏不倚的取向。这种不偏不倚的思想方法,或称"中正"方法,在其后来历史著作中有充分体现,下文将详述。斯蒂芬森的哲学史讲座,还激励罗伯逊长期对斯多葛(Stoic)哲学家感兴趣。当时使用的教材托

[①] Andrew Dalzel, "Account of the Late Duke Gordon, M. A., including Anecdotes of the University Edingburgh", from Jeffrey Smitten, "Introduction to Robertson's Miscellaneous Works", Wilianm Robertson, *Miscellaneous Works and Commentaries*, London, Routledge / Thoemmes, 1996, pp. xi - xii.

马斯·斯坦莱(Thoms Stanley)的《哲学史》和狄奥根尼·拉尔提厄斯(Diogenes Laertius)的《哲学家传记》,都包括广义的斯多葛学派。这使得他在《论古人的印度史知识》中,把斯多葛学派的哲学视为"世俗积极的哲学"、"最有活力的精神"[1]。杰夫累·斯密顿曾指出斯多葛学派对于罗伯逊历史写作的影响,他认为:从苏格兰近代国家出现,到查理五世在位期间欧洲近代秩序的产生,到新世界的征服,和古人与印度之间最初的商业发展的联结,在某种意义上,罗伯逊"得益于他对于斯多葛派世界主义观念的分析"[2]。

通史教师查尔斯·马基的引导。尼古拉斯·菲利浦森给1996年出版的《威廉·罗伯逊文集》写了篇总论《作为史学家的威廉·罗伯逊》。在这里,他注意到马基对罗伯逊的影响。尼古拉斯·菲利浦森指出:马基的通史风格表现为,历史主题是战争、政治和城市及其共和国的兴衰;历史学家的任务就是要简介和速写事件,而把注意力投向使得人们如其所为的行为的心理原因;假如做得恰当,这一方法将揭示其主要行为者的特征,将允许史学家评价他们作为公众人物和个人的优劣;因为在这一风格中,史学家最初的任务是修辞和说教以教育读者以公民和行政官员的责任。尼古拉斯·菲利浦森以为,马基的这一风格,引导罗伯逊熟悉古典时期塔西佗、李维和西塞罗的著作,甚至引导他去阅读近代史学家圭恰亚迪尼的著作。菲利浦森给罗伯逊的历史著作风格下过总判定:"罗伯逊作为史学家,其主要特点是以苏格兰的推测史学,发展和改变更古老、更为熟悉的人文主义者的史学风格。……罗伯逊所有史著,除了其最后的关于古代印度的书,都体现了这一样式。"[3]他这样说无非要表明,马基对于罗伯逊的引导作用,至于罗伯逊的史著作风格是否都真如他所说的那样,可以再行探讨。

2. 追随伏尔泰

1745年,伏尔泰被爱丁堡哲学协会吸纳为荣誉成员,其影响在苏格兰逐渐广泛起来。18世纪50年代苏格兰印刷业兴起,苏格兰开始翻译和出版伏尔泰的著作,特别是,伏尔泰几乎所有历史著作包括《俄国史》、《瑞典王查理十二的历史》和《1741年战争》,在苏格兰都可以见到。有学者称:

---

[1] William Robertson, *An Historical Disquisition concerning the Knowledge which the Ancients had of India*, London, Routledge / Thoemmes, 1996, p. 287.

[2] Jeffrey Smitten, "Introduction", Wilianm Robertson, *Miscellaneous Works and Commentaries*, London, Routledge / Thoemmes, 1996, p. xxiii.

[3] Nicholas Phillipson, "Introduction: Willian Robertson as Historian", William Robertson, *The History of Scotland*, Vol. 1, Routledge / Thoemmes Press, 1996, pp. xxxiv - xl.

"伏尔泰的历史著作在苏格兰图书种类中占据主导地位,直到世纪之末。"①罗伯逊有良好的语言天赋,能够阅读法文著作。显然,他阅读过伏尔泰的著作,其《皇帝查理五世在位时期的历史》所涉16世纪欧洲进步问题,有这样一段话:"总之,我关于中世纪政府、风俗、文学和商业的研究和论述,还有关于16世纪开始欧洲各国政治组成的描述,我未曾提到 W. de 伏尔泰。其《风俗论》概观同一时期,论述其中所有主题。"②他还说:伏尔泰是"非凡的人,其才华和进取心不亚于其多才多艺,文学写作中所有的不同分支,他都尝试了。……在这些研究方面我常常追随他,他不仅指出那些对于研究来说非常重要的值得关注的事实,而且从中得出了恰当的结论"③。由此可见罗伯逊对伏尔泰之推崇。④

在史学实践上,罗伯逊何止推崇,简直就是刻意模仿伏尔泰,无论精神还是形式上都是这样。

第一,书写社会文化史。伏尔泰继承希罗多德的史学模式,注重考察历史上的社会文化,这是学界共识。显然,罗伯逊师承伏尔泰的这一做法,《美洲史》和《论古人的印度史知识》最突出。其《美洲史》里,除却第一编"古人航海的进步",以及之后西班牙国内局势与征服南美、英国国内局势与征服北美外,其余部分,假如把美洲大陆气候和地理作为占据篇幅长短的一方,而把印第安风俗、习惯、社会制度当成另一方,那么在篇幅上前者是后者的三分之一,J. B. 布莱克有一变相说法:"在《美洲史》里,他的探讨在印第安的风俗,习惯,制度,美洲大陆气候和地理方面几乎各占四分之一。"⑤另外,在《论古人的印度知识》中,最有学术价值或最为重要的内容是第四部分,它分为"通论"、"附录"和"注释"。关于"附录",罗伯逊坦言:

---

① Karen O'Brien, *Narratives of Enlightenment: Cosmopolitan History from Voltaire to Gibbon*, Cambridge, Cambridge University Press, 1997, p. 99.

② William Robertson, *The History of the Reign of the Emperor Charles V*, Vol. 1, Routledge / Thoemmes Press, 1996, p. 477.

③ Ibid., pp. 477-478.

④ 按:卡伦·欧布莱恩(Karen O'Brien)在上引《启蒙运动叙事:从伏尔泰到吉本的世界史》第100页上明言:罗伯逊"在《欧洲社会进步概观》的最后一个注释中,给予伏尔泰历史写作和学问以令人作呕的称赞。"此言显然表明卡伦·欧布莱恩对罗伯逊有误读。他所说的那个注释里,罗伯逊还评论伏尔泰说过:"近代史学家引证从中获得信息的权威,这一做法是楷模,他则很少模仿。"还说:"同时,假如他提到记载这些细节的书,那么我的辛劳大部分都是不必要的,如今把他视为有趣和生动作者的读者,许多人就会发现他是一个有学问和信息可靠的史学家了。"这里,罗伯逊委婉地批评其偶像遗漏权威著作从而遗漏了细节。可见,无论如何也体现不出罗伯逊的"令人作呕"。

⑤ J. B. Black, *The Art of History: a Study of Four Great Historians of the Eighteenth Century*, London, Methuen & Co. Ltd, 1926, p. 135.

"我现在将努力履行我的诺言,尽可能从最早时代追溯,直到我们知识所能及,去关注印度人的精神、风尚和制度。"①事实上,这个"附录"就是关于印度人民风俗和制度的,考察了印度的社会等级制度、政治制度、艺术、科学和宗教实践等。

第二,从民族史走向世界史。罗伯逊先写《苏格兰史》,再写《查理五世在位时期的历史》,接着写《美洲史》和《论古人的印度史知识》,这非常像伏尔泰先写《查理十二的历史》(Histoire de Charles XII),再写《路易十四时代》(Siècle de Louis XIV),后写《风俗论》(Essais de Morale),写作对象从民族史变成欧洲史,最后成为世界史。即便是写民族史,那也是在欧洲框架下,而写欧洲史则在世界史视野中。如有论者指出的那样,罗伯逊同伏尔泰一样"都是显示出相似的对于特定民族的制度和文化特征的兴趣。罗伯逊和伏尔泰都注意在更大的欧洲和世界框架中叙说其民族故事"②。卡伦·欧布莱恩还说:"不管审慎与否,罗伯逊在其所有重要方面都步了作为史学家的伏尔泰的职业后尘——从民族的历史(主要地)到欧洲的历史,然后是关于早期人类社会进化的伪科学部分。"③当然,伏尔泰和罗伯逊关于人类社会进化理论,能否称为"伪科学",可以有不同看法,但是从研究范围的扩充和递进角度看,卡伦·欧布莱恩的观点是可以成立的。

第三,写作形式上罗伯逊也在刻意模仿。《路易十四时代》在正式写路易十四之前,有《导论》和《路易十四以前的欧洲各国》,为著作主体作铺垫;非常类似,《风俗伦》主体开始前有《导论》,以作引语。这一做法完全被罗伯逊所模仿。其《苏格兰史》第一编,是对詹姆斯五世之前苏格兰历史的概论。他给予苏格兰历史以分期,分析苏格兰王室弱势和贵族强势及其原因;同时概述意大利四分五裂情况下法国、西班牙和德国三驾马车的欧洲格局。对于这样做的必要性,罗伯逊指出:"增加16世纪初这个时期欧洲政治形势的概观,对于叙述苏格兰国内形势是恰当的。彻底了解由欧洲每一个王国所组成的一般体系,对于理解一个民族的历史,其必要性不亚于了解一个政府和法则。后者或许能使我们说明家族史的发生和革命,但是没有前者,外国的变化则是一笔糊涂账。通过这一努力,在大多数历史学

---

① William Robertson, *An Historical Disquisition concerning the Knowledge which the Ancients Had of India*, London, Routledge / Thoemmes, 1996, p. 225.
② Karen O'Brien, *Narratives of Enlightenment: Cosmopolitan History from Voltaire to Gibbon*, Cambridge, Cambridge University Press, 1997, p. 102.
③ Karen O'Brien, *Narratives of Enlightenment: Cosmopolitan History from Voltaire to Gibbon*, Cambridge, Cambridge University Press, 1997, p. 99.

家仅仅看到结果的地方,我们或许可以发现原因。"①《查理五世在位时期的历史》第一部分是《从罗马颠覆到16世纪初欧洲社会进步概观》,分三个方面:第一是"欧洲社会国内政府、法律和风尚进步概观";第二系"欧洲社会支配必要的国家对外实力进步概观";第三为"16世纪初欧洲主要国家政治体制概观"。在《美洲史》中,第一编《古人航海的进步》,其内容主要涉及:地球慢慢有了人;人类第一次尝试航海;商业的开启;古人航海缺陷;埃及人、腓尼基人、犹太人、迦太基人、希腊人、罗马人的航海与商业;古人的陆地发现;古人地理知识缺陷及其显著证据;托勒密改进地理学;蛮族入侵罗马帝国;蛮族征服对于商业的影响等等。其范围及学术意义,类似于伏尔泰著作的相关部分。

其历史认识观点,譬如权力平衡观念、人创造历史的观点、自由和公正的呼声,并把16世纪标揭为中世纪和后封建社会之间的转变期,这些看法和做法,罗伯逊也类似于伏尔泰,具体不加赘述,详见卡伦·欧布莱恩所著《启蒙运动的叙事:从伏尔泰到吉本的世界史》相关部分的论述。

3. 孟德斯鸠的影响

孟德斯鸠在《论法的精神》中,从环境角度考察法律的产生、发展,他以为人的精神气质、内心感情与不同气候有关,法律就要考虑这些感情差异和气候差异。特别是,他重申波丹等人的观点,认为寒冷气候下,人有较充沛的精力,自信而有勇气,比较少有猜疑和诡计;闷热地区心神非常萎靡,懦弱而害怕,有敏锐的感觉。他还认为,法律与土壤性质有密切关系。土壤肥沃国家多为平原,常常是单人统治的政体,人民生活宽裕而懒惰、贪生怕死,军法里就要有严峻的纪律来弥补缺陷;土地不肥沃的国家,多为山地,常常是数人统治的政体,人民生活简朴而勤劳、勇敢,比较容易保持自己的法律。

孟德斯鸠通过这一考察视角,揭示每个国家或人类共同体,存在于内在结构之中,这样,人类社会同样有规律可循。他从法的自然形态说起,自然就推论出对环境的强调,因而其逻辑起点就奠定在物的层面。孟德斯鸠指出气候与人类的体质、社会、道德、经济和政治世界相关联,预示民族文化中可能的变化。

不过,可以肯定孟德斯鸠不是环境决定论者。他没有把环境作为历史发展的唯一或者最终的决定因素。他说:就法律而言,"法律应该和国家的自

---

① William Robertson, *The History of Scotland*, Vol. 1, Routledge / Thoemmes Press, 1996, pp. 87-88.

然状态有关系;和寒、热、温的气候有关系;和土地的质量、形势与面积有关系;和农、猎、牧各种人民的生活方式有关系。法律应该和政制所能容忍的自由程度有关系;和居民的宗教、性癖、财富、人口、贸易、风俗、习惯相适应。最后,法律和法律之间也有关系,法律和它们的渊源,和立法者的目的,以及和作为法律建立的基础的事物的秩序也有关系"①。就整个人类事务而言,"人类受多种事物的支配,就是:气候、宗教、法律、施政的准则、先例、风俗、习惯。结果就在这里形成了一种一般的精神。在每一个国家里,这些因素中如果有一种起了强烈的作用,则其他因素的作用便将在同一程度上被削弱。大自然和气候几乎是野蛮人的唯一统治者;中国人受风俗的支配;而日本则受法律的压制"②。而且改变一个社会也不能使用单一的方式,他说:"要改变这些风俗和习惯,就不应当用法律去改变。用法律去改变的话,便将显得过于横暴。如果用别人的风俗和习惯去改变自己的风俗和习惯,就要好些。"③

　　罗伯逊在《美洲史》中,总结和评论土著人社会的优缺点,并论述气候和人为因素对社会进步所起的不同作用。需要特别指出的是,他对土著人社会的论述,对气候和人为因素作用的分析,完全可见孟德斯鸠的影子。

　　他看到气候对人类生活的作用:"在人类存在的地球上的每一部分,气候的力量决定性影响人类的状况和特征。在这些近于极热和极冷的国家里,这种影响显著得令人瞠目结舌。"④

　　但是,他又把气候的作用限于人的才智作用之下:"气候的这一强力影响野蛮民族最有感受,比在改进较大的社会发生作用更大。文明人的才干,通过其天赋和计划继续用于变其状况更为舒适,在很大程度上,他们能够弥补气候的不足。但是那无远见的不开化,受与其情况不同的每一情形的影响。他没有采取预防措施以缓和或者改善之。就像一株植物或一动物,由其所处的气候形成,感到其影响的充分压力。"⑤因此,在他看来,美洲与欧洲文化差异与气候没有多大关系,这在《美洲史》中多处都提了出

---

① 〔法〕孟德斯鸠:《论法的精神》(上册),第一卷,第一章,第三节人为法,张雁深译,北京:商务印书馆1961年版,第7页。
② 〔法〕孟德斯鸠:《论法的精神》(上册),第三卷,第十九章,第四节一般的精神,张雁深译,北京:商务印书馆1961年版,第305页。
③ 〔法〕孟德斯鸠:《论法的精神》(上册),第三卷,第十九章,第十四节改变一个国家的风俗和习惯有什么自然的方法,张雁深译,北京:商务印书馆1961年版,第310页。
④ Wilianm Robertson, *Miscellaneous Works and Commentaries*, edited by Jeffrey Smitten, London, Routledge / Thoemmes, 1996, p. 226.
⑤ Ibid., p. 227.

来。特别是,他认为气候决定不了人的品行,"气候律在其起作用过程中,也许比其他因素对人类分支的影响更为普遍,然而,无甚例外地它却不能用于判定人类的品行"①。罗伯逊找到决定人类进步的因素,那就是社会,他说:"人类起源于同一自然之手,每个地方都一样。其幼年期第一面目,无论在最原始民族之间,还是在最文明的民族中,我们都不能辨出特性以标明区别和优越。改进的能力似乎相同,之后获得的才干,以及可能展开的优点,在某种意义上依赖其所处的社会状况。其心智自然适应这一状况,并由此得到信条和文化。与习惯于人类感觉到的愿望相适应,鼓励其效用,其知识力量呼之欲出。根据这种建立于他和其分支剩下的人之间的联系,其内心感情介入了。只用通过关注这一伟大原则,我们才能发现人在其进步不同时期的特征。"②罗伯逊的史学受孟德斯鸠的影响,有论者称:罗伯逊"是18世纪的英国史学中最早运用孟德斯鸠的地理环境理论的先例"③。

可见,地理环境对于人类进步的作用,无论在逻辑框架上还是在具体观点上,罗伯逊与孟德斯鸠非常相似。

4. 受益于休谟

休谟对罗伯逊的关心、帮助和提携,本书第一章第二节《学派主要成员之间的学谊》,作了比较详细的论列。此处恕不赘述。

这样,罗伯逊在治史理论和实践上,与休谟有许多相似之处,就是自然的了。

第一,他与休谟一样吸纳古典史学有益成分。例如,他们学习修昔底德,藐视神话传说,依赖书面文献,叙述中碰到有疑问或者与流行说法不一时,会在附录中加以说明。对此,唐纳德·R.凯利概括精准:"与休谟一样,罗伯逊也以修昔底德为榜样,也藐视史前时期的神话,认为它只适合好古者,并致力于研究有书面文件佐证的时期。他关心的是历史叙事,又与休谟一样,他把专题性的和考古性的问题归入附录。"④再如,学习塔西佗,放弃狭隘的爱国主义。以启蒙运动的眼光来看,苏格兰也许是欧洲民族国家中最野蛮的。这种背景是休谟和罗伯逊摆脱不了的。休谟写《英国史》,

---

① Wilianm Robertson, *Miscellaneous Works and Commentaries*, edited by Jeffrey Smitten, London, Routledge / Thoemmes, 1996, p. 230.
② William Robertson, *The History of America*, Vol. 2, Routledge / Thoemmes Press, 1996, pp. 209 – 210.
③ 张广智等:《西方史学史》第三版,上海:复旦大学出版社2010年版,第147页。
④ 〔美〕唐纳德·R.凯利:《多面的历史》,陈恒、宋立宏译,北京:生活·读书·新知三联书店2003年版,第443页。

是为英国读者写作,而罗伯逊早期特别是第一版《苏格兰史》中揭橥苏格兰意义上的爱国主义,后来在休谟等人引导下,发展为提出日耳曼人的自由与独立、匈奴人和阿兰人的自由和独立等观念。当然,这一观念因宗教改革强调个体评价而流行起来,"毫无疑问,在休谟和罗伯逊著作中许多方面,这一观念形成它们的共同性"①。

第二,在欧洲进步问题上与休谟的主张一致。与休谟一样,罗伯逊歌颂现代欧洲国家体系的形成以及民族国家的巩固。他们都把现代欧洲之出现解释为经济和政治上的胜利,尤其是意大利的商业复兴及随之而来的向往自由的冲动,接着是科学的进步和学识的培养。当然,这与他们共同受斯密影响分不开。1762年,斯密发表演说《四个阶段:发展的理论》,这成为苏格兰史学派其他成员构建自己"推测史学"的理论基础。稍有区别的是,罗伯逊在《苏格兰史》结尾处,把苏格兰和英格兰统一前那个时期,看成是衰落,衰落的原因之一是那时牧师更以虔诚而不是学问而闻名,他们跟教会大佬们和国会议员们一样不能为苏格兰提供有情趣和优美的演讲,这样,就为他在未来社会改进中分解出一个角色。这是与休谟不同之处。另外,罗伯逊虽然跟一般启蒙者一样夸大中世纪的"黑暗",然而,不同的是"他那敏锐的眼光还是足以把中世纪正确地估计为欧洲文化的播种时期"②。

第三,像休谟那样主张写庄重的历史。伏尔泰出于道德说教的考虑,藐视那些他认为无足轻重的人物和事件,这一主张和做法被休谟所接受,也成为罗伯逊写史的指南。罗伯逊在前人基础上提出写"庄重的历史",其不仅意味历史应该以庄重风格来写,并且更重要的是它意味着应该写庄重事件和庄重人物。这可以说是罗伯逊与休谟共同之处,对此,J. B. 布莱克指出:"在某种意义上,就是伏尔泰和休谟主张的注重史料选择格言的变异;是史学家需要自己去关联的主题问题。……它倾向于排除许多不重要的事实,以至于这些事实没有被历史注意到,倾向于轻松略去多少有点无关紧要的东西,几乎完全关注那些要求注意的事务,因为其内在的利益或者从中导出教诲。"③

---

① Alexander Broadie, edited, *The Scottish Enlightenment*, Cambridge University Press, 2003, p. 265.
② James Westfall Thompson, *A History of Historical Writing*, Vol. II, New York, The Macmillan Company, 1942, p. 73.
③ J. B. Black, *The Art of History: a Study of Four Great Historians of the Eighteenth Century*, London, Methuen & Co. Ltd, 1926, p. 131.

罗伯逊自谦是伏尔泰和休谟的追随者,然而仅就历史学成就而言,他与伏尔泰和休谟不相上下。当然,罗伯逊在史学理念和实践中,都超越了伏尔泰和休谟,这里提出这个问题,到本书最后会作较详细论述。

5. 宗教史的诺克斯传统

约翰·诺克斯,苏格兰宗教改革领袖,苏格兰长老会创立者,著有《苏格兰宗教改革史》。而罗伯逊作为苏格兰长老会领袖,又在《苏格兰史》中用大量篇幅写宗教改革,那么他与诺克斯之间有没有继承关系,则值得注意。玛丽·费恩雷·桑德(Mary Fearnley-Sander)在《历史杂志》(*The Historical Journal*)1990年第1期上发表《哲学历史和苏格兰宗教改革:威廉·罗伯逊和诺克斯传统》(*Philosophical History and the Scottish Reformation: William Robertson and the Knoxian Tradition*),对这一问题有论述,认为:"诺克斯和罗伯逊所奉献的苏格兰宗教改革史,在大纲、议题和重点方面,几近一致。关注苏格兰宗教改革的政治斗争;宗教体系结果被看成世俗腐败并被政治上要求改革而突出;公民自由伴随着宗教改革者的动机;这些都是对诺克斯、罗伯逊著作的共同提要。"[1]

诺克斯的《苏格兰宗教改革史》是留给启蒙时期史学家关于苏格兰宗教改革的唯一史料。其影响巨大,即使处于诺克斯对立面的人诸如凯特主教、斯波茨伍德原主教,他们一旦观点不一致,就一定采取诺克斯的看法。他们与诺克斯的根本不同,最明显者仅仅是他们捍卫那两个天主教玛丽女王所表现出的政治同情,"他们的著作里并没有对宗教改革进行宗教性的重新解读"[2]。

罗伯逊作为诺克斯长老会的后进,其写苏格兰宗教改革,更是接受其影响。诺克斯在《苏格兰宗教改革史》中,把政治与宗教合起来,认为宗教改革行动同时是反抗苏格兰暴政,批评女摄政玛丽依靠法国吉斯家族,指控天主教就是背叛、阴谋和奴役。罗伯逊《苏格兰史》不只是继承诺克斯的这些观点,甚至使用诺克斯的语汇去攻击天主教、评价宗教改革的意义。而且他肯定宗教改革,赞赏诺克斯的大无畏精神,当然,罗伯逊对诺克斯有批评,指出其品行上的缺陷,批评诺克斯对女王使用污言秽语。这在罗伯逊给予其前辈的盖棺定论中流露出来:"一腔热血、英勇无畏、不计得失是优点,而很大程度上他具有这些优点。在那个时代神学者中他也有学术教

---

[1] Mary Fearnley-Sander, "Philosophical History and the Scottish Reformation: William Robertson and the Knoxian Tradition", *The Historical Journal*, Vol. 33, No. 2(1990), p. 334.

[2] Ibid., pp. 332-333.

养,他在雄辩方面是杰出的,而雄辩是可以让人奋发和激奋的。其原则常常太严肃,其脾气过于鲁莽。他自己刚强、无怨,对其他人的懦弱不示纵容。在阶层和秉性的个性上,他刻薄和强烈地表达其告诫,更易于激怒而不是改过。就女王的为人和行为而言,这常常暴露其下流和不恭的表述。然而,这些品质反映其不友好的秉性,把他当成在凶猛人民中推进宗教改革的天命工具,使他面临危境、克敌制胜,对于这种危境和对手,一个更有绅士精神的人可能会倾向于退缩。致力于学习和事务,乐此不疲,因而热心于公共演讲,他自然耗费了健康。在其染疴期间他表现出极大的坚忍,凭着与其秉性不可分割的高贵会见死亡。他坚定致力于献身行动,以不朽的前景安慰自己,这个前景让好人免于沮丧,在他们最好时刻充满狂喜。"[1]

二、历史著作:从民族史走向世界史

从罗伯逊历史专著来看,他先是写出欧洲视野下的《苏格兰史》,接着写《查理五世在位时期的历史》;因为它们涉及欧洲在美洲和亚洲殖民的历史,故又写出《美洲史》和《论古人的印度史知识》。这样一来,他走了一条从民族史到世界史的治史之路。

1. 欧洲史视野下的《苏格兰史》

据研究威廉·罗伯逊的专家杰夫雷·斯密顿所编《威廉·罗伯逊学术年谱》(*William Robertson's Life and Works*),1744年罗伯逊就在作《苏格兰史》,1759年2月1日出版,是为初版,1794年第14版《苏格兰史》,为作者最后修订版。期间还被翻译成法文和意大利文。

罗伯逊在该书第一版序言里道出其动机:苏格兰玛丽一世在位期间,两个带有最强烈政治仇恨的派别,受宗教热情刺激,互相攻讦,乐此不疲。双方都有优秀史学家,接受各自的观点,为其所有活动辩护。这些史学家关心的并不是真相,也不是在写其国家的历史。更为严重的是,后来的史学家受其影响,几乎稀里糊涂地重复其错误和歪曲。罗伯逊去搜集前辈史学家的不确切,去发觉其歪曲,"赋予事实以不同的眼光,我必须就这一结果的原因给读者以说明,出示早至两个世纪前的证据,我试图反驳较不遥

---

[1] William Robertson, *The History of Scotland*, Vol. 2, Routledge / Thoemmes Press, 1996, pp. 43-45.

远甚至当代的史学家。"①而且,他还发现,许多重要的文献"不少还停留在黑暗里,没有受到考察,没有公开"②。

于是,他从爱丁堡律师协会(the Faculty of Advocates)图书馆、英格兰公共图书馆搜集许多关于苏格兰事务的原始文献或者复制本;接触尚未公开的不列颠博物馆的高级收藏品、伊丽莎白在位期间的宏富而精细的文件集、詹姆斯六世在位期间原始文件集。同时,他参考17世纪长老会牧师凯德伍德(Mr. Calderwood)编纂的《苏格兰史》,起自詹姆斯五世即位,讫于詹姆斯六世驾崩,其中征引的许多重要文件,受到罗伯逊的关注。

这样,他用10多年之功,完成《苏格兰史》。全书分为两卷八编,从传说中的苏格兰人起源开始,一直写到1604年苏格兰王詹姆斯六世即英格兰王位。

第一编,詹姆斯五世去世前的苏格兰史;第二编,从1542年詹姆斯五世去世写到1559年吉斯玛丽太后被剥夺摄政权;第三编,从1559年写到玛丽女王嫁给丹莱(Darnly);第四编从1566年玛丽女王审查被放逐的贵族到1567年向贵族屈服;第五编,从1567年写到1570年汉密尔顿(Hamilton)被杀;第六编,从1570年写到1584年国会通过严厉的反对教会的法律;第七编,从1570年写到1589年詹姆斯六世与丹麦公主安妮(Anne of Denmark)结婚;第八编,从1589年写到1604年苏格兰王詹姆斯六世登上英格兰王位。

在叙述完詹姆斯六世即位后,有一个对苏格兰政体的概论。这与第一编共同体现罗伯逊史学的整体特征。

书后有《关于杀害亨利亲王和女王致伯斯韦尔信真实性的考证性讨论》(A Critical Dissertation concerning the Murder of King Henry, and the Genuineness of the Queen's Letters to Bothwell),另有《附录》,对第一卷中的33个问题、第二卷中的20个问题,就其中所涉及的含糊和有分歧的内容进行考辨与说明。这些内容是全书最有学术性的部分,体现了罗伯逊的治学严谨。

总之,全书大部分是从詹姆斯五世去世到詹姆斯六世即英格兰王位的而主要是16世纪的苏格兰史。不过,这段历史是放在英格兰、法国和德国相互复杂的国际关系框架中写出的。或者说,这是一部欧洲视野下的苏格

---

① Willian Robertson, "Preface to the First Edition", William Robertson, *The History of Scotland*, Vol. 1, Routledge / Thoemmes Press, 1996, p. v.
② Ibid., p. vii.

兰民族史。

2. 作为欧洲史的《查理五世在位时期的历史》

据斯密顿所编《威廉·罗伯逊学术年谱》，1759年，罗伯逊始作《查理五世在位时期的历史》。1765年，完成第二、三卷，开始写导论卷。1769年，由斯特拉罕（Strahan）、卡德尔（Thomas Cadell）和巴尔佛（John Balfour）出版。1772年出版带有《说明》（Illustrations）的《查理五世在位时期的历史》。1792年，第七版出版，这是作者修订的最后一版。本书使用的是劳特里/妥密斯出版（Routledge / Thoemmes Press）1996年的本子，这个本子其实就是第七版的重印。此书还有外文本，1770年译成德文，1771年译成法文，1778年导论卷译成俄文。

罗伯逊之所以要写这部著作，他在《序言》里有交待："有助于说明其政体、法律或时尚进步，这样的事务应受到最高关注。"[①]而查理五世时期"欧洲权力形成巨大的政治体系，各得其所，在如此众多的国内革命和对外战争的时而震动之后，其结果是一定能够预知的。那时发生的重大事件，至今能量未尽。那时建立的政治信仰和原则，还在运行；那时引入的力量平衡的观念，仍对民族国家的政务会议起作用"[②]。

全书分四卷：第一卷分为两部分《欧洲社会进步概观》("A View of the Progress of Society in Europe, from the Subversion of the Roman Empire, to the Beginning of the Sixteenth Century")以及对《欧洲社会进步概观》中相关内容进行补充和说明的《证据和说明》("Proofs and Illustrations")。第二卷，从1500年查理诞生写到1527年匈牙利王路易二世去世。第三卷从1527年写到1549年查理五世儿子菲利普在低地国家的地位被承认及其面临的现状。第四卷从1549年写到1558年查理五世去世及其1559年的善后事宜。书的最后是关于查理在位期间欧洲形势的通览。

显然，在正式写查理在位时期的历史之前，罗伯逊安排《欧洲社会进步概观》和《证据和说明》。从写作体例上言之，很不严整；可从学术性上看，则最有价值，前者是欧洲中世纪简史，后者是扎实的考证文字。现在的问题是：罗伯逊出于什么考虑作如此设计呢？

对此，罗伯逊解释道："由于没有关于16世纪之前的信息，我的读者

---

① Willian Robertson, "The Preface", William Robertson, *The History of the Reign of the Emperor Charles* Ⅴ, Routledge / Thoemmes Press, 1996, p. ix.
② Ibid., pp. x – xi.

从查理五世在位历史中就汲取不到教益,因此我写了一卷序言性的文字,试图指出和说明从罗马颠覆到 16 世纪之初,欧洲政治体系改进中重大原因和事件,何人的措施必须叙述。我不仅就国内政府、法律和风尚,而且就对外措施中必要的民族权力的支配,提出欧洲社会进步概观。"[1]他还说:"几个考证性的讨论,它们更属于法官和文物工作者而不是史学家的领域。第一卷最后,把这些内容冠以'证据和说明'之名。我的许多读者可能没大注意这样的探讨。对有的人来说,它们或许是这一著作中最烦心和有趣的部分。我悉心指出了我从中获得信息的史料,引证了那些我所依赖的可信的作者,哪怕只是零碎的确切,这样做或许近于卖弄。尽管它可能是徒劳的阅读,然而其中许多则仅仅是考量我的责任,我的责任就是准切地把这些历史置于公众面前。"[2]

可见,罗伯逊说得很清楚,写《欧洲社会进步概观》是为了帮助理解全书,或者是为了给主体内容作铺垫;写《证据和说明》是为了表明其历史写作的可靠和他的负责任。

《欧洲社会进步概观》分三个方面。第一是"欧洲社会国内政府、法律和风尚进步概观";第二系"欧洲社会支配必要的国家对外实力进步概观";第三为"16 世纪初欧洲主要国家政治体制概观"。这一部分实际是该书导论,概论 5 世纪末到 16 世纪初差不多 1000 年的欧洲历史,或者可以视为对于欧洲中世纪历史的概论。这是他的习惯做法,其四部主要历史著作,在论述主体历史之前都有关于之前历史的概论,这对于读者了解和理解他论述的主要问题,起到补充背景知识、提供认识思路的作用。

《证据和说明》以 20 个注释的方式呈现出来,实际上是对《欧洲社会进步概观》所涉及的模糊或者有争议问题的补充说明。这一部分既对 20 个他认为有必要说明的问题旁征博引,拿材料说话,充分体现其严谨的考证风格,又保持《欧洲社会进步概观》的流畅。其中多引古典作家和近代学者的论著,是认知罗伯逊批判继承前人学术成果的重要依据。特别是文中涉及他对美洲史的一般认识,是认识其美洲史写作的旁证。

3. 世界史视野下的《美洲史》

罗伯逊《美洲史》始作于 1769 年,1777 年 5 月 28 日,西班牙美洲史由

---

[1] Willian Robertson, "The Preface", William Robertson, *The History of the Reign of the Emperor Charles* V, Routledge / Thoemmes Press, 1996, p. xii.

[2] Ibid., pp. xii – xiii.

斯特拉罕(William Strahan)等人出版,即今日所见《美洲史》前8编。至于后两编,威廉·罗伯逊的儿子威廉·罗伯逊·斯坎德(William Robertson Secundus)在《序》中说:"在令人沉闷的病中,他早预见到命运的终结,罗伯逊博士在不同时候销毁许多自己的文章。他去世后,我发现不列颠美洲史那部分,那是他多年前写的……全部是手写的,像其所有著作一样,像我见过的其手稿任何一部分一样被悉心修改过,他认为这值得保存,它逃脱了其他许多文章所遭受的火燹。"[1]斯坎德把这部分展示给父亲生前好友,得到他们的肯定,他这才整理出来,于1796年12月出版,是为今日所见《美洲史》第九、十编。

据杰夫雷·斯密顿所编《威廉·罗伯逊学术年谱》,罗伯逊作英属美洲史的大致过程是:大约1775年9月28日起写作英属美洲史,1777年7月8日停下来。1778年2月26日发表关于美洲革命的斋戒日布道。1780年8月15日到11月2日又拾起这一工作。1781年4月10日到16日,则是最后一次写作英属美洲史。[2]可见,罗伯逊写作英属美洲史是写写停停的,而且并未完成。于是,1777年把既有成果出版为《美洲史》。它实际是葡萄牙统治下的美洲史,全书三卷,记述新世界的发现、西班牙军事活动和殖民地的拓展。至于英属美洲史的写作成果,到1796年才由其后人整理出版,它从哥伦布地理大发现引起英国人的觉醒而发起北美殖民开始写,一直到克伦威尔对北美殖民地实施保护。

罗伯逊撰写《美洲史》动机何在?为什么英属美洲史写作断断续续且未完成?

查理五世时代的历史涉及欧洲在美洲扩张,特别是西班牙在南美洲扩张问题,按说《查理五世在位时期的历史》应该涉及这一主题,不过,事实不是这样,罗伯逊在该书序言里作出说明:"每个明眼读者都将发现我著作中的一个省略,其中理由还是有必要解释一下。我没有论述征服墨西哥、秘鲁或者西班牙在美洲大陆和群岛的殖民地的建立。我最初打算要突出写作这些事件的历史,但是更加关注我这一计划之后,我发现新世界的发现,古老居民的社会状况,其特征、风尚和艺术,定居在各地区的欧洲人的天赋,一起对于欧洲政治和商业体系的影响,是这样壮丽和重要,因此对其进行肤浅的概观就不大令人满意了。另一方面,对它

---

[1] William Robertson Secundus, "Advertisement", *The History of America*, Books Ⅸ and Ⅹ, London, Routledge / Thoemmes, 1996, pp. vi - vii.

[2] Jeffrey Smitten, "William Robertson's Life and Works", William Robertson, *The History of Scotland*, London, Routledge / Thoemmes, 1996, pp. xvii - xxv.

们加以其应受到的广泛记载,必须促成一个与主体著作不相称的情节。所以,我把这些留给另一部著作了。"①他所说的"另一部著作"就是后来的《美洲史》。

早在1756年,罗伯逊就在《爱丁堡评论》(The Edingburgh Review)上,臧否威廉·道格拉斯(William Douglas)的《英国人定居北美的历史与政治纲要》(A Summary, Historical and Political, of the first Plantings, progressive Improvements, and present State of the British Settlements in North-America)。文中说:"不列颠帝国在美洲,是重大而有趣的历史课题。早些时候,关于美洲的记载非常不确切,而这些记载被随后的作者加以毫无出入的抄袭。"②他还说:"真实和理性地论述不列颠殖民地,是历史学中非常迫切的课题。"③一方面,他认为这一主题很重要、很有趣,也很迫切;另一方面,对当时现有的相关著作颇为不满。不过,他还是认为威廉·道格拉斯具有写作英属殖民地历史的优势,罗伯逊说:"我们的作者,长居美洲,知识博洽,具有公正的观察力和忠诚的思想倾向,这些对于撰写真实和理性的英属殖民地史,非常有用。"④这尽管是就威廉·道格拉斯而言的,然而却表达出罗伯逊关于北美史写作的基本主张,那就是史学家写好北美史所必备的主观条件是"长居美洲"、"知识博洽"、"公正"、"忠诚"。同时,这段话还表明,至少在18世纪50年代中期罗伯逊就相当关注北美史的撰写了。

问题是,罗伯逊并未长居美洲,甚至没有去过美洲,因此他为了撰写北美史,搜集并利用旅居北美者所写的见闻或者游记,就成为当务之急。事实上,他确实这样做了。例如,约翰·斯密(John Smith)亲自在北美内地航行、占领、贸易和战斗,并加以记录,是为《游记》(Travels),为写作北美历史的原始材料之一种,罗伯逊在书中大量征引过它,且有所评价:"他带回大量自己关于美洲大陆避风港的记载(弗吉尼亚和马里兰现已闻名遐迩),这些记载如此充分和确实,以至于一个半世纪的探险和知识进步之后,其地图对这两处乡村的展示,仍不无确切。这些记载是原始材料,所有

---

① Willian Robertson, "The Preface", William Robertson, *The History of the Reign of the Emperor Charles* Ⅴ, Routledge / Thoemmes Press, 1996, p. ⅩⅣ.
② William Robertson, *Miscellaneous Works and Commentaries*, edited by Jeffrey Smitten, London, Routledge / Thoemmes, 1996, p. 82.
③ Ibid., p. 83.
④ Ibid.

后来者的叙述和描写都以它为根据。"①再如理查德·哈奎特(Richard Hakluyt)编写的相关材料,也属类似文献,罗伯逊多次使用,其《美洲史》道:哈奎特"早年潜心于地理和航海,关注让更多的人感受这些有趣科学的乐趣,并将它定为其生命中的重要目标。为刺激其同胞矢志海军和满足虚荣心,他于1589年出版颇有价值的英国人旅行和发现文集。为了给他们提供最为成功的外国航海家的信息,他以英文笔调翻译一些最优秀的记载,记载西班牙人、葡萄牙人在其东印度和西印度旅行,受到伊丽莎白在位后期许多试图发现和殖民的人的尊敬"②。

毋庸讳言,罗伯逊还参考其同时代作家的同题材著作。例如,上述威廉·道格拉斯的《英国人定居北美的历史与政治纲要》,是罗伯逊重要的参考资料,它的史学价值,已由罗伯逊对威廉·道格拉斯的评价而道明。再如威廉·斯提斯(William Stith),早期北美的史学家,1747年出版的《弗吉尼亚史》(History of Virginia),为罗伯逊写北美史第九编弗吉尼亚史时频繁引用,他认为威廉·斯提斯是"最有智慧和学问的弗吉尼亚史学家,记述了公司的解散这一殖民地最具灾难性的事件"③。还如英国史学家丹尼尔·尼尔(Daniel Neal),1720年出版《新英格兰史》(History of New England),1732—1738年出版《清教的历史》(History of the Puritans),马萨诸塞殖民时期的史学家托马斯·哈金森(Thomas Hutchinson)出版《马萨诸塞史》(The History of Massachusetts),这三部史著都是罗伯逊写作北美史第十编新英格兰史的必备材料,特别是尼尔,罗伯逊评价道:"尼尔先生是一位勤奋且相当博洽的作家。"④当然,当代作家还是无法完全满足其信息需要,例如,关于1620年詹姆斯一世签发给普利茅斯委员会的特许状,罗伯逊就说:"到底出于怎样的公共利益考虑,国王才把实施特许的任务交给完全不靠谱的人,或者哪方面的个人利益促使他们从事这一事业,当代作家提供的信息还是不能让我作出定论。"⑤无论如何,罗伯逊为写北美史,一如他写其他历史著作,在资料方面做了大量的准备工作,这是毫无疑问的。

不过,罗伯逊写作英属美洲史,结果并非如其初衷。《美洲史·序言》

---

① William Robertson, *The History of America*, Books IX and X, London, Routledge / Thoemmes, 1996, p. 77.
② Ibid., pp. 57 - 58.
③ Ibid., p. 112.
④ Ibid., p. 197.
⑤ Ibid., p. 191.

这样叙述其最初打算：

> 就《美洲史》而言，在履行我对公众的约定中，我打算在全部写出来之前任何一部分都不予出版。不列颠殖民地的近况促使我改变了这一决心。它们忙于同大不列颠的内战，研究和思索其一去不复返的政策法规的古代形式，不可能是有趣的了。现在，人类的注意力和期望转向其未来的情形。无论如何，这种拼杀或许结束，北美的新秩序必将出现，其事务将呈现另一面貌。我以良好公民的焦虑翘首以待，直到躁动平息、正式的政府得以重建，那个时候我将转向已经有所进展的我的著作的这一部分。它将与葡萄牙美洲史、几个欧洲国家定居西印度群岛历史一起，完成我的计划。①

可见，他原计划是西班牙美洲史、葡萄牙美洲史和英属美洲史都要写出来，且在全部书稿完成之后才予出版；他之所以出版西班牙美洲史，那是因为英属北美殖民地与英国发生战争，这场战争让他看到完成整个美洲史写作变得遥遥无期。罗伯逊在完整出版美洲史无望的情况下，只有改变计划首先将西班牙美洲史付梓。

问题是，其英属美洲史写作断断续续且未完成是出于什么动机呢？这一问题很有趣味，值得探讨。

关于这个问题，上述引文业已透露部分信息：战争时期，人们关心未来，对英属美洲古已有之的政治、法规不感兴趣，他想等到战争过后再去写它。罗伯逊颇在意读者兴趣，可以看作他未完成英属美洲史的动机。需要进一步追问的是：为什么读者不感兴趣他就一定要放弃呢？他反思美洲史写作时写过一段话，提供了部分答案，罗伯逊如此说：

> 我考虑历史编纂的本质越长，就越感到审慎的准确是必要的。史学家记录其自己时代的事务，公众关注史学家提供信息的意义和诚信，如果史学家与公众所持有的意见相称，那么他就是可信的。可是，历史学家描述远古时期的事务，则没有这种资格去表明被认同，除非他展示能够证明自己主张的证据。没有证据，他也许写出消遣性的传

---

① William Robertson, "Preface", *The History of America*, London, Routledge / Thoemmes, 1996, pp. v-vi.

闻,但是不可能被认为写出信史。①

这里,罗伯逊表达出的意思是,他非常在意历史著作真实性,或者说非常在意公众对其著作的认可;罗伯逊强调历史资料的可信度,可是关于北美的古代史,他没有足够证据让读者信服其写作的可靠性,何况公众所理解的历史信息的现实意义,未必与他相一致,特别是史学家对当代史的理解难以与公众意见吻合,这势必导致公众对他的质疑。

另外,1776年4月8日,罗伯逊致信斯密谈及他的《美洲史》说:"同英国殖民地以及导致这些殖民地前途未定的原因有关的部分,我还在犹犹豫豫地写着。"②这里表明,一方面他必须写英属北美殖民地的历史,另一方面因殖民地前途未卜他还在犹豫。特别是,两年后的1778年7月,他写信给罗伯特·瓦迪拉夫(Robert Waddilove)再次流露:他被迫放弃北美历史一直要到"伟大的平静时代,那时相对于现在,比较适合写作,公众可以较为不偏不倚地阅读以获得更多信息"③。从所引文字来看,他担心现实中人们出于义愤或者各种特别考虑,很难不偏不倚地看问题,他若贸然完成北美史写作,就一定会与公众意见相左,其史学家的声望势必受损,与他在《美洲史》序言里的说法是一致的,这就以同样的道理解释了两年前他"犹犹豫豫"的原因。

要之,罗伯逊心态很矛盾,作为初衷他准备写出完整的英属美洲史,可是写远古的历史又没有足够证据,读者鉴于当前形势也不感兴趣,而写当代历史又害怕忤了民意,无论哪种情况都会导致个人名誉受损,其实就是他心中涌起的关于自己著作的"影响焦虑"。换言之,在他看来,撰写英属殖民地历史实属吃力不讨好,这就是罗伯逊断续写作北美历史且未完成的动机。

4. 世界史视野下的《论古人的印度史知识》

据杰夫雷·斯密顿《威廉·罗伯逊学术年谱》),罗伯逊1789年写作《论古人的印度史知识》,1791年出版,1794年作最后的修订。

全书先是分三个时期叙述古代西方与印度的交往。这三个时期是,从

---

① William Robertson, "Preface", *The History of America*, Vol. 1, Routledge / Thoemmes Press, 1996, pp. xvi – xvii.
② 〔英〕欧内斯特·莫斯纳、伊恩·辛普森·罗斯编:《亚当·斯密通信集》,林国夫等译,北京:商务印书馆2000年版,第261页。
③ Dugald Stewart, *Account of the Life and Writings of William Robertson*, Bristol, Thoemmes Press, 1997, p. 125.

最早时期到罗马人征服埃及、从罗马在埃及统治的建立到穆罕默德征服埃及、从穆罕默德征服埃及到通过好望角的航路的发现和葡萄牙在东方统治的建立。之后是长篇《通论》，说明一般商业史上的许多特殊情况，指明各种事务的因果。书后附有《注释》。最后是《附录》，"去论述印度人的才华、风俗和制度"[1]。"观察印度人作为个体的阶层和状况，其国内政治、法律、诉讼、有用和优雅的艺术、科学、宗教组织。"[2]全书最有学术价值的是《通论》、《注释》和《附录》。

罗伯逊在《序言》里述说其写作动机："仔细阅读莱耐尔少校（Major Rennell）关于说明其《印度斯坦地图》（Mapm of Indostan）的《自传》——那是任何时候和国家出版的最有价值的地理描述，激起以下著作。它启发我得到这样一个观念：对于古人的印度知识，要进行比我在《美洲史》导论中所做的更为充分的审查，比过去更加充分检验的观念，要考虑到在古人传递给我们关于这个国家的记载中，什么是确定的，什么是模糊的，什么是难以置信。在从事这一研究中，我起初除了自己的乐趣和训练外，没有其他用意。但是在执行中，在同古代作者切磋中，一些至今未受注意的事实出现了，其实许多就没有受到适当关注，没有被审查过。新的视界打开了。我的思想逐渐拓展，更感兴趣了。终于，我想象我研究的结果对其他人来说，可能证明是一种消遣和训练，展示关于各种风尚的观点，而从早期开始，与印度的交往就处于这样的风尚中；可能表明贸易的巨大体系，在每个时代，对于拥有贸易的国家财富和国力的增长，给予的贡献是多么大啊！"[3]

他做这个课题，面临知识储备和史料不足的困难，罗伯逊承认："当我第一次把我的想法转向这个话题时候，我如此极为担心处于这一劣势下，我花气力描写这个国家，而我没有任何关于其当地的知识，这样我下苦功去防止随时可能发生的错误。"[4]

但是，罗伯逊还是采取一些措施以尽量克服这些困难。这些措施有三：

第一，存疑，调查以获得口碑材料。罗伯逊说："我以不懈的勤奋，商

---

[1] William Robertson, *The Historical Disquisition concerning the Knowledge which the Ancients Had of India*, Routledge / Thoemmes Press, 1996, p. 227.

[2] Ibid., p. 230.

[3] William Robertson, "Preface", *An Historical Disquisition concerning the Knowledge which the Ancients Had of India*, London, Routledge / Thoemmes, 1996, pp. iii – iv.

[4] Ibid., 1996, p. iv.

权那些我努力得到的记载印度的所有作者的著作;如果没有权威作支持,我从未形成任何决定性的意见;假如有良机,我就求助许多朋友,他们是绅士,充斥于印度的重要的州、政务和军事部门,他们访问过印度许多不同方面,我常常从其谈论有学问的事情中求助,这些是我在书中找不到的。"①

第二,从同事那里获得数学上的帮助。他对此毫不隐讳:"古人航海理论与实践都有不足,为了给予其确切的观念,去科学和准确说明那种方式——古人以此查明地方的位置,计算其经纬度,要求获得更多的数学知识,而不是我所注意于其它方面研究允许获得的知识。我想要的,我的聪明和令人尊敬的同事普雷费尔先生(Mr. Playfair)数学教授,提供这一帮助。依靠他我能够阐明这些我提到的地方。"②

第三,保持其一贯的考证性做法。他说:"在书中,我坚持按照之前、公众习惯的写作加以安排。我保持历史叙述尽可能与科学、批判性的商讨相分离,把后者放入《注释》之中。我很高兴,我或许可以毫不自以为是地表明这一优点:以勤奋考查了我呈现给公众的审查;以审慎的精确贡献给我获得信息的作者们。"③

三、历史比较、中正的思想方法

可以肯定的是,罗伯逊作为职业和卓越的史学家,他是有思想方法的。其历史研究的思想方法,可以概括为"历史比较"和"中正"。

1. 历史比较的思想方法

历史比较是史学家自然和常用的思想方法,本不足为奇,但是罗伯逊在自己的著作里,加以恰当的运用,充分表达出其历史认识,则值得单独提出加以说明。这里举出几例以见其情形。

(1) 苏格兰女王玛丽和英格兰女王伊丽莎白

罗伯逊在《苏格兰史》中比较了两个女性对手苏格兰玛丽女王和英格兰伊丽莎白女王。

罗伯逊这样评价玛丽:她除了有外表的美丽和魅力外,还"文雅、和蔼、讨人喜爱、活泼,具有轻松、雅致的说与写的能力"。这是说玛丽的优

---

① William Robertson, "Preface", *An Historical Disquisition concerning the Knowledge which the Ancients Had of India*, London, Routledge / Thoemmes, 1996, pp. iv - v.
② Ibid., p. v.
③ Ibid., p. vi.

159

点。罗伯逊又说玛丽:"突如其来"、"暴躁"、"不容分说"、"轻率"。这算是她的缺陷。罗伯逊为她打圆场说:"然而,突如其来、暴躁,是因为其热心和真诚;她不容分说是因为幼年起就习惯于被当成女王。"尽管如此,她还是指出玛丽这些品行在政治上的不利:"这些是我们热爱的品行,而不是我们尊敬的才干。她是一位令人欣慰的女性,而不是卓越的女王。……说她不幸,并不是说长期和不断的灾难降临到她的头上,我们必须指出的是她的轻率。"①

当评价伊丽莎白时,他是这样说的:"她在位期大部分时间,在苏格兰王国的权威一点不次于她在自己王国所拥有的权威。但是,这一权威首先是她通过用心于苏格兰获得的,她采取极端有害于王国幸福的方式。她用心于激起两个敌对派别的狂怒,向一方提供帮助,对另一方提供虚幻的希望。她平衡其权力如此之娴熟,使得每一方都苦恼而不屈服另一方。"这还是一种中性的评价,罗伯逊又说:"她使苏格兰长期不和、混乱、流血。其手法和阴谋所起作用,是其英勇的先辈无法企及的,使得苏格兰王国依赖英格兰。其政治原则,常常与道德原则不一致,也许可以为其行为加以辩护。但是,她对待玛丽女王的行为则是不可原谅的。这一行为,是没有必要掩饰和严重超出榜样的舞台剧。"这已经是强烈的道德谴责了。不过,罗伯逊承认:"在她差不多所有其他行动中,伊丽莎白是我们最为尊敬的,我们必须承认她不仅有成为女王的宽宏大量,并且有女人的天然感性。"②

罗伯逊关于这两个对手的评价是否合适,那是另一个问题;但是,他上述的论述,确实令读者信服伊丽莎白击败玛丽乃情理之中的事情,尽管人们可以从中发出无尽的感慨。

(2) 法王弗兰西斯一世与德皇查理五世

在16世纪,法王弗兰西斯一世与德皇查理五世之间存在着28年公开竞争,不但把自己统治区域,而且把欧洲大部分卷入战争。他们的仇恨建立于利益冲突之上,而个人之间争强斗气又加剧这一冲突。

1547年法王弗兰西斯一世去世,罗伯逊把他同查理五世作了比较。他先比较两者的处境说:皇帝统治范围较大,法王统治更坚实;弗兰西斯以绝对权力统治王国,查理受限但通过演说而提出权威性意愿;弗兰

---

① William Robertson, *The History of Scotland*, Vol. 2, Routledge / Thoemmes Press, 1996, p. 180.
② Ibid., p. 295.

西斯的部队较冲动和有进取心,查理的部队纪律更严明、更为吃苦耐劳。①

罗伯逊又比较两人的性情和才能。他说:两位君主的才能和能力像他们拥有的领先一样是不同的,没少有助于延长其间的争执。弗兰西斯贸然拍板、强制执行、过程最为冒险,但是缺乏必要的坚持去克服困难,他常常因不耐烦有时因轻率而废除计划或放弃追求的活力。查理则经过长期深思熟虑,冷静定调,但是一旦锁定目标,则毫不松懈,无论危险还是沮丧,都不能改变其初衷。他们进取心的成功适于其性格差异,并一致受其影响。弗兰西斯通过猛烈行动,常常使皇帝设计好的计划陷入窘迫。查理则通过其更为平静而稳定地执行计划,控制其对手事业的迅速发展,挫败其最有活力的作用力。前者在战争或竞赛开始,以强烈的狂潮超越敌人,一切领先;后者则等到发现对手力气开始衰退而最终翻盘,不仅挽回损失并且有新的斩获。法国君主征服的企图,不管开始表现如何,都没有愉快的结果。而皇帝的许多志向,开始甚至似乎绝望和不实际的,而结果却是成功的。弗兰西斯以实施的雷厉风行光鲜而耀眼,查理则以扭转颓势而有魅力。②

他还比较两人的声望。罗伯逊指出:"君王们的声望特别在其同时代人中不是靠其行政天赋,而是靠其人品。"③他认为弗兰西斯一世声望比其才干和功勋都要高,比查理五世的声望要高。他说:"尽管弗兰西斯在其对外政策和内部管理上有许多明显错误,然而他有人情味、行善、慷慨;他高贵但不傲气、和蔼而不自私、谦恭而不欺诈。所有接近他的具备美德的人,没有否认那殊荣,都尊敬和爱戴他。其臣民迷恋他个人品质,忘记他作为君主的缺点,尊他为最有成就和最亲切的绅士,几乎没有嘀咕他那雄性式的统治。"④同时,"弗兰西斯直接将科学和艺术置于其保护之下……邀请有学问者到其宫廷,与他们亲密交谈,在事务中起用他们,擢拔他们到高贵办公处,给他们显荣……'文学之父'的称号被加到他的头上,历史学家中其神圣的记忆,似乎把这视为不虔诚以表明其弱点或缺点。这样,弗兰西斯尽管其较差的能力和成功的缺乏,还是与查理不相上下的。他拥有好的人品,给予他的尊敬和称赞,要比加在那位更有能力但不亲切、多才多艺

---

① William Robertson, *The History of the Reign of the Emperor Charles V*, Vol. Ⅲ, Routledge / Thoemmes Press, 1996, pp. 393 - 394.
② Ibid., pp. 394 - 395.
③ Ibid., p. 396.
④ Ibid.

和幸运的对手的要大"①。

相反,罗伯逊这样评价查理五世政治素质:他在形成其计划时,总是小心掂量、仔细推敲,以臻于成熟。他习惯于他全神贯注、用心良苦、毫不松懈,默默地坚持自己的心思以解决问题,"他的果敢跟他深思熟虑的忍耐一样显著"②。

他赞赏查理的多才多艺,说:"他具备兵法知识,有指挥才能,使他拥有那个时代最能干将军们的声望和成功。"③"从最重要意义上说,查理具备对一个君主来说是最重要的知识,那就是知人善任。"④

但是,罗伯逊批评了查理的声望缺点,"其政治声望有缺点,显然削弱了对其非凡才干的赞赏。查理的志向,尽管在其自己时代似乎还不具备那个流行的想法,他则有个空想,要作全欧洲的共主。可以肯定,作为一个征服者,其愿望非同凡响,把他卷入无休止战争中,消耗和压制其臣民,无暇考虑国内政治和改善其王国这一每位君主要使其人民幸福的伟大目标"⑤。

这样,罗伯逊通过比较把法王政治幼稚而人品高尚,而德皇政治成熟但声望不高这两种截然不同的君主形象展示给读者。

(3) 墨西哥、秘鲁的文明与美洲其他地区的文明

罗伯逊的这一思想方法,不但用于人物比较,而且用于文明的比较。他在《美洲史》里,把文明程度较高的墨西哥、秘鲁与美洲其他地方进行比较。他说:"当与新世界其他部分比较时,就可以把墨西哥和秘鲁看成有光彩的国家。它们不是小而独立的敌对部落,不是在森林和沼泽中为生存而挣扎,不是对工业和艺术的陌生者,不是不熟悉下级和几乎没有出现系统的政府,相反我们发现这些广袤的国家臣服于一个君主的统治,居民聚集在城市之中,统治者的智慧和远见用于维持其人民的生计和保护其安全,某种意义上法律帝国已经建立,宗教权威得以承认,生活中许多不可或缺的艺术走向一定程度的成熟,文明的曙光开始出现了。"⑥

---

① William Robertson, *The History of the Reign of the Emperor Charles V*, Vol. Ⅲ, Routledge / Thoemmes Press, 1996, p. 397.
② William Robertson, *The History of the Reign of the Emperor Charles V*, Vol. Ⅳ, Routledge / Thoemmes Press, 1996, p. 287.
③ Ibid., p. 287.
④ Ibid.
⑤ Ibid., p. 288.
⑥ William Robertson, *The History of America*, Vol. 3, Routledge / Thoemmes Press, 1996, pp. 151 - 152.

他看到墨西哥和秘鲁的现状在人类进步史上的地位,说:"因为征服墨西哥和秘鲁这两个大帝国形成美洲历史上最为辉煌和有趣的时期,所以概览其政治制度、描述其民族风俗,将展示这些处于其进步中的独一无二阶段的人类分支于睿智观察者的沉思之中。"①

当然,他看到它们不如旧大陆进步,"不过,假如与古老大陆相比,美洲在改进方面是处于劣势的,无论墨西哥还是秘鲁,都将不具备进入文明民族层次的资格。美洲两个大帝国的人民跟其周围的原始部落一样,总体说来还没有掌握有用的金属。他们在统治动物生产所作出的进展还是不显著的。就其可见的才智尝试而言,其谋生手段某种意义上,比仅仅依赖狩猎要丰富和有把握,但是他们没有试图征服更为粗野的兽类的观念,或者没有从其实施劳动的部门派生出助手"②。"沿着民族走向文明的线索,有用金属的发现、统治兽类生产,标志着其进步的举足轻重的重要性。在我们的大陆上,这两项获得后的很长时间,社会还继续处于名之为野蛮的状态……墨西哥人和秘鲁人,没有金属知识,或者没有驯养兽类的帮助,劳力处于一定会大大阻碍其进步的不利条件下,在其改善的最高状态下,其力量是这样有限,其实现是这样屈指可数,它们还很难被认定为发展到突破公民社会幼年的程度。"③

通过比较,他的结论是墨西哥、秘鲁虽然比旧大陆的文明落后,但是比美洲其他地区要都进步和文明。

(4) 欧洲人在印度殖民与西班牙在美洲殖民

罗伯逊还把比较用于欧洲在东方的贸易与在美洲的殖民之间。

哥伦布在西方的发现和达伽玛在东方的发现,时间点上正巧合,这引起罗伯逊的关注,他指出:"尽管在西方新世界的发现,与东方最远地区更便利和更直接联系的打开,共同扩大欧洲的商业、增添欧洲的乐趣;然而,就时代和风尚而言,一个明显的不同或许可以看到,正是在这一时代和风尚里它们产生这些作用。"④

罗伯逊发现:当葡萄牙人访问亚洲不同国家时,这些地方被高度文明的国家占据着,有显著的优雅的进步和有用的艺术,习惯于同陌生人交往,

---

① William Robertson, *The History of America*, Vol. 3, Routledge / Thoemmes Press, 1996, p. 151.

② Ibid., pp. 152 – 153.

③ Ibid., pp. 153 – 154.

④ William Robertson, *An Historical Disquisition concerning the Knowledge which the Ancients Had of India*, London, Routledge / Thoemmes, 1996, p. 213.

享有商业优势。但是,当西班牙人开始在新世界探险时,呈现在他们面前是完全不同的,那些岛屿被裸身的粗野之人居住着,没有最简单和最必要的生活手艺,主要靠富饶土地和宜人气候的本能产物得以生存。大陆似乎是无边的森林,散落一些孱弱的部落,在工业和改善方面,不比岛上好哪去。[1]

他指出欧洲采取不同的交往方式:葡萄牙人在东方碰到的是东方的君主鼓励贸易,把贸易当成政府的努力目标,其在文明进程中的进步令人惊讶。葡萄牙人同东方的贸易是简单的商业转运,限于购买这个自然产品和人工产品,"没有必要为了土地耕种和手工产品,而做任何尝试去建立殖民地"[2]。

可是,西班牙人从新世界粗野的散落的行业,没有获得任何商业项目,甚至土壤和气候的自然产物,都很少是经过勤劳的人类之手培养和增多起来的,这样他们彻底施行的主要就是个人的冒险,通过其令人惊奇的行动,而不是政权作用,西班牙在美洲获得最有价值的殖民地,"每一项从美洲的商业进口,都是定居在那里的欧洲人的工业产品"[3]。

无疑,罗伯逊通过这一比较,获得关于欧洲在亚洲、美洲扩张的中肯看法。

2. 中正的思想方法

得克萨斯州德克大学(Texas Tech University)杰夫雷·斯密顿曾撰文《罗伯逊〈美洲史〉中的不偏不倚》("Impartiality in Robertson's History of America")一文,发表在《18世纪研究》(*Eighteenth-century Studies*)1985年8月第19卷第1期上,讨论罗伯逊《美洲史》中不偏不倚研究历史的态度。[4] 1755年,罗伯逊在《爱丁堡评论》上发表文章,评论大卫·莫耶斯(David Moyses)《苏格兰事务回忆录》(*Memoirs of the Affairs of Scotland*),有这样一段话:"在两党之间,固执者几乎只是试图对苏格兰历史上相反点进行批判性探讨的人,被其偏见所限制,被其不满所蒙蔽,他们

---

[1] William Robertson, *An Historical Disquisition concerning the Knowledge which the Ancients Had of India*, London, Routledge / Thoemmes, 1996, pp. 213 - 214.

[2] Ibid., p. 217.

[3] Ibid., p. 218.

[4] 在杰夫莱·斯密顿发表此文的113年前,〔英〕詹姆斯·波斯威尔(James Boswell)于1772年6月《伦敦杂志》上发表《关于罗伯逊博士近来品质的怀疑》,就对"Impartiality"作过解释,那就是"人们必须以人类灵魂提供的不同旨趣和方式去阅读和写作",就是"必须花费气力去研究材料,就每一方情形做公正和不偏向的平衡,只有这样才能弄清所记事件和人物的真相"。(Jeffrey Smitten, edited, the Works of Wilianm Robertson, Vol. 12, Miscellaneous Works and Commentaries, London, Routledge / Thoemmes, 1996, pp. 211, 213 - 214.)从詹姆斯·波斯威尔这个意义上说,这个Impartiality,汉语的含义与"党同伐异"相反,可译成"不偏不倚"、"折中"、"中正"。

没有作出一点进步,没有一点发现。人的天赋要优于这样的限制、这样的激情、历史学家的误述和记录的不完美,将常常在热情或者恶意洒向真相的伪装下发现真相。"① 这段话实际是未用"Impartiality"而表达出"Impartiality"的含义。

(1) 1532 年皮萨罗屠杀秘鲁人

1532 年,皮萨罗屠杀秘鲁人,原因何在? 具体情况如何? 西班牙人和秘鲁人说法不同。

西班牙人西勒兹(Xerez)、泽拉特(Zarate)、贺拉拉(Herrera)等认为,那位印加人首领阿特霍巴(Atahualpa)的友善是伪装的,他答应与皮萨罗在卡萨马卡(Caxamalca)会晤,是为了摆脱他及其随从被袭击,为此他安排大量护卫带着武器藏在外衣里以实施这一计划。他们之所以这样说,是为了表明其同胞向秘鲁人施暴的正当性。

对于西班牙人这一说法,罗伯逊提出质疑:假如那个印加人的计划是为了摧毁西班牙人,那就很难想象他会允许西班牙人未受任何干扰行军到达摩图皮(Motupe)荒漠,还忽视在他们最容易受到攻击的山隘那里设防。假如秘鲁人行军到卡萨马卡,其意图是要袭击西班牙人,那么无法理解的是,准备用于行动的秘鲁人如此之多,却没有人试图抵抗,而是全部顺从地供他们要武装攻击的敌人杀戮。而且,阿特霍巴去会晤的模式是和平的,而不是表现为令人吃惊的军事。他们仪式的习惯是崇尚在庄严的日子里,以手无寸铁者先行。在罗伯逊看来,也许可以理解为粗野民族是狡猾和不守信的,然而,无论欺骗还是背叛的计划,一定都归于这位君主,那么这位君主就没有理由对请求作为朋友来到面前的陌生者的来访感到惊恐。同时,在西班牙作者掩饰皮萨罗行为过程中,也很容易发现,抓住那个印加人正是皮萨罗的计划和兴趣,这表明皮萨罗在怀疑那位君主欺骗之前就已经采取措施了。②

秘鲁人德·拉·维伽(Garcilasso De La Vega),完全在维护其同胞秘鲁人,认定皮萨罗及其随从的毁灭性犯罪,控诉西班牙人以不当行为对待那位印加人。德·拉·维伽认为,印加人的印象中,太阳之子是威严的男人,留有长胡须,外衣拖地,那位第八代印加人首领还在庙里塑造这样的形象以示尊崇。当西班牙人首次出现在秘鲁的时候,他们蓄着长胡子、穿着

---

① Wilianm Robertson, *Miscellaneous Works and Commentaries*, edited by Jeffrey Smitten, London, Routledge / Thoemmes, 1996, p. 62.
② William Robertson, *The History of America*, Vol. 3, Routledge / Thoemmes Press, 1996, pp. 370 – 371.

长衣,酷似被印加人崇拜的神,所有人都推论决定秘鲁帝国命运的时刻到来了,帝国王位将被新的占领者所占据。可见,阿特霍巴自己都把西班牙人看成来自天堂的过路者,爱戴和尊敬之情油然而生,服从他们的命令,以顺从的尊敬前往拜访军营中的西班牙将军,焉有抵抗之理? 不过,由于翻译的粗俗无知,西班牙人的声明和阿特霍巴的回答,没有被恰当地互相理解。这样,在卡萨马卡的致命冲突及其毁灭性结果就偶然发生了。①

对于德·拉·维伽的这种说法,罗伯逊也表示怀疑,他指出:关于卡萨马卡会晤之前秘鲁人迷信性地崇拜西班牙人,在西勒兹、泽拉特、贺拉拉那里,没有发现关于印加人崇拜长胡须、外衣拖地者的追溯。前两人那时效力于皮萨罗,而后者在征服不久之后访问秘鲁。假如用德·拉·维伽设置在阿特霍巴嘴中的语句向西班牙人说话,那么他们一定对如此顺从的声明感到震惊,他们肯定有助于自己容易得多地完成自己的伪装。根据德·拉·维伽的叙述,卡萨马卡冲突之前印加人和西班牙人之间的会晤,是建立在阿特霍巴相信西班牙人是上帝之子的假设之上的。可是,德·拉·维伽在另一个地方,又承认秘鲁人直到卡萨马卡灾难后,才开始把他们称为上帝之子。这一现象倒是被贺拉拉等人注意到了,在美洲许多地方,根据西班牙作者,他们的同胞都被当成从天堂下凡的荣耀者。

显然,双方的说法都不圆满,都不能让罗伯逊满意。最后,他作出这样解释:"在这个例子中,像许多发生的情形一样,发生在文雅进步不对等的民族之间,表达者的观念与听者的观念之间存在着差异。印第安人的口语就是这样,说话的人是朴素的,当他们看到自己从前没有看到的东西或者不了解其来源的东西,就会说那是从天上掉下来的。"②他坚信:"我给予秘鲁人感觉和行为的论述,比之前两种叙述,都显得更自然和坚实,这得到同时代史学家所涉事实以更好的支撑。"③

"中正",作为罗伯逊历史研究的思想方法,如上所举之例,除在《美洲史》中表现突出,它在罗伯逊的其他著作中也有体现。

(2) 杀害亨利亲王的凶手

在《苏格兰史》第一版《序言》里,罗伯逊就开宗明义道:"由于玛丽在位期间几乎所有事情,都成为受怀疑和有争议的主题,对立双方的热切精神很快揭示,没有更为可信和不偏不倚的证据,那就什么问题也不能准确

---

① William Robertson, *The History of America*, Vol. 3, Routledge / Thoemmes Press, 1996, pp. 371-372.
② Ibid., p. 373.
③ Ibid.

地决定下来。"①

在全书第八编结束后,即为《关于杀害亨利亲王和女王致伯斯韦尔信真实性的考证性讨论》。这是一篇体现其不偏不倚思想方法的长文。他指出:他并不想陷入因杀害亨利亲王或者玛丽女王致信伯斯韦尔所引起的所有争论,而是展示、揭露所有不大能立住脚的主张,这些让他感到厌倦的疏忽、偏见、恶毒和不诚实。但是,为了帮助其他人就争论中的事实形成自己的判断,他还是付出"与他在《苏格兰史》中其他有争议点上所付出的同样重视和不偏不倚,尽量简短地陈述各方征引的证据"②。

关于谁是杀害亨利亲王的凶手,学术界形成两种说法,一种认定伯斯韦尔策划和实施了犯罪,另一种以为罪犯是莫雷(Murray)伯爵和冒顿(Morton)伯爵及其同党。

罗伯逊意识到:历史事实"处于孤立状态,无论它们确实是什么,故事的结构都保持原样",但是"无论是否与可能性相一致,或者是否为恰当的证据所支撑,一个历史体系或许可用两种不同方式加以尝试"③。这就道出历史事实被后人随意结构的可能性,实际上也说明他选择不偏不倚思想方法的必要性。

罗伯逊重复这两种说法的叙述结构,认为前一个说法有可能性,而后一个说法有疑点,因为莫雷杀害亨利的理由不充分。接着他就其依据的事实加以考证,探讨女王自己杀死其丈夫的必要性。他说:"很容易发现,玛丽和伯斯韦尔从亲王去世那里可以获得诸多好处。除了他们之外,这个王国没有谁,也没有哪个派别能从中得到哪怕一丁点好处。因此,伯斯韦尔杀了亲王。那个年代,尽管没有关于玛丽品行的根据,然而她赞成这一行为。"④"女王在丈夫死后所采取的步骤加强这一设想。"⑤

他从外部和内部两个方面考证玛丽写给伯斯韦尔书信的真实性;其结论是,现已公开的玛丽写给伯斯韦尔的信中,有些不是出自玛丽之手;即使在确定是玛丽写给伯斯韦尔的信中,也没有证据表明玛丽与伯斯韦尔合谋杀害其丈夫。

基于此,罗伯逊认为:"在陈述双方证据之后,就相反事实不同作出如

---

① Willian Robertson, "Preface to the First Edition", William Robertson, *The History of Scotland*, Vol. 1, Routledge / Thoemmes Press, 1996, p. v.
② William Robertson, *The History of Scotland*, Vol. 2, Routledge / Thoemmes Press, 1996, p. 315.
③ Ibid., p. 316.
④ Ibid., p. 331.
⑤ Ibid.

此之长的考量之后,也许现在应该作出决断。我认为,只能有两个结论,那是从已经阐释了的事实中引发出来的。"①

一个结论是,伯斯韦尔受其野心或者爱情的驱使,受女王对丈夫明显厌恶的鼓励,以为她要依附自己,谋杀玛丽的丈夫;尽管玛丽初衷并非如此,然而她没有对伯斯韦尔表示不满,没有谴责他干傻事,而是把这视为伯斯韦尔关心自己的标志,违背正派和谨慎原则,并自愿与伯斯韦尔结婚。因此,无论如何,她都不是无罪的,因为她事实上认可了伯斯韦尔的行为。

另一个结论是莫雷及其追随者的观点,他们认为伯斯韦尔伯爵是这场恐怖事件的主要实施者,还不能称为谋杀,只是针对亲王亨利的犯罪,亨利躁动不安,令人难忘,女王认为其丈夫平淡无奇、荒唐可笑。她是有预谋的,劝说和命令伯斯韦尔去做的。

罗伯逊最后说:"这两个结论,哪一个与得出它的证据相符合,我还是留给读者自己去决定吧。"②当然,这里所说他的不偏不倚,不是指在杀害亨利的凶手问题上认定伯斯韦尔还是莫雷伯爵这点上,而是指在他排除其他可能后剩下的那两个结论上,不明确选择其一。

(3) 马丁·路德的品行

1546年路德去世,无疑,世人对路德品行的看法存在着分歧。一派以极端厌恶和狂怒去攻击他,他们看到他用一只果敢之手推翻一切在他们看来是神圣或对他们有益的东西,说他具有人的一切缺点和恶行,断定马丁·路德具有恶魔的品质。另一派则以尊敬和感激之心报以同情,认为他的嘉行懿德是给予基督教会光明和自由的宝库,把他描绘为超人的完美,把其所有行动都看成只是对那些直接受天庭引导的人们的付出。

而罗伯逊认为:"正是他自己的行为,而不是他同时代者平淡无奇的指责或是过誉,应该矫正当前关于他的看法。"③

罗伯逊指出路德的优点是:"热衷于他认为是真相的东西,大胆、无畏地坚持自己的体系,其天生和后天获得的保卫自己原则的能力,不辞辛苦地传播它,是其优点。其行为各处,如此耀眼,以至于他的敌人在很大程度上都承认他具备这些优点。同样公正地或许可以加上其方式的纯洁和严正,成为改革者的声望,其生活的神圣适于他所表述的原则。如此完美不

---

① William Robertson, The History of scotland, Vol 2, Routledge/Thoemmes Press, 1996, p. 383.
② Ibid., p. 384.
③ William Robertson, *The History of the Reign of the Emperor Charles V*, Vol. Ⅲ, Routledge / Thoemmes Press, 1996, p. 310.

计利害,其真诚没有丝毫的推测。超然于考虑自私之上,对优雅的生活陌生,藐视欢快,他把在教会中的荣誉和酬劳留给了学生,满足于自己在大学的基本状态和纳登堡镇的牧师,以温和的职位附着在这些公干上。"①

罗伯逊也指出路德的不足:"他非凡的才能,因人的脆弱和感情不同寻常的混合而变弱。然而,这些是自然的,它们不能算是心中的恶意和败坏,而似乎看成由其许多优点带来的。他的心灵,在施展中全带有暴躁和强烈,因伟大目标而涌起,或受到爆烈感情的鼓动,许多时候是爆发出来的,这种强烈让微弱的精神感到惊讶,犹如它被置于更为平静的状态。"②具体说来:

> 他要好好建立其主张,信心达到自大程度;他维护它们的勇气,达到鲁莽程度;他用于其上的坚定,达到固执程度;他同对手的商榷,达到盛怒和粗俗程度。他使自己习惯于考虑任何事情都基于服从真相,并希望他人也听从之。不允许胆怯和偏见。他详细诉说,让他免受挫折,那是谩骂和轻蔑混合的狂发。当他的教义受到攻击时,不计任何层次和声望,他都用同样粗暴之手不加区别地严惩,不管尊贵为王的亨利八世还是学富五车的伊拉斯谟,他都使用同样粗俗的凌辱。③

有意思的也反映罗伯逊思维缜密的是,他对于路德的这些不该受到表彰的行径,作了这样的诠释:上述路德的下流"应归结于那个时代风尚的一部分。粗野之人还没有接受那些使社会文明、持续抑制个人感情的准则。所有争论都在其自然语言之中嵌入热切和强烈的感情,没有保留、没有柔和。同时,学究式的著作是用拉丁文写出来的,大量作者使用这种语言,具有示范作用,用最无教养的粗俗去对待敌人;这些著作不仅是权威的,而且使用死去的语调比使用活的语言,各种下流似乎震撼性较轻。他们的习语、措辞似乎粗俗,因为他们是通晓的"④。这就道出路德面对政敌、论敌大爆粗口的合理性。特别是,罗伯逊的一段话给自己的这种诠释提供了理论依据。这段话是这样的:"在目前关于人的声望的评价中,我们应当以他们自己时代而不是别的什么时代原则和准则来进行。因为,尽管美德和恶行各时代都是相同的,但是风尚和习惯一直在变化。路德的部

---

① William Robertson, *The History of the Reign of the Emperor Charles V*, Vol. III, Routledge / Thoemmes Press, 1996, pp. 310–311.
② Ibid., p. 311.
③ Ibid., pp. 311–312.
④ Ibid., p. 312.

分行为,对我们而言似乎最应受到谴责,但是对其同时代来说则不令人作呕。正是由于那些我们今天应该谴责的品质,成就其伟大作品。当人类沉浸于无知和迷信之时,要想拯救人类,就会遭遇以武力装备起来的偏执,那只有要求最为热烈的热情、最为勇敢的脾气去战胜它。一个绅士对他们发表讲话,其要求既不能实现,又不能打动他们。比路德和蔼但少有活力的精神,只能从路德敢作敢为和克服的困难面前退缩。"[1]毫无疑问,这段话是非常精彩的,不仅对于评价路德并且对于评价其他历史问题,都具有普遍的理论意义,这就是今天人们习以为常的历史的态度或者是历史主义中的具体观点。

上述几个例子中所说罗伯逊思想方法"不偏不倚"(impartiality),在中国古代学者那里可以找到对应词"中正"。章学诚之前,刘勰、刘知几就已提出"中""正"来了。刘勰讲"正",《文心雕龙·史传》论史学,提"析理居正",指出:"若任情失正,文其殆哉。"刘知几讲"中",《史通·论赞》曰:"至若与夺乖宜,是非失中,如班固之深排贾谊,范晔之虚美隗嚣,陈寿谓诸葛不逮管、萧,魏收称尔朱可方伊、霍;或言伤其实,或拟其非伦,必倍加击难,则五车难尽。"《史通·烦省》则批评"史之烦省不中"。章学诚则"中""正"联用,是否直接受刘勰、刘知几影响,不敢妄断,但刘知几读过刘勰《史传》,章学诚读过刘知几《史通》,当不容置疑。

章学诚《文史通义》详细论述过"中正"。学术本为整体,但确实存在不同类型,史上曾分为考据、辞章和义理。一时期,某类走红,其他低落;另一时期则刚好相反,这均是极端现象。章学诚分析它产生的原因说:学有博学之考索、才健之属文、能思之言义理,它们随时兴替,皆因"天下不能无风气,风气不能无循环,一阴一阳之道,见于气数者然也"[2]。章学诚把学术走偏归因于气数、循环,有宿命之感,但他论及天下风气,把学术与社会联系起来,倒非虚言。这样,学者就不得不应对风气之变,即章学诚所谓"所贵君子之学术,为能持世而救偏,一阴一阳之道,宜于调剂者然也"[3]。需要进一步拷问的是,学者如何应对风气之变呢?一种是徇名而为,"好名之士,方且趋风气而为学业,是以火救火,而水救水也"[4]。这也就是他在《天喻》中强烈不满的:"后人不察其故而徇于其名,以谓是可自

---

[1] William Robertson, *The History of the Reign of the Emperor Charles V*, Vol. Ⅲ, Routledge / Thoemmes Press, 1996, p. 313.
[2] 章学诚著,叶瑛校注:《文史通义校注》(上),原学下,北京:中华书局1994年版,第154页。
[3] 同上。
[4] 章学诚著,叶瑛校注:《文史通义校注》(上),天喻,北京:中华书局1994年版,第311页。

命其流品,而纷纷有入主出奴之势焉。汉学宋学之交讥,训诂辞章之互诋,德性学问之纷争,是皆知其然而不知其所以然也。"①章学诚语意明确:这种应对不值得提倡。在他看来,另一种是学者应该认识到的,"所贵乎识者,非特能持风尚之偏而已也,知其所偏之中,亦有不得而废者焉"②。既如此,那就要采取"中正"趋向。章学诚在《天喻》中说:"风气之弊,非偏重则偏轻也。重轻过不及之偏,非因其极而反之,不能得中正之宜也。"③在《说林》中又道:"风尚所趋,必有其弊,君子立言以救弊,归之中正而已。惧其不足夺时趋也,而矫之或过,则是倍用偏枯之药而思起死人也。"④显然,这是他竭力主张的。可见,章学诚讲的"中正",就是罗伯逊说的"impartiality",这正是本节标题把不偏不倚(impartiality)代之以"中正"的依据。

四、世俗精神与宗教情怀

罗伯逊既是苏格兰长老会温和派领袖,又是大学教授、王室史学家,这就决定其身份具有宗教和世俗两重性。在其历史著述中,表现为作为宗教领袖他有世俗精神,论述世俗事务又有宗教情怀。

1. 宗教活动嵌入世俗事务

关心宗教问题、关心历史上的宗教事实,这是教士责任的一部分。他作为宗教领袖,谈论或从事宗教活动但不乏世俗精神。

他布道之时,不忘世俗之事。这里举出几例。

1755年罗伯逊布道《基督献身时的世界情形》,他说:"没有一种事业比沉思神掌控世界的智慧更惬意了。人类的公民历史为这一虔诚的练习打开宽广的领域。以理性之光悉心观察,就神意而言,或许常常形成可能性的推测,能够发现一只巧妙之手引导着人类事务的革命,通过最有效和令人惊奇的手段达到最好的终点。但是,《圣经》中的历史,把覆盖在万能之主劝告上的面纱扯至一旁,设置神对于其创造物的观念的开放式的设计。在那我们能够追寻那些阶段,以更为确实和愉快完成它们。激起作者写作的事实的教益不亚于它们所教导的道理。后者告诉我们神是强大的、聪明的和美好的,而前者通过真实和激动人心的例子,揭示这些完美被带

---

① 章学诚著,叶瑛校注:《文史通义校注》(上),天喻,北京:中华书局1994年版,第310页。
② 章学诚著,叶瑛校注:《文史通义校注》(上)说林,北京:中华书局1994年版,第355页。
③ 章学诚著,叶瑛校注:《文史通义校注》(上)天喻,北京:中华书局1994年版,第311页。
④ 章学诚著,叶瑛校注:《文史通义校注》(上)说林,北京:中华书局1994年版,第352页。

进实际行动和注重思辨性的观点。"①该布道把上帝的神性和人的理性结合起来,在赞美神的同时,又申明研究公民社会发展的意义。他概述耶稣诞生时世界的政治、道德、宗教和家庭社会情况这是不赘述。这是典型的在宗教事务中体现出世俗精神。

特别是,1778年2月26日斋戒日,罗伯逊布道,那是关于1778年美洲革命的,他谴责北美战争说:"对一个商业国家的战争,是最为恶劣的罪恶。"表示无法理解:"这场战争是我们同自己首先殖民的人们之间发生。既然他们曾经珍惜我们的垦殖,就应该与我们牵手以支持整个帝国的权力。"②他祈求上帝保佑英国胜利,呼吁宗教虔诚和美德,提倡爱国之心。③他对未来作和平性的设想:"让我们记住他们是有着同样信仰和血统的民族,让我们虔诚地祈祷他们会迷途知返——手和脚永远不能高得与头脑抗衡,和平会再次朝我们微笑,刀枪终要入鞘。"④这也是在宗教活动中谈世俗问题的典型。

1788年"光荣革命"一百周年,罗伯逊布道说:"一百年前,我们的国家从国内和宗教压迫中解脱出来,给王室特权设置了高尚的界限,人们的自由和权利获得解放,国教巩固了其所有的宗教特权。"⑤"在履行职责中,我或许使它成为我谈话的对象,指出这1688年发生的革命在政府中的必要性,解释和评价政府所基于的政治原则;我也许会转移你们的注意力到这一伟大事件的有利的结果,描述其在不列颠统治下的人们国家和情感的有益作用。"⑥"我要提到,作为这一我们正在纪念的伟大转变的第一个幸福结果,是自由原则,人类自然权利的知识、和公民政府真正结束的知识,得以更为普遍传播,和更为完美的理解。"⑦"我们正在庆祝的伟大转变的另一个结果,是就人类的宗教权利而言更为公正的观点得以建立。"⑧这还是宗教活动中嵌入世俗问题。

布雷塞赫指出:罗伯逊"作为一位虔诚的长老会教信徒,他能轻松地

---

① Wilianm Robertson, *The Situation of the World at the Time of Christ's Appearance*, London, Routledge / Thoemmes, 1996, pp. 5-6.
② Wilianm Robertson, *Miscellaneous Works and Commentaries*, edited by Jeffrey Smitten, London, Routledge / Thoemmes, 1996, p. 139.
③ Ibid., pp. 140-141.
④ Ibid., p. 142.
⑤ Wilianm Robertson, *Miscellaneous Works and Commentaries*, edited by Jeffrey Smitten, London, Routledge / Thoemmes, 1996, p. 175.
⑥ Ibid., p. 175.
⑦ Ibid., p. 177.
⑧ Ibid., p. 180.

像启蒙哲学家那样按照一般性术语说话。他依然宣称历史的神性计划。当覆盖在全能上帝会的面纱被扯到一边时,'神圣'的历史就直接处置这一计划,使公民的历史得以自由,可以探索'人类事务的革命'。在这些事务上,上帝不直接起作用,通常使用战争、愚蠢、残忍和其他令人惊奇的手段对人类的终结发生作用"[1]。布雷塞赫之论精辟。

2. 从世俗角度解读宗教史

罗伯逊从世俗角度解读宗教史,已经有学者指出过:"这一世俗主义者的兴趣,实际就是从诺克斯传递到罗伯逊的苏格兰史学。"[2]

罗伯逊高度赞赏宗教改革,他说:"宗教改革是人类历史上的最伟大事件之一,无论我们以怎样的着眼点看待它,都是有教育意义和有益处的。"[3]

他评价历史人物功过是非,与宗教改革联系起来。在《苏格兰史》中,罗伯逊评价历史人物,看它是否有利于宗教改革。他颂扬亨利八世"对于罗马天主教的倒台作出贡献。他在这个民族建立宗教自由,其忿恨引导他废除教会权力。其贪婪导致他剥夺教会财产"[4]。他对亨利八世继承人爱德华六世期间英国宗教改革,对包括苏格兰在内的欧洲宗教改革所取得的成就颇为欣赏:"获得和传播知识的手段的革新精神变得更为普及了,特别是那一时期变得更为勇敢和普遍了。"[5]他批评反对宗教改革的吉斯玛丽促成的苏格兰跟法国的联合:"不列颠民族双方都失去了权力,也失去了声望,因为这不愉快的争执。这对双方都是竞争和仇恨的战争,而不是利益,并且在民族仇恨之下上演着。"[6]

他从世俗历史角度讨论宗教改革取得进步的原因。《查理五世在位时期的历史》第二卷中,有关于宗教改革的论述,秉持世俗眼光。

罗伯逊看待马丁·路德宗教改革是世俗的视角,他说:"马丁·路德开始提出免罪功效问题,声明反对邪恶生活及其努力传播者的错误教义,就在这个时候,其同胞的心灵正需要聆听他的讲话。……他在非凡的学习

---

[1] Ernst Breisach, *Historiography*: *Ancient*, *Medieval*, *and Modern*, the second edition, Chicago and London, The university of Chicago Press, 1994, p. 216.
[2] Mary Fearnley-Sander, "Philosophical History and the Scottish Reformation: William Robertson and the Knoxian Tradition", *The Historical Journal*, Vol. 33, No. 2(1990), p. 336.
[3] William Robertson, *The History of Scotland*, Vol. 1, Routledge / Thoemmes Press, 1996, p. 146.
[4] William Robertson, *The History of Scotland*, Vol. 1, Routledge / Thoemmes Press, 1996, pp. 121 - 122.
[5] Ibid., p. 138.
[6] Ibid, pp. 133 - 134.

中获得的进步,增进了其学问,提高了其尊严。"① 他论马丁·路德遭到天主教神学家围攻时说:"他们所采取的争论方式,对其事业无甚益处。路德试图依据建立于理性之上或者源自《圣经》的讨论去反对免罪。除了经院哲学家的意见、教会法规和教皇敕令外,他们没有产生什么支持性的东西。"②

特别是,罗伯逊分析了路德宗教改革取得进展的原因,颇具世俗性。他把原因归结为:第一,在路德之前,罗马教廷的腐败就受到过谴责,这些谴责尽管夭折了,但是,到路德那时,"危机与成熟相结合,各种情形在推动他采取每一步走向成功中,共同发生了作用"③。第二,"14世纪后半期和15世纪之初,长期和诽谤性的分裂,把教会分割开来,摧毁世界已经习惯把教廷看成高贵的那种崇敬"④。第三,在路德之前半个世纪,印刷术的发明,加速人们对其著作的阅读。⑤ 第四,学术复兴对宗教改革的促进。他说:"15和16世纪学术的复兴,把世界从多年昏睡中唤醒,人类心灵感到自己的力量,打破长期坚守的固定的权威,努力把研究对象推向更大的领域,以巨大的勇气和成功的惊喜推向所有对象。"⑥ 例如,伊拉斯谟对《圣经》的研究,对教会丑行的揭露,"对于路德的成功具有显著贡献"⑦。他总结道:"可以证明,宗教改革的成功是许多有力原因的自然作用,这些原因是独特的天意预定好的。这些原因愉快地协力促成那个结局。"⑧ 特别是,他有一段话很耐人寻味,自己标明与基督教史学家的迥异,可又未能摆脱其教士的潜意识。"在长长的情形胪列中,这些情形在有助于路德主张进步或弱化其对手的反抗中,结合在一起。我拒绝任何关于天主教教义的神学原理的讨论,不想表明它们跟基督教精神多么不一致,多么缺乏理性、上帝之声或者早期教会实际的基础。把这些话题全部留给教士史学家,这些完全属于他们的领域。"⑨

---

① William Robertson, *The History of the Reign of the Emperor Charles V*, Vol. II, Routledge / Thoemmes Press, 1996, pp. 109 - 110.
② Ibid., pp. 113 - 114.
③ Ibid., p. 135.
④ Ibid.
⑤ Ibid., p. 153.
⑥ William Robertson, *The History of Scotland*, Vol. 1, Routledge / Thoemmes Press, 1996, p. 146.
⑦ William Robertson, *The History of the Reign of the Emperor Charles V*, Vol. II, Routledge / Thoemmes Press, 1996, p. 157.
⑧ Ibid., p. 160.
⑨ Ibid., p. 159.

就罗伯逊这种宗教史写作中的世俗精神,巴恩斯说过:"他花其部分生命于做新教牧师,相信宗教改革最初是由神性的上帝引起的。当不是一个狂热的基督徒时,其理性主义主要体现在关于基督教会史的论述。"[1]巴恩斯说的罗伯逊的理性主义其实就是与宗教相对立的世俗精神之一种。

3. 世俗事务上的宗教情怀

罗伯逊无论是写苏格兰历史,还是欧洲乃至美洲和印度的历史,特别是《苏格兰史》、《美洲史》都体现了其悲天悯人的宗教情怀。

在《苏格兰》史,罗伯逊赋予世俗事务以宗教情怀。例如,他同情女王玛丽一世的不幸,特别是1587年2月7日,玛丽得到死刑通知和临行前表现出的镇定、大方和凄美,其中有:

> 她和周围的仆人跪下,感谢上苍她的困难到头了,祈祷她能体面而坚忍地忍受依然存在的苦难。她花晚上大部分时间去处理世界性事务。她亲自写遗嘱,她的钱、宝石和衣服依照位次或者功绩分发给侍从。她给法王写封短信,另一封写给吉斯公爵,充满温情和大度,把灵魂托付给祈祷者、受折磨的仆人和卫士。她像平时一样十分适度、温和地吃饭,轻松、愉快地谈话,同每一个仆人喝一杯,请求他们,假如没有尽到责任,则予以宽恕。到惯常之时,她到床上平静地躺了几个小时,早早地退到密室,花不少时间祈祷。八点钟郡长和他的办公室人员进入王后的房间,发现她正跪在圣坛上。她立刻起身,神采庄严、面无惧色,甚至流露出愉快走向行刑之所。[2]

对玛丽一世的这一悲惨结局,罗伯逊感叹道:"苏格兰玛丽女王,活了44岁零两个月,度过19年的监禁生活,其死亡是如此之悲惨。"[3]关于罗伯逊的这一倾向,斯图尔特认为:"玛丽的形象被重新描绘,其不幸的故事被重新讲述,并且这一表述和同情力非同一般,那是历史学家对其错误方面更为深入的探讨和对其平凡给予更多的褒扬。但是,在罗伯逊博士所写的历史那里,每个人依然首先阅读玛丽王位的传承。罗伯逊衬托得那样具有技巧性,以至于在不可抗拒的叙述魅力的伴随下,他所讲述的、美丽而不幸

---

[1] Harry Elmer Barnes, A History of Historical Writing, New York, Dove Publication, Inc., 1963, p. 156.

[2] William Robertson, *The History of Scotland*, Vol. 2, Routledge / Thoemmes Press, 1996, pp. 175–176.

[3] Ibid., p. 180.

的女王故事,总体说来,与那些所有的、罗马教会同情热忱或者苏格兰骑士团忠诚所激发起来的、把她宣称为圣徒的试图所产生的关于她的回忆录相比,激起了对于其运气更为深刻的兴趣,和对于其命运更为生动的同情。"①此论确实精当。

在《美洲史》中,这里以罗伯逊在第九、十编中流露的社会倾向为例,加以说明。

罗伯逊既为启蒙学者,又为苏格兰长老会领袖、苏格兰皇室史学家,其写作英属殖民地弗吉尼亚、新英格兰史,表现出明显的社会倾向,是其宗教精神情怀的流露。

他既对殖民者的艰辛报以同情,又对其屠杀印第安人加以揭露。英国人最初到达美洲其生存艰辛是可想而知的,《美洲史》第九、十编中多次讲到他们遭受饥饿、疾病的困厄和当地土著的骚扰,导致人口寥落,他报以关切和同情之心,具体不赘述。倒是英国人屠杀印第安人以及罗伯逊的态度,须稍加论列。

定居弗吉尼亚的英国人和土著人发生冲突,罗伯逊在这个问题上其感情没有明显倾向,他说:

> 英国人定居后不久,卷入一场同土著人的战争,部分因为他们自己不检点,部分是野蛮人疑心和凶恶。尽管印第安人以独立部族散布于毗邻詹姆斯河的村野,然而它们是如此之微弱以至于其中任何部族几乎都不能聚集起超过200人的战士。印第安人以其不断的不友善骚扰最初的殖民地。②

从这段话可以看出,他对英国人和土著人各有褒贬,一方面说英国人不检点,另一方面说土著人的疑心和凶恶,没有明显的倾向性。

然而,随着英国人势力在北美的扩张,罗伯逊对针对他们先后的不同做法,由赞同走向批评。1612年英国颁布新的特许状,托马斯·代尔(Thomas Dale)与当地最强大而好战的部族签订条约,救过斯密(John Smith)性命的土著人波卡琼塔斯(Pocachuntas),是酋长的女儿,嫁给殖民者拉尔夫(Ralfe),实现英国定居者与土著人的联姻,波卡琼塔斯在英国受

---

① Dugald Stewart, *Account of the Life and Writings of William Robertson*, England, Thoemmes Press, 1997, pp. 35 – 36.
② William Robertson, *The History of America*, Books IX and X, London, Routledge / Thoemmes, 1996, p. 69.

到国王夫妇的礼遇。代尔把过去的公共土地分配给各位成员,社会得以稳定和繁荣,罗伯逊给予高度赞赏。可是,对于英国人烟草种植业的飞速发展,罗伯逊却批评道:他们"向印第安人提出新要求","导致结怨"①。特别是土著领袖,也就是波卡琼塔斯的父亲去世后,印第安人势力膨胀,不满英国人对其土地和劳动力的占有,开始杀戮英国人,1619年英国人对印第安人开战。关于这场战争,罗伯逊写道:英国人"每个人都拿起武器,一心要消灭那整个种族,无论老少统统消灭。西班牙人在南美的行为被公开提倡为最值得模仿的榜样"②。罗伯逊还写道:"他们卖掉印第安人的庄园,屠杀每一个他们能够控制的人,把剩下的赶进森林,在那里许多印第安人因饥饿而灭亡,一些离英国人最近的部落完全消亡了。这种杀戮行为,是犯罪,却努力表现为一种必要的报复。"③显然,罗伯逊对于双方联姻是赞同的,但是对英国人的贪婪持批评态度,尤其对英国人大开杀戒表示强烈指责。

至于英国殖民者在新英格兰与土著人的关系,罗伯逊也从赞同走向强烈批评。他对于英国人早期在新英格兰的周密和策略性的行为持赞赏态度,书中说道:

    马萨诸塞角周围的印第安部落软弱、不喜战事。出于公正,也是出于精明,第一批登陆者做事周详细致,在冒险占领土著人土地之前,已与他们达成一致,相处和谐,尽管这一举措,给予土著的跟所获土地的价值相比,常常很不够,然而还足以让那些地方的土著首领满意。④

可是,定居在普罗维登和康涅狄格的殖民者很快发现他们被比较强大和好战的民族包围着,其中最显著者是那拉甘塞特人(the Naragansets)和皮郭特人(the Peguods)。特别是后者,认识到印第安人的地狱一定是英国人在美洲大陆的扩散,假如不采取措施加以阻止,灾难将不可避免。皮郭特人欲与那拉甘塞特人结盟共同对抗英国人。那拉甘塞特人鉴于过去两个民族之间的隔阂,不仅没有答应皮郭特人,相反同英国人结成联盟。皮郭特人激于义愤,就使用其固有方式骚扰英国人定居地。于是,新英格

---

① William Robertson, *The History of America*, Books IX and X, London, Routledge / Thoemmes, 1996, p. 98.
② Ibid., pp. 110-111.
③ Ibid., p. 112.
④ William Robertson, *The History of America*, Books IX and X, London, Routledge / Thoemmes, 1996, pp. 228-229.

兰不同地方的殖民者联合起来,共同对敌。在罗伯逊看来,皮郭特人非常质朴,"尽管知道英国人在集结,然而还是带有未开化人的不谨慎,其安全防护是简陋的。他们既没有观察英国人的进展,也没有保卫处于惊奇中的自己"①。颇有反衬效果的是,罗伯逊这样描写英国人的报复:

> 一些英国人通过栅栏空隙不断用火骚扰他们,其他人则奋力突入皮郭特人塞满树枝的要塞,在芦苇为顶的小屋里纵火。在一派混乱和惊恐中,许多妇女幼稚葬身火舌,努力出逃的勇士或被英国人杀戮,或陷入远在要塞之外张网以待的英国人联盟者之手,遭受更为残酷的命运。……不到三个月,皮郭特部落绝迹。②

让罗伯逊尤为义愤的是,殖民者在讨论这一历史事件时却是丑化皮郭特人的,他说:"最初在文章里所呈现的,是新英格兰殖民者的军队似乎是训练有素和胆识过人的管理者的杰作。他们展示其士兵的勇敢和坚韧,但是玷污了用于庆祝其凯旋的桂冠。他们没有把皮郭特人当作独立的人看待,皮郭特人则在保卫其民族财产、权利和自由中英勇顽强。"③他强烈谴责新英格兰殖民者:"他们报复美洲战争中所有野蛮人,一些人被他们冷酷地杀戮,一些人虽然没有被他们杀戮,但是遭受其同盟者的蹂躏,大批被卖到百慕大作奴隶,余下则成为其奴役的对象。"④引文中罗伯逊所说的殖民者最初的文章,所指为何,不得而知,按照其一贯严谨的作风,不会无中生有。即使如此,他所表露的对英国殖民者的凶残和虚妄的厌恶,当是最清楚不过的。

既以启蒙学者的伦理观念批评王室对北美殖民地的压制,又对殖民地武力对抗王室表示谴责。苏格兰与英格兰合并后,英格兰的海外市场对苏格兰开发,就北美殖民地而言,苏格兰与英格兰利益是一致的,罗伯逊毕竟是长老会领袖、曾任皇家史学家,因此一旦北美爆发独立战争,他的态度明显倾向于宗主国。1778年2月26日为斋戒日,罗伯逊发表布道词,对北美和宗主国之间的战争明确表态,既对北美战争表示无法理解,又谴责北美

---

① William Robertson, *The History of America*, Books IX and X, London, Routledge / Thoemmes, 1996, p. 233.
② Ibid., pp. 233-234.
③ Ibid., pp. 234-235.
④ William Robertson, *The History of America*, Books IX and X, London, Routledge / Thoemmes, 1996, p. 235.

殖民地反叛宗主国。同时,他祈求上帝保佑英国胜利,呼吁宗教虔诚和美德,提倡爱国之心。他对未来作和平性设想。这在上文涉及其宗教情怀与世俗精神时已作详细论述。

问题是,罗伯逊于1778年2月26日斋戒日发表布道词后,还两次重新拾起《美洲史》第九、十编的撰写工作,而现存两编著作包含着他对于宗主国压制殖民地所持有的批评态度,1606年詹姆斯一世颁发特许状,赋予英国移民在弗吉尼亚建立殖民地的一些特权,罗伯逊却指出:它"把立法和行政权利给予王朝统治下的委员会,而这个委员会受王权引导,这样每一个定居在美洲的人都被剥夺作为自由民的最高贵的特惠"①。他还说:"作为对神圣不可剥夺的自由权利的粗暴侵害,英国人在美洲的殖民地建立了。"②罗伯逊还批评英国最早的北美殖民地说:"也许还没有一种统治遥远殖民地的模式,它更多地是独占公司享有詹姆斯授权弗吉尼亚探险公司的所有权利,而不是友好地对待其自由。有几年殖民者只是奴仆。"③类似的表述还有,"公司的强权赞成殖民地的繁荣而不是其自由"④。这是以一般启蒙者的人权观批评特许状对殖民者自由权利的剥夺。特别是,王室特许没有平等对待执行者,他说:"委员会首次作为就不公正,(殖民地)政府是设定好的,(执行者)凭借从英国带来的盖有公司印章的委托书,要到他们登陆后的第二天才能打开。"⑤显然,罗伯逊又从一般启蒙者的平等观念,批评委员会对殖民者人格的蔑视。一言以蔽之,罗伯逊以天赋人权说、分权学说来评判英国对移居北美的英国人权利的侵害。

既如此,罗伯逊对于新英格兰的独立倾向报以同情。1643年5月19日,新英格兰四个殖民地马萨诸塞、普利茅斯、康涅狄格和纽黑文结成新英格兰联邦,具有独立倾向。1652年殖民者获得制币权,克伦威尔对殖民地提供保护,提议运送殖民者到牙买加,遭到殖民地拒绝。也许是罗伯逊联系到北美的独立,他颇有感触地说:"这一独立,现在让所有敌对的派别不寒而栗,独占不列颠各项事务之鳌头。长期习惯于赞赏新英格兰政府,设计出可以接受的原则,而这些原则却是从最完美的公民和宗教的政治榜样

---

① William Robertson, *The History of America*, Books IX and X, London, Routledge / Thoemmes, 1996, p. 63.
② Ibid., p. 64.
③ Ibid., pp. 121-122.
④ Ibid., p. 122.
⑤ William Robertson, *The History of America*, Books IX and X, London, Routledge / Thoemmes, 1996, p. 68.

中汲取的。"①

就罗伯逊在其英属美洲史中所表现出的社会倾向来说,其启蒙者的身份决定他在一般意义上维护人权,其苏格兰王室史学家身份决定他维护宗主国的根本利益,其长老会领袖的身份决定他反对杀戮、反对宗教极端,他的多重身份自然使得其《美洲史》中的社会倾向带有两重性。

在《论古人的印度史知识》中,罗伯逊同样有宗教情怀。他把欧洲人其他地方的探险、殖民看成"压抑了光鲜的民族"②。他批评欧洲人"倾向于带着轻蔑甚至反感,看待与他们不相像的人。在非洲和美洲,不同是那样明显,以至于骄傲其优先,欧洲人认为自己有权利把非洲土著变成奴隶,可以决定美洲土著。甚至在印度,在改进上尽管远远超过世界另两个四分之一,居民的色彩、娇柔的外表、其不好战的精神、其宗教条例和仪式的野蛮的过分,和许多其他情况,使欧洲人坚信自己的卓绝,欧洲人总是把印度人看成和说成劣等人种"③。这也是其宗教情怀的体现。

总之,罗伯逊受其大学老师、同时代启蒙学者的影响,继承古典史学和近代早期人文主义史学遗产,又服膺伏尔泰、休谟等人的观念;他把理性主义史学观念贯彻到其具体的历史写作之中。他写民族史、欧洲史、世界史,他写政治史、军事史和社会文化史。科学精神上,他提倡和发扬怀疑精神,采取中正的治学态度;特别是把有引必注、有异必疏,为西方史学编纂又开一凡例;他频繁采用比较方法,去比较人物、政策、思想和制度,以表现历史个性。在人文情怀上,他既有作为宗教领袖的严肃和正统,又有对历史人物像玛丽一世、马丁·路德和美洲土著的同情,散发出浓郁的世俗气息。

---

① Ibid., pp. 246 – 247.
② William Robertson, *An Historical Disquisition concerning the Knowledge which the Ancients had of India*, London, Routledge / Thoemmes, 1996, p. 221.
③ Ibid., pp. 332 – 333.

第五章　亚当·弗格森：具有另类倾向的社会史家

亚当·弗格森,是 18 世纪苏格兰启蒙运动时期著名的史学家和思想家。

1723 年出生于珀斯郡(Perthshire)的洛吉赖特(Logierait)。由于珀斯郡地处苏格兰高地,使得弗格森成为苏格兰启蒙运动主流思想家中唯一一个具有高地背景的学者。① 这种特殊的高地背景,促使诸多学者论及其学术观点时,作了诸多猜想,下文将详述。

弗格森的父亲是长老会的牧师,其母亲是阿盖尔公爵(the Dukes of Argyll)的远房亲戚。可能是受其父亲的影响,弗格森在其后来的著作中对上帝总有一种无限的崇敬,并对一些攻击基督教的言辞表达了不满。弗格森从小就受到很好的古典教育,深谙希腊文和拉丁文。虽然出身于高地,但弗格森最迟在 1738 年就被送到位于低地的圣安德鲁斯(St Andrews)的圣莱昂纳多学院(St Leonard's College),学习数学、逻辑学、道德哲学和自然哲学。1742 年 5 月,被授予文学硕士学位。1743 年秋季,弗格森进入爱丁堡大学,学习神学。在这里,他结交了后来苏格兰启蒙运动的核心人物,包括罗伯逊、霍姆、卡莱尔(Alexander Carlyle)和布莱尔(Hugh Blair)等等。1745 年,弗格森被任命为高地军团代理牧师,随军参加奥地利皇位继承战争。② 1754 年,弗格森离开军队,结束长达八年的从

---

① 同时期的的休谟、斯密、罗伯逊、霍姆等人,都出身于苏格兰低地。
② 关于弗格森参加奥地利皇位继承战争,有一段英雄主义式的传说。内容大致是:1745 年丰特耐尔(Battle of Fontenoy)战役爆发后,作为守卫团的牧师,本应待在后方的弗格森却手拿大刀,在前线带领士兵英勇地参加战斗。这让当时的指挥官感到十分吃惊。其要求弗格森退回到后方去,却遭到弗格森的坚决拒绝。指挥官继而命令弗格森必须退回去,告知其不应该在前线参加战斗。弗格森表达了强烈的不满,大骂"该死的任命"。这段传说被后来不少研究弗格森思想的学者当作史实反复引用。然而,菲戈认为,事迹虽动人,但肯定不是真实的。因为丰特耐尔战役爆发在 1745 年 5 月,而弗格森此时还以学生的身份待在爱丁堡。他在 7 月 2 号之后才离开苏格兰,加入守卫团,并在 7 月 2 号到 9 月 11 号期间,他才第一次见到　（转下页）

军生活。弗格森后来在其著作中对战争进行了歌颂般的赞美,当与其这段从军经历有深刻的关系。1759 年,弗格森担任爱丁堡大学自然哲学教授。1764 年,担任道德哲学教授。弗格森断断续续担任此职长达 21 年,直到 1785 年从此职位上退休。1767 年,弗格森出版《文明社会史论》。两年后,《道德哲学原理》(Institutes of Moral Philosophy)出版。弗格森并不是只安心于做学术的学者。他对社会和政治活动一直具有强烈的兴趣。1762 年,弗格森和他的朋友建立拨火棍俱乐部(Poker Club),目的是能够影响当时的政治。同年,弗格森竞选爱丁堡大学校长,但以失败告终。1772 年,弗格森又积极争取一个去印度解决东印度公司财务危机的"三人调查委员会"职位。弗格森对此抱有很大的期待并进行相当充分的准备,但最终没有成功。1775 年,美国爆发独立战争。与休谟、斯密等人的放任态度形成鲜明对比的是,弗格森对美国独立战争大加指责,表示强烈反对。1778 年,弗格森被任命为谈判委员会的成员,赴美国谈判。在纽约谈判时,弗格森的身体已有不适。归国之后,病情日益恶化。1780 年 12 月,当弗格森的亲朋都以为其可能会死于中风的折磨时,弗格森最终却在医生的精心调理下,病情逐渐改善。身体好转后,弗格森带病修改《罗马共和国兴衰史》。1783 年,此书出版,产生很大轰动效应。1789 年,法国大革命爆发。同敌视美国革命形成鲜明反差的是,弗格森对法国革命抱以热烈的称赞。它在 1806 年前后写了一系列关于政治、哲学和历史的论文,[1]但在当时并未公开发表。1816 年,弗格森在圣安德鲁斯去世。

弗格森的代表作《文明社会史论》、《道德哲学原理》和《罗马共和国兴衰史》(以下简称《罗马史》)曾在当时欧美学界引起很大轰动。然而,相对于同为苏格兰启蒙思想家的休谟、斯密等人,学界对弗格森的研究一直比较薄弱,而这些本来就很薄弱的研究又更多地关注于弗格森的哲学、政治和社会思想[2],对弗格森的史学则关注很少。这里拟在有关弗格森史学的

(接上页)守卫团的长官。参见:Jane B. Fagg, "Biographical Introduction", in Vincenzo Merolle edited, *The Correspondence of Adam Ferguson*, London, William Pickering, 1995, pp. xxiii - xxiv。

[1] 这些手稿长期以来并未公开发表,1986 年,菲利浦(Winifred M. Philip)将其编辑出版。此后,阿蒙(Yasuo Amoh)在 1996 年,维琴佐(Vincenzo Merolle)在 2006 年又分别将其编辑出版。

[2] 如:David Kettler, *Adam Ferguson, His Social and Political Thought*, New Jersey: New Brunswick, 2005. Lisa Hill, *The Passionate Society: The Social, Political and Moral Thought of Adam Ferguson*, Dordrecht: Springer, 2006. Eugene Heath and Vincenzo Merolle edited, *Adam Ferguson: Philosophy, Politics and Society*, London, Pickering & Chatto, 2009。

研究现状的基础上①,对其作进一步探讨,以期有助于重新认识和评价这

① 学界目前关于弗格森史学的探讨主要集中在这几个方面：关于历史进步观,代表性论著有：J. W. Gough, "Essay on the History of Civil Society by Adam Ferguson", *The English Historical Review*, Vol. 82, No. 325, p. 849. Jane Rendall, *The Origins of the Scottish Enlightenment*, London：St. Martin's Press, 1978, pp. 125 – 126. J. G. A. Pocock, *Barbarism and Religion*, *Volume Two*, *Narratives of Civil Government*, Cambridge, Cambridge University Press, 1999, p. 331. Lisa Hill, *The Passionate Society：The Society*, *Political and Moral Thought of Adam Ferguson*, Dordrecht：Springer, 2006, p. 65. Fania Oz-Salzberger, "Introduction", in Adam Ferguson, *An Essay on the History of Civil Society*, Cambridge：Cambridge University Press, 1995, p. xx. Murray G. H. Pittock, "Historiography", in Alexander Broadie edited, *The Cambridge Companion to The Scottish Enlightenment*, 北京：生活·读书·新知三联书店 2006 年版,第 274 页。Ronald Hamowy, *The Political Sociology of Freedom*, *Adam Ferguson and F. A. Hayek*, Edward Elgar, 2005, p. 9. Mark Salber Phillips, *Society and Sentiment*, *Genres of Historical Writing in Britain*, 1740 – 1820, Princeton, NJ：Princeton Princeton University Press, 2000, p. 180. Jeng-Guo S. Chen, "Providence and Progress：The Religious Dimension in Ferguson's Discussion of Civil Society", in Eugene Heath and Vincenzo Merolle edited, *Adam Ferguson：History*, *Progress and Human Nature*, London, Pickering & Chatto, 2008。 关于高地和苏格兰情结问题,代表性论著有：Fania Oz-Salzberger, "Adam Ferguson's Histories in Germany", in Benedikt Stuchtey and Peter Wende edited, *British and German Historiography*, 1750 – 1950, *Traditions*, *Perceptions*, *and Transfers*, Oxford：Oxford University Press, 2000, p. 56. Fania Oz-Salzberger, "Introduction", in Adam Ferguosn, *An Essay on the History of Civil Society*, Cambridge：Cambridge University Press, 1995, p. xi. Murray G. H. Pittock, "Historiography", in Alexander Broadie edited, *The Cambridge Companion to The Scottish Enlightenment*, 北京：生活·读书·新知三联书店 2006 年版,第 273 页。David Allan, "Ferguson and Scottish History：Past and Present in *An Essay on the History of Civil Society*", in Eugene Heath and Vincenzo Merolle edited, *Adam Ferguson：History*, *Progress and Human Nature*, London：Pickering & Chatto, 2008. John D. Brewer, "Ferguson's Epistolary Self", in Eugene Heath and Vincenzo Merolle edited, *Adam Ferguson：History*, *Progress and Human Nature*, London：Pickering & Chatto, 2008. John Robertson, "An Essay on the History of Civil Society by Adam Ferguson", *History Workshop Journal*, No. 44, p. 256. Jane B. Fagg, "Biographical Introduction", in Vincenzo Merolle edited, *The Correspondence of Adam Ferguson*, London：William Pickering, 1995, p. lxxii。关于"推测史学",代表性论著有：Thomas Preston Peardon, *The Transition in English Historical Writing*, 1760 – 1830, New York, Columbia University Press, 1933, p. 13. Mark Salber Phillips, *Society and Sentiment*, *Genres of Historical Writing in Britain*, 1740 – 1820, Princeton, NJ, Princeton University Press, 2000, p. 171. Lisa Hill, The Passionate Society：*The Society*, *Political and Moral Thought of Adam Ferguson*, London：Springer, 2006, p. 66. William C. Lehmann, "Adam Ferguson. Sociologia e filosofia politica by Pasquale Salvucci", *History and Theory*, Vol. 13, No. 2, p. 177. J. G. A. Pocock, *Barbarism and Religion*, *Volume Two*, *Narratives of Civil Government*, Cambridge, Cambridge University Press, 1999, p. 332. 关于《罗马史》的探讨。代表性论著有：Thomas Preston Peardon, *The Transition in English Historical Writing*, 1760 – 1830, New York, Columbia University Press, 1933, p. 50. Richard B. Sher, *Church and University in the Scottish Enlightenment*, Edinburgh, Edinburgh University Press, 1985, p. 199. Harry （转下页）

位思想独树一帜的苏格兰史学家。

一、弗格森史学的学术积累

弗格森的史学来源较为多元化,众多史家或学派的学术理念都是他历史写作积极借鉴的对象。梳理起来,其渊源主要有两处,一是古典史学,二是近代史学尤其是理性主义史学观念。

1. 古典史学的传统

弗格森在孩童时期就受到很好的古典教育,这使得他在年轻时就擅长希腊语和拉丁语,并成为古典作家的热心读者。[①] 良好的古典文化的熏陶,使其对古希腊、罗马史家十分熟悉和倾慕,也就不难理解其后来的史著中所打上的深深的古典史学烙印了。

弗格森在其两部史学代表作《文明社会史论》和《罗马史》频繁引用古罗马史学家的观点、著作来佐证其学术观念或进行历史叙事,尤其在1783年出版的《罗马史》中,由于特定的写作主题和对古典史家的推崇,弗格森几乎都是引用古典作家的著作而不是晚出的历史学家。[②] 弗格森至少从1769年就为其《罗马史》的写作进行资料准备。通过其在爱丁堡大学的借书记录来看,从1769年到1783年《罗马史》的首次出版,弗格森借了大量与罗马史相关的著作,包括古典史家和近代史家的著作。然而,在这些作品中,弗格森在其《罗马史》中真正提及的近代作家的作品只有阿巴斯诺特

(接上页) Elmer Barnes, *A History of Historical Writing*, New York: Dover Publications, 1963, p. 166. David Kettler, *Adam Ferguson, His Social and Political Thought*, New Jersey, New Brunswick, 2005, p. 65. Vincenzo Merolle, "Introductory Essay", Adam Ferguson, *The Manuscripts of Adam Ferguson*, edited by Vincenzo Merolle, London, Picking & Chatto, 2006. Jane B. Fagg, "Biographical Introduction", in Vincenzo Merolle edited, *The Correspondence of Adam Ferguson*, London, William Pickering, 1995, pp. lxii - lxvii. 国内目前关于弗格森史学的研究还十分薄弱。值得一提的是,何平在《西方历史编纂学史》中,对弗格森的史学有一些介绍。参见:何平:《西方历史编纂学史》,北京:商务印书馆2010年版。新近出版的张广智主编的六卷本《西方史学通史》第四卷,李勇对弗格森史学的学术渊源,史学思想及学术地位的再认识有较为精彩的论述。参见:张广智主编,李勇著:《西方史学通史》第四卷,上海:复旦大学出版社2011年版。

① Fania Oz-Salzberger, "Introduction", in Adam Ferguson, *An Essay on the History of Civil Society*, Cambridge, Cambridge University Press, 1995, p. vii.

② Jane B. Fagg, "Ferguson's use of the Edinburgh University Library: 1764 - 1806", in Eugene Heath and Vincenzo Merolle edited, *Adam Ferguson: History, Progress and Human Nature*, London, Pickering & Chatto, 2008, p. 50.

(John Arbuthnot)的《论古代钱币》(On Ancient Coins)和彼济乌(Pighius, S. V.)的《罗马编年史》(Annal Roman),甚至连与其写作主题相同的胡克①的《罗马史》都没提到,他所使用的文献绝大部分都出自于古罗马史家,如阿庇安(Appian)、奥卢斯·格利乌斯(Aulus Gellius)、恺撒(Caesar)、西塞罗(Cicero)、提奥尼修斯(Dionysus Halicarnassus)、李维(Livy)、波里比阿(Polybius)、塔西佗(Tacitus)等等。② 由此可见,相较近代作家,弗格森更加信任和推崇古典作家的著述。古典史家对其史学的影响,当然不仅局限在史料的提供上,更是深入到其具体的史学理念。

"求真"的思想。西方古典史学为后世留下了诸多丰富的遗产,求真探索的精神可以说是"西方古典史学传统的核心"③,从希罗多德、修昔底德、波里比阿、塔西佗等古典史家的著作中,都可以看到他们对史料的批判、怀疑,对史学的求真探索精神的彰显。古典史家中最具代表性、影响最为深远的有关史家必须具有求真精神的陈述当首推修昔底德那段关于史学必须求真的名言了,"不要偶然听到一个故事就写下来,甚至也不单凭我自己的一般印象作为根据;我所描述的事件,不是我亲自看见的,就是我从那些亲自看见这些事件的人那里听到后,经过我仔细考核过了的。就是这样,真理还是不容易发现的,不同的目击者对于同一个事件,有不同的说法,由于他们或者偏袒这一边,或者偏袒那一边,或者由于记忆的不完全"④。以修昔底德为代表的古典史家这种对史料的批判考证、求真探索的精神,对弗格森产生极大影响,并成为他后来撰史的最高原则。他认为,历史学家应该具有"对事实进行精确和如实叙述的热忱,在历史中,没有什么比真理和事实更有价值的了"⑤,"事实就是历史的本质"⑥。在这种"求真"治史理念指导下,弗格森对于古典文献尤其对罗马早期历史的真实性展开一系列怀疑、批判。下文将有所交待。

政治军事史的回归。修昔底德的《伯罗奔尼撒战争史》奠定了政治军

---

① 胡克(Nathaniel Hook, 1690-1764),英国历史学家,著有《从罗马建城到共和国灭亡时期的罗马史》(The Roman History from the building of Rome to the Ruin of the Commonwealth,这里简称《罗马史》)。
② Jane B. Fagg, "Ferguson's use of the Edinburgh University Library: 1764-1806", in Eugene Heath and Vincenzo Merolle edited, Adam Ferguson: History, Progress and Human Nature, London, Pickering & Chatto, 2008, p. 50.
③ 张广智主著:《西方史学史》第三版,上海:复旦大学出版社2010年版,第66页。
④ [古希腊]修昔底德:《伯罗奔尼撒战争史》,谢德风译,北京:商务印书馆2009年版,第20页。
⑤ Vincenzo Merolle edited, The Manuscripts of Adam Ferguson, London, Pickering & Chatto, 2006, p. 21.
⑥ Ibid., p. 19.

事史的史学范型。这种史学写作体例,成为包括古典史家在内的以后西方史家长期效法与遵奉的史学传统,对后世有深远影响。18世纪英国的史学家们也深受这种史学典范的影响。尽管伏尔泰明确提出应打破政治、军事史为主要内容的史学传统,扩大历史写作范围的史学理念,但英国的史学家如休谟、吉本仍继续着修昔底德所开创的政治、军事史的写作模式。如果单从《罗马共和国兴衰史》来考察,弗格森可能是与修昔底德走得最近的一个,同休谟以政治、军事史为主,兼叙商业、风俗、艺术不同的是,弗格森的《罗马共和国兴衰史》几乎完全就是一部罗马共和国的政治和军事史。可以说,弗格森是在模仿以修昔底德为代表的古典史家的写作模式。

推测史学。① 这个问题本书已不止一处述及,这里就弗格森再加附陈。弗格森在《文明社会史论》中成功运用推测的方法研究野蛮民族的历史,在他看来,所有民族的历史"都是从一个虚弱的原始状态中产生出来的",每一个民族的古代文献关于他们民族的起源"都记载了相同的信息"②,换言之,不同的民族在原始阶段往往经历相似历程,由此,"第一次罗马入侵时期的不列颠居民,在许多方面都和当今北美洲的土著人有相似之处:他们对农业一无所知,在躯体上涂上了色彩,用兽皮做衣服"③。罗马人也可能会在他们对我们祖先的描绘中发现自己祖先的模样。④ 弗格森关于"推测的历史"的精彩论述,使得有论者认为《文明社会史论》是推测方法运用的杰出代表。⑤ 弗格森关于"推测史学"的深刻认识和出色运用也是受到修昔底德的启发,正如他说:"修昔底德不顾自己的国家对于'未开化的人'这一称呼的偏见,明白只有在未开化的民族的习俗中他才能研究希腊人早期的风尚。"⑥

---

① 所谓"推测史学",就是在对人类历史进行研究时,当直接可信的证据不足以帮助人们确定相应的历史事实时,就需要采用"推测的"方法,这种"推测"不是简单的臆测,而是建立在已知的人性原则的基础之上,利用相应的材料,如旅游传记,进行合理的历史推测。参见 Thomas Preston Peardon, *The Transition in English Historical Writing*, 1760 - 1830, New York, Columbia University Press, 1933, pp. 13。- 14. 这种"推测史学"不是像古典史家那样进行词藻华丽的政治叙述,而是一种道德科学,目的是研究人性的根本原则。参见 Mark Salber Phillips, *Society and Sentiment*, *Genres of Historical Writing in Britain*, 1740 - 1820, Princeton, NJ, Princeton University Press, 2000, p. 171。
② 〔英〕亚当·弗格森:《文明社会史论》,林本椿、王绍祥译,沈阳:辽宁教育出版社1999年版,第81页。
③ 同上书,第82页。
④ 同上书,第88页。
⑤ Thomas Preston Peardon, *The Transition in English Historical Writing*, 1760 -1830, New York, Columbia University Press, 1933, p. 15.
⑥ 〔英〕亚当·弗格森:《文明社会史论》,林本椿、王绍祥译,辽宁教育出版社,1999年,第88页。

2. 近代的学术思潮

弗格森除了继承古典史学的理论遗产，作为18世纪重要的启蒙史家，其史学思想也不可避免地打上那个时代的烙印。

伏尔泰的"世界主义"。法国启蒙巨匠伏尔泰的众多史学理念都对18世纪的其他启蒙思想家及其后世史家产生重要影响，其中就包括"世界主义"观念。1756年出版的《风俗论》一书，"历来被认为是创立新型世界史的最初尝试"，"他敢于否定传统的世界史体系，开始把人类历史当作一个整体进行综合的和比较的研究"。在伏尔泰的笔下，"人类历史的发展是一个统一的整体，虽则它在各个地区和各个民族中的表现形式是不一样的"。他将"眼光时时扩及到整个世界，给欧洲以外的世界其他地区，尤其是亚洲各国的历史以相当重要的地位，对中国、阿拉伯、印度、波斯人的历史作了描述"[①]。在弗格森的《文明社会史论》中，同样可以看到其将人类文明史当作一个整体进行考察的"世界主义"观念。如《文明社会史论》的主题之一就是论述人类从野蛮状态到未开化状态，再到文明社会的历史，即分别是没有财产概念的野蛮民族的历史，打上财产印记的野蛮民族的历史和商业与手工业相当完善的人类社会的历史。他首先以一种极为鲜明的"全球眼光"，对野蛮民族和未开化民族的社会生活、生产方式进行概述。他说：

> 从美洲的一端到另一端，从勘察加半岛往西直到奥比河，从北海一直到中国、印度和波斯的边界，从里海到红海，跨越大陆架直到非洲西海岸，我们几乎可以毫无例外地寻找到人们称之为未开化的或野蛮的民族。这一大片有着各种各样的环境、气候和土壤的土地应该会展示出在这片土地上生活的居民由于太阳照射的不同，以及饮食和生活习惯的不同所造成的千姿百态的生活方式。……居住在这些地方或地球上任何一个不很开化的地方的民族，有些主要依靠渔猎或采集野果为生。他们对于财产几乎毫不关心，而且几乎还没有等级制度和政府的萌芽。另外一些民族有自己的牲畜，靠畜牧为生，知道贫富之分。[②]

这就为他"研究最原始状态的人类历史提供了两个独立的标题。一个

[①] 张广智主著：《西方史学史》第三版，上海：复旦大学出版社2010年版，第140页。
[②] 〔英〕亚当·弗格森：《文明社会史论》，林本椿、王绍祥译，沈阳：辽宁教育出版社1999年版，第89页。

是还不知道财产的野蛮人的历史,另一个是未开化的人的历史"。① 在论述"野蛮人的历史"时,弗格森虽然重点阐述美洲地区野蛮民族的社会生活,但也兼及古罗马、古希腊,并提及德国、不列颠和非洲。② 在谈及"未开化民族"历史时,弗格森的"全球史"观念就体现得十分明显了。其论述囊括美洲、欧洲、亚洲、非洲多个地区。他说:

> 在西欧、美洲、热带以及每个温带地区,总的说来,人类都在从事某种农业,并且已经定居。在亚洲北部和中部地区,人们完全以畜牧业为生,为寻求新草原而不停地迁徙,欧洲居民运用了安家的艺术,而且这些艺术有了不同的发展。那些习惯于不断迁徙的民族,从最早的历史记载算起,几乎一直和锡西厄人或鞑靼人一样生活。从古到今,行进的马车上搭起的帐篷,用于多种劳作、战争、产奶和放在屠夫的小摊上卖的马匹就是游牧民族的财富和所有的行当。③

他还详述了攻城掠地的尚武精神"无一例外地主宰着欧洲、亚洲和非洲所有未开化的民族"④。这些都反映作者宽阔的视野和"全球史"的著史理念。需要说明的是,弗格森在《文明社会史论》中虽然并未提及伏尔泰及其著作,但他们彼此之间还是比较熟悉的。早在 1754 年,弗格森在给斯密的一封信中就谈到他最近在读伏尔泰同法国一位教职人员彼此来往的书信。⑤ 1771 年,弗格森从爱丁堡大学图书馆借阅伏尔泰的《关于百科全书的问题》。⑥ 1774 年,弗格森更是在他的欧洲之旅中,亲自前去拜访伏尔泰,伏尔泰甚至指出《文明社会史论》文明化了俄国。⑦ 因而,弗格森在《文明社会史论》中所表现出的将人类历史当作一个整体加以考察的"世界主义"观念当是受到伏尔泰的启发。

---

① 〔英〕亚当·弗格森:《文明社会史论》,林本椿、王绍祥译,沈阳:辽宁教育出版社 1999 年版,第 89 页。
② 同上书,第 90—106 页。
③ 同上书,第 108 页。
④ 同上书,第 109 页。
⑤ Vincenzo Merolle edited, *The Correspondence of Adam Ferguson*, London, William Pickering, 1995, p. 12.
⑥ Jane B. Fagg, "Ferguson's use of the Edinburgh University Library: 1764–1806", in Eugene Heath and Vincenzo Merolle edited, *Adam Ferguson: History, Progress and Human Nature*, London, Pickering & Chatto, 2008, p. 63.
⑦ Fania Oz-Salzberger, "Introduction", in Adam Ferguson, *An Essay on the History of Civil Society*, Cambridge, Cambridge University Press, 1995, p. xvi.

孟德斯鸠的双重深刻影响。 近代学者中对弗格森影响最大者莫过于孟德斯鸠。弗格森在其著作中对孟德斯鸠频频提及并大量征引其观点。在《文明社会史论》中,他甚至饱含深情地说过这么一段话来表达其对孟德斯鸠的无限敬仰之情:

> 当我回想起孟德斯鸠院长所写过的文章时,我一时无法说明我为什么要研究人类事务。但我同样是在我的思考,我的情感的驱使下才这么做的。我想用常人更能理解的语言将它们表达出来,因为我本人就处在普通人的层次上。为了方便,可以把各种形式的政府放在不同的标题下来谈,如果有必要通过解释这些标题为从各国通史中得出结论而铺平道路,那么读者或许应该去看看这个思想深刻的政治家和杰出的伦理学家关于这一问题的见解。在他的著作中,读者们不仅可以发现我现在为了使条理清楚而从他那里引用的原文,而且同样可能发现我在许多地方自以为是的创新而没有提及作者的许多不断重复的评述的出处。①

弗格森的此段阐述,主要指借鉴了孟德斯鸠大量政治思想方面的内容。实际上,在众多史学观念上,弗格森也深受孟德斯鸠启发,主要表现在两点,一是地理环境决定论,二是道德史观。

孟德斯鸠是近代地理环境论的突出代表。他的论点可概述如下。

> 其一,他认为气候对一个民族的性格、感情、道德、风俗、宗教及法律等会发生巨大的影响。如他在解释生活在热带地区的南方人与生活在寒冷地区的北方人之间的差异时,认为前者因气候炎热,故体格纤细、脆弱,像老头儿一样怯懦、怠惰,故而易于忍受奴役;而后者因气候寒冷,故身材魁伟,精力充沛,如青年人一样勇敢、耐劳,热爱自由,往往能够保持独立。……其二,他认为土壤同居民性格之间,尤其是同民族的政治制度之间也有非常密切的依赖关系。……其三,他还认为一个国家疆域的大小,也同国家的政治制度有极为密切的依赖关系,他指出,小国宜于共和政体,中等国宜于君主治理,大帝国宜于由

---

① 〔英〕亚当·弗格森:《文明社会史论》,林本椿、王绍祥译,沈阳:辽宁教育出版社 1999 年版,第 70 页。

专制君主治理。①

弗格森在《文明社会史论》中也特设一章专门论述地理环境对人类历史的影响。他开宗明义地指出,人类的"多种多样的性格使他能适应于各种条件下的生活习惯,他的艺术天赋使他能弥补环境的不足。不过,适宜的气候似乎最符合他的天性,不管我们怎么解释这种事实,无法否认,人类这种动物总是在气候最适宜的地带获得最重要的成就。在这里,他不断发展之技能,理性之深度,想象力之丰富,以及他在文学、商业、谋略和战争方面的天赋,足以表明他们的环境优越或智力天然超凡"。②

紧接着,弗格森又具体阐述地理环境尤其是气候、地理位置对一个民族精神风貌、文学、艺术、国家的形成和繁荣程度等所造成的影响。他在论述气候与民族精神风貌的关系时说:

"在严寒酷暑中,人类心灵的活动范围似乎受到了约束。人类是友是敌都显得次要了。一种极端是他们麻木,迟钝,没有很强烈的欲望,生活方式井井有条,平静淡泊;另一种极端是他们感情发烧,判断力差,沉迷于肉欲。这两者内心都是惟利是图的,只要稍加贿赂就会作出重大让步。两者都具甘受奴役的精神。一种极端被对于未来的恐惧征服,而另一种极端即使具有当前意识也打不起精神。"③"荷兰人在欧洲是勤劳的民族;但是,在印度,他们就变得懒散了。"④

弗格森对气候与人类的文学艺术之间的关系也有精彩的论述。他指出,由于气候的多样性,"工业硕果大多见于北方,也正是在北方,科学研究取得了最实实在在的进步。想象力和情感的成果最常见于南方,也正是在南方取得了最大的成功。波罗的海沿岸因哥白尼、蒂科·布拉赫的研究成果而闻名遐迩,而地中海沿岸则由于造就了一大批诗人、历史学家、科学家等应有尽有的天才而名闻四方"。⑤

北方的文学擅长于"判断和记忆",因而"有关公众交易活动如实详尽的描述(几乎没有看到其相对重要性),国家的条约和主张,君主的诞生和家谱在北方国家的文学中大量地保存了下来",⑥而在南方因更富于想象

---

① 张广智主著:《西方史学史》第三版,上海:复旦大学出版社2010年版,第136—137页。
② 〔英〕亚当·弗格森:《文明社会史论》,林本椿、王绍祥译,沈阳:辽宁教育出版社1999年版,第121—122页。
③ 同上书,第125页。
④ 同上书,第132页。
⑤ 同上书,第122页。
⑥ 同上书,第123页。

力和情感,因此"人类个性的历史,饶有趣味的回忆录(其中对私人生活中无拘无束的活动的回忆决不亚于对于政府部门中正式交易活动的回忆),天才的幽默,辛辣的嘲讽,亲切的、感人的或是激昂的演讲,无论在古代还是现代,除了少数例外以外,都局限于那些适合无花果和葡萄生长的纬度"。①

再如地理位置对国家的形成和繁荣程度的影响,他认为:

> 享有最崇高威望的国家往往坐落在至少一面临海的地方。……繁荣昌盛的独立国家同样分布在太平洋和大西洋西岸。它们环绕在红海、地中海、波罗的海周围。只有少数部落例外,它们蛰居在印度和波斯周边的山里,或者在溪涧边以及里海、黑海岸边建立了社会的雏形。而在亚洲大陆的广阔大陆上几乎没有一个民族可以称得上是一个国家。无边无际的平原任由游牧部族驰骋。他们要么漂泊不定,要么由于相互间的仇恨而受到侵扰,被迫四处迁徙。虽然,他们在狩猎或寻求草原时永远都不可能真正融合在一起,但是,他们并没有国与国之间的巨大差别。那种差别是领土的区别,并且深深地打上了这样一种烙印:即对本土的热爱。他们成群结队地迁徙,但不像国家那样有条不紊、步调一致。他们很轻易就会成为自己游牧部族中崛起的每一个新生帝国的附庸,或者,他们也可能轻易地成为中国人和莫斯科人的附庸。他们为了获得维生之需及消遣用品和中国人及莫斯科人有商贸往来。②

可见,同孟德斯鸠一样,弗格森也非常强调地理环境对人类社会的巨大作用,尤其是在论述气候对人类精神风貌的影响上,两人更表现出了极大的相似。由此观之,在地理环境同人类社会关系的认识上,弗格森从孟德斯鸠那里汲取了养分。

至于道德史观,正如弗格森自己所说,在研究人类事务时,他直接借鉴了孟德斯鸠的众多学说,弗格森的道德史观就很明显地表现出这一点。《文明社会史论》、《罗马史》都体现出了色彩极为浓厚的道德史观,这将在下文中有详细论述,这里稍加涉猎。弗格森道德史观的突出表现之一即他

---

① 〔英〕亚当·弗格森:《文明社会史论》,林本椿、王绍祥译,沈阳:辽宁教育出版社1999年版,第128页。
② 同上书,第134页。

用"美德"来解释罗马共和国的盛衰。如在《罗马史》中,弗格森认为罗马共和国之所以能在对外扩张中不断取得胜利,保持绝对的优势,就是因为具有"卓越的民族品格",也就是"美德",①而后来之所以衰落以至于最终为帝制所取代,也正因为罗马元老和普通罗马公民腐化不堪,丧失了"美德"②。在《文明社会史论》中,弗格森同样明确表达了这样的观点,他驳斥一些学者将罗马共和国的衰亡完全归因于难以挽救的剧烈的政治动荡所致,指出罗马共和国衰亡最主要的原因在于共和国末期,加图和布鲁图等人所代表的美德不再发挥作用了,"人民心目中的公民意识消失了,甚至派别仇视也平息了",换言之,曾经使罗马共和国保持无限生机活力的"美德"丧失了,这才最终导致"这样一个伟大的帝国"土崩瓦解。③ 弗格森这种在解释罗马共和国盛衰的原因时所表现出来的道德史观,明显受到孟德斯鸠的启发。孟德斯鸠在1734年出版专门讨论罗马盛衰原因的《罗马盛衰原因论》,同样从"美德"的角度分析罗马的兴衰历程。他指出"罗马的兴盛是由于设立共和制度,法律开明,统治者贤智,人民风俗朴质,品德良善等等"④,而对于罗马衰亡,孟德斯鸠则明确将其归因于两点,一是古罗马共和国在不断扩张中,领土的持续扩大导致罗马战士公民精神的丧失,成为独裁者专政的工具。⑤ 二是罗马公民的腐化堕落,他们不再渴望自由,憎恨暴政,对自己的祖国——罗马的那种"依恋之情之不复存在了"⑥。弗格森甚至效仿孟德斯鸠"以史论政"的著史目的。有论者指出:"我们与其把《罗马盛衰原因论》看作一本历史著作,毋宁把它看作一本政治论著更为切合该书的性质和作者的原意。作者不过是利用罗马的有关史料来阐发他的政治主张,来论证政治制度、法律制度的重要性来为共和国制度提出历史的、理论的辩护,用以反对当时的专制暴政。"⑦弗格森又何尝不是这样呢?其《文明社会史论》既是一部历史著作,更是一部政治学或社会学著

---

① Iain McDaniel, "Ferguson, Roman Hisrtory and the Threat of Military Government in Modern Europe", in Eugene Heath and Vincenzo Merolle edited, *Adam Ferguson: History, Progress and Human Nature*, London, Pickering & Chatto, 2008, p. 126.
② Adam Ferguson, *The History of the Progress and Termination of the Roman Republic*, Vol. V, Edinburgh, Bell & Bradfute, 1799, p. 74.
③ 〔英〕亚当·弗格森:《文明社会史论》,林本椿、王绍祥译,沈阳:辽宁教育出版社1999年版,第246页。
④ 〔法〕孟德斯鸠:《罗马盛衰原因论》,婉玲译,北京:商务印书馆2009年版,出版说明第1页。
⑤ 弗格森在其《罗马史》中也明确指出罗马共和国领土面积的持续扩张致使原有的体制无法适应新形势的变化,从而是造成共和国衰亡的重要原因之一。
⑥ 〔法〕孟德斯鸠:《罗马盛衰原因论》,婉玲译,北京:商务印书馆2009年版,第56—57页。
⑦ 同上书,出版说明第1页。

作。《文明社会史论》尽管有大量的尤其是与古罗马相关的史料,但其根本目的并不在于阐发罗马的相关史实,而是通过阐述这些史料以表达他的一系列政治观点,如对"美德"重要性的大力论证和提倡。不论是从具体的史学思想上,还是从宏观的著述风格上,弗格森都是孟德斯鸠的坚定追随者,难怪弗格森在《文明社会史论》中对孟德斯鸠表达一种向先行者致敬式的款款深情了。

吉本的历史写作范型。对弗格森史学尤其是其《罗马史》影响较大的史家不得不提到其同胞爱德华·吉本。这位18世纪英格兰的史学天才在1776年出版的《罗马帝国衰亡史》不仅引起了全欧的轰动,对众多学者包括弗格森也产生重要影响。1776年《罗马帝国衰亡史》第一卷出版后,吉本旋即将自己的著作呈送给弗格森,弗格森也很快给吉本回信,向吉本祝贺道:"这几天我一直在读您的《罗马帝国衰亡史》,你为英国的经典之作又增加了光辉的一页,就像修昔底德给他的同胞们所留下的一笔'永恒的财富'。"[1]弗格森还指出自己受到了吉本的启发,并以敬重之情正在研究吉本的写作模式。[2] 这种影响突出体现在弗格森《罗马史》的下限时间上。弗格森本打算将《罗马史》的内容写到屋大维当选为罗马帝国的第一位君主为止,然而,为了使《罗马史》的叙述能够更加靠近吉本《罗马帝国衰亡史》的上限,弗格森又决定将内容扩展到提比略之死。[3] 此外,同吉本一样,弗格森将《罗马史》的选材范围也主要局限于政治和军事,题材的狭隘性甚至比吉本表现得更为突出。弗格森在1776年给吉本的祝贺信中,曾指出对吉本处理《罗马帝国衰亡史》内容的能力表示钦佩。[4] 因此,弗格森《罗马史》政治、军事史的写作题材除了受到古典史家的影响外,吉本的《罗马帝国衰亡史》也应为其树立了一个典范。然而,需要指出的是,《罗马帝国衰亡史》的写作风格和内容似乎也引起弗格森的不满。对于这一点,弗格森在给吉本的信中已含蓄地表达了出来。他指出,对于吉本的《罗马帝国衰亡史》,他还没有作出任何特殊的评论,但当他再次阅读《罗马帝国衰亡史》时,他会提出一些必要和有用的意见,而这些可能会通过他的《罗马

---

[1] Vincenzo Merolle edited, *The Correspondence of Adam Ferguson*, London, William Pickering, 1995, pp. 135 – 136.
[2] Ibid., p. 136.
[3] John Small, *Biographical Sketch of Adam Ferguson*, Edinburgh, Neill and Company, 1864, p. 44.
[4] Vincenzo Merolle edited, *The Correspondence of Adam Ferguson*, London, William Pickering, 1995, p. 136.

史》体现出来。① 弗格森果然在其1783年出版的《罗马史》中表现出了与吉本完全不同的撰史风格,他将自己所撰写的《罗马史》的原则定义为"叙述、陈述那些事件,详述人物性格而不加入我自己的评判"。② 如果说《罗马史》暗含着对吉本《罗马帝国衰亡史》极具解释性和批判性的著史风格的反动,那么在1806年,弗格森所写的《论历史及其合适的方法》这篇论文,可以说是"旗帜鲜明"的对《罗马帝国衰亡史》撰史风格和具体认识的批判书和挑战书了。在这篇论文里,弗格森并没有提及吉本的名字,但却对"解释性"、"评判性"、"批判性"的撰史风格进行猛烈批评,而这些正是《罗马帝国衰亡史》的鲜明特点。关于弗格森所赞赏和鄙夷的撰史风格下文将有所阐释,这里稍加提及。弗格森强调历史学家作史应"述而不作",对史家掺杂主观评价,展示口才的做法深不以为然。他说:"当历史学家陈述一个事件时,如果他陈述全面和公平的话,他没有必要称赞或谴责,向读者灌输自己对事件所持观点的做法是不应该受到称赞的。"③ 历史学家们"好像习惯于展示他们或讽或颂的特长,表现他们的口才,这的确比仅仅陈述事实更引人注目,……然而,对于历史来说,这无疑是一种滥用"。④ 弗格森对历史学家在史著中堆砌的华丽辞藻提出尖锐批评。⑤ 此外,他还以同吉本著史风格极像的李维、塔西佗作为历史学家撰史风格的反面教材大加批评,指责前者卖弄口才,美化罗马,⑥ 批评后者通过在著作中加入自己的评判来操纵读者的心灵,通过史家主观情感的掺入去激起读者对像提比略、尼碌这些皇帝的憎恨。⑦ 弗格森这些评论似乎都将矛头指向吉本。

  吉本对于基督教的攻击,也引起出身于虔诚基督教家庭的弗格森的不满。弗格森说:"通过实例来引导是一个看似正确的目标",然而相比于人们所希望的历史"教人向善"的功用,它通过反面的实例所带来的"腐化"人心的后果可能更加可怕。⑧ 弗格森似乎意指吉本在《罗马帝国衰亡史》中

---

① Vincenzo Merolle edited, *The Correspondence of Adam Ferguson*, London, William Pickering, 1995, p. 136.
② Ibid., p. 285.
③ Vincenzo Merolle edited, *The Manuscripts of Adam Ferguson*, London, Pickering & Chatto, 2006, p. 22.
④ Ibid., p. 22.
⑤ Ibid., p. 23.
⑥ Ibid., pp. 22-23.
⑦ Ibid., pp. 24-25.
⑧ Ibid., p. 21.

对基督教的抨击和讥讽无疑为当世以及后世树立一个不好的例证,产生严重的负面影响。维琴佐指出,弗格森的这段话似乎隐含着对吉本宗教态度的攻击。①

经验主义的传统。近代自培根以降,英国出现一批极具影响力的经验主义哲学家,霍布斯、洛克、贝克莱、休谟等,这使得英国长期具有浓厚的经验主义传统,这些经验主义哲学家尽管在具体观点上不相一致,如"有的持唯物主义的立场,有的持唯心主义立场,有的持可知论立场,有的持不可知论立场,有的混杂有较多的理性主义成分,有的则保持较纯粹的经验主义形态"②。但在根本原则上,他们是相同的,即"他们都承认知识和观念来源于经验这样一原则。(尽管他们对经验的理解也很不相同)"③。培根就"提出了知识和观念起源于感性世界的基本原则,制定了经验主义的归纳法;认为人是自然的奴役和解释者,基于实验的对于外物的感官知觉是人的认识的起始点"④。洛克提出人类心灵的"白板说",他指出,"心灵是一块白板,既没有天赋的思辨原则,也没有天赋的实践原则,我们的一切知识都是来源于后天经验的"⑤。休谟同样认为"没有与生俱来的天赋观念,也没有什么反省观念,一切观念都是感觉印象的摹本,都起源于感觉印象"⑥。英国经验主义哲学家们对感觉经验的重视,自然给予与感觉经验紧密相连的历史以突出的地位。柯林武德说:"天赋观念这一概念是一种反历史的概念"⑦,"否定天赋观念而坚持知识来自经验",将赋予历史以突出地位。因为:

> 如果一切知识都在于使我们的天赋观念显示明白的话,而且如果所有这类观念都作为潜在性而存在于每个人的头脑之中的话;那么在理论上一切可能的知识便都能通过每个人靠其自身不假外力的努力而为自己重新产生出来,于是也就没有共同来建立起知识体的需要了,而这一点却正是历史的特殊工作。如果全部知识是建立在经验

---

① Vincenzo Merolle, "Introductory Essay", in Vincenzo Merolle edited, *The Manuscripts of Adam Ferguson*, London, Pickering & Chatto, 2006, p. xxiii.
② 陈修斋:《欧洲哲学史上的经验主义和理性主义》,北京:人民出版社2007年版,第57页。
③ 同上。
④ 同上书,第58页。
⑤ 同上书,第62页。
⑥ 同上书,第65页。
⑦ 〔英〕柯林武德:《历史的观念》,何兆武、张文杰、陈新译,北京:北京大学出版社2010年版,第73页。

上,那么它就是一种历史产物;正如培根所重新论断的,真理乃是时间的女儿;而最好的知识则是最成熟的最丰富的经验的果实。[1]

休谟正是意识到历史对于知识所产生的重要作用,于是在他"大约35岁左右就抛弃了哲学研究而情愿进行历史研究"。[2] 弗格森无疑也充分意识到这一点。英国长期的经验主义传统使弗格森自觉运用历史来解决相应的政治和哲学问题。在《文明社会史论》的开篇,他对两种"自然状态"说加以驳斥,他认为,"出于为建立一个称心如意的体系打基础的欲望,或者也是出于我们可能洞察自然的奥秘,找到生命的真正源泉的热望,我们就这一问题作了许多徒劳无益的探索,也引发了许多奇思异想。在人类所拥有的众多品质中,我们选择了一种或几种特性来建立一套理论,来为自己所认为的人类在某中臆想中的蒙昧状态下的情景自圆其说。我们忽视了他在我们所能观察得到的范围内以及史实记载中的真实面目"[3]。

在弗格森看来,关于"文明社会"的起源问题,不应"提出种种猜想",而应从自然历史学家所搜集的事实中去获取答案。自然历史学家"对于世界物质系统能知道多少取决于事实的收集,或者说,充其量不过取决于基于特别的观察和实验总结出来的总的原则"[4]。关于人性问题,弗格森同样认为这"必须在人类史中寻求答案"[5]。弗格森也的确如此实践了,他对于"人性的研究不是通过哲学的抽象思辨,而是通过历史的经验观察,他的《罗马史》就是突出的体现。在1776年给吉本的信中,他明确说《罗马史》的主要目的就是要研究人性"[6],他正是要通过罗马共和国晚期纷繁复杂的光辉历史去获得关于人性的知识。可以说,英国长期以来经验主义的传统促使弗格森重视通过历史来进行相应的政治和哲学研究。

理性主义史学的多面影响。18世纪的启蒙思想家高举理性主义的大旗,对一切在他们看来不合理的东西进行最猛烈的批判。理性是最高的权

---

[1] 〔英〕柯林武德:《历史的观念》,何兆武、张文杰、陈新译,北京:北京大学出版社2010年版,第73页。
[2] 同上书,第74页。
[3] 〔英〕亚当·弗格森:《文明社会史论》,林本椿、王绍祥译,沈阳:辽宁教育出版社1999年版,第2页。
[4] 同上书,第3页。
[5] 同上书,第4页。
[6] Vincenzo Merolle edited, *The Correspondence of Adam Ferguson*, London, William Pickering, 1995, p. 141.

威,"他们不承认任何外界的权威,不管这种权威是什么样的。宗教、自然观、社会、国家制度,一切都受到了最无情的批判"。对理性如此推崇,以致于"一切都必须在理性的法庭面前为自己的存在作辩护或者放弃存在的权利"①。这种理性同史学相结合,就形成特征鲜明的理性主义史学,其特点可概括为以下几个方面,"重视历史的政治启蒙及其对教育国民的功能,把历史看作是政治经验的学校,倡导怀疑精神,用理智分析代替盲目信仰,以'理性'衡量一切"。通过撰写史著来抨击暴君和教会,打破政治史、军事史和外交史的写作框架,把"社会经验、民俗风情、文学艺术、科学技术都纳入了历史研究的范围,以便从中表现各个时代的精神风貌",启蒙学者也开始尝试写"包罗万象的世界史著作",对历史进行解释而不仅仅是叙述,"赋于历史以哲学的意义,即寻找事件的因果联系,揭示历史发展的规律",把"人的理性看作历史的主要动力",提出历史进步的思想,"他们写的历史著作一般缺乏坚实的史料依据而带有抽象哲理性质,常常用对历史整体的哲理分析代替对各民族各地区的具体历史的深入研究,因此不可避免地具有先验的思辨性质",采取的是一种反历史主义的态度,"对过去简单否定,而完全忽视历史的连续性和继承性"②。尽管弗格森同18世纪的理性主义史学保持较大距离,其众多史学观念明显表现出对理性主义史学的反叛,如:他强调平铺直叙而非解释的作史风格;对野蛮民族报以赞美之情,表现出历史主义的观念;《罗马史》恪守政治、军事史的传统;不像伏尔泰、吉本等对宗教的激烈批判和辛辣讽刺,弗格森对宗教几乎没有任何不逊之词,甚至还向吉本对宗教的攻击态度表示不满;在历史进步论动力问题上,他并没突出理性的巨大作用,而是对无意后果律、地理环境尤其是美德在推动历史发展过程的作用着墨甚多,他有关历史进步的动力的观点也可视为一种调和说,即美德、理性、无意后果律、地理环境共同推进人类历史的进步。当然它们各自所起作用的重要程度是有区别的。但是,也应看到,作为18世纪启蒙运动的主要思想家之一,他的历史观念也不可避免打上18世纪理性主义史学的烙印。如:弗格森尽管对现代文明多有批判之词,但他的历史观仍植根在历史进步的框架内;在古典文献的真实性上,他也表现出大胆的怀疑、批判精神;《文明社会史论》也体现出伏尔泰那种"世界主义"眼光,可以说是继伏尔泰《论世界各国的风俗和精神》之后采用世界史体例

---

① 〔德〕恩格斯:《反杜林论》,《马克思恩格斯全集》第26卷,北京:人民出版社2014年第2版,第19—20页。
② 宋瑞芝等:《西方史学史纲》,开封:河南人民出版社1989年版,第157—159页。

的又一重要著作;尽管其《罗马史》采用的是"述而不作"的撰史体例,但弗格森要通过对罗马共和国兴衰史的客观叙述去研究18世纪启蒙思想家们所热议的人性问题,探究国家兴衰原因,为18世纪大不列颠的发展提供指明灯。换言之,在其冷峻的笔调背后,实际上蕴含着一种启蒙思想家们所极为强调的哲学精神。弗格森在其史著中还表现出特点鲜明的道德史观,这一方面当然受益于古典主义尤其是斯多噶学派的启发,但作为18世纪的启蒙思想家,理性主义史学所具有的道德说教的特征也无疑是其史著中"道德化"的主要理论来源之一。以上几点,将在下文中详细论述,这里不再展开。

3. 特殊的高地情结?

弗格森是18世纪苏格兰启蒙运动主要思想家中唯一一个具有高地背景的。探明弗格森是否具有高地情结,对认识弗格森一些重要的史学思想来源,如弗格森的历史进步论至关重要。本节将以欧希安(Ossian)①争议为切入点,论证弗格森并没有特殊的高地情结。以此指出,在考察弗格森史学思想渊源时,不应盲目地将其归于弗格森的高地背景。弗格森的众多史学思想,更多地是源于其站在人类历史发展的高度,通过对历史的观察和认识,而得出的学术观点,与其高地背景并没有什么特别联系。

弗格森在《文明社会史论》中对现代文明大加批判,而对与高地背景相类似的野蛮民族极力赞美②,认为文明社会正日益丧失野蛮民族所推崇的崇高美德,这将会使其陷入极其危险的境地。因而不少学者将弗格森的这种厚古薄今论调同其高地背景联系起来,认为弗格森之所以在《文明社会史论》中表现出大量崇古抑今的观念,是源其特殊的高地背景。如欧兹-萨兹伯格就指出,《文明社会史论》虽然没有提及其出生地——苏格兰高地的名字,但是弗格森仍然深受苏格兰尤其是高地的影响,弗格森在《文明社会史论》中对与高地相似的原始部落的公民生活作了重要提及,大加赞美古诗,对于高地传奇的远古诗人欧希安,弗格森从未将其视为凭

---

① 欧希安是苏格兰高地传说中伟大的古代诗人。
② 在18世纪启蒙学者推崇理性,简单否定过去的背景下,野蛮民族同未开化时期、中世纪文明一样都被作无知和迷信的产品,不值得有知识的人进行研究,或充其量只是作为现代文明的介绍。见 Thomas Preston Peardon, *The Transition in English Historical Writing*, 1760-1830, p. 10。而当时苏格兰高地地区的经济十分落后,同代表高度发达的现代工商业文明的英格兰不可同日而语,在1707年英苏合并后,同英格兰甚至苏格兰低地的差距逐渐增大。因而,高地同野蛮民族一样,相对于18世纪的现代工商业文明,都是贫穷、落后,不值一提的他者。

空想象的产物。① 正是因为他的高地背景,使他坚信远古高地诗人欧希安及其创作的古诗的真实性。② 这种观点颇为流行,引来不少追随者,如匹塔克(Murray G. H. Pittock)③、阿伦(David Allan)④,中国一些研究弗格森思想的学者也基本持这种观点。⑤ 然而,反对这种观点的声音亦十分强烈,如布朗(John D. Brewer)⑥、罗伯逊(John Robertson)⑦、费戈(Jane B. Fagg)⑧等。这里更倾向于后一种观点。不少学者往往用弗格森对欧希安真实性的肯定来表明其特殊的高地情结。事实上,弗格森在欧希安问题上的态度恰恰说明其并没有特殊的高地情结。

1760年6月,麦克弗森(James Macpherson)出版《从盖尔语或厄尔斯语翻译而来,源于苏格兰高地的远古诗片断》(*Fragments of Ancient Poetry Collected in the Highlands of Scotland, and Translated from the Gaelic or Erse Language*)。他自称这些古诗来源于一本用苏格兰盖尔语写成的古诗遗稿,而这些遗稿真实地保留欧希安的诗。紧接着在1761年、1763年,麦克弗森又编辑出版自称是欧希安的一系列诗,实际上意图证明欧希安这位传说中伟大的高地诗人是真实存在的,因而在当时的学界引起很大轰动。弗格森、休·布莱尔、吉本都对麦克弗森出版的这些古诗表示很大兴趣,相信这些古诗确是出于欧希安之手。然而,一些怀疑

---

① Fania Oz-Salzberger, "Adam Ferguson's Histories in Germany: English Liberty, Scottish Vigour, and German Rigour", in Benedikt Stuchtey and Peter Wende, *British and German Historiography*, 1750 – 1950, *Traditions, Perceptions, and Transfers*, Oxford, Oxford University press, 2000, p. 56.
② Fania Oz-Salzberger, "Introduction", in Adam Ferguson, *An Essay on the History of Civil Society*, Cambridge, Cambridge University Press, 1995, p. xi.
③ Murray G. H. Pittock, "Historiography", in Alexander Broadie edited, *The Cambridge Companion to The Scottish Enlightenment*, 北京:生活·读书·新知三联书店 2006 年版,第 273 页。
④ David Allan, "Ferguson and Scottish History: Past and Present in *An Essay on the History of Civil Society*", in Eugene Heath and Vincenzo Merolle edited, *Adam Ferguson*: *History, Progress and Human Nature*, London, Pickering & Chatto, 2008.
⑤ 如:刘华:《文明的批判—亚当·弗格森及其〈文明社会史论〉》,《历史教学问题》2004 年第 5 期。翟宇:《论苏格兰启蒙思想家弗格森的政治思想》,吉林大学硕士学位论文,2007 年,第 6 页。
⑥ John D. Brewer, "Ferguson's Epistolary Self", in Eugene Heath and Vincenzo Merolle edited, *Adam Ferguson*: *History, Progress and Human Nature*, London: Pickering & Chatto, 2008.
⑦ John Robertson, "An Essay on the History of Civill Society by Adam Ferguson", *History Workshop Journal*, No. 44, (1997), p. 256.
⑧ Jane B. Fagg, "Biographical Introduction", in Vincenzo Merolle edited, *The Correspondence of Adam Ferguson*, London, William Pickering, 1995, p. lxxii.

声音也出现了,休谟就对这些古诗的真实性表示质疑,他讽刺地说道,如果麦克弗森不把这些古诗假托为欧希安所写,对于他这位名不见经传的当代诗人所写的诗,没有人会去仔细阅读的。[1] 这种怀疑论逐渐成为主流,越来越多的学者如约翰逊(Samuel Johnson)、肖(William Shaw)、普西(Thomas Percy)[2]等等,都认为这些所谓的欧希安所遗留下的古诗,不过是麦克弗森的"天才创造",而与麦克弗森关系密切的弗格森、布莱尔也被攻击为欧希安古诗造假的参与者。1781年,弗格森在从疗养地返乡途中,去拜访道格拉斯(Canon John Douglas)。他给弗格森看了由肖最近出版的小册子——《有关欧希安诗集真实性的调查》(*An Enquiry into tha authenticity of the Poems ascribed to Ossian*),其中指出,弗格森同布莱尔参与欧希安古诗的造假。此调查指出,在1765年,当普西在布莱尔的引荐下,去拜访弗格森时,弗格森有意地安排自己的一位来自高地的学生在普西面前朗诵高地古诗。这位高地学生称其在自己家乡苏格兰高地听到这些古诗,而这些古诗在一些地方又与麦克弗森所编辑出版的欧希安古诗集内容相一致,普西信以为真,打消之前对麦克弗森欧希安古诗集的怀疑,并在布莱尔建议下,在其第二版《古诗遗存》(*Reliques of Ancient Poetry*)的注释中将这件事记录下来,这进一步加强了麦克弗森欧希安古诗的真实性。而肖指出,这实际上是弗格森同布莱尔精心设制的一场骗局,那位来自高地学生所朗诵的所谓欧希安古诗实际上完全是弗格森自己事先教给他的,并有意地让他朗读给普西听的。肖称此事已得到普西的证实,也是普西告诉他的。弗格森对肖的攻击非常愤怒,称自己从未参与欧希安造假,并为此对肖和普西的无端指责加以反驳。双方为此进行激烈论辩,最后此事不了了之。

  关于弗格森是否有意安排自己的学生来欺骗普西,弗戈指出,尽管弗格森在此事的相关回忆上产生一些偏差,但"并没有理由来猜测弗格森参与造假"[3]。这是弗格森卷入欧希安争议的一个大致过程。一些学者如上面提到的欧兹-萨兹伯格却指出,正是因为弗格森的高地背景,才使其对高地传说的远古诗人欧希安表示极大热情。的确,弗格森似乎从未怀疑过欧希安的真实性,甚至在麦克弗森死后,他还关心欧希安诗集的出版,但这并不能说明其特殊的高地情感。事实上,通观弗格森的通信集,除了"同普西

---

[1] Vincenzo Merolle edited, *The Correspondence of Adam Ferguson*, London, William Pickering, 1995, p. 54.

[2] Ibid., pp. lxix-lxxi.

[3] Jane B. Fagg, "Biographical Introduction", in Vincenzo Merolle edited, *The Correspondence of Adam Ferguson*, London, William Pickering, 1995, p. lxxi.

进行辩论以及回答麦肯锡（Henry Mackenzie）有关高地社会的问题,弗格森的信几乎没有提到欧希安"[1]。在1781年给布莱尔的信中,弗格森明确指出"虽然我从未怀疑过詹姆斯·麦克弗森所出版的诗集的真实性",但他也从未像很多人那样积极地为麦克弗森的欧希安诗集寻找证据[2]。对他来说,欧希安好像是人类史上很有趣的话题,不是所谓的为苏格兰增添这种自负的荣耀,更别说嫉妒英国的其他地区了。[3] 可见,弗格森对欧希安问题十分客观,他没有毫无底线地支持欧希安古诗集的真实性,也从未为了论证欧希安古诗集的真实性投入过很大精力。需要注意的是,麦克弗森出版的欧希安诗集真实性的问题在当时的英国引起巨大争议,布莱尔、休谟、吉本、约翰逊、肖、普西等众多知名学者都卷入这场争论,甚至在欧洲大陆,欧希安问题也产生广泛而深远的影响,赫尔德（Johann Gottfried Herder）、歌德（Johann Wolfgang von Goethe）、席勒（Johann Christoph Friedrich von Schiller）都对其表示很大的热情,拿破仑甚至在随军作战时都要带上欧希安诗歌集。[4] 然而,对于产生如此重大争议和影响的可以代表高地古老文明的欧希安诗集,出生于高地的弗格森却表现出如此冷静和客观的态度,相比欧兹等学者的观点,这应该更能反映出弗格森并没有特殊的高地情结,而弗格森对欧希安所表现出的一些兴趣,只是因为其是"人类史上很有趣的话题",而与高地并没有什么关系。由此可见,弗格森的眼光十分宽广,他是立足于人类发展史的高度对欧希安的问题表示一些兴趣,而不是由于其高地背景对麦克弗森的欧希安古诗表示支持的。那些将其归于高地背景的学者,在误读弗格森思想来源的同时,事实上也把弗格森治学的立足点放得太低了。

  学术渊源的探讨,大抵可以分为两个层次:第一个层次是就文本表面的观点去探询作者对前人的继承和创新。第二个层次是深入文本的背后,去重构作者在构建自己理论观点和体系时的思维方式,以此来把握他对前

---

[1] Jane B. Fagg, "Biographical Introduction", in Vincenzo Merolle edited, *The Correspondence of Adam Ferguson*, London, William Pickering, 1995, p. lxxii.

[2] Vincenzo Merolle edited, *The Correspondence of Adam Ferguson*, London, William Pickering, 1995, p. 276. 需要指出的是,在1798年给麦肯锡的一封信里,他明确指出,伴随着麦克弗森《芬戈》（*Fingal*）,《泰奥拉》（*Tenora*）的出版,他也开始怀疑麦克弗森过于随便地拼凑了一些古诗片断。可见弗格森对欧希安并不是盲目支持,他的态度是相当客观的。见 Vincenzo Merolle edited, *The Correspondence of Adam Ferguson*, London, William Pickering, 1995, p. 431。

[3] Ibid., p. 76.

[4] George F. Black, *Macpherson's Ossian and the Ossianic Controversy*, New York, The New York Public Library, 1926, pp. 8-9.

人思维方式的继承和创新。本章对弗格森史学学术渊源的探讨,大抵属于第一层次上。一则因为学识有限,二则因为国内对弗格森史学的研究成果可以说是凤毛麟角。在此情况下,想短时间内如此深入地研究弗格森的史学,的确是有难度的,其中缺憾也只好俟诸他日来弥补了。

二、弗格森史学的理论与实践

弗格森的史学,无论在理论还是实践层面,都有著作出版过,值得后人讨论的地方很多,以下有选择地详述。

1. 曲线历史进步论

弗格森是历史进步论者吗?这本应是一个很容易回答的问题,因为作为18世纪启蒙运动的代表人物,他本应像伏尔泰、孔多塞、康德等人一样明确表达出对千年福王国终将到来的乐观与信心,或至少要像他的同胞休谟、斯密、吉本一样,明确表达出今胜于古的乐观与肯定。然而,耐人寻味的是,尽管在其集中讨论历史进步论的《文明社会史论》中,也时常可见弗格森对社会进步的肯定,但他更多地却是极力歌颂野蛮民族所具有的崇高美德,而对现代商业文明社会大加批判,以至于休谟在《论古代国家和人口稠密》中极力嘲讽的厚古薄今论者很可能就包括弗格森。[1]

于是,有关弗格森是否是历史进步论者的争论就出现了。欧兹-萨兹伯格否定弗格森是历史进步论者,她说:"弗格森的历史是非决定论的,并且是无预期目的的",与他的同时代人伏尔泰、休谟不同,弗格森认为高度发达的社会将日益沦为未开化社会式的专制。不像黑格尔和马克思,弗格森并没有描述"人类将按照一条必然的道路,奔向美好的未来"。[2] 莱曼(W. C. Lehmann)更是指出弗格森是历史循环论者。[3] 但更多的学者显然是不同意这一观点的。他们仍将弗格森归为历史进步论者行列,高夫(J. W. Gough)在其对《文明社会史论》的书评中较早肯定弗格森从"野蛮"到"文明"的进步史观[4]。伦德尔(Jane Rendall)则进一步发展了这种观点,认

---

[1] 〔英〕休谟:《休谟经济论文选》,陈玮译,北京:商务印书馆1984年版,第96—97页。
[2] Fania Oz-Salzberger, "Introduction", in Adam Ferguson, *An Essay on the History of Civil Society*, Cambridge, Cambridge University Press, 1995, p. xx.
[3] 转引自 Ronald Hamowy, *The Political Sociology of Freedom-Adam Ferguson and F. A. Hayek*, Edward Elgar, 2005, p. 9。
[4] J. W. Gough, "Essay on the History of Civil Society by Adam Ferguson", *The English Historical Review*, Vol. 82, No. 325, p. 849.

为弗格森并没有像苏格兰启蒙运动中的斯密、穆勒、罗伯逊等人一样将人类历史发展分为四个阶段,而是三个阶段,即野蛮、未开化和文明社会。同斯密重视社会物质发展的进步史观不同,弗格森则更热心评价每种社会给人们提供实现其道德潜能的机会。① 哈姆尼(Ronald Hamowy)也指出,弗格森虽然在其《文明社会史论》中提到文明社会美德的丧失以及面临的腐化危险,但这种对极端形式进步论的否定并不能说明弗格森是否认人类的自然进步的,弗格森虽然拒绝这种盲目的进步论,但他的进步观念在其《文明社会史论》和其所有道德哲学著作中随处可见。②

尽管弗格森在《文明社会史论》中表现出很明显的厚古薄今论调,但是有关历史进步的观点仍在启蒙运动思想的主流框架之内,换言之,弗格森仍是一位历史进步论者。不可否认,《文明社会史论》里的确有太多的崇古抑今、借古讽今的言论,他说:

> 简而言之,只有根据这种天性,我们才能说明为何当舒适、安全的一方以一种更为富足、更为安全的生活诱惑他逃离饥饿、危险时,野人对他漂泊不定、孤立无助的部落还是那么忠贞不渝。正因为如此,每一个希腊人才会对祖国怀有真挚的爱,也正因为如此古罗马人才有矢志不渝的爱国热忱。把这些例子同风靡于商业国家的那种精神作个比较吧。在这种商业国家中,人们可能都全面地经历过个人在保存整个国家的过程中表现出的自私自利。正是在这一点上,我们有时会发现人类是一种孤立的、寂寞的生灵:一旦他找到了一个与他人竞争的目标,他就会为了利益,不惜像对待牲口、对待土地一样地对待他人。③

还有一些历史循环论调:

> 这种现象使我们达成了这样一种共识:在社会发展过程中,国家会达到我们所说的辉煌的巅峰,这是再自然不过的,正如国家会无法避免地重新归于弱小,默默无闻也是再自然不过的一样。青年人和老

---

① Jane Rendall, *The Origins of the Scottish Enlightenment*, London, St. Martin's Press, 1978, pp. 125 – 126.
② Ronald Hamowy, *The Political Sociology of Freedom: Adam Ferguson and F. A. Hayek*, Edward Elgar Publishing Ltd, 2005, p. 9.
③ 〔英〕亚当·弗格森:《文明社会史论》,林本椿、王绍祥译,沈阳:辽宁教育出版社1999年版,第21页。

年人的形象同样适用于国家。群体像个人一样，也有一段生命历程。它好比一根线，一部分均匀、结实，另一部分用久了就松弛了、崩了，这一切都是命中注定的。①

但是，如果仅凭此就断定弗格森是否认历史进步论的，甚至是历史循环论者，那就未免失之片面了。因为在《文明社会史论》中，他还多次肯定历史进步的观点。他说："对于人类而言，公认的缺点在任何情况下都会令人讨厌。无知和愚昧为他人所鄙视，富有洞察力，品行端正则使人出类拔萃，受到尊重。人类对于这一切的感知和理解到底会将他引向何方呢？毫无疑问是进步。"②他还指出，

  自然产物的形成往往是个渐进的过程。植物的生长始于嫩芽，动物的成长始于幼畜。后者是活动的，其能力与活动相长，它们所做的事情取得进展的同时，它们从中获得的能力也提高了。就人类而言，这种发展比任何其他动物的发展都强，可以持续到更高的水平。不仅个人要从幼婴阶段进入成人阶段，而且整个人类也要从野蛮阶段进入文明阶段。③

这似乎是一个悖论，是弗格森的进步史观前后抵牾而不能一致吗？答案是否定的。

在《道德政治科学原理》里，弗格森在描述人类历史进步时所提到的一段话，或许值得注意。弗格森指出，人类的进步"持续的靠近永恒的无限的完美"，然而"它可能就像几何学家所描述的曲线一样，虽然不断地临近一条直线，但却永远也达不到"④。不难看出，弗格森在向世人展现人类进步的美丽图景。然而，值得注意的是，弗格森并不认为人类社会的进步是一帆风顺的，他赞成的是一条曲线上升的历史进步，而非像主流启蒙思想家们所肯定的直线进步史观。或许，这种非直线的历史进步观能有助于解释弗格森为什么要在其《文明社会史论》表现出大量的厚古薄今的言论了。

---

① 〔英〕亚当·弗格森：《文明社会史论》，林本椿、王绍祥译，沈阳：辽宁教育出版社1999年版，第230页。
② 同上书，第10页。
③ 同上书，第1页。
④ Adam Ferguson, *The Principles of Moral and Political Science*, London, A. Strahan and T. Cadell, 1792, pp. 184-185.

在弗格森看来,人类对大自然赋予的理性的认识和运用是不断完善的,正是这种发展在某种程度上推动了人类历史的进步。他说:

> 兼有理性和动物自然的生灵不断地被创造出来。但动物自然注定是要消亡的,可理性自然为何不会消亡呢?第一点是必然的。若上代不以死亡为下代让路,那么这个世界就会充满人的躯体。但是,精神的世界却可以永远毫无阻碍地扩展。……人的理智自然的进步,并不限于人的一生。①

弗格森还指出人类的"自然天赋或许是一成不变的。而对这个天赋的运用则在不断变化。多少个世纪以来,人们锲而不舍地努力劳作。他们在前人的基础上向前迈进,经年累月后,他们对天赋的运用就趋于完善了"②。然而,人类理性运用的完善只能保证社会进步中物质财富的不断积累,而对于人类精神持续地发展似乎是无济于事的。这种没有"美德"③作为指引的人类的的物质进步必将是危险的,最终"将我们带入这样的一幕,为了增加财富,人口,人类受到腐败的侵蚀,无法捍卫自己的财产。最终,他们只好受压迫,走向毁灭。我们为了能够使枝干生长,叶子繁茂,把根切断了"④。可见,在弗格森看来,人类社会的进步标准,不仅体现在人类理性促进的物质进步,更需要人类始终保持崇高的美德,来指引这种物质进步朝着正确的方向发展。而现代工商业文明在一味追求物质财富的同时,却正是日益丧失这种保证人类社会进步避免陷入毁灭的崇高美德。这也就能解释为什么弗格森会如此尊崇野蛮社会的高尚美德,而对现代工商业文明大加批判之词了。但弗格森并不认为工商业文明国家会在这种道德的沦丧中永远沉沦下去,相反,他认为人类美德和物质进步可以也必然会有机结合起来。他说:"可能是出于这样一种观点,即人的美德是可靠的,一些关注公益事业的人们只想到人口的增长,财富的积累。另外一

---

① 〔英〕亚当·弗格森:《文明社会史论》,林本椿、王绍祥译,沈阳:辽宁教育出版社1999年版,第63页。
② 同上书,第5页。
③ 弗格森所说的"美德","特指'公民美德',是指人们始终以公民身份采取积极行动的政治素质,是指对政治参与高涨不堕的热情,是指对'公共善'始终如一的践履和追求。"参见周保巍:《"'自由主义'的自由与'共和主义'的自由-论苏格兰启蒙运动中的观念冲突》,《华东师范大学学报》2006年第1期,第9页。
④ 〔英〕亚当·弗格森:《文明社会史论》,林本椿、王绍祥译,沈阳:辽宁教育出版社1999年版,第162页。

些人或许是担心腐化堕落,只想以如何保持民族美德。人类社会对这两者都负有重大责任。只是出于谬误,人们把这两者对立了起来。"[1]而他对曲折性的人类进步的强调,说明美德尽管可能会在人类发展的某些阶段发生缺失,促使国家或民族的衰落,如古罗马共和国由美德的丧失而最终土崩瓦解,[2]但是从历史发展的长河来看,美德和物质的进步必将会完美结合起来,人类社会必将在美德指引下"生存下去,繁荣下去"[3]。因而,如果将弗格森的进步史观描述为"历史的这种进步只限于物质层面,而在精神层面,人类是趋于堕落的",可能就是对弗格森有关历史进步看法的误读了。[4]弗格森对野蛮民族美德的推崇和现代工商业文明的批判,不是对工商业文明的否定,而是一种提醒。他告诫现代工商业国家的人们,物质的进步,必须以美德作为指导,否则就会像晚期的罗马帝国一样,尽管曾经是"照亮整个世界的火炬",但最终"就像烛台里的小蜡烛一样渐渐黯淡了"[5]。然而,弗格森将历史分成两层,普遍史和国家的历史。不管国家的命运如何,哪怕"国家可能遭受腐化,进而衰落,但历史会不断地进步下去"。[6]

由《文明社会史论》,可见,弗格森对"野蛮民族"和"现代文明"的不同态度是源其二者在美德方面的不同。在弗格森看来,前者具有崇高的美德,因而受到肯定。后者日益丧失这种美德,因而遭到批评。换言之,美德是弗格森评价历史不同发展阶段的最重要标准,理性倒被放在次要的地位了。然而,18世纪的启蒙思想家们多是无限地拔高理性的作用,以致"一切都必须在理性的法庭面前为自己的存在作辩护或者放弃存在的权利"[7]。那么,弗格森的历史进步观中又何以如此突出美德的重要性呢?显然,至少同下列几种因素有关:

第一,源于他的政治思想。弗格森深受市民人文主义和古典共和主义

---

[1] 〔英〕亚当·弗格森:《文明社会史论》,林本椿、王绍祥译,沈阳:辽宁教育出版社1999年版,第162页。
[2] 同上书,第230页。
[3] 同上书,第309页。
[4] 翟宇:《论苏格兰启蒙思想家弗格森的政治思想》,吉林大学硕士学位论文,2007年,第20页。
[5] 〔英〕亚当·弗格森:《文明社会史论》,林本椿、王绍祥译,沈阳:辽宁教育出版社1999年版,第230页。
[6] Jeng-Guo S. Chen, "Providence and Progress: The Religious Dimension in Ferguson's Discussion of Civil Society", in Eugene Heath and Vincnzo Merolle, *Adam Ferguson: History, Progress and Human Nature*, London, Pickering & Chatto, 2008, p. 184.
[7] 〔德〕恩格斯:《反杜林论》,《马克思恩格斯全集》第26卷,北京:人民出版社2014年第2版,第20页。

两种共和思潮的影响。而这两种思潮的核心理念之一,就是强调"美德"在社会生活中的重要性。① 这种政治思想直接影响他在考察人类历史发展进程时,凸显"美德"重要性,而与主流思想家们对理性的推崇形成鲜明反差。还可以看到,在《罗马共和国兴衰史》中,弗格森对历史人物和事件的评判也多受这种政治思想的影响。②

第二,同他对历史的考察有关。作为历史学家的弗格森,惯于从历史中解决相应问题。如他指出关于"文明社会"的起源问题,不应"提出种种猜想",而应从自然历史学家所搜集的事实中去获取答案。自然历史学家"对于世界物质系统能知道多少取决于事实的收集,或者说,充其量不过取决于基于特别的观察和实验总结出来的总的原则"③。关于人性问题,弗格森同样认为这"必须在人类史中寻求答案"④。在1776年给吉本的信中,他就明确说,《罗马共和国兴衰史》的主要目的就是要研究人性,⑤对于历史的进步什么是最主要的保障或推动力,弗格森同样诉诸历史考察。在《文明社会史论》中,可以频频看到弗格森对古代国家兴衰的探究。他认为,"斯巴达因其廉正之风被破坏",被"带入未开化时代那种肆无忌惮的恶行溪流中",最终导致斯巴达的灭亡。⑥ 在对罗马共和国兴衰的考察时,他同样认为,罗马共和国的繁荣是美德所带来的结果,但也正是因为最终丧失美德,导致它的灭亡。⑦ 可见,从考察具体历史事件中,弗格森得出"美德"的存失关乎民族兴衰的思想,而这种观念又被弗格森上升到对整个人类历史发展进程的考察上,这或许可以解释弗格森历史进步观中为何如此突出美德作用了。

最后,同苏格兰启蒙思想家对理性的态度有关。与法国启蒙思想家对理性的过分彰扬不同,苏格兰启蒙运动的思想家对理性普遍持一种低调态度。他们认为"理性本身没有本领创造出来完全合乎理性的未来。理性本

---

① 翟宇:《论苏格兰启蒙思想家弗格森的政治思想》,吉林大学硕士学位论文,2007年,第44页。
② 如:弗格森对罗马元老院和加图的称颂,对恺撒、庞培等专制者的批判都同他的以美德作为基础的政治思想密切相关。详见下文。
③ 〔英〕亚当·弗格森:《文明社会史论》,林本椿、王绍祥译,沈阳:辽宁教育出版社1999年版,第3页。
④ 同上书,第4页。
⑤ Vincenzo Merolle edited, *The Corrspondence of Adam Ferguson*, London, William Pickering, 1995, p. 141.
⑥ 〔英〕亚当·弗格森:《文明社会史论》,林本椿、王绍祥译,沈阳:辽宁教育出版社1999年版,第179页。
⑦ 同上书,第230—234页,第246页。Adam Ferguson, *The History of the Progress and Termination of the Roman Republic*, Vol. V, Edinburgh, Bell & Bradfute, 1799, p. 74.

身根本就没有这样的能力"①。这种肯定理性作用有限性的思想背景,也为弗格森在历史进步观中抬高美德作用提供有益的启发。

弗格森的历史进步观中有一个明显问题有待解答,即弗格森如此强调美德在历史进步中的重要作用,以至于把它置于理性之上,作为保证历史进步的最重要因素。弗格森又是主张历史进步的。也就是说,在弗格森看来,在人类历史发展长河中,这种美德可以占据主导地位,能同人类社会有机结合起来。否则,历史的进步就会变得不可能。那读者自然会问,又怎能保证美德在历史发展进程中一定会占据主导地位,一定会同人类社会有机结合呢?换言之,这种主导地位的确立,这种有机结合如何成为可能?弗格森本人在《文明社会史论》中多有论述的罗马共和国、斯巴达,包括他大加批判的现代工商业文明国家,不就发生了美德缺失的现象,从而陷入危机甚至导致毁灭的结果了吗?如果这种美德的存在,在人类历史发展进程中不能占据主导地位,而是存在着极大的偶然性,时断时续,那弗格森关于人类历史是趋于进步的预想岂不成了一种妄言?显得那么的脆弱和无法保证。对此,弗格森似乎并没有明确阐释。当然,这并不代表弗格森对这种美德保证的历史进步观如何成为可能没有进行周密的建构。相反,如果对弗格森关于人性的观点进行认真解读,似乎可以再现弗格森关于这一问题的逻辑建构。当然,这就需要另作探讨了。

综上,弗格森是历史进步论者,在这一点上,他和18世纪启蒙思想家的主流观点并无不同。但是,他同时又认为这种历史进步不可能是直线上升的,而是呈现出一种曲折式的发展,他一方面肯定理性在推动人类物质财富进步的巨大作用,但另一方面,他并没有像伏尔泰、孔多塞等思想家一样过分夸大理性作用,认为通过理性就可以在人间建立一个千年福王国。这一点应是秉承了苏格兰启蒙思想家对理性普遍低调的态度。尤为难能可贵的是,他意识到人类精神风貌即美德的重要性,在追求物质财富进步的同时,绝不能丧失人类对政治事务积极参与的精神和公益精神。否则,相关的民族、国家及相伴的物质进步就会陷入危险境地,甚至走向衰亡。民族要长久"生存下去""繁荣下去",最终还需要美德的引导,"除了美德,别无依靠"②。他对人类社会发展进程中美德所起的重要作用的深刻认识,不仅超越其同时代的启蒙思想家,而且更是为两百多年后,现代文明国

---

① 林毓生:《从苏格兰启蒙运动谈起》,《读书》1993年第1期,第89页。
② 〔英〕亚当·弗格森:《文明社会史论》,林本椿、王绍祥译,沈阳:辽宁教育出版社1999年版,第309页。

家由于物质进步跨越式发展,同精神文明建设牛步迟迟地缓慢移动之间的严重不协调,而导致的众多社会问题的解决提供了重要启示,即如何去更合理地平衡物质进步同精神文明之间的关系,建设一个更美好的未来。

2."求真"与"致用"

弗格森的史学"求真"观念。19世纪被认为是尊重事实的伟大时代,兰克更是以"如实直书"的口号享誉史坛,并借此成为19世纪最伟大的历史学家。然而,众所周知,"如实直书"的理念并非兰克首创,远在公元前6世纪,希腊史学家赫卡泰厄斯就说过:"要记述发生在我面前的真实情况。"18世纪时,奥地利史学家米凯尔·伊·施密特就倡导"纯粹客观"的态度,主张写历史"当还历史的本来面目,如其实在所发生的情形一样"①。可见,在兰克之前,很多史家已经表达过"如实直书"的撰史精神,只不过兰克对"如实直书"予以了系统阐述,并在这一理念指引下,创作大量杰出史著,才使得他取得巨大成功。而事实上,至少早在1806年,弗格森就已对"如实直书"的理论有了较为系统的论述,并在一些观点上可以说与兰克有惊人的相似。兰克那句著名的"消灭自我"②也早已被弗格森当作史家必备的专业素质被明确地提出来。

第一,"消灭自我"。弗格森十分重视史学求真的特性,他说:"历史应该在最严格的尊重事实的情况下被记录下来,以便达到没有片刻被忽略,没有虚假被插入,没有无价值的或对事实不敬的内容被保留下来。"③这实际就是兰克所强调的"如实直书"的理论。那么如何做到"如实直书"呢,弗格森提出"消灭自我"的口号。他明确区分文学和历史学的区别,指出文学的作用在于"保存信息、活跃思维或用于娱乐",而历史的作用就是保存信息。尽管二者在信息保存方面体现出功能的一致性,但是历史是保存信息的主要方式。④ 他认为,"在所有的文学创作中,人们认为作者在努力地展现或表现他自己,在不影响作品基本质量情况下,没有必要在富于想象、活

---

① 郭圣铭编著:《西方史学史概要》,上海:上海人民出版社1983年,第127页。
② 兰克是否明确提出过"消灭自我"的口号还有待考证,但他的史学思想中的确体现出了"消灭自我"的内涵。可参见易兰:《兰克史学研究》,上海:复旦大学出版社2006年,第22页。像兰克一样,弗格森也并没有明确提出"消灭自我"的口号,而是"隐藏自我",但其表达的内涵与"消灭自我"当是一致的。因"消灭自我"一词更为学界所熟悉,下文将用此词代替"隐藏自我"一词。
③ Adam Ferguson, *The Manuscripts of Adam Ferguson*, London, Pickering & Chatto, 2006, p. 20.
④ Ibid., p. 19.

跃思维和用于娱乐的作品里观察作者是怎么表现他自己的。"[1]但是在历史著作中，情况就完全不同了，"在一定程度上，作者的特点在于隐藏他自己，其作品的本质在于展示主题"。而且，如果在每种情况下，作者都能很好地做到"消灭自我"，那么"作者的优点就非常明显和引人注目了"[2]。在这里，弗格森不仅明确指出历史"求真"的特性，更是提出"消灭自我"的口号，通过祛除史家撰史的主观性以确保"如实直书"的实现。

对于如何在历史著述消灭史家的主观性，弗格森提出一系列解决办法。

述而不作。弗格森认为历史学家在进行历史著述时，把历史事件客观、精确地叙述出来就可以了，而不需要附加史家任何有关历史事件或人物的评判。他说："当历史学家陈述一个事件时，如果他陈述全面和公平的话，他没有必要称赞或谴责，向读者灌输自己对事件所持观点的做法是不应该受到称赞的"，"历史的目标必须被澄清为对过去的公正叙述"[3]。这在谈及弗格森的历史写作方法时将会作进一步的阐述。

文直事核。弗格森极力反对为追求历史的可读性、吸引更多的读者而采用大量修饰，诸如隐喻、华丽辞藻等文学性的著史风格。他指出，在史著里运用隐喻，堆砌华丽的辞藻等势必会损害所要表达的主题，影响史著真实性。隐喻的运用尽管会使史著变得更加富有娱乐性，让读者感到更加津津有味，然而，隐喻在传递信息方面，"要么没有起什么作用，要么倾向于起误导作用"[4]。由于其在表达主题时要么溢美、要么贬损的固有的修辞效果，使得它在历史中的运用将被认为是一种不诚实的行为。因为"它和历史的本质是相违背的，历史就是事实，它所带来的影响既不是溢美也不是贬损"[5]。同样，对于在史著中刻意追求华丽辞藻、展现作者口才的做法，弗格森也表现出坚决摒弃的态度。他说，在陈述历史事实时，史学家们"好像习惯于展示他们或讽或颂的特长，表现其口才，这的确比仅仅陈述事实更引人注目，……然而，对于历史来说，这无疑是一种滥用"[6]。因为在弗格森看来，包含有大量华丽辞藻、卖弄作者口才的史著往往会对所要描述的主题产生严重的负面影响，使史著本应具备的最重要特点——真实性大

---

[1] Adam Ferguson, *The Manuscripts of Adam Ferguson*, London, Pickering & Chatto, 2006, p. 20.
[2] Ibid., p. 20.
[3] Ibid., p. 22.
[4] Ibid., p. 22.
[5] Ibid., p. 27.
[6] Ibid., p. 22.

打折扣,以至于读者在读毕如此著作后,对作者本人的著史天分印象深刻,而对史著本应重点表达的主题反倒记忆模糊了。① 因此,弗格森强调,历史学家"决不能在他的作品里追求华丽的语句,这些华丽的辞藻将会损害或歪曲每一个(他想要表达的)主题,……他必须使用适当的历史表达方式,合适的词汇,在陈述每一重要事件的起因、进展或结果时,既不要过于浓墨重彩,也不要过于轻描淡写"②。

力戒党同伐异。史家往往会站在某一阶级、民族、国家的立场上对历史事件和人物作出片面的叙述和评判,这种党派的偏见无疑是造成史家撰史主观性,进而影响历史著述公正、客观的重要原因。弗格森清醒地意识到这一点,他感到如若真想达到"消灭自我"的境界,获取历史真相,就必须将任何党派的热忱压制下去。他说:"在这里一些事项无疑是需要注意的,众所周知,党派的热忱可能会歪曲历史的叙述,任何种类的热情都可能产生这样的后果。"③弗格森还以李维为例,对李维为维护罗马的利益而对历史进行歪曲的叙述、评论进行了尖锐的抨击。他说,在李维的笔下,"从一开始,罗马人就是有成就的政治家,罗马人永远是对的,而他们的对手蛮族人却总是错的,屈服于罗马人是理智的和公平的,相反则是愚蠢的或者是不可思议的。当敌人拒绝战斗时,就被视为懦弱,而当罗马人拖延战争时,却被视为能力和高尚行为的体现。罗马人说话都像一个演说家,所发表的演讲运用了最为娴熟的形式"。在弗格森看来,李维之所以能进入第一流的作家行列,是源其作品中的修饰,而不是对其主题的精确描述,他所写的著作"应被命名为颂词,而不是罗马历史"④。弗格森对李维的批评可以说是相当地严厉了,从他的批判中,也不难看出弗格森对掺杂党派偏见进行历史叙述的极大反感。无疑,对弗格森来说,历史著述中常常出现的党派偏见应坚决被剔除出去。但是,弗格森又认为史家著史也不是不可以有任何"热忱"的,"对于历史来说,有一种特有的热忱",那就是"对事实精确地和诚实地叙述的热忱",如此看来,这句看似和前面所提的坚决抑制党派热忱相矛盾的话其实并不冲突,因为它们本质上都是为了达到一个最重要的目的——公正、客观地叙述历史。正如他自己所说,"在历史中,没有

---

① Adam Ferguson, *The Manuscripts of Adam Ferguson*, London, Pickering & Chatto, 2006, p. 20.
② Ibid., p. 23.
③ Ibid., p. 21.
④ Ibid., p. 23.

什么比真理和事实更有价值的了"①。

第二,消灭史料的主观性。弗格森是近代客观主义史学的先驱,这主要表现在弗格森先于兰克提出"消灭自我"的口号,并对如何消灭史家的主观性作了十分精彩的论述。在消灭史料的主观性方面,即史料的考证辨伪方面,弗格森虽然没有像兰克等客观主义史家那样提出一整套系统的史料考证方法,但他对史料的真实性也表现出大胆的怀疑精神和深刻的洞见。

怀疑古代文献的真实性。在他看来,那些记载一个民族古代文明的文献史料夹杂着大量后人的想象和虚构:

> 如果说时隔很久之后所作的假想和形成的观点在人类史中并不具备权威性,那么,正是基于这种原因,我们在接受每一国家内部古代文献时,应当慎重才是。它们大部分只不过是后世假想或虚构的东西而已……它们所提供的信息,并不像镜子反射的光芒,可以勾勒出物体的原样;而只不过是像模糊不清或粗糙不平的表面所反射出的支离破碎的光芒,仅仅提供了它们最终反映的物体色泽和特征而已。②

弗格森还意识到史料在流传过程中发生的作伪情况,并指出这种作伪会鲜明反映那个时代的特点。他说:"即使当初它们还近似事实,但它们仍会随传播者的想象力而异,而且,在每个年代,它们的形式各异。它们注定要打上它们以传统形式所经历的时代的印记,而不会打上它们伪饰的描述所涉及的年代的印记。"③正是看到史料在传播过程中打上的时代烙印,弗格森以其深刻的洞察力指出即使是伪史料也具有其重要的价值。一方面表现在它们对个人、民族的激励、教益作用,"传统神话经过平民百姓复述后,就打上了民族特征的烙印。尽管其间还夹杂着荒诞不稽的成分,但它们总能激发人们的想象力,产生感动人心的效果。这些传统神话被作为诗歌素材时,经过热情洋溢、出类拔萃的人们以高超的技巧和生动流畅的文笔润饰一番后,不仅给人以教益,而且会令人心潮澎湃"。"民族的优越性最显而易见地体现在他们创作的一系列作品中,体现在关于那些传奇式的英雄,诗人和智者的故事中。这些人的故事是人们将想象中的主人公闻

---

① Adam Ferguson, *The Manuscripts of Adam Ferguson*, London, Pickering & Chatto, 2006, p. 21.
② 〔英〕亚当·弗格森:《文明社会史论》,林本椿、王绍祥译,沈阳:辽宁教育出版社1999年版,第83—84页。
③ 同上书,第83页。

名遐迩的事迹经过创作或美化而成的。它们激发了人们的热情。后来,许许多多不同的共和国才得以这种热情去追求国家的每一个目标。"①另一方面体现在可以了解虚构历史的作者及其所处时代的思想。弗格森指出,"引用《伊利亚特》或《奥德赛》中的传说,或有关赫拉克勒斯、忒修斯或奥狄浦斯的传奇故事作为有关人类历史的权威事实是很可笑的。但是,如果引用它们来说明这些作品形成时代的观念和情感,或用来刻画凭籍着自己丰富的想象力塑造并饶有兴味地反复加工了这些作品的该民族的天才,倒是无可厚非的。"②法国年鉴学派创始人马克·布洛赫也认为伪史料所蕴藏着的巨大价值,他指出"中世纪的作家撰写了许多圣徒行传,他们自以为描述了这些虔诚人物的生涯,但其中至少有四分之三并没有告诉我们多少实质性的东西,而从另一方面看,假如我们把这些传记作为反映作者所处时代的生活和思想材料,来加以参照(所有这些都是作者在无意中透露出来的),其价值就无与伦比了"。③ 无独有偶,陈寅恪也对伪史料的重要价值表现出卓越的史识。他说:

> 然真伪者,不过相对问题,而最要在能审定伪材料之时代及作者,而利用之。盖伪材料亦有时与真材料同一可贵。如某种伪材料,若迳认为其依托之时及作者之真产物,固不可也;但能考出其作伪时代及作者,即据以说明此时代及作者之思想,则变为一真材料矣。④

这几位学者在伪材料的价值问题上达成了默契,都表达相似的观点和非凡的洞察力。然而值得一提的是,相比于布洛赫、陈寅恪这两位生于19世纪末的学者,弗格森早在18世纪,先于两位史学大师近两百年就对伪史料的重要价值有了深刻的认识。而且,他不仅看到通过伪史料能够说明作伪作者及其时代的思想观念,而且意识到这些作伪的作品对个人、民族往往会起到巨大的激励作用。

对罗马早期历史的怀疑与批判。弗格森的《罗马史》上起传说中的"王政时代",下迄公元37年卡里古拉的上台,包括罗马整个共和国时期和帝

---

① 〔英〕亚当·弗格森:《文明社会史论》,林本椿、王绍祥译,沈阳:辽宁教育出版社1999年版,第84—85页。
② 同上书,第85页。
③ 〔法〕马克·布洛赫:《为历史学辩护》,张和声、程郁译,北京:中国人民大学出版社2006年版,第55页。
④ 陈寅恪:《金明馆丛稿二编》,上海:上海古籍出版社1980年版,第248页。

国早期在内的近800余年的史事。然而,说《罗马史》包括完整的罗马共和国发展和衰亡的历史可能又未免牵强,因为弗格森对早期罗马共和国的历史作了十分简单化的处理,在其《罗马史》中,从"王政时代"到第一次布匿战争爆发前近500年的历史发展过程,仅占其全书的二十分之一,这种对共和国早期历史近乎"提及式"的写作方式自然引起一些史家的强烈不满。尼布尔就对弗格森的这种做法进行猛烈批评,弗格森的"罗马共和国史完全是一种失败……他的历史直到格拉古时代才真正开始,在这时候,那叙述才变得更加详细"[1]。尼布尔的批评有一定道理,弗格森对早期共和国历史的叙述确实过于简略,但是,如果能对弗格森何以采用如此叙述作出进一步研究的话,可能对弗格森更多的是一种理解而不是批判了。在其1799年修订版的《罗马史》前言中,弗格森明确指出古罗马史家有关共和国早期历史叙述的两大史料来源。一是无文字记载的罗马早期历史的口耳相传,二是古典时期希腊史家关于罗马早期历史的记载。然而,对于弗格森来说,这两者实际上并不能真实、充分地再现罗马共和国早期发展历程。对于前者而言,"夹杂着神话",对于后者而言,虽然早期希腊史家在其著作中记载了有关罗马早期的历史,如海埃翁尼马斯(Hieronymus Cardianus)、提梅厄斯(Timaus Siculus)等,但"所有这些作者,在记载亚历山大和他的继任者时,肯定只是简单提及罗马人",而且这些希腊史家所处的时代也并不比罗马早期史家如毕克多、加图更为久远,[2]换言之,并不要指望这些希腊史家能提供更多的有关罗马早期历史的权威记载,而稍后的罗马史家如毕克多、加图(所用的史料主要来源于这些希腊史家,再晚的李维又主要引用了毕克多和加图,普鲁塔克又参照了李维,提奥尼修斯等史家[3],这种循环追本溯源都可以追溯到早期希腊史家关于罗马共和国早期历史的零星且不权威的记载。

综上,在弗格森看来,这些早期史家是不可能获得太多有关早期罗马历史的真实史料的。因而,罗马共和国"早期联贯的历史是不可能被记载下来的"[4],至少在目前所掌握的史料情况下,真实地详述罗马早期历史是不可能的。因此,关于弗格森对罗马共和国早期历史提纲式的描述,更多

---

[1] Adam Ferguson, *The Manuscripts of Adam Ferguson*, London, Pickering & Chatto, 2006, p. 322.

[2] Adam Ferguson, *The History of the Progress and Termination of the Roman Republic*, Edinburgh, Bell & Bradfute, 1799, pp. vii - viii.

[3] Thomas Preston Peardon, *The Transition in English Historical Writing*, 1760 - 1830, New York, Columbia University Press, 1933, p. 47.

[4] Ibid.

地应持一种理解而不是批判的态度,因为它突出体现弗格森对历史事实的尊重及怀疑、批判的治史精神。恰如皮尔登所言,弗格森看到描述罗马早期历史所遇到的种种困难,因而拒绝进入他所不熟悉的困难领域,"的确,尽管尼布尔所具有的批判天分和一个世纪以来令人惊异的进步,或许仍然可以说罗马可确定的历史直到公元前4或前3世纪才开始,到目前为止,弗格森相较胡克表现出一种更具批判、怀疑的精神,他标志着在罗马史研究中的一种真正的进步"[①]。

上文从消灭史家主观性和消除史料主观性两个方面介绍了弗格森对史学求真性的重视,事实上,在具体的历史写作中,弗格森更是身体力行这一理念。

1783年,弗格森出版其史学上的代表作《罗马史》,在欧美引起很大轰动。《罗马史》出版前后的写作、修改历程集中体现这位史家对严谨的治史态度和对史著真实性持之不懈的追求。弗格森为《罗马史》的写作进行长期艰苦卓越的资料准备工作。这在上文已述,这里不再展开。在《罗马史》出版后,弗格森更是不敢懈怠,从他在爱丁堡大学图书馆借阅记录来看,从1783年到1799年罗马史的再版,与罗马史相关的著作仍然是弗格森主要借阅的书籍,他的目的很明确,就是要为修订版的《罗马史》以更完善的面貌出现打下坚实基础。除此之外,弗格森还积极地进行实地考查,1793年,年届70的弗格森还带着疾病之躯,不远万里,亲赴意大利以核对《罗马史》中的相关记载。[②] 这些都反映出弗格森严谨的治学态度和求真的治史精神。

弗格森的史学"致用"观念。"以史为鉴"一直以来被视为历史研究最突出的功用之一。18世纪启蒙学者更是认为历史研究的正当理由就是在于它的实用价值。[③] 弗格森也明确指出历史能为现实提供借鉴的特点。他说:"历史是对过去事务的叙述,通过用特别的事例告诉我们已经发生了什么以披露我们正从事于事情的真实进程,并通过它我们可能就会解释未来,就如对过去的解释一样,如此就会在防范某个事情与采取措施应对事件方面变得具有先见之明。"[④] 很明显,弗格森在这里明确阐述了历史

[①] Thomas Preston Peardon, *The Transition in English Historical Writing*, 1760 – 1830, New York, Columbia University Press, 1933, p. 48.

[②] Jane B. Fagg, "Biographical Introduction", in Vincenzo Merolle edited, *The Correspondence of Adam Ferguson*, London, William Pickering, 1995, p. lxxvii.

[③] Thomas Preston Peardon, *The Transition in English Historical Writing*, 1760 – 1830, New York, Columbia University Press, 1933, p. 10.

[④] Adam Ferguson, *The Manuscripts of Adam Ferguson*, London, Pickering & Chatto, 2006, p. 21.

"叙述过去、教导现在、以利于未来"的鲜明特点。然而,弗格森也清醒认识到历史所提供的这种借鉴功能、教化功能并非历史所特有,他认为,历史"不仅指导我们区分美德和罪恶,而且通过实例来引导我们学习什么,摒弃什么,如果只是局限于用实例来引导,这种教导并不是历史所特有的。诗、小说和各种寓言同样具有这种功能。通过它们,好的同坏的作比较,被选择的事例最有影响地指导着读者的选择。如果(在道德示范中)作者的认可或摒弃是非常重要的,那么这种道德示范可以在有关道德的专题论文和礼仪的判断(Estimate of manners)中非常恰当地获得"①。然而,这并不意味着弗格森认为史学的这种借鉴和教化功能可以与诗歌、小说和寓言所提供的教化功能等同起来。事实上,弗格森非常强调历史教化功能的独特性。他认为,虽然历史的教化功能"并不是历史的特定目标,但是它却被认为是非常重要的,实际上在历史中,它一点也不会受到忽视,以至于在历史中它可以很容易体现出来,而无法破坏它的这种功效。这是为历史所特有的,文学的其他分支却做不到这一点。"②弗格森对历史教化功能的洞见还体现在其对历史负面教导功能的深刻认识上,这是弗格森在此问题上胜人一筹的地方。历史向来被认为具有培养人高尚道德情操的教化功能,通过具体的英雄人物、光辉事迹等范例来作为人们学习的楷模,教人向善,培养他们高尚的道德情操。这的确是历史所表现出来的一种突出功能。然而,也应清楚认识到历史不单单以教人向善为己任,似乎在很多时候,它也教人向"恶"。原因在于,人类历史不仅是一部正义、智慧、互助和谐的历史,同时也是一部贪婪、愚昧、充满血腥撕杀的历史。只要如实叙述人类这些或善或恶的历史,就无法否认历史中这些"邪恶"的一面,不可避免地会对后世造成一定程度上的负面影响。弗格森说:"通过实例来教导是一看似正确的目标",相比于人们所希望的历史"教人向善"的功用,它通过反面的实例所带来的"腐化"人心的后果可能更为可怕,"如果加图对一些人产生强烈的榜样示范作用的话,那么恺撒所造成的负面影响也丝毫不会逊色。当时兴的罪恶的实例与美德的示例一样频繁的时候,我们可能遭遇一种让人感到两难的困惑,是如实直书,还是展现当前的礼仪"③。这里,弗格森实际上预见性地提出一个后来为学界所热议的一个话题,如何平衡"求真"与"致用"之间的关系。作为道德学家的弗格森尽管强调道德说教和美德

---

① Adam Ferguson, *The Manuscripts of Adam Ferguson*, London, Pickering & Chatto, 2006, p. 21.
② Ibid.
③ Ibid., pp. 21-22.

的重要性,但在此问题上,他更多地表现出的是秉笔直书、恪守"求真"这一历史学基本家法的历史学家形象,而不是一些学者所极力刻画的道德学家形象。在弗格森看来,对历史的秉笔直书,尤其是对一些"道德败坏"事例的叙述,尽管可能会对后世产生不良的引导作用,这也"常常为一些道德学家所谴责,他们认为知识应该为美德所牺牲,应该使人们处于一种无知的状态,而不是让他们遭到罪恶的引诱"。然而,弗格森却认为"历史的目标必须被澄清为对过去公正的叙述。总的说来,它是可能的,这将有利于在人类生活中作出最佳选择。无论你把这种历史称作是智慧和美德,还是愚蠢和罪恶"[1]。

还需补充一点的是,弗格森这种关于教导功能两重性的认识,似乎还蕴含着另外一层深意。弗格森认为,被普遍接受的历史教化功能是颇应受到质疑的。因为对于过去的历史,对于同样的历史事件,不同的人完全可以而且常常也会进行不同的解读。相对应的,人们在历史中总会去寻找他们自认为对的东西,他们应该借鉴的所谓经验。而每个人所得出的经验认识显然又是不同的。如对于恺撒,在弗格森看来,其是罪恶的代名词,但弗格森也清楚地认识到,其他人很可能就把他当作值得崇拜的偶像。对于罗马共和国的灭亡,弗格森以为很大程度上是恺撒、庞培等专政者的出现与罗马共和国晚期"美德"的缺失,但他也明确指出,有一部分人则把它的灭亡归于大势所趋,因为它遭受了十分严重的动乱。[2] 所以,弗格森对于教导功能两重性的困惑,对于教化功能的质疑,似乎在向学界提出一个值得深刻反思的问题,即历史的这种教化功能、借鉴功能如何成为可能?

认识人性的最佳平台。18世纪的启蒙思想家们普遍热衷于人性的探讨。休谟、康德、洛克都是其中杰出代表。他们认为,只有对人性本身有了充分的认识,才能更清楚知道人类理解、认识能力的范围和局限,就能"说服人类繁忙的心灵在干预超出其理解能力之外的那些事物时会更加谨慎,在达到它的限度时会停止;而对那些经过考察后被发现是我们的能力所达不到的事情,就会安于默默的无知"[3]。弗格森明显深受时代背景的影响。他也热衷于人性的探讨,而他所采用的研究人性的方法就是历史的方法,

---

[1] Adam Ferguson, *The Manuscripts of Adam Ferguson*, London, Pickering & Chatto, 2006, p. 22.

[2] 〔英〕亚当·弗格森:《文明社会史论》,林本椿、王绍祥译,沈阳:辽宁教育出版社1999年版,第246页。

[3] 洛克语,转引自〔英〕柯林武德:《历史的观念》,何兆武、张文杰、陈新译,北京大学出版社2010版,第205页。

即通过对历史的观察,来了解人性。① 这既是弗格森研究其政治、哲学等问题所惯用的一种方法,也是其所强调的历史的一种重要职能。他在《罗马史》中明确指出,了解罗马的历史,也就"了解了人类,在最公正的情况下看到我们种族在能力、正直与勇气所表现的伟大的一面"。历史的情景至少能展现出行动中的人类的想法,"人类力量所能及的最大范围和程度",历史为那些处于相似状况的人提供借鉴,"他们可以从中获益,或者从中形成行为的准则,获得经验,这些已被那些最具权威的榜样所证实"②。通过历史来了解人性在《文明社会史论》中也有明确的体现。弗格森在《文明社会史论》开篇就对两种"自然状态"说提出尖锐批评。他认为这些学者就人类原始状态"这一问题作了许多无益的探索,也引发了许多奇思异想",他认为原始阶段人类状况的了解应借助于历史,也就是"收集事实,而不是提出种种猜想",自然历史学家认为"他对世界物质系统能知道多少取决于事实的收集,或者说,充其量不过取决于特别的观察和实验总结出来的总的原则"③。可见,弗格森认为理解人类最好的方式就是通过历史,而不是诸如"自然状态"说这样的臆测、猜想。通过历史了解的有关人类的知识,才能作为更深入理解人类的前提。他说:"如果从地球上每一个角落收集而来的最早的以及最新的描述都表明人类生活在群体中,个人总是因为偏好而加入一个派别,同时又可能反对另一个派别,总是忙于回想过去和预见未来,总想与他人交流情感,而且还不得不了解别人的情感,那么,我们应当把这些事实作为所有对人类的推论的基础。"④凭借对历史事实的观察,弗格森指出社会性是人的天性,以此驳斥霍布斯等人的"自然状态"说,认为这只不过是其一厢情愿的猜测。

3. 述而不作和历史主义

弗格森的史学思想中表现出明显的两重性。一方面,作为18世纪重要的启蒙史家,他的史学打上鲜明的理性主义烙印。如他对史学功用的认识上。另一方面,他的众多史学观念又表现出对18世纪理性主义的反叛,

---

① 柯林武德认为,这种通过对历史事实的观察,来研究人性的做法,是18世纪启蒙思想家的普遍特征。这是受到实证的自然科学的影响,不可能真正达到了解人性的目标。因而他对这种自然科学式的研究人性的方法进行了尖锐的批评。参见〔英〕柯林武德:《历史的观念》,何兆武、张文杰、陈新译,北京:北京大学出版社2010年版,第203—213页。

② Adam Ferguson, *The History of the Progress and Termination of the Roman Republic*, Vol. I, Edinburgh, Bell & Bradfute, 1799, p. 4.

③ 〔英〕亚当·弗格森:《文明社会史论》,林本椿、王绍祥译,沈阳:辽宁教育出版社1999年版,第2—3页。

④ 同上书,第3页。

体现出特殊性和前瞻性。后者比较鲜明的体现在其述而不作和历史主义上。

述而不作。关于这一问题,上文已述。这里从另一角度论其"述而不作"的问题。18世纪的理性主义史家用一种哲学的精神写作历史,"总的来说,这意味着他应尝试透过事情的表面去把握内在的原因和动机,去解释而不仅仅是叙述"①。吉本在《罗马帝国衰亡史》中对基督教猛烈的批判和大量的富有洞见性的解释即是这一时期史学的主流写作风格。然而,弗格森非但不是这种"解释性"写作风格的追随者,而且对这种历史写作方式十分不以为然。他说:"在一些叙述里,作者表现他们的自负,卖弄他们的先见之明,在开始写作之前,就利用他们一贯热衷的洞察力,开始探讨对一些事件应采取的措施,好像完全是在对即将发生事情的预测。于是读者钦佩并享受着作者的领悟力和先见,而不是一种优秀的叙述本应让读者感到的忧虑和喜悦,但我相信作者和读者都会失望。"②弗格森认为:"当历史学家陈述一个事实时,如果他陈述全面和公平的话,他没有必要称赞或谴责,对于读者来说,向读者灌输自己对事件所持观点的做法是不应该受到称赞的。然而,在这方面,历史学家好像习惯于展示他们或讽或颂的特长,表现他们的口才,这的确比仅仅陈述事实更引人注目。"③可见,在弗格森看来,历史写作最恰当的风格就是平铺直叙,采用朴实、合适的文字叙述出有关的主题就可以了,而不应加入历史学家自以为是的解释和评判,"在历史里,最重要的规则是陈述主题而不是发表评论或进行谴责"④。弗格森不仅专门写了一篇理论性论文,旗帜鲜明地提出自己"述而不作"的历史写作理念,而且在史学实践上也积极地贯彻之。他的《罗马史》就最集中体现了他"叙述性"的著史风格。维琴佐(Vincenzo Merolle)高度评价弗格森《罗马史》中朴素的叙述风格,认为这是它最主要的特点,体现了历史学的重要发展。⑤ 当然,也不能过分夸大弗格森这种"述而不作"的写作风格,事实上,他在《罗马史》中表现出明显的道德说教倾向,如对罗马共和国元老院的称颂和对恺撒、庞培的抨击,与其标榜的"叙述、陈述那些事件,详述

---

① Thomas Preston Peardon, *The Transition in English Historical Writing*, 1760–1830, New York, Columbia University Press, 1933, p. 11.
② Adam Ferguson, *The Manuscripts of Adam Ferguson*, London, Pickering & Chatto, 2006, p. 24.
③ Ibid., p. 22.
④ Ibid., p. 29.
⑤ Vincenzo Merolle, "Introductory Essay", in Adam Ferguson, *The Manuscripts of Adam Ferguson*, London, Pickering & Chatto, 2006, p. xxii.

人物性格而不加入我自己的判断"的写作原则是明显相悖的。然而,应认识到尽管《罗马史》有道德化的倾向,但瑕不掩瑜,"述而不作"仍是其最主要的特点,如维琴佐所说,即使道德说教隐藏于《罗马史》中,也"仅仅微不足道地影响了《罗马史》的叙述"①。这点将在下文详述。

历史主义。"历史主义"是19世纪西方史学中逐渐兴起的一种思潮。②其概念颇为复杂,如"复古主义、传统崇拜;历史循环论、历史决定论、历史第一主义;历史进化规律研究"都属于其范畴之内。③这里取其"流行之义",即"史学界通常所谓的历史主义",包括"具体的观点。从客观的历史实际出发,而不是从某种观念出发;从既有的事实出发,考虑具体时间、具体环境里的历史过程的客观内容。发展的意识。用发展的眼光看问题,而不是用僵死的、停滞的观点去研究历史。阶级的观念。就是同阶级分析方法结合起来,用阶级的眼光看待历史问题"④。作为18世纪的启蒙思想家,弗格森并没有对"历史主义"的思想在史学上的具体运用进行系统论述,但他对"历史主义"的观念,尤其是"具体的观点"和"发展的意识"已经有深刻的认识和自觉的运用了。如具体的观点。弗格森在《文明社会史论》的开篇就驳斥一些学者有关人类的"自然状态"说,他认为社会性是人类的天性,人生来就是生活在群体中,而得出这一结论的依据就是"从地球上每一个角落收集来的最早的以及最新的描述",即通过历史事实而不是"种种猜想"。他指出应将人类的社会性作为所有对人类推论的基础。⑤要了解人类,就必须从大自然所赋予它的特定的生存模式中去把握它。因此,弗格森说:

> 我们要从每一种活动生物在为其天造地设的环境里的行为去看它的历史,而不是从它们处在被迫的或者罕见的状况时的外表去看。因此,一个在丛林中捕获的离群索花板居的野人只是个别的例子,而不是人类普遍特征的标本。正如解剖一只从未感受过光线的眼睛,或者一只从未体验过声波的耳朵很可能会表明这些器官构造本身就有

---

① Vincenzo Merolle, "Introductory Essay", in Adam Ferguson, *The Manuscripts of Adam Ferguson*, London, Pickering & Chatto, 2006, p. xxiv.
② 实际上,关于"历史主义"的观念,中国古代学者早已有了明确的认识。详见李勇:《保卫历史学》,北京:世界知识出版社2009年版,第159—160页。
③ 李勇:《保卫历史学》,北京:世界知识出版社2009年版,第157页。
④ 同上书,第160—161页。
⑤ 〔英〕亚当·弗格森:《文明社会史论》,林本椿、王绍祥译,沈阳:辽宁教育出版社1999年版,第3页。

问题,这是由于它们没能够物尽其用的结果。①

对于人类来说,我们应从群体中去研究他们,"因为他们总是生活在群体中"②。弗格森还强调人与动物的不同。他认为,不论在任何情况下,人类都是"一种有别于其他动物的高级动物",即使在最野蛮的状态下也是如此。为此,他批评卢梭把"一些在形体上与我们最相似的动物作为我们在初始阶段的模子"③。因而他指出:"不管怎么说他毕竟是人,我们无法把人类同其他动物类比来了解他的本性。要认识人类,我们必须致力于研究人本身,研究人类生命的历程,以及人类行为的一般倾向。"④可以看出,弗格森特别主张从一事物所处的特定的历史环境下进行相关的分析,这反映了他朴素的历史主义倾向。这种"具体的观点"同样可见于《罗马史》中。弗格森指出,罗马共和国的衰亡,帝制的取而代之是历史发展的必然。因此,从这个角度来说,加图、西塞罗、布鲁图等人维护共和国的努力就是一种错误。⑤ 但是,弗格森又进一步指出,不应因此对这些人扣上逆历史潮流而动的帽子。他说:在对这些历史人物进行评价时,人们绝不能以后世对君主制所持有的普遍好感那种历史背景,更不能以君主制更有利于当时罗马统治的判断来对这些历史人物进行评判,人们必须设身处地地考虑到他们所处的历史形势。⑥

此外,弗格森还强调历史连续性,用一种发展的眼光看待相关的历史问题。他说:"人类最新的发明创造不过是混沌时代,人类还处于最野蛮状态时所使用的某些方法的延续。野人在森林中计划的或是观察到的就是曾引导更先进的民族从建筑小屋走向建筑宫殿,引导人类的心灵从感知走向科学总结的道路。"⑦可见,弗格森并没有像大部分的启蒙思想家那样对以往的文明报以嗤之以鼻的态度,相反,他肯定人类在野蛮状态时的创造,认为现代文明所取得的一系列成就不过是在野蛮民族文明基础上的进

---

① 〔英〕亚当·弗格森:《文明社会史论》,林本椿、王绍祥译,沈阳:辽宁教育出版社1999年版,第4页。
② 同上。
③ 同上书,第5—6页。
④ 同上书,第6页。
⑤ Adam Ferguson, *The History of the Progress and Termination of the Roman Republic*, Vol. V, Edinburgh, Bell & Bradfute, 1799, p. 76.
⑥ Ibid., 1799, p. 77.
⑦ 〔英〕亚当·弗格森:《文明社会史论》,林本椿、王绍祥译,沈阳:辽宁教育出版社1999年版,第9页。

一步发展,体现了弗格森历史连续性的观点。不过这里有一个问题需要回答,野蛮民族同现代文明毕竟是不同的,如弗格森所说,野蛮民族建筑小屋,而现代文明建筑宫殿;野蛮民族的"心灵"倾向于感知,而现代文明则走向"科学总结",不论在物质上,还是认知方式上明显不同的两个阶段怎么会有连续性呢?换言之,若说它们之间有连续性,必然在于它们之间存在一种共性。那么这种共性,或者说把它们粘合在一起的粘合剂又是什么呢?对此,弗格森是有思考的。弗格森认为,人类具有永无休止的追求进步与完美的天性。他说:

> 不仅是自己命运的创造者,而且还是自身躯体的创造者,并且自有人类以来,就注定要去创造,去奋斗。他们把同样的天赋应用于各种各样的目的,在不同的场合扮演几乎相同的角色。他总是不断地改善自我,无论他走向何方,无论是在繁华闹市的街头巷尾,还是林中的荒芜之地,他都打算这么做。虽然他似乎对每一种环境都适应,但是,正是出于这种原因,他无法在其中任何一种环境中安定下来。他既固执又无常,他既抱怨创新,又对新奇的东西永远都不满足,他永远都忙碌于不断的革新,同时,又不断地坚持自己的错误。如果他栖息在洞穴里,他会把它改建成一个简陋的小屋;如果他已经有了一间小屋,他还会把它建成一座规模更大的屋子。但这并非说他想获得突如其来的飞跃,他的步伐是循序渐进的,迟缓的。他的力量就像一股清泉,默默地向前推进,不顾任何阻力。有时还没弄清什么原因,就有了结果,并且由于有实施工程的天赋,往往在计划制定之前,大功已经告成了。看来要阻止或加快他的步伐也许同样困难。如果工程组织者嫌他拖拖拉拉,伦理学家则认为他变化无常。不管他的动作是迅疾的还是迟缓的,在他的操纵下,人类事务总在不断地变化:他像一条流淌的河流,而不是一个死寂的池塘。我们尽可能希望把他对于进步的热爱用到点子上,我们尽可能期盼他行为稳重。但是,如果我们期望人类停止劳动或者期望看到他们歇息的一幕,那我们就误解了人类的本性。[①]

正是因为有了这种天性,所以不论是野人,还是哲学家,都为追求进步

---

① 〔英〕亚当·弗格森:《文明社会史论》,林本椿、王绍祥译,沈阳:辽宁教育出版社1999年版,第7—8页。

而努力,"他们所取得的进步不同,但是他们的目标是一致的"①。而对于野蛮时代和文明时代来说,尽管"都可以找到许多人类发明的实证","但是二者都不是人类永久的驿站,它们不过是人类旅途注定要经过的阶段而已"②。也就是说,人类的每一个阶段都贯穿着人类追求进步的天性。在这种天性的指引下,人类社会将永远发展下去。人类进程中的每一个阶段也只是一个阶段,必将向下一个阶段过渡。如此进行,直到永恒。这就是为什么野蛮时代同现代文明之间具有一种连续性。或者进一步说,弗格森实际上也通过这个论证回答了历史连续性是如何成为可能的。

4.《罗马共和国兴衰史》的写作

弗格森的史学思想的确表现太多的对其所处时代历史观念的反叛。其《罗马史》的选题本身就是这种反叛精神的突出体现。18世纪的启蒙思想家由于对其时代理性的过度乐观自信而将包括古典时期在内的近代之前的文明都视为是"无知和迷信的产品,不值得有知识的人进行研究,或充其量只是作为现代文明的介绍",而"近代史因其最和当前状态相类似,最容易被研究,被认为要比早期历史更为重要"③。伏尔泰"一切历史都是近代史"的宣言④就是这种历史观念大背景下最具代表性的产物。而此一时期,英国不少历史学家如休谟、罗伯逊都是这一口号的坚定追随者。然而,在近代史的撰写俨然成为18世纪的启蒙史家历史写作的主流时,弗格森却倾十几年之心血写了一部《罗马史》,反映出弗格森对古典史学尤其是对古罗马共和国历史的强烈兴趣。弗格森的《罗马史》主要表现为以下几个特点:

道德史观。弗格森在《罗马史》中的道德史观有两方面的集中体现。一是《罗马史》中的道德评判,二是其用"美德"来解释罗马共和国的兴衰历程。

《罗马史》中的道德评判及其所遭致的非议。弗格森在1782年给一位友人的信中,谈及《罗马史》的写作时,曾明确表达过其"叙述、陈述事件,详述人物性格而不加入我自己的判断",让读者自己去评判的治史原则。⑤

---

① 〔英〕亚当·弗格森:《文明社会史论》,林本椿、王绍祥译,沈阳:辽宁教育出版社1999年版,第10页。
② 同上书,第9页。
③ Thomas Preston Peardon, *The Transition in English Historical Writing*, 1760-1830, New York, Columbia University Press, 1933, p.10.
④ 〔英〕柯林武德:《历史的观念》,何兆武、张文杰、陈新译,北京:北京大学出版社2010年版,第324页。
⑤ Vincenzo Merolle edited, *The Correspondence of Adam Ferguson*, London, William Pickering, 1995, p.285.

然而，弗格森并没有把他自己所标榜的"述而不作"的作史理念贯穿到全部《罗马史》的写作，而是对罗马共和国晚期的政治体制和历史人物进行了诸多的道德评判。

第一，对罗马元老院、小加图（Cato the Younger）的称颂。他说："如果有一种群体适合统治全世界的话，那它就是罗马元老院。它由担任政府高级职位的官员组成，他们在执行议会决议和掌控它的军队时，研习过国家的事务。需永远铭记的是，它代表的是希望维护它的权威的那些人。如果这些人摆脱他们曾经维护的格局是可取的和合乎当时历史形势的话，那是因为这种格局已和他们更渴望的事物不相称了。"①在这里，弗格森完全将他"客观叙述"式的著史方式抛到一边去了，不是对元老院进行历史性质的叙述，而是代之以完全毫无顾忌的称颂。而且，这种歌颂似乎已经到了无以复加的地步。在他眼里，元老院俨然成为古往今来世界各地管理国家的最合适的政权机构。此时，"弗格森不再是满足于分析的历史学家了，而是道德学家那种随意的评判"②。这种道德学家所表现出来的"随意的评判"同样可见于弗格森对加图、恺撒和庞培等人的评价中。对于加图，他给予无尽的赞美，他说加图用他的洞察力、勇气以及富于男子气概的稳重坚持同恺撒、庞培这些企图颠覆共和国的专制独裁者作不懈斗争，而其他的人要么犹豫、屈服，要么连这些专断者的阴谋都没有察觉，这就使得加图相较其同时代人表现出备受瞩目的卓越。③ 对于加图来说，"美德本身就是其目标"，而对其同胞，美德只不过是他们获得最终利益的一种手段。④

第二，对恺撒、庞培等专制者的批判。与对罗马元老院和加图大加赞美形成鲜明对比的是，弗格森对共和国晚期的专制者犹其是恺撒、庞培进行强烈谴责。他认为："有像格拉古（Gracchi）、阿彪利阿（Apuleius）、马略（Marius）、秦那（Cinna）、克劳狄（Clodius）和迈罗（Milo）这样的公民，共的国是很难保存下来的。但有像恺撒、庞培这样的公民，共和国更是完全没有可能维持下来，或许从权利掌握在他们手中去摆脱共和体制的那一刻

---

① Adam Ferguson, *The History of the Progress and Termination of the Roman Republic*, Vol. V, Edinburgh, Bell & Bradfute, 1799, p. 77.
② Thomas Preston Peardon, *The Transition in English Historical Writing*, 1760–1830, New York, Columbia University Press, 1933, p. 49.
③ Adam Ferguson, *The History of the Progress and Termination of the Roman Republic*, Vol. V, Edinburgh, Bell & Bradfute, 1799, p. 77.
④ Ibid., p. 78.

起,共和国可能就被终结了。"①弗格森将恺撒、庞培等专政者斥为"投机分子",进行着罪恶的行径,认为他们利用民众的混乱和武力进行着统治,而"当他们不能滥用国家正常的体制达到他们的目的时,就使用暴力把它们丢在一边",而这些专政者还虚伪地披着共和体制的外衣。② 在对这些弗格森眼中的企图颠覆共和国的独裁者予以总体性的强烈指责后,他又开始对其最痛恨的两个专政人物恺撒和庞培进行了大肆嘲讽和猛烈抨击。他指责庞培和恺撒"有预谋地进行着所有使他们的祖国遭难的罪恶,……在一段时间里,庞培俨然已把自己当成了君主,而与此同时,恺撒也对自己所采取最有效的措施而获取的权力欣喜若狂。也许,有人会说,在当时的情形下,共和国已经很难维持了,以此作为恺撒等人破坏共和体制冠冕堂皇的理由,但这种观点无异于为罪犯提供他们犯罪的借口"。弗格森认为,这就好比说"当国外出现拦路抢劫的盗贼时,旅游者肯定会被打劫"。他进而指出:"恺撒和庞培被谴责,不是因为共和国终结了,而且因为他们本身就是罪恶,因为这些罪恶,共和国灭亡了。"③

可以看出,弗格森此时表现得像一位十足的道德学家,而不是严格叙述历史事实和历史发展过程的历史学家。他在这里似乎已完全将自己所强调的"述而不作"的治史原则抛到一边去了。他不仅对罗马共和国晚期的历史人物、政治体制进行大量的评判,而且这种评判不是从政治、经济、文化等方面所做的历史性评价,而是一种基于弗格森政治思想、道德标准的道德评判。弗格森把其政治思想同其对历史相关事件的看法紧密地联系在一起了。弗格森对共和政体是十分倾心的,正如有论者所言:

> 对于弗格森而言,那种教养不凡、品德优良的公民能将一切权利都稳定地委托给公职人员的政体是最幸福的政体。从这种表达中,我们可以发现,弗格森最喜爱的政体其实就是共和政体。对于他来说,共和政体是一种混和政体,共和政体实际上是民主政体与贵族政体的一种结合。……二者的结合就能创造出来一种比较完美的政体即混合型的共和政体。④

---

① Adam Ferguson, *The History of the Progress and Termination of the Roman Republic*, Vol. V, Edinburgh, Bell & Bradfute, 1799, p. 81.
② Ibid.
③ Ibid., p. 82.
④ 翟宇:《论苏格兰启蒙思想家弗格森的政治思想》,吉林大学硕士学位论文,2007年,第35页。

而与对共和政体大加赞美形成鲜明对照的是弗格森对于专制政体的痛恨,"这种基于恐怖原则的罪恶政体所带来的只有暴政和腐败。它所展现的除了人性的最终堕落之外别无其他"①。推崇"美德"贯穿于《文明社会史论》的全篇,是弗格森政治思想的核心内容之一。其很多政治思想,如对"积极自由"的肯定,②对"共和政体"的赞美,对公民献身公共利益的强调,都是在其"美德"思想上展开的,或者说,它们本身就是"美德"的具体体现。这些政治思想同其对相关历史事实的看法联系起来,就形成颇具弗格森个人色彩的但也广为后世所诟病的道德评判标准。即在很多情况下,但凡和弗格森政治思想保持一致的历史人物和体制,弗格森都会予以高度的赞美。如作为罗马共和国共和体制集中体现的罗马元老院,努力维持罗马共和体制,积极提倡公民美德的加图都几乎作为完美无缺的典范、道德楷模而大加称颂。而对那些明显和弗格森政治思想格格不入、公然践踏罗马共和政体的所谓独裁者,如马略、恺撒和庞培,则给了了无情的嘲讽和强烈的谴责,尽管这些专政者在罗马共和国晚期历史上作出巨大的历史贡献。因此,从这个意义上看,与其说弗格森在此对历史人物进行评价,倒不如说弗格森在进行道德说教。他在为世人树立一个孰是孰非的道德标准。

弗格森对罗马元老院、加图、恺撒、庞培等极具个人偏见式的评判将其道德说教的特点暴露无遗地展现在世人面前,这种露骨的道德评判自然招致后世猛烈的批判和嘲讽,尼布尔认为其《罗马史》毫无价值,"完全是一种失败",他给出的一个重要理由就是弗格森的"写作是实用主义的,并且伴有道德说教的倾向"③。皮尔登尽管不满意尼布尔对《罗马史》的完全否定,极力为其进行辩护,然而对《罗马史》中道德说教的倾向也是承认的。他指出,弗格森在《罗马史》中对罗马议会进行了颂词般的赞美,此时"弗格森不再是历史学家,满足于分析,而是道德学家随意的评判",也正是因为如此,"弗格森历史学家的身份被其道德学家的身份所掩盖",他在世时,这对他的声誉影响不大,"但对他后来的名望却是致命的"④。巴恩斯更是对弗格森道德说教的倾向予以嘲讽。他说,弗格森坚定的自由主义立场使他"不能公平地评判那些想推翻共和国和创造必要的帝国体制的人。尤其可

---

① 翟宇:《论苏格兰启蒙思想家弗格森的政治思想》,吉林大学硕士学位论文,2007年,第36页。
② 周保巍:《"自由主义"的自由与"共和主义"的自由——论苏格兰启蒙运动中的观念冲突》,《华东师范大学学报》,2006年第1期。
③ Vincenzo Merolle edited, "Appendix B: On the reception of Ferguson's Works", in Adam Ferguson, *The Manuscripts of Adam Ferguson*, London, Pickering & Chatto, 2006, p. 322.
④ Thomas Preston Peardon, *The Transition in English Historical Writing*, 1760-1830, New York, Columbia University Press, 1933, p. 50.

笑的是,他对共和国最后一个世纪贪财不义且目光短浅的罗马议会的称颂"[1]。

《罗马史》中的道德评判需要重新认识。需要指出的是,尽管弗格森在《罗马史》中有不少道德评判,而且这种道德化的倾向的确已经对其在《罗马史》中的公正、客观的叙述造成了严重的负面影响。但这绝不能成为否定《罗马史》史学成就的理由,皮尔登批评其"历史学家的身份被其道德学家的身份所掩盖"的说法是有失偏颇的,而尼布尔将弗格森在《罗马史》中道德化的倾向作为其对《罗马史》毁灭性评价的重要依据之一则更是不可取的。如果对弗格森所处的历史背景及其在《罗马史》中道德化倾向的本身进行更深入认识,或许更多地看到的是其《罗马史》的成就,而不是其所体现出来的道德说教的特点了。

第一,应注意《罗马史》写作的历史背景。18世纪正是理性主义史学大行其道的时期,而理性主义史学的突出特点之一就在于它的实用价值,"历史被认为是个人美德和正确公共政策的导师"[2],换言之,道德说教是18世纪理性主义史家所普遍具有的特征。从法国启蒙巨匠伏尔泰到英国苏格兰历史学派的休谟、罗伯逊,都无不在其史著中表现出明显的道德化倾向。如伏尔泰、汤普森批评他"撰写历史只是达到某种目的手段,是政治家的一所学校。他在《查理十二世》序言中写道:'难道有谁在读过这位国王的传记之后,还不应当把好战的痴心妄想彻底治好吗?'于是乎历史就变成道德家为说教而选择事实的东西了;凡是不合乎这个要求的东西都不要了"[3]。对于休谟,历史同样具有"作为道德教师的价值"[4],而"罗伯逊也像休谟和伏尔泰那样喜欢说教"[5]。可见,道德说教是理性主义史学家们普遍具有的倾向。弗格森很难不受这种史学写作风格的影响,再加上其本人在爱丁堡大学执教道德哲学多年,因此弗格森在其《罗马史》中表现出"道德化"的倾向也就不足为奇了。弗格森在史著中所进行的道德说教尽管一定程度上影响历史叙述的公正、客观,但后世史家不能因此就否定《罗马

---

[1] Harry Elmer Barnes, *A History of Historical Writing*, second Revised Edition, New York: Dover Publications, 1963, p. 166.

[2] Thomas Preston Peardon, *The Transition in English Historical Writing*, 1760–1830, New York, Columbia University Press, 1933, p. 10.

[3] James Westfall Thompson, *A History of Historical Writing*, Vol. II, New York, The Macmillan Company, 1942, p. 67.

[4] Ibid., p. 71.

[5] James Westfall Thompson, *A History of Historical Writing*, Vol. II, New York, The Macmillan Company, 1942, p. 72.

史》的史学价值。否则,在否定弗格森《罗马史》的同时,实际上,把贯穿18世纪明显带有说教气息的理性主义史学也一并给否定了。

第二,弗格森提出众多深刻的历史论断。正如上文所指出的,弗格森的确在《罗马史》中违背了其"述而不作"的作史风格,表现出明显的"道德化"倾向,自然也就遭到后世学者的诟病。然而,这种批判未免有夸大之嫌,如上述的皮尔登对弗格森在《罗马史》中道德说教的批评。实际上,弗格森在对一些历史人物和事件的评论中,不仅自觉地抑制住自己的道德说教,而且还表现出不少深刻的历史性而非道德说教式的论断。

例如,他对屋大维的评价。相较恺撒,屋大维在专制方面可以说是有过之而无不及。他同安东尼、雷必达在公元前43年公开结成后三头同盟,为"谋取其政权的合法性,将联军开进了罗马,解散了原来的政府,并利用军队的威慑力,迫使公民大会通过决议,承认三头同盟的合法性。接着,后三头同盟实行血淋淋的公敌宣判,消除反对势力。后三头同盟打着'为恺撒报仇'的旗号,对所有曾反对他们或对他们有不恭言行的人进行疯狂的报复","被宣布处死和没收财产的元老约有3000人,被处死的骑士约2000人",此外他们还乘机"聚敛财富,装备军队"①。公元前31年亚克兴战役中击败安东尼后,屋大维打着"共和"的幌子不断加强自身的权力,公元前30年,他重新被确认为终身保民官,公元前29年,获得"大元帅"的称号,公元前28年,获"元首"称号,公元前27年,又获得"奥古斯都"的称号,他还是执政官、行省总督的统治者、大祭司长等,"他打着'元首'的旗号,挥舞着帝王无限权威的大棒,对共和制的大本营——元老院进行了彻底地清洗和改造,使其成为毫无实权,完全听命于元首的忠实工具"②。可见,不论是屋大维所获得的权力,还是其专横的程度,都远超恺撒,而且表现得更像一个专制的君主。然而,对于这么一个公然藐视、破坏共和体制的阴谋专权的独裁者,弗格森却并没有像对待恺撒那样给予猛烈的抨击,而是对屋大维的专权报以宽容理解,并进行深刻的历史性分析。他指出,屋大维也是反共和国的,但相比恺撒,在很多方面他又是可以被原谅的。他所处的形势与恺撒时期相比已经发生很大变化,在持续专制统治背景下,"他的国人已经屈服于君主制了",他自己被认为是拥有无上统治权的恺撒的继承人。"因此,至少他是更加靠近世袭君主的处境了",那么在这种背景下,他将最

---

① 宫秀华:《罗马:从共和走向帝制》第二版,北京:高等教育出版社2006年版,第121—122页。
② 同上书,第155页。

高统治权当作他自己与生俱来的权利也就是可以理解的了。① 这是弗格森从当时的罗马公民对君主制的态度和屋大维从恺撒那里继承的最高统治权所受到的普遍认可这两个角度为屋大维的专权辩护。此外,他还通过论证当时屋大维所处的险恶形势来表达对其独裁专政的理解。弗格森指出,恺撒被刺的命运充分地让屋大维意识到他应表现得像一个罗马公民,更加的谦恭,等到合法年龄时,通过宪法选举获得国家的统治权。然而,在当时的历史背景下,他不可能像一般的公民那样,通过正常途径去获取统治权的。他生活在为争夺统治权血雨腥风地厮杀年代,作为一个派别的领袖,摆在其面前的只有两种选择,要么获得最高统治权,要么死于他人刀下。受此影响,他继承恺撒的目标,压制公民政府,铲除一切对其权力构成威胁的竞争者。② 如果说弗格森对恺撒的批判表现得是其道德学家的一面,那么对屋大维的评论则更多地反映出其尊重事实的历史学家的形象。

再如,他对罗马共和国晚期元老院以及加图等人的评议。尽管弗格森由其对共和制度的热爱而对罗马元老院、加图大加称颂,但同时,他也认为共和体制、加图等维护共和国所进行的奋勇抗争是不符合当时历史发展潮流的。他以为罗马共和国所统治的庞大疆域以及其内部的严重腐化已经是罗马元老院所无法驾驭的了。罗马元老和普通的罗马公民也腐化不堪,③在这种背景下,国家需要一种强权统治,因而可以说共和向帝制的转变也就符合历史发展的趋势,从这个角度来说,加图、西塞罗、布鲁图等人维护共和国的努力就是一种错误。④ 但是,弗格森又进一步指出,不应因此对这些人扣上逆历史潮流而动的帽子,他说:在对这些历史人物进行评价时,人们绝不能以后世对君主制所持有的普遍好感那种历史背景,更不能以君主制更有利于当时罗马统治的判断来对这些历史人物进行评判,人们必须设身处地地考虑到他们所处的历史形势。⑤ 在这里,弗格森不仅对罗马共和国衰落的原因有较为深刻的见解,认识到伴随着罗马共和国疆域的日益扩大,原有的政治体制已无法适应新的发展局势的要求,共和国向帝制的转变是不可逆转的历史潮流,而且对加图等人的评论也体现出其颇具前瞻性的历史主义观点。可见,对具体历史人物的评判,尽管弗格森有

---

① Adam Ferguson, *The History of the Progress and Termination of the Roman Republic*, Vol. V, Edinburgh, Bell & Bradfute, 1799, p. 83.
② Ibid., p. 85.
③ Ibid., p. 74.
④ Ibid., p. 75.
⑤ Ibid.

"道德化"的倾向,而且这种"道德化"有时还表现得那么的强烈,但弗格森在很多时候也并没有忘记自己历史学家的身份,他还是努力地在尊重历史事实,尽管这种历史事实可能在某种程度上是他所不愿看到的。

第三,对于《罗马史》中的道德评判,弗格森也给出明确的解释。他说:"虽然在编辑这部历史时,本打算避免表达赞美和批评的情感,而是详述事实和具体说明人物的性格,并且在任何情况下都应陈述历史本身,而不是作者的判断。然而,有关优劣的问题是相当难以处理的,在这种情况下,最正直的读者也有可能采取截然不同的观点,因此史家也就可能倾向于总的讨论了。"①可见,只是因为涉及到诸如历史人物、体制优劣评判这些在弗格森看来较为棘手的问题,他才认为有必要进行道德评判,以防止读者得出错误的认识。就《罗马史》,弗格森还是努力恪守其"述而不作"的作史风格,尽可能地对罗马共和国发展和衰亡的历程做出客观公正的叙述,而道德说教只占其中很少一部分。维琴佐认为,即使道德说教隐藏于《罗马史》中,也"仅仅微不足道地影响了《罗马史》的叙述"②,此语十分中肯。弗格森自己也指出历史学家既应是道德学家,也应是事实的叙述者。但事实才是历史的本质。③ 他认为,尽管有些道德学家认为真理应该在美德面前做出让步,但需要郑重申明的是"历史的目标必须澄清为对过去公正的叙述"④。弗格森的《罗马史》就是弗格森这一治史理念指导下的最突出的实践成果。

总之,《罗马史》虽然体现了弗格森道德说教的特征,但它更多彰显的还是一位秉笔直书、公正叙述的历史学家形象。

弗格森的道德史观还表现在强调从"美德"的角度来分析战争中罗马不断取胜的原因以及罗马共和国衰亡的原因。对于罗马所取得的一系列辉煌胜利,弗格森特别强调两点。一是罗马建立由公民组成的民兵队伍,正是这种体制的建立"使得罗马征服世界"。巨大的军事奖励和荣誉的实施,对公民的军事精神的发展提供了额外的强大动力。二是"公民与军事的力量和责任的联合意味着罗马的参议员既是政治家又是武士",这两种角色的融合"巩固了参议员政府的权威,逐步使罗马的将军们获得了洞察

---

① Adam Ferguson, *The History of the Progress and Termination of the Roman Republic*, Vol. V, Edinburgh, Bell & Bradfute, 1799, p. 73.
② Vincenzo Merolle, "Introductory Essay", in Adam Ferguson, *The Manuscripts of Adam Ferguson*, London, Picking & Chatto, 2006, p. xxiv.
③ Adam Ferguson, *The Manuscripts of Adam Ferguson*, London, Pickering & Chatto, 2006, p. 19.
④ Ibid., p. 22.

力、敏锐的判断力和勇气,罗马因此通过融合政府和战争的职业将公民的和军事国家的优点联合起来了",弗格森将罗马议会的巨大力量及其表现出来的不可抗拒的力量都归结为这种体制的形成。而与此形成鲜明对比的是,罗马共和国在发展道路中的一个重要敌人——迦太基——却"分离了公民的和军事的职能,依靠图利的士兵进行防御,遏制或忽视了他们自己公民的军事品质,罗马对更富有的迦太基的胜利完全应归因于它更卓越的民族品格"①。在弗格森看来,罗马共和国之所能取得一系列对外战争包括布匿战争的胜利,在于相较其他民族,它更重视将罗马公民的公民身份与军事身份联合起来,换言之,作为一个罗马公民,他既要履行其本身应尽的政治义务,同时本人也是一名军人,要积极担当军人的角色,随时为国家的需要而战斗。对弗格森来说,这是"美德"的体现。正是这种"美德",保证了罗马共和国在对外战争的绝对优势。从"美德"的角度来分析历史事件同样体现在弗格森对于罗马共和国衰亡原因的评论上。对于罗马共和国的倾覆,他除了指出由于罗马的领土过于庞大而使相应的机制如罗马元老院无法驾驭之外,还因为罗马共和国晚期已陷入严重腐化的泥潭当中。即使是像罗马元老院如此成熟卓越的体制对其也回天乏术,而且罗马元老院"它自己的成员们也堕落了,丧失了其先辈的美德"②。再加上恺撒、庞培这些践踏共和体制的独裁者的出现,罗马共和国的灭亡也就是必然的了。③ 在《文明社会史论》中,弗格森也将罗马共和国的灭亡归因于"美德"的丧失。他说:"人们可能会认为,罗马并不是因为精神不振,也不是因为国内政治热情低落而走向没落的。它的动乱的性质更为剧烈、更为严重。但是,如果在该共和政体奄奄一息之际,加图和布鲁图的美德仍能发挥作用,那么在同样动荡的时期,阿提克斯的中立态度和审慎的退隐就能安然无恙,而且在摧毁了上层人士的风暴下,广大人民群众还能毫发不损。人民心目中的公众意识消失了,甚至派别仇视也平息了。只有军团士兵或领导者的死党才会参与到骚乱中来。但是这个国家并不是因为缺乏杰出人物而归于沉默。如果在我们谈及的时代,我们只想寻找几个在人类历史上杰出的名字的话,那么再也没有哪一个时期会比这个时期有更多杰

---

① Iain McDaniel, 'Ferguson, Roman History and the Threat of Military Government in Modern Europe', in Eugene Heath and Vincnzo Merolle edited, *Adam Ferguson: History, Progress and Human Nature*, London, Pickering & Chatto, 2008, p. 126.

② Adam Ferguson, *The History of the Progress and Termination of the Roman Republic*, Vol. V, Edinburgh, Bell & Bradfute, 1799, p. 74.

③ Ibid., p. 81.

出人物了。但是,这些名字之所以闻名是为了争夺统治权,而不是在行使平等权利。该民族堕落了,这样一个伟大的帝国缺乏一个主宰。"①

政治军事史的回归。这一问题在上文谈到弗格森史学渊源时已提到,这里稍加展开。20世纪西方兴起的新史学所倡导的诸多治史理念在18世纪的理性主义史家那里都可以找到源头,如扩大历史写作范围,提倡解释而不是叙述的历史写作方式等。从这个角度来说,启蒙时期的理性主义史学可以说是开了20世纪西方新史学的先河,而在提倡新史学理念方面最为杰出的史家当首推法国启蒙巨匠伏尔泰。尤其是其在《风俗论》、《路易十四时代》等史著中"第一次打破了独霸西方2000多年的以政治、军事史为主要内容的史学传统,为历史编纂开拓了新天地"。他撰写的历史不仅限于政治、军事,还包括"农工商业、科学技术、文学艺术、民情风俗乃至饮食起居、日常娱乐等等。总之、举凡人类社会生活的各个方面的活动记录,都应当属于历史编纂的对象"。② 这种社会文化史写作范式成了18世纪理性主义史学的鲜明特征,也成了同时期诸多启蒙史家如德国的莫泽尔(Justus Moser)竞相效仿的对象。然而,弗格森的《罗马史》可能是是背离这种作史理念的最为突出的代表。他的《罗马史》主要局限于政治、军事方面的内容,对于经济、文化、社会生活等方面鲜有涉及。这是其深受古典史家尤其是修昔底德影响的又一显著体现。

或许还可以从其写作《罗马史》的目的上来分析弗格森将《罗马史》写作仅限于政治、军事方面的原因。弗格森写作《罗马史》目的有二,一是较为明显的,正如他自己所说"研究罗马史,就是要研究人性"。另外一个目的是较为含蓄的,即是为了18世纪的大不列颠提供借鉴。对于前者,既然是要研究人性,那么选择大人物作为叙述的重点就再合适不过了。一方面关于他们的史料较为充分,另一方面,通过对这些伟大人物的描述,相较描写凡夫俗子更能帮助人们观察人性,因为弗格森认为,正是这些伟大人物展现了"人类力量力所能及的最大范围和程度",③以大人物为中心,自然也就将其政治、军事的斗争作为主要的描述对象了。对于后者,罗马共和国的兴衰历史之所以能为大不列颠提供借鉴,因为在弗格森看来,大不列颠目前所处的情况与罗马共和国有很大的相似之处。同古罗马共和国一

---

① 〔英〕亚当·弗格森:《文明社会史论》,林本椿、王绍祥译,沈阳:辽宁教育出版社1999年版,第246页。
② 张广智主著:《西方史学史》第三版,上海:复旦大学出版社2010年版,第139页。
③ Adam Ferguson, *The History of the Progress and Termination of the Roman Republic*, Vol. I, Edinburgh, Bell & Bradfute, 1799, p. 4.

样,大不列颠也由于不断对外扩张致使领土面积急剧增长,公民的"美德"也开始腐化,正是这两点导致古罗马共和国的覆亡。在这种忧患意识下,弗格森开始写作《罗马史》。所以对于这两点,作者肯定要在《罗马史》中给予其突出地位。而它们又是和政治、军事斗争紧密相联的。因而,弗格森将其《罗马史》选材范围仅局限于政治、军事方面,对这二者的描述,才能更好地达到他的作史目的,而对于经济、文化、社会生活等方面的内容因为与其上述两点撰史宗旨基本无涉而被舍弃了。

正是因为集中于政治、军事史方面的叙述,再加上他早年丰富的从军经历,使得弗格森在《罗马史》中对人物形象的刻画,尤其是对战争的描述十分生动、出采,以至于亚历山大·卡莱尔称赞其"除了波里比阿,弗格森在《罗马史》中关于战争的描述比任何历史学家的描述都要好",因为他自己亲身经历过很多次战争。[1]《罗马史》还有一大特点即采用"叙述"而非18世纪启蒙史家所倡导的"解释性"的著史风格。这可以再次看作是对修昔底德史学风格的回归。关于其具体内容前文已有阐述,此处不赘。

审慎地使用演说词。如果说前面所谈到的《罗马史》的几个特点,如道德史观、政治军事史的范型、生动的人物和战争描述以及叙述型的著史风格都同古典史学紧密相联的话,那么弗格森在《罗马史》中对古典史学中惯用的"演说词"的处理则可以说是其对古典史学撰写体例的背离了。

在史著中插入大量的演说词,这是古典史家撰史的一个鲜明特点。不论是修昔底德的《伯罗奔尼撒战争史》,还是阿庇安的《罗马史》,都能看到作者为史著中的历史人物所代撰的大量演说词。然而,深受古典史学影响的弗格森却对史书中插入过多的演说词不以为然。他并没有盲目模仿古典。在其《罗马史》中,尽管也有演说词,而且有时还以较大篇幅出现,但通观其《罗马史》,可以看到相较古典史家,他在《罗马史》中所插入的演说词就显得较为罕见了。弗格森这种悖离古典史学传统的做法,遭到一些学者的责难。"我们必须对作者抛弃古典史家的做法表示谴责,这些古典史家在重大情形下将演说词通过伟大的人物之口表达出来……修昔底德、李维、萨鲁斯特、塔西佗……对这种实践表示认可。我们实在想象不到出于何种缘由,一个对古典历史进行叙述的现代史家竟然忽略了它……作者并没有通过演说词来显示自己的雄心,这让我们感到非常的遗憾。"[2]

---

[1] Adam Ferguson, *The Manuscripts of Adam Ferguson*, London, Pickering & Chatto, 2006, p. 325.

[2] Ibid., p. 29.

这的确是一个让人困惑的问题,深受古典史学影响、对古典史学如此痴迷的弗格森何以在《罗马史》中很少代撰演说词?或许通过剖析弗格森在《论恰如其分的史学》(*Of History and Its Appropriate Stile*)这篇论文中的相关观点,可以有助于找到答案。弗格森在这篇文章中明确表达其求真的治史精神。为此,他提出一系列的观点。其中,一个重要的方面就是力戒党同伐异,做到公正无私。弗格森对李维偏袒罗马人的做法进行批评。他说,在李维的笔下,"罗马人从一开始就是有成就的政治家……每个罗马人都像一个演说家那样说话,并且以最熟练的形式为每个罗马人都准备了一份演讲"[①]。可见,弗格森对古典史家尤其李维在史著中过度插入演讲词的做法表示不满。在他看来,这些演讲词多半是后世史家为突出罗马人的地位而故意安插在史书里的,这是不客观的。但弗格森并不认为所有的演讲词都是虚构的。如对于古典史家所记载的,在公元前29年屋大维返回罗马后,对元老院所发表的一番演讲,弗格森就认为是真实可信的。他指出这篇演讲像其他演讲一样被记录在古典史籍中,"可能也被认为是历史学家们所虚构的",然而对于这篇演讲词,应深思熟虑,它很可能被转变成了文字,"保存在元老院的记录里。历史学家可能从那里获得了它"[②]。由此看来,弗格森并不反对在史著中插入演讲词,他只是批评史家不应盲目地使用不加任何考证甚至为了党派利益而虚构的演说词。如果演说词真实可信,史家也未尝不可将其放进自己的史著中,但由于弗格森认为古典史家中的演说词多是历史学家捏造的产物,因而在其《罗马史》中摒弃了古典史家将大量演说词安插在史著里的传统。在这里,实际上又再次看到了弗格森著史的最高原则——"求真"。

三、重新认识弗格森的史学

自弗格森著作问世,其史学并未获得学术界的普遍关注和认可,他的地位和后人变现出的旨趣颇有意味。

1. 欧美学界的漠视

时至今日,弗格森的史学仍然遭受着学界的漠视。索伦森(Sorsensen)

---

① Adam Ferguson, *The Manuscripts of Adam Ferguson*, London, Pickering & Chatto, 2006, p. 23.
② Adam Ferguson, *The History of the Progress and Termination of the Roman Republic*, Vol. V, Edinburgh, Bell & Bradfute, 1799, p. 123.

曾愤愤不平地指出,弗格森是一位被世人所遗忘的哲学家。[1]其实"遗忘"一词用来形容弗格森的史学可能要更为的合适。很难想象,作为18世纪苏格兰启蒙运动时期一位思想界的巨擘,作为一名曾在欧美特别是在德国造成轰动性影响的史学家,弗格森的历史学家身份何以遭到学界的漠视,这的确值得关注。原因或许是多方面的,"生不逢时"可能是一个重要的因素。18世纪那场席卷欧洲的启蒙运动,造就了一大批才华横溢的思想家和史学家,如伏尔泰、孟德斯鸠、休谟、斯密、吉本等等。在这群星璀璨的时代大背景下,弗格森所表现的天分似乎被其同时代的这些思想家的耀眼光辉给遮盖住了。此外,弗格森长期以来被当作一个缺乏创新见解的思想家,[2]弗格森的史学被后世所遗忘,似乎也就顺理成章了。但是,正如前文所提到的,弗格森是苏格兰启蒙运动乃至整个欧洲启蒙运动时期一位非常特殊的思想家和史学家,他的史学既打上鲜明的理性主义史学烙印,同时,也是更为重要的,体现对18世纪启蒙史学的反叛,表现出众多前瞻性的史学思想,如他对"求真"观念的阐述而形成的一套系统的理论体系,并在"述而不作"治史理念的指引下,撰成《罗马史》这一突出的史学实践成果;他对野蛮民族"美德"的极力推崇,对中世纪文化的充分肯定,[3]而对现代商业文明大加批判的历史主义理念等。从前者来看,弗格森开了近代客观主义史学的先河,由后者观之,弗格森成为19世纪浪漫主义史学的先驱。而这些都是伏尔泰、休谟、吉本这些启蒙运动时期的大史学家们所难以望其项背的。可以说,在这两点上,弗格森超越了那个以理性自傲的启蒙时代。

  19世纪英国著名的史学家阿克顿勋爵有这么一段话来评价弗格森:托马斯·阿奎那在《英国文学手册》中对弗格森的史学进行了不应有的贬

---

[1] Roy Sorensen, "Fame as the Forgotten Philosopher: Mediations on the Headstone of Adam Ferguson", *Philosophy*, Vol. 77, No. 299, p. 109.

[2] 早在1755年,亚当·斯密就不点名地批评了某位学者抄袭了他有关经济学的观点。甚至在1790年(斯密这一年去世。),斯密还在其最新版的《道德情操论》中,用极为严厉的言辞批评一些人不知羞耻地剽窃别人的作品。后来引发众多的猜测,有学者就指出,斯密指责的就是弗格森。见约翰·雷著,《亚当·斯密传》,胡企林、陈应年译,北京:商务印书馆1983年版,第421—425页。后来很多学者附合这一观点,认为"弗格森的思想只是抄袭了他其他人(如斯密)的观点的产物。"见唐正东:《从斯密到马克思——经济哲学方法的历史性诠释》,南京:江苏人民出版社,2009年,第73—74页。而由于弗格森深受孟德斯鸠的影响,拉斯基(Laski)则更将弗格森贬低为一个"仿冒的孟德斯鸠"。见Thomas Preston Peardon, *The Transition in English Historical Writing*, 1760-1830, New York, Columbia University Press, 1933, p. 15.

[3] 〔英〕亚当·弗格森:《文明社会史论》,林本椿、王绍祥译,沈阳:辽宁教育出版社1999年版,第220—222页。也可参见〔德〕弗里德里希·梅尼克:《历史主义的兴起》,陆月宏译,南京:译林出版社2009年版,第236页。

损。"弗格森是一位在水平和智力上堪与休谟、斯密比肩的先生,因此有必要提及他以及其他一些被遗忘的专家们,以恢复他们在国人心目中应有的位置。"[1]此论距今已有一百多年了,然而直到今天,阿克顿的这段评论用来形容弗格森的史学,应当说还是十分贴切的。它不仅点明弗格森史学的重要价值,更是指出弗格森的史学由于学界的冷落而遭遇的尴尬境地。或许,现在是我们重新认识和评价这位卓越的苏格兰历史学家的时候了。

在史学思想方面,弗格森与维柯分享了不少极具前瞻性和深刻性的观点。如:两人都明确表示出历史主义的观念;都对直线的历史进步论进行了批判;都认为思想并不是由扩散而传播的,而是因为一个国家发展到某一阶段由于自身需要而去借鉴他们所需要的思想。[2] 然而,与弗格森不同的是,尽管维柯也长期遭到忽视和冷落,但他那"天才的光芒"已逐渐为越来越多的学者所察觉,其史学成就也日益获得学界的重视和推崇。相较之下,弗格森就没有那么幸运了。在世时,同休谟、吉本等人一样,还获得较大的荣耀。然而,在其辞世后,他却逐渐淡出人们的视野,以致汤普森对弗格森史学成就的贬低似乎至今仍然是学界对其史学成就的主流认识。这种评价态度或处理方式显然是有失公允的。下文将对弗格森的史学试作一些粗略的评价,无意于溢美弗格森的史学成就,而是希冀能以此引起学界对弗格森史学的重新认识和评价。

2. "求真"精神

弗格森的史学中虽然表现出明显的"道德化"倾向,但"求真"才是他治史的最高原则。正如他自己所说:"历史就是事实,它的作用既不是溢美也不是贬损。"[3]在历史里,"没有什么比真理和事实更有价值的了"[4]。弗格森对历史求真的重视及其形成的一系列理论体系和实践成果,不仅超了其同时代的理性主义史家,更是开了近代客观主义史学的先河。

---

[1] 〔英〕阿克顿:《自由史论》,胡传胜等译,南京:译林出版社2001年版,第367页。
[2] 维柯认为,"思想并不是由于'扩散'而传播的,像是商品那样,而是靠每一个国家在其自身发展中的任何一定阶段上独立地发现它所需要的东西"。见柯林武德:《历史的观念》,2009年,第118页。弗格森更是明确指出,"为什么一个国家还得从外国寻找艺术的根源呢? 任何一个民族一旦有这样好的机会,往往会把握住这个机会,并且有所发明创新。当机会继续存在时,他们会改进自己的创造。否则,他们就情愿模仿别人。但是,他们从来不会在那些与他们的共同追求并不相关的问题上运用自己的创造力或向外国寻求指导。他们从来不会接受一种他们尚未发现其用途的改进提高的东西"。见〔英〕亚当·弗格森:《文明社会史论》,林本椿、王绍祥译,沈阳:辽宁教育出版社,1999年,第187页。
[3] Adam Ferguson, *The Manuscripts of Adam Ferguson*, London, Pickering & Chatto, 2006, p. 27.
[4] Ibid., p. 21.

长期以来,"求真"作为治史的基本原则之所以难以企及,就在于治史过程中的两种主观性:史家主观性和史著中的主观性。19世纪客观主义史学的大师兰克正是通过对这两方面展开系统批判,从而构建起"如实直书"的理论体系。关于如何做到"如实直书",弗格森表现出与兰克极为相似的远见卓识。在消除史家主观性方面,弗格森先于兰克提出"消灭自我"的口号,并对如何做到"消灭自我"提出一整套行之有效的解决途径。一是"述而不作",即在著史风格上,采用叙述而不是解释。二是"文直事核",即祛除一切不必要的润饰,提倡简单合适的叙事风格。三是力戒党同伐异,摒弃一切所谓的党派热忱。在如何消除史著主观性方面,弗格森则表现出批判、怀疑精神。如:他对古典文献真实性的怀疑,对罗马共和国早期历史史料可靠性的批判。弗格森对原始文献也十分重视,他的《罗马史》所引用的史料几乎囊括所有古罗马史学家的著作。弗格森还亲赴意大利的古罗马共和国的战场遗址以核对《罗马史》中的相关记载,并对著作中的相关表述进行修订。正是在批判史著主观性方面所做出的艰苦不懈的努力,因而凯特称赞其为"批判历史学的先驱"[1]。当然相较兰克等客观主义史家提出的诸如"内证法"与"外证法"相结合式的极为系统的批判考证方法,弗格森在如何消除史著主观性主面,表现的确实不如兰克等客观主义史家出色。但需注意的是,弗格森属于前批判时期的史家[2],人们不应使用19世纪客观主义史学极为重视和擅长的考证辨伪方法,去苛求处于很少重视对原始资料进行艰苦考证的时代的弗格森。事实上,相比于其同时代的其他理性主义史家,弗格森在打通18世纪的理性主义史学通往19世纪的客观主义史学的道路方面,或者说在担当18世纪的理性主义史学向19世纪的西方史学,尤其是客观主义史学转移的风向标方面,弗格森的地位恐怕无人能够企及。

相较求真,18世纪的理性主义史学,更重道德说教和政治向导。在写作历史时,注重贯以哲学的精神,突出表现为通过事情的表面去把握内在的原因和动机,去解释而不仅仅是叙述。相对于19世纪,18世纪的史学家们更注重史著的文学风格,而不大关心对第一手资料进行艰苦地考证。尽管不可避免地打上了18世纪理性主义史学的烙印,但弗格森的史学理念以及在这一理念指导下撰成的《罗马史》更相近于19世纪的客观主义

---

[1] David Kettler, *Adam Ferguson, His Social and Political Thought*, New Jersey, New Brunswick, 2005, p.65.

[2] Vincenzo Merolle, "Introductory Essay", in Vincenzo Merolle edited, *The Manuscripts of Adam Ferguson*, London, Pickering & Chatto, 2006, p.xxii.

史学。如,他将求真作为历史研究的第一要务,强调"述而不作"的撰史风格,摒弃不必要的文学性的修饰,力戒党同伐异等。因此维琴佐认为,"由于他所处的那个时代的风尚,弗格森的写作不可能摆脱道德说教,但是真正让他感兴趣的还是平铺直叙,这是他著作的创新",在近代历史学变得越来越科学化而抛弃一切不必要东西的大背景下,弗格森的《罗马史》肯定能够被当作是"18世纪通往近代史学的桥梁"[①]。如果再考虑到弗格森在消灭史家主观性和消灭史著主观性方面所作的不懈努力和表现出的一系列远见卓识,尤其是明确提出的"消灭自我"的口号,及其对古典文献的怀疑、批判,将其称之为"近代客观主义史学的先驱"当不为过。

3. 调和主义

弗格森的确是太衷情于调和了,这在他的史学思想上表现得尤为明显。如在探讨历史进步论时,一方面,作为18世纪的启蒙思想家,同大部分的启蒙学者一样,他的思想仍是在历史进步论的主流框架下徘徊,但另一方面,他又吸收启蒙运动异端——卢梭厚古薄今的论调,对野蛮民族极力推崇,而对现代文明大加批判,摒弃主流启蒙思想家津津乐道的直线历史进步论,而提倡曲线历史进步。在谈到历史进步的发展动力时,弗格森更是表现出一种"海纳百川"式的胸怀,将众多动力说都囊括在他的历史动力论中,如孟德斯鸠的地理环境决定论,苏格兰启蒙思想家所共同分享的"无意后果律",18世纪主流启蒙思想家所大力提倡的理性以及弗格森本人极力推崇的"美德",都被弗格森当作是历史发展的动力。可见,在历史进步动因论上,弗格森至少主张四重动力推动人类历史的进步。需要指出的是,这四重动力是有主次轻重之分的,而且它们也是各司其职的。理性和"无意后果律"促进人类的物质发展,而美德则是弗格森最为重视的历史动力,它保证了人类的物质进步不发生异化,沿着正确的道路发展。而地理环境则同人类美德产生重要的联系,决定人类不同的精神气质。在他看来,严寒酷暑地区的人民都是唯利是图,甘受奴役的,很难产生美德的,而只有温带地区才为人类美德的发挥提供一个极佳的平台。因而,温带地区人类的文明史所取得成就也就更为显著和典型。弗格森还试图调和近代西方两大哲学思潮——经验主义和理性主义,这在其史著中鲜明地体现出来。一方面,他认为,历史学家对世界物质系统的认识应"取决于事实的收

[①] Vincenzo Merolle, "Introductory Essay", in Vincenzo Merolle edited, *The Manuscripts of Adam Ferguson*, London, Pickering & Chatto, 2006, p. xxv.

集",或者"基于特别的观察和实验","而不是提出种种猜想"[1],强调"述而不作"或平铺直叙的叙史风格,这显然受到经验主主义思潮的影响。另一方面,他又在其史著中加入不少理性主义的元素,用一种伏尔泰所强调的"哲学精神"来指导其历史写作,如其著作中的道德说教和《罗马史》中所隐含着的研究人性的目的。这种调和经验主义和理性主义的做法致使不同史家在解读弗格森的史著尤其是《罗马史》时,往往会得出大相径庭的结论。《英语评论》认为,弗格森的《罗马史》体现了一位近代史家在古典史家作史风格基础上的巨大改进,它体现了一种哲学的精神。[2] 而麦肯锡却指出弗格森的《罗马史》更多地是一种叙述而非解释的风格,他的《罗马史》几乎没有体现有关这一主题的哲学精神。[3] 迈耶深刻地意识到这一点,他还以弗格森的这种调和主义来分析弗格森史学长期不为后世所重视的原因。他说:"德罗伊森和迈内克指责弗格森对历史缺乏哲学的理解,而巴克尔(Buckle)和皮尔登却批评这个苏格兰人缺乏经验基础。"[4]这明显是两种自相矛盾的评论。作者解释说,这种互相冲突的评论之所以成为可能,源于他们对弗格森史学的双重性缺乏认识。在近代学术界,学者对史学方法的划分是相当简单化的,要么是经验主义的,要么是唯理主义的,弗格森试图调和归纳法和演绎法的做法是不受欢迎的,遭到了众多史家的批评。[5] 综上,调和主义是弗格森史著中一个突出的特点。那么,弗格森又为何如此衷情于调和呢?这固然与其思想的多元化相关,古典主义和近代的众多学者与流派都是其思想渊源。在多种思潮的影响下,弗格森也就很自然表现出集各家所长而形成自己理论体系的做法。除此之外,或许我们还可以从弗格森的个人性格上去找出一些原因。弗格森曾坦言,对他来说,快乐源于两个方面,热诚与寻求新奇的事物。[6] 后者实际上反映弗格森不安分的性格特点,这种不安分,喜欢追求新事物的性格反映到他的日常生活中,即

---

[1] 〔英〕亚当·弗格森:《文明社会史论》,林本椿、王绍祥译,沈阳:辽宁教育出版社 1999 年版,第 2—3 页。

[2] Vincenzo Merolle, "Introductory Essay", in Vincenzo Merolle edited, *The Manuscripts of Adam Ferguson*, London, Pickering & Chatto, 2006, p. xxiv.

[3] Ibid., p. xxv.

[4] Annette Meyer, "Ferguson's 'Appropriate Style' in Combining History and Science: the History of Historiography revisited", in Eugene Heath and Vincenzo Merolle, edited, *Adam Ferguson: History, Progress and Human Nature*, London, Pickering & Chatto, 2008, p. 136.

[5] Ibid.

[6] Jane B. Fagg, "Biographical Introduction", in Vincenzo Merolle edited, *The Correspondence of Adam Ferguson*, London, William Pickering, 1995, p. xxxii.

对学术不能过多地专注,而是参与大量学术之外的社会活动。① 而反映到他的学术观点上,对于一个问题的认识,他不大习惯于总是固守于一种观念,而是对其他学术观点也常会产生很浓厚的兴趣。这样将它们以某种方式调合在他对相关问题的叙述和评论中也就顺理成章了。

尽管现在作为史学家的弗格森似乎早已被学界所遗忘了,但弗格森的史学在近代尤其是他在世期间实际上产生了相当重要的影响。

---

① Jane B. Fagg, "Biographical Introduction", in Vincenzo Merolle edited, *The Correspondence of Adam Ferguson*, London, William Pickering, 1995, p. xxxi.

第六章　苏格兰历史学派在欧美和中国的影响

苏格兰历史学派,不仅改变了英国史学落后于欧洲大陆的局面,并且发生国际性影响,成为人类史学宝库中的瑰宝。

一、休谟的开创之功与世界声誉

正如休谟自己说得那样,"无论何人,若具备强大的判断力和敏锐的想象力,又毫无偏见,都常常会成为人们争论的对象,并往往引起激烈的讨论与质询。不过,全人类都会一致认为:这种品性是有价值的,是可贵的"。[1] 休谟的史学实践也确实引起了争论,产生了影响。

1. 开创苏格兰历史学派

除了《英国史》这部专著以外,休谟有关历史研究的论文散见各处,其实在他中年以后,其治学兴趣就转移到历史学上了,他说:"阅读历史,是一件美好的事。"[2] 实际上,"他的哲学著作尽管在他从事历史写作之前就已完成(这一著作带给他渴望已久的名气,这是他的哲学所未能赋予的荣耀),但却已包含了许多关于历史研究方法的思想,这在此前的哲学家中是找不到的"。[3] 不过,《英国史》的影响是最为巨大的。休谟在世时以史学家的身份闻名,主要因为这部著作。即使是反对他的人,也认为作为一位有争议的史学家他应该受到重视。

休谟起初从斯图亚特家族登基开始撰写,他认为对各政治派别的曲解主要发生在那个时代,他以为这个题材能适合各色人等,对它的成功也充

---

[1] David Hume, *Essays Moral, Political, Literary*, Indianapolis, Liberty Fund, 1987, p.150.
[2] J. Y. T. Greig, edited, *The Letters of Hume*, Vol. II, Oxford, Clarendon Press, 1932, p.196.
[3] Burns, R. M. Pickard, H. R.:《历史哲学:从启蒙到后现代性》,张羽佳译,北京:北京师范大学出版社 2008 年版,第 52 页。

满期待,可惜事与愿违。休谟说:"我遭到了指责、非难甚至憎恶。英格兰人、苏格兰人和爱尔兰人,辉格党人和托利党人,教士和非国会派新教徒,自由思想家和宗教狂热分子,爱国者和廷臣,全都因暴怒而联合起来,群起而攻之,说我竟敢对查理一世和斯特拉福德伯爵的命运抛洒同情之泪。这些人最初的暴怒结束后,更让人恼火的是这本书竟像是被人们遗忘了。米拉尔先生告诉我,此书一年只售出 45 本。"①这的确让休谟有些灰心丧气,1756 年,也就是第一卷《英国史》失败两年以后,第二卷出版,内容是从查理一世之死到革命开始的那段历史。这本书却取得了意料之外的成功,销量很好,还使"它那本倒霉的'兄长'销量大增"②。

在 18 世纪的欧美各国,《英国史》影响力颇大,直到 1849 年麦考莱《英国史》出版,将近一个世纪它都被当作这方面的权威之作。在他生前,《英国史》曾七次再版。③ 当休谟 1761 年出版《英国史》时,《年鉴》(Annual Register)发布这样的公告:"我国作家在历史方面成就甚微,意大利人,甚至法国人,长久以来公认在我们之上……英国人的天赋在其它门类的写作中已很好地展示自己,并赢得最大的尊敬,却不能在历史方面有所作为。休谟先生所刊行的大著,使我们国家摆脱了这种羞耻。"④在休谟死后一个世纪里,《英国史》至少有 175 个版本,直到 20 世纪早期还在印刷。⑤ 在英格兰和苏格兰的图书馆里,休谟是以历史学家编目的。⑥

《英国史》的大获成功,不仅是对休谟历史叙述的肯定,更重要的是,它预示了苏格兰历史学派的崛起。"休谟最大的贡献在于他创立了苏格兰历史学派。休谟不仅自己从事史学活动,还对后学进行鼓励和帮助。罗伯逊和弗格森就是他的追随者。"⑦休谟的广泛交游,使他从一些启蒙思想家那里获得思想养料,同时也影响众多学者。休谟随和、仁厚,对别人总是赞誉有加,人们乐意与他交往;他虚怀若谷、坦诚待人,他曾经帮助一个批评他的人使其批评更加尖锐,他还帮助众多后来的学者解决论著发表的问题。

---

① David Hume, *Essays Moral, Political, Literary*, Indianapolis, Liberty Fund, 1987, p. 18.
② Ibid., p. 19.
③ Nicholas Capaldi and Donald W. Livingston edited, *Liberty in Hume's 'History of England'*, Dordrecht, Kluwer Academic Publishers, 1990, p. vii.
④ 转引自 V. Wexler, *David Hume and the History of England*, PhiladelPhia, 1979, p. 90.
⑤ Nicholas Capaldi and Donald W. Livingston edited, *Liberty in Hume's 'History of England'*, Dordrecht, Kluwer Academic Publishers, 1990, pp. vii - viii.
⑥ V. G. Wexler, *David Hume: Historian*, New York, Columbia University, 1971, p. 3.
⑦ 张广智主编,李勇著:《西方史学通史》第四卷《近代时期(上)》,上海:复旦大学出版社 2011 年版,第 273 页。

受他影响和经他帮助的就有斯密、罗伯逊、弗格森等人。这在第一章中有述,这里再强调一下其不同侧面。

亚当·斯密虽不是历史学家,但作为研究社会的学者,他是非常重要的。他常常引用历史来论证自己的观点,比如在那部脍炙人口的著作《国富论》的第三篇"论各国财富增长的不同途径"中,考察了罗马帝国衰亡后欧洲旧状态下农业的抑制及城市的兴起和发展;和休谟一样,他把入侵罗马帝国的日耳曼和塞西亚民族毫不客气地称作"野蛮人";和休谟一样,为了解决问题,他追溯了分工的起因、货币的起源。艾伯特·奥·赫希曼就发现"在休谟《英国史》一书(斯密在其论述的开始引用了该书的内容)中,休谟阐明了'中产阶级'的兴起,尽管他的描述远不如斯密生动,但却极其相似;休谟明确指出,领主权力的丧失不仅有利于新兴的商人和工场主,而且有利于君主。斯密在《关于正义、警察、税收和战争的演讲》中也采用了类似的论述"[1]。但其中受影响最深的应该是威廉·罗伯逊。

罗伯逊使用休谟的众多词汇和术语,如"自由"、"热情"、"激动"、"狂热"、"迷信",他像休谟一样批判天主教会,认为它的经院哲学是空洞的,琐碎的;蔑视神迹,认为严肃史家不应涉及它们。罗伯逊和休谟一样尊崇修昔底德,但他比休谟更强烈地要求历史的真实性,只对有文献证据的历史感兴趣。他说,"我越是想历史著作的性质,就越是觉得确保细节准确的必要。历史学家叙述当代史部分要归于公众对提供公正、真实信息的他们心存敬意的观念。叙述远古事务的历史学家还没有权利要求别人的赞同,除非能提供证明他主张的证据。否则,他可能在讲述一个有趣的故事,而不能说记述了一段真实的历史。"[2]他对不确定的历史尽量会少写,比如中世纪的历史,但这当然不是意味着敷衍或蔑视它,相反,他的考察相比较同时代的其他人,是相当仔细认真、科学合理的了。一个最明显的区别就是他并不把中世纪视作它本身的终结,它的价值和重要性在于——它是一个今天人们熟悉的制度走向完善的准备阶段。换句话说,不再看它的负面影响或视之为断裂开的,中世纪也被描述成发展着的。在罗伯逊看来,中世纪的主题是发展。从中可以发现他历史主义的思想,休谟也曾有过此种倾向,却没有这个意识。但罗伯逊已经表现出这方面的自觉。

罗伊·伯特指出,吉本时代的英国"历史编撰是通过显示自己的有用

---

[1] 〔美〕伯特·奥·赫希曼:《欲望与利益:资本主义走向胜利前的政治争论》,李新华、朱进东译,上海:上海文艺出版社2003年版,第96页。
[2] William Robertson, *The History of America*, London, Routledge / Thoemmes Press, 1996, p. xvi.

性,通过表明自己能够根据事例进行教化或者为政治或宗教论争提供论据来巩固自己的生存地位的"①。像休谟一样,罗伯逊不仅把历史看作是事实的记录,更多的是把它视作智慧的师长,训诫的源泉,哲学家、政治家的得益之所。他主张历史应当培养智慧,应当记述人们的贸易活动。如他在研究罗马帝国崩溃后的欧洲历史时,注意到土地分配形式变化对社会发展的意义,高度评价贸易的作用,赞美贸易能改善人们的物质生活。在写美洲史时除了介绍地理环境和气候以外,还叙述了印第安人的风俗、习惯和礼仪制度。他不乐意关注或公众教益不明显或少有教益的历史阶段,甚至认为它们应被严肃的学者忽略,否则就会陷入勤勉却盲信的古文献研究者的沼泽。他认为有教益的历史自16世纪始,所以这以后的历史才是他叙述之重。罗伯逊创造了一个众所周知的说法:"历史的尊严",他用这种说法不仅指历史写作应以一种高尚的方式,更是意指应记述高尚情操的事和人。② 他认为,"有必要记述它们(欧洲国家)从野蛮到文明的巨大进步"③,记述是为了指出那些引导人们在政治和习俗方面发展的普遍准则。

  罗伯逊同样重视因果关系。他希望自己的历史叙述能够"记述真实发生的事,并对其真正的因果关系作出解释"④,甚至认为相比较时间顺序上的准确性,观察历史事件之间的相互联系和依存关系,指出并阐释其中的因果更为重要。⑤ 如他把现代欧洲之出现归因于意大利的商业复兴及随之而来的向往自由的冲动,还有科学的进步和学识的培养。恰如布莱克所论:罗伯逊关注每一个人和事,但"不在人和事本身,而在于它们引发的一连串原因和结果"⑥。

  又和休谟一样,"社会就像一个人",他说,"是逐渐成熟的,且在他幼年和早期阶段发生的事是无法记清,也无从考证了"⑦。历史是有机体,有生长和衰老的历程。也和休谟一样,他把专题性的和考古性的问题归入附录。

---

① Roy Porter, *Edward Gibbon: Making History*, Weidenfeld & Nicolson, 1988, p. 17.
② J. B. Black, M. A., *The Art of History*, London, Methuen, 1926, p. 131.
③ View of the State of Europe, Sec. I, p. 21. 转引自 J. B. Black, M. A, *The Art of History*, London, Methuen, 1926, p. 129。
④ William Robertson, *The History of Scotland* Vol. I, London, Routledge / Thoemmes Press, 1996, p. 202.
⑤ View of the State of Europe, Sec. I, p. 40. 转引自 J. B. Black, M. A, *The Art of History*, London, Methuen, 1926, p. 129。
⑥ J. B. Black, M. A., *The Art of History*, London, Methuen, 1926, p. 132.
⑦ William Robertson, *The History of Scotland*, Vol. I, London, Routledge / Thoemmes Press, 1996, p. 1.

休谟和罗伯逊的往来信件有十多封,对彼此的历史著作都相当熟悉。休谟说,"很高兴看到我们有关历史的大部分认识是一致的"①,在写作和出版方面都给予关注和建议。他惊叹于罗伯逊学识的渊博,认为他很勤奋,并建议他继续研究古代特别是古希腊的历史。作为亲密无间的朋友,休谟对罗伯逊在历史学领域取得的成就给予由衷的祝贺。② 休谟赞叹他对人物性格描写的完美笔触。③ 向法国学者推荐罗伯逊的作品。④ 并就诸多问题如玛丽审判进行讨论。休谟在哲思中表达了对人性善和恶的双重属性的看法,但历史著作中特别是论及某个具体人物时,他是以最大的善意去想象和理解的。所以罗伯逊说詹姆斯是个伪君子的时候,休谟困惑了。

休谟对1757年接替他担任律师协会秘书和图书馆馆长的弗格森著作《文明社会史论》提出过一些意见。⑤ 他跟罗伯逊说:"弗格森的著作充满了天才式的见解而且文笔优美。"⑥而弗格森也在《文明社会史论》中引用休谟的观点论述人口和财富问题。

1770年8月,休谟在向出版商威廉·斯特拉罕推荐亨利(Henry)《英国史》一书的信中,信心满满地说:"我相信这是一个历史学的世纪,这是一个崇尚历史的民族。据我所知,国内目前不少于八部史学作品正在进行中。从神圣的天主基督到世俗的美洲史,它们各有千秋。"⑦休谟的喜悦溢于言表,英国特别是苏格兰地区历史学的繁荣可见一斑,在其中休谟功不可没。

2. 休谟史学在欧美

在法国,人们对于作为哲学家的休谟是冷淡的,但对于作为历史学家的休谟是热情的。达朗贝尔(D'Alembert)告诉休谟,他的《英国史》在沙龙里很流行,并且爱皮纳夫人(Mme d'Epinay)把休谟叫做"受人尊敬的大卫·休谟,英国伟大的历史学家"。伏尔泰在1763年向法国同仁介绍了休

---

① J. Y. T. Greig, edited, *The Letters of Hume*, Vol. I, Clarendon, Oxford University Press, 1932, p. 287.
② Ibid., p. 298.
③ Ibid., p. 300.
④ Ibid., p. 302.
⑤ J. Y. T. Greig, edited, *The Letters of Hume*, Vol. II, Clarendon, Oxford University Press, p. 120.
⑥ J. Y. T. Greig, edited, *The Letters of Hume*, Vol. I, Clarendon, Oxford University Press, p. 308.
⑦ J. Y. T. Greig, edited, *The Letters of Hume*, Vol. II, Clarendon, Oxford University Press, p. 230.

谟的《英国史》,称它"是迄今所有语言文学中写得最好的"[1]。而当路易十六被国民公会监禁的时候,休谟的斯图亚特卷《英国史》成为他手不释卷的读物和精神慰藉。

休谟《英国史》在欧美产生了广泛影响。马克思研究问题的方法,一般都是先从占有资料入手,通过研究,分析它的各种发展形式,然后合乎逻辑地把它们的关系叙述出来。比如"民族学笔记",选择了柯瓦列夫斯基和摩尔根等四人的主要著作。而"历史学笔记"则选择了德国历史学家施洛塞尔18卷本的《世界史》,意大利历史学家博塔德《意大利人民史》和休谟的《英国史》等八位著名历史学家的著作。[2] 英国著名马克思主义史学家E. P. 汤普森在其著作《英国工人阶级的形成》中记述:19世纪上半叶一个逐渐形成的颇具工人阶级特色的读书群体,热衷于休谟《英国史》、吉本《罗马帝国衰亡史》等著作,认为这类启蒙著作给他们带来了启示的力量。[3] 约瑟夫·德·迈斯特(1753—1821)作法国史,其中一章"休谟谈法国革命史",其实就是摘自休谟的《英国史》。[4] 英国剑桥大学出版社1994年出版《论法国》英译版也说,迈斯特本章对休谟《英国史》的翻译大体准确,但作了大量删节。[5] 休谟的《英国史》是美国哲学家汉密尔顿和爱迪生幼年时期的读物。[6] 直到当代,《英国史》仍作为比较的范本在伊格斯尔的《欧洲史学新方向》中出现。

这本著作也受到小说作家的青睐。英国作家鲍斯威尔在治疗性病期间主要的消遣就是阅读休谟的《英国史》和流行小说。普莱服神父在翻译方面为法国文学作出了很大贡献,他翻译的休谟《英国史》,对法国文学产生了一定的影响。[7] 而《英国史》的第3卷,是19世纪美国著名批判现实主义作家马克·吐温写作《王子与贫儿》的重要参考资料。这部小说以16世纪英国的社会生活为背景,叙述了贫儿汤姆·康弟与王子爱德华互换身份的故事,它的注释大多根据《英国史》而作的,如:据休

---

[1] Nicholas Capaldi and Donald W·Livingston, edited, *Liberty in Hume's 'History of England'*, Dordrecht, Kluwer Academic Publishers, 1990, p. vii.
[2] 黄皖毅:《马克思世界史观:文本、前沿与反思》,北京:知识产权出版社2008年版,第66页。
[3] 〔英〕E. P. 汤普森:《英国工人阶级的形成(下册)》,钱乘旦等译,南京:译林出版社2001年版,第855页。
[4] 杨国政、赵白生主编:《传记文学研究》,北京:人民文学出版社2005年版,第116页。
[5] 〔法〕约瑟夫·德·迈斯特:《论法国》,鲁仁译,上海:上海人民出版社2005年版,第151页。
[6] 李彦强:《爱迪生传》,北京:中国社会出版社2006年版,第19页。
[7] 吴元迈、赵沛林主编,甘丽娟、龚宏著:《外国文学史话 西方17——18世纪卷》,长春:吉林人民出版社2001年版,第188页。

谟著《英国史》第3卷第314页,"直到亨利八世在位的末年,英国才出产生菜、胡萝卜、水萝卜和其他根菜。原先所用的少量根菜都是从荷兰和法兰德斯输入的。凯赛琳皇后需要生菜的时候,不得不特派专差到那里去采办"。又如诺阜克公爵事件。美国作家奥尼尔戏剧中这样一段描述:

> 左边墙上也有同样的一排窗户,望出去是房子的后院。窗户下面放着一张藤睡椅,头冲着后台,上面还有坐垫。往后是一架由玻璃门的大书橱,里面有大仲马、维克多·雨果以及查尔斯·利弗的全套作品;三套莎士比亚全集;五十卷厚厚的《世界文学最佳作品选》;休谟的《英国史》;梯埃的《法兰西执政府与复辟时代史》;斯莫利特的《英国史》;吉本的《罗马帝国兴亡史》以及各种各样杂集的旧剧本、诗集,还有几部爱尔兰的历史。使人惊讶的是这些整套的书籍一卷卷看上去都曾有人读过,而且是反复地阅读过。[1]

司汤达的《红与黑》中也有这类记述,这里不详述。

休谟的《英国史》受到世界性的赞誉。爱德华·吉本高度评价休谟的著作,并称休谟对于《罗马帝国衰亡史》的肯定和赞扬,方"不辜负他数十年之辛劳"[2],吉本也得到休谟的诸多帮助。[3] 吉本在回忆自己作有关沃尔特·罗利爵士的历史期间,"力求对这个主题和所需资料作个概括的考察,我还是读了伯奇博士的沃尔特·罗利爵士的传记,《百科词典》中同一作者所写关于罗利的长文,以及休谟《英国史》中伊丽莎白女王与詹姆斯一世两朝的记述"。[4] 休谟对吉本褒奖有加,在1776年3月18日写给吉本的信中充分肯定了他的《罗马帝国衰亡史》,即使只是完成了其中的一部分。并向自己认识的出版商和学者力荐吉本的作品。休谟也帮助罗伯逊扩大影响。在1759年3月12日休谟给罗伯逊的信中,希望允许他推荐法国人翻译其作《苏格兰史》。而在1763年的信中,称自己认识巴黎一位律师的遗孀,就是她把《都铎王朝史》翻译成法文,也希望她能把《查理五世的

---

[1] 〔美〕奥尼尔:《奥尼尔文集》第五卷,郭继德译,北京:人民文学出版社2006年版,第323页。
[2] Nicholas Capaldi and Donald W. Livingston, edited, Liberty in Hume's 'History of England', Dordrecht, Kluwer Academic Publishers, 1990, p. vii.
[3] 张广智主编,李勇著:《西方史学通史》第四卷《近代时期(上)》,上海:复旦大学出版社2011年版,第274—275页。
[4] 〔英〕爱德华·吉本:《吉本自传》,戴子钦译,北京:生活·读书·新知三联书店2002年版,第104页。

历史》翻译过去。①

1913年,情况发生变化,正如《剑桥英国文学史》中所说的那样:"现在已经没有人再去阅读休谟的英国史了。"②这一阶段,休谟主要是作为有深远影响的欧美哲学家得到研究的,也就是在20世纪"休谟哲学得到前所未有的评价"③。邓晓芒也说:"在近代哲学家中,至今还被人们谈论不休的,除了康德以外,就要数休谟了。而在英语世界里,对休谟的研究和推崇还要超过康德,成为20世纪的一大显学。"④对休谟哲学持久而热情的关注掩盖了他史学上的显赫声名。"在作为历史学家的休谟被人们遗忘的同时,作为政治经济学家和随笔作家的休谟也同样为人们所遗忘,在这种意义上,呈现在人们眼前的休谟只是一个支离破碎的休谟。"⑤20世纪30—40年代只能在个别史家的作品里偶尔看到休谟的名字。这种情况持续到60年代中期以后才得到改善,人们希望以更宽广的视野把休谟思想看作一个整体重新考察。在这种情况下休谟的《英国史》重新被纳入人们的视野,这种考察也是极有限度的。不过正是在这段《英国史》被学界冷藏的时期里,休谟在历史哲学方面提供的意见被认可和传承,尤其是在罗素那里看到了休谟的影子。

3. 休谟史学在中国

休谟本人写过很多有关中国的评论,他的思想也曾对严复、梁启超、金岳霖等有深刻影响。就史学而言,首先在翦伯赞、朱谦之等人的历史哲学著作中产生了回响。

翦伯赞在《历史哲学教程》中关注的"尤其是英国的哲学;从17世纪培根和霍布士为代表的英国'经验论'转化为柏克里的'主观唯心论'与休谟的'不可知论'"⑥。而"休谟的'不可知论',虽然他的反动性来得比较的幽雅,但是对唯物论的进攻;却更为巧妙,更为深刻"⑦。他的不可知论,"反而成为胜利的布尔乔亚的统治工具"⑧。相比较而言,朱谦之的评论要中

---

① 张广智主编,李勇著:《西方史学通史》第四卷《近代时期(上)》,上海:复旦大学出版社2011年版,第274页。
② Nicholas Capaldi and Donald W. Livingston, edited, *Liberty in Hume's 'History of England'*, Dordrecht, Kluwer Academic Publishers, 1990, p. viii.
③ 〔美〕巴里·斯特德:《休谟》,周晓亮、刘建荣译,济南:山东人民出版社1992年版,第286页。
④ 黄振定:《通往人学途中:休谟人性论研究(代序)》,长沙:湖南教育出版社1997年版。
⑤ 周保巍:《走向文明——休谟启蒙思想研究》,华东师范大学历史学系,博士学位论文,2004年,第5—6页。
⑥ 翦伯赞:《历史哲学教程》,《民国丛书》第四编,上海:上海书店1992年版,第116页。
⑦ 同上。
⑧ 同上书,第113页。

和得多。他说:"英国派如霍布士、洛克、哈特烈、配烈、休谟、亚当斯密等,无论主张的是幸福说,快乐说,为我说,功利说,都是以个人为本位。"①认为"启明时期对于新人生观特别有兴趣了。这时以研究其自身为起点,所以是自我哲学。如英之洛克柏克莱休谟,法之伏尔泰卢梭,德之康德菲希特等"②。他认为,"在十七八世纪所表现的主观的,批评的,理想的,浪漫的反抗的精神,用一句话来说尽,就是所谓'启明运动'。这时期的代表,于英国方面则有洛克,柏克莱,休谟,在法国则有伏尔泰,卢梭"③。而且"柏氏之后为启明运动中流砥柱者,更有休谟。他对于哲学的贡献,最著名的是怀疑一切'唯觉主义'。他攻击神学,攻击科学,以为除印象所发生的观念外,没有其他观念的存在,所以连自我与灵魂,都不承认了。自我不过是知觉的一束,或是一束的关系;这种极端的怀疑的论潮,实在是批评时期中最富于批评精神的了。总之,英国的启明运动,是以认识论作根据的。认识论好似就是这些批评家的威仪,有了这个真确的方法和态度,然后按部就班的'重新估定一切价值',所谓启明时期的哲学,可说是全从'批评的精神'出来的"④。他对休谟并不是没有意见,因为"休谟说:'宗教最初的观念,是起于人所共关的生命事物,及激起人心的恐怖'。这种谬误的解释,至今保存于比较宗教学里"⑤。

在胡秋原看来,启蒙时代的重要史家休谟,是以启蒙精神著史的,他的重要贡献在于"恢复人本主义而发展之,提高批评与理性精神,打破神权迷信,提高人道与自由之观念,否认历史是退步与循环的,而在一般社会环境文化及精神状态中,看人类及历史之进步,且有意识的寻求历史之法则"⑥。而且休谟开始了以社会心理解释历史的路径和方法,"以后塔德(Tarde)涂尔干、吉丁史、华德(Ward),MacIver等以同情、摹仿、恐惧、习惯、同类觉悟、快乐追求、重演、反对、适应、欲望、兴趣等等心理现象,以说明历史之运动"⑦。不仅如此,"维可,休谟及费格生(Ferguson),由批详契约说,而发挥其主张。维氏提倡归纳法研究历史哲学,休氏注重同情,费氏则发挥国家始于强力之理论"⑧。刘节则发现:英国文化是功利主义的产

---

① 朱谦之:《历史哲学》,《民国丛书》第四编,上海:上海书店1992年版,第200页。
② 同上书,第285页。
③ 同上书,第242页。
④ 同上书,第245页。
⑤ 同上书,第154—155页。
⑥ 胡秋原:《历史哲学概论》,《民国丛书》第四编,上海:上海书店1992年版,第29页。
⑦ 同上书,第62页。
⑧ 同上书,第83页。

物,霍布士、休谟是英国文化的柱石,而"英国人的功利主义,是真正的现实主义。其见之于实际政治,很少毛病",相比之下,中国人是"心口不一致的理想主义,根本不了解现实,而心里却非常功利"①。

钱钟书治学贯通古今,并以古今互见的方法融汇多种学科知识,探幽入微,钩玄提要,自成一家。因其多方面的成就,被誉为文化昆仑。他在上个世纪三四十年代不仅对休谟思想的渊源、特征、实质等有深入的理解,还把"休谟问题"引入历史学研究之中。

就文学史研究而言,休谟的观点成为钱钟书的论据之一,如在论"南宗禅"时说:"休谟可能是首先拈示这种心理活动的哲学家,虽然他泛论人生经验,并未联系到文艺。他认为情感受'想象'的支配,'把对象的一部分隐藏不露,最能强烈地激发情感';对象蔽亏不明,久缺不全,久留下余地,'让想象有事可做',而'想象是为了满足那个观念所作的努力又能增添情感的强度'。把休谟的大理论和我们的小题目拍合,对象'蔽亏'正是'笔不周',在想象里'完足'正是'意周'。"②在《中国文学小史序论》、《论复古》和《中国诗与中国画》、《旁观者》等文章中指出,研究文学史必须把文学史实与文学批评区别开来;必须把史实与史家区别开来,必须辩证地看待文学传统因革关系。在这里,他吸收了休谟关于"知性"不等于"趣味"的看法。休谟认为,"判断美丑和令人愉悦或厌恶的性质却不同于判断真伪对错"③。价值判断不等于事实判断。钱钟书说,它们"一主事实而一重鉴赏也。相辅而行,各有本位"。又说:"史以传信,位置之重轻,风气之流布,皆信之事也,可以证验而得;非欣赏领会之比,微乎!茫乎!"④

钱钟书进一步指出,"一切历史上的事实,拆开了单独看,都是野蛮的。到了史家手里,把这件事实和旁的事实联系起来,于是这件事实,有头有尾,是因是果,便成了史家的事实了"。他认为,如果不持休谟的习惯联想说,就必信因果律具有必然性和普遍性,历史现象自然也不例外。不过,"历史现象之有因果为一事,历史现象中孰为因孰为果复是一事,前者可以退而信之,后者必得验而识之"。但是,历史现象难以检验,"吾侪可信历史现象之有因果,而不能断言其某为因某为果",所谓"妄谈因果,乖存疑之诚,是为多事……既言因果,而不求详尽完备,又过省事矣"。⑤ 在他不多

---

① 刘节:《历史论》,《民国丛书》第五编,上海:上海书店1996年版,第178—179页。
② 钱钟书:《钱钟书作品集·中国诗与中国画》,兰州:甘肃人民出版社1997年版,第468页。
③ David Hume, *Essays Moral*, *Political*, *Literary*, Indianapolis, Liberty Fund, 1987, p.109.
④ 钱钟书:《钱钟书散文》,杭州:浙江文艺出版社1997年版,第491页。
⑤ 同上书,第504页。

的书评中,有关休谟的就有两篇。爱默进一步分析指出:钱钟书"在逻辑上承认因果关系而在事实上取消因果关系,它不是由历史观生发出来,而是由对历史偶然性的关注生发出来",是受了休谟的影响。①

张广智主编的《西方史学通史》,其中第四卷《近代时期(上)》第十五章《苏格兰学派》,指出休谟是有政治经验的史学家,比较休谟同伏尔泰、孟德斯鸠、卢梭理性主义的异同,认为他为英国史学界赢得了世人的尊重。淮北师范大学段艳的学位论文《论休谟史学》,梳理了休谟史学产生的社会和学术背景,从史学理论、研究方法和史学实践分析休谟的史学贡献,指出休谟史学的深远影响,认为休谟是一位怀疑主义者,但在历史知识的可靠性上却坚持现实主义的见解。他在英国史学发展史中占据举足轻重的地位。这两者在休谟史学研究上可谓相得益彰。

二、斯密历史观念的后续效应

斯密作为兼任多重身份的启蒙思想家,带给后人的历史影响广泛而深远,因此,也引起了后世的持久关注。他的许多重要历史观念分别对罗伯逊、米拉、吉本、马克思产生不同方面和程度的影响。例如,罗伯逊吸取斯密解放殖民地的观点,而引入其《美洲史》的撰述中;米拉的历史四阶段论直接继承了斯密关于四个历史时期的说法;吉本在对游牧民族生存方式和习性的描述以及对蛮族入侵的态度上,显露出斯密的诸多痕迹。而受斯密影响最为深刻的要算马克思了,斯密在论述殖民地时所运用的历史对比分析方法被马克思所采纳,斯密历史观中所包含着的诸多唯物主义因素则为马克思唯物史观提供了直接的理论来源。

1. 泽被英国学界

对威廉·罗伯逊的影响。早在1756年,罗伯逊就和亚当·斯密、休·布莱尔等人合作编辑了杂志《爱丁堡评论》,在这本杂志编撰过程中,罗伯逊和斯密两人试图把苏格兰放在整个欧洲的框架内加以考察,用欧洲人的眼光去书写文章,虽然由于种种原因这本杂志只刊行了两期,但是在当时对提升苏格兰文化知识界的标准,对苏格兰历史的整体发展都有一定影响。罗伯逊在撰述其《美洲史》时曾利用过斯密关于北美殖民地的一些观点,这从罗伯逊与斯密的通信往来中可以得知,罗伯

---

① 爱默:《钱钟书传稿》,天津:百花文艺出版社1992年版,第105页。

逊提到："您有很多关于殖民地的看法对我具有极重要的意义。我将常以您为师。但愿我关于限制殖民地贸易是荒谬的这种见解得到比我自己所能做到的好得多的证实。"①可见，罗伯逊在论述北美殖民地问题时曾受到斯密的影响和启发，并赞同斯密的基本观点。罗伯逊还注意到了北美当时所发生的变化。他在《美洲史》的序言中曾指出，在涉及北美殖民地的现代历史时会根据北美独立战争形势的变化而加到其历史写作中去。他说："当英属北美殖民地与英国之间爆发战争时，将不会再有关于他们政治和法律传统形式的询问和思考，而更多是关注他们未来的情况。这场不愉快的斗争无论以何种方式结束，一种新的秩序一定会在北美出现，而且那里的事务将会呈现出崭新的一面。我会出于一个好公民的关怀，一直等到这场动乱平息，有秩序的政府再次建立，然后我再回到这部分的写作，这样我会取得一些进步。"②尽管罗伯逊在这里的表述十分谨慎，但它似乎仍然在暗示，保持现状并不是问题的解决之道。在其《美洲史》的后两册即讨论弗吉尼亚和新英格兰殖民统治这一部分中，也能看到他对殖民政府的一些限制政策和弗吉尼亚殖民地人民缺乏基本权利的不满。因此，在建议给予殖民地一定自由和权利方面，罗伯逊与斯密的观点是一致的。

另外，与斯密在历史叙述方法上重视历史事件的因果联系相同，罗伯逊也强调这一点，他希望自己的历史叙述能够"记述真实发生的事，并对其真正的因果关系作出解释"③，甚至认为相比较时间顺序上的准确性，观察历史事件之间的相互联系和依存关系，指出并阐释其中的因果更为重要。④ 恰如布莱克所论：罗伯逊关注每一个人和事，但"不在人和事本身，而在于它们引发的一连串原因和结果"⑤。而斯密也曾说过：

> 即使这些时间和地点的联系很密切，然而，它们并不能如此不变

---

① 〔英〕欧内斯特·莫斯纳、伊恩·辛普森·罗斯编：《亚当·斯密通信集》，林国夫等译，北京：商务印书馆1992年版，第261页。
② William Robertson, *The History of America*, Vol. Ⅰ, London, Routledge/Thoemmes Press, 1996, p. 1.
③ William Robertson, *The History of Scotland*, Vol. Ⅰ, London, Routledge/Thoemmes Press, 1996, p. 202.
④ J. B. Black, *The Art of History: a Study of Four Great Historians of the Eighteenth Century*, London, Methuem, 1926, p. 129.
⑤ Ibid., p. 132.

地被注意到以至于取代对其它所有事件的观察。①

……除非我们知道哪些是产生它们的原因。而如果这些原因也非常重要,那么我们将会以同样的理由要求对产生它们的原因以一定的解释。②

可见,斯密重视历史因果联系的观点在罗伯逊那里得以继承并再次被强调。

对米拉的影响。约翰·米拉是启蒙时期苏格兰著名启蒙学者,也是斯密的得意门生。曾在格拉斯哥大学担任法学教授一职。他对斯密尤为崇敬,并给予其很高的评价,认为如果把孟德斯鸠看作是"市民社会史"这一研究领域的培根的话,那么斯密则是这一领域的牛顿。其著作有《阶层区别的起源》、《历史上的英国政府》,前者就其结构和特点而言,留有斯密《法学演讲集》一书的诸多痕迹。③ 而在后者的诸多章节中,则能看到作者在政治经济学方面与斯密的一致性,比如作者也持有斯密式的对财产发展史方面的兴趣,并形成了其独特的利润理论。此外,米拉在对法律的研究思路上也沿袭着斯密一贯的路径,即把法律放在历史的框架下来研究,将法律的历史沿革同社会变革紧密联系起来。但这里重点要谈的是斯密对米勒社会历史观方面的影响。米拉像斯密一样秉持历史进步观,将人类社会的历史演进过程划分成四个阶段,即狩猎、畜牧、农业和商业,米拉先后从经济和政府形式的角度对这四个阶段进行了描述。在他看来,"人类社会经历了一种从无知到有知、从野蛮到文明的自然进步过程,在这几个阶段中通常都伴随着特定的法律和习俗",而"每一个接下来的阶段在产生新的需求和方法的同时,会通过科学(知识)和艺术(文明的习俗)来满足并表达先前阶段的需求",即后一个阶段总是比之前的那个阶段要进步,这种进步性是显而易见的,"我们现如今的商业阶段就远远比不上第一个阶段残暴,而且也将远远不如之后的阶段那超乎想像般的奢侈。因此在这一阶段能够允许妇女更加普遍地发挥她们有用的才能。米拉明确地认为,贤能统治和个人自由正如所期望的那样适合于第四个社会阶段,而奴隶制和国内暴政就其阻碍自由和公义而言,是与进步的社会不相称的。这一点,米拉与

---

① Adam Smith, *Lectures on Rhetoric and Belles Lettres*, edited by J. C. Bryce. ed., Oxford, Oxford University Press, 1983, p. 98.
② Ibid., p. 91.
③ 〔美〕彼得·纽曼等主编:《新帕尔格雷夫法经济学大辞典》第三卷,许明月等译,北京:经济科学出版社 1996 年版,第 511 页。

卢梭不同,而是跟斯密和休谟一样,认为自由与平等是社会的成就。① 米拉不仅看到社会历史演进的进步性,而且认为"社会中逐步实现的共同进步"导致了习俗、法律、政府等的改变,对其来说,这些改变无不是积极的,它们通过促使自由的社会和政府出现,将社会下层群众、妇孺和奴隶从野蛮时代的残酷境遇中解放出来。②

另外,米拉在"推测史学"研究法上也像斯密等其他启蒙思想家一样注重比较法的运用。对此,他有过这样一番表述:

> 那时的人们目不识丁,对他人的记述一无所知,除了宗教主题之外,他们毫无理论体系可供表达观点。然而,如果这些不同时代、不同地域的人们都曾描述过人类在相似情况下的风俗习惯,那么读者就有机会来比较这些描述的异同,并从中确定其各自的真实性。③

米拉认为可以利用人们关于不同社会风尚的相似性的描述,来推断人类历史的真实过程,以此展现人类社会发展的整体图景。

对吉本的影响。吉本与斯密相互熟知,并且对彼此的著作也都大加褒扬,这从二人的书信往来中能够了解到。吉本对斯密充满崇敬,在称赞苏格兰历史学派的思想家时说道:"在我们的时代提到'欧洲的社会进步'这个令人感到兴趣的题材,就会从苏格兰射出一道强烈的哲理之光。我要一再提到休谟、罗伯逊和亚当·斯密的名字,无论于私于公都抱着关切之情。"④在影响吉本的同时代苏格兰学者当中,人们首先会想到休谟和罗伯逊。其实斯密也对吉本产生了一定影响。例如,亚伦·加勒特(Aaron Garrett)就曾指出,在许多苏格兰启蒙思想家,如休谟、弗格森、斯密以及其他一些非著名思想家的理论中,经常把对人类本性的哲学分析与对人类社会、人类历史和自然界的经验分析结合在一起,同样成为典范的还有吉本的"哲学历史学"(Philosophical History),而吉本的这一史学特征则是受到了休谟和斯密的影响。⑤ 彼得·伯克(Peter Burke)也看到吉本关于

---

① John Millar, *The Origin of the Distinction of Ranks*, Bristol, Thoemmes, 2006, p. 13.
② 转引自 Alexander Broadie edited, *The Cambrige Companion to The Scottish Enlightenment*, Cambridge, Cambridge University Press, 2003, p. 80。
③ John Millar, *The Origin of the Distinction of Ranks*, Bristol, Thoemmes, 2006, p. 90.
④ 〔英〕爱德华·吉本:《罗马帝国衰亡史》第 6 卷,席代岳译,长春:吉林出版集团 2008 年版,第 152 页。
⑤ Alexander Broadie edited, *The Scottish Enlightenment*, Cambridge, Cambridge University Press, 2003, p. 79.

野蛮民族特征的观点是对斯密的继承。他说:"吉本的名作《罗马帝国衰亡史》(1776—1788年)既是政治史,也是社会史。该书有关匈奴和其他蛮族入侵者的章节强调'游牧民族'的一般特征,显露出他与弗格森和斯密的观点的一脉相承。对于吉本而言,这种从特殊中者到一般的洞察力正是他所谓的'哲理性'历史学家的学术研究特点。"①波考克也表达了类似观点,他指出,吉本的《罗马帝国衰亡史》的后几卷即1781至1788年间问世的那些部分,很可能是借鉴了1776年出版的《国富论》,尽管这一推测还有待考证,但有一点能说明的是吉本在分析游牧社会阶段中所涉及的某些问题也曾被斯密和米拉论述过。②

吉本跟斯密等绝大多数启蒙学者一样,认为人类社会是一个不断进步的过程。他在《罗马帝国衰亡史》中沿着斯密历史阶段的思路对人类历史的演进过程进行了描述。他指出,最早"人类之中的野蛮人部落,由于生存条件接近野兽,彼此之间保有强烈的类似……他们的需要、欲望和乐趣与兽类处于同样的情况……食物和天候的影响极具威力,用以形成和维持野蛮的民族特性"③。从古代和现代的航海家那里,以及文明民族的历史或传说中,能够了解到真正的野蛮人,"他们全身赤裸而心灵有如赤子,没有法律、技艺、思想甚至语言。或许原始和普通状况下的人类,便是从这种最低下的条件中逐步获得发展,一直到能够驯服动物、耕作土地、渡越海洋到观察天象"④。之后,兴盛一时的罗马帝国不断征服一些未开化地区,随之带去其先进的文明和观念。这些地区的民族逐渐接受罗马文明的教化,开始由野蛮状态向较为进步的历史阶段过渡。在农业社会的文明国家里"个人能力得到发展和训练,获得的财富超过个人的需要,能有多余的时间去追求乐趣或荣誉,增进财产或知识,基于责任对社会生活做出有益或愚蠢的事情"⑤。商业社会促进人类生活水平的提高,物品种类也更加丰富,"古人无法获得工业进步以后所发明或改良的生活用品,现代能够生产大

---

① 〔英〕彼得·伯克:《历史学与社会理论》,姚朋、周玉鹏等译,上海:上海人民出版社2001年版,第6页。
② J. G. A. Pocock, "Gibbon and the Shepherds: the Stages of Society in the Decline and Fall", *History of European Ideas*, Vol. 2, No. 3 (1981), pp. 193 - 194.
③ 〔英〕爱德华·吉本:《罗马帝国衰亡史》第2卷,席代岳译,长春:吉林出版集团2008年版,第355—356页。
④ 〔英〕爱德华·吉本:《罗马帝国衰亡史》第3卷,席代岳译,长春:吉林出版集团2008年版,第415页。
⑤ 〔英〕爱德华·吉本:《罗马帝国衰亡史》第1卷,席代岳译,长春:吉林出版集团2008年版,第180页。

量的玻璃制品和亚麻布料,使得欧洲各民族的生活更为舒适,远远超过罗马议员讲究排场的奢侈和豪华所得到的享受"①。

另外,在对待野蛮民族的态度上,与斯密所认为的野蛮民族对罗马帝国的入侵,给西欧社会带来灾难和倒退的观点一致,吉本也指出,蛮族狂暴无知,他们所到之处,烧杀抢掠无恶不作,罗马人完全暴露在他们的野蛮和残暴的迫害之下,罗马普遍遭受其凌辱和蹂躏。"罗马受到前所未有的浩劫,使得帝国一下陷入悲伤和恐惧之中。"②虽然斯密和吉本都认为罗马帝国的衰亡是人类历史上的一个大变革,致使人类固有文明遭到破坏甚至中断,但他们也都对这种中断背后潜在的进步抱以乐观的心态。斯密仍然看到罗马帝国崩溃后都市的勃兴与进步以及商业的发展,而吉本也相信:"我们无法确知在迈向完美的过程中,究竟能够到达何种程度,然而可以正确断言,除非地球表面的自然环境有所改变,否则没有一个种族会回复到原始的野蛮状态。"③再有,吉本在对游牧民族的生活方式和习性的描述中继承了斯密的主要观点。斯密指出,以鞑靼人和阿拉伯人为代表的游牧民族"各个人是游牧者,同时也是战士,他们通常在篷幕中,或在一种容易移动的有篷马车中生活,没有一定住所。整个部落或整个民族,每年因季节不同,或因其他偶发事故,时时迁移"④。并且他们队伍庞大,战斗力极强,对邻近的文明国家造成巨大威胁。因此,在斯密看来,最可怕的战争无过于鞑靼人在亚洲屡次进行的侵略。他们使得亚洲许多地方遍被蹂躏,变为荒地。吉本在其《罗马帝国衰亡史》中亦有类似关于游牧民族的描述:

> 历史上每个时代,西徐亚或鞑靼地方的广阔平原,猎人和牧人部落停留在上面依水草而移居。怠惰的习气无法忍受耕种的劳苦,好动的天性拒绝定居生活的限制。综观历史,西徐亚人或是鞑靼人因所向无敌的勇气和迅速无比的征服,获得闻名于世的声誉,亚细亚的帝位一再被北方的牧人所覆没。他们用武力将恐怖和毁灭,散步到欧洲富裕进步和能征善战的国家。处于这种状况,再加上其他原因,冷静的

---

① 〔英〕爱德华·吉本:《罗马帝国衰亡史》第3卷,席代岳译,长春:吉林出版集团2008年版,第130页。
② 同上书,第155页。
③ 同上书,第415页。
④ Adam Smith, *An Inquiry into the Nature and Causes of the Wealth of Nations*, Vol. 2, edited by Edwin Cannan, London, Methuen, 1904, p. 152.

> 历史学家不能一厢情愿用和平、天真这些美好品德来装饰游牧民族的浪漫色彩，必须勉为其难承认他们的习性和行为生适合于坚忍和残酷的军营生活。①

可见，在斯密和吉本眼中，蛮族一词是适合游牧民族的，他们逐水草而居的游牧生活方式决定了能动好战的天性，也促使其形成强大的战斗力和征服欲，他们的武力征服，更多是给被征服地人民带来灾难和毁灭，阻碍了进步的自然进程。这与弗格森和卢梭所宣扬的"高贵的野蛮人"是有差别的。总之，斯密和吉本都将蛮族文化视为一种社会状态，从而也就构成了其关于历史第二阶段的描述，而他们在歌颂文明、贬抑野蛮方面是一致的。

2. 深刻影响马克思

斯密对马克思的影响是深刻而广泛的。斯密最重大的贡献之一是开创了英国古典政治经济学，这成为后来马克思主义的三大思想来源之一。正如列宁所指出那样，"古典政治经济学是在马克思以前在资本主义最发达的英国形成的。亚当·斯密和大卫·李嘉图研究经济制度的时候奠定了劳动价值论的基础。马克思继承了他们的事业"②。不仅如此，马克思还采用了斯密论述殖民地问题时的历史对比分析方法，并从斯密那唯物与唯心交织的历史观中将唯物史观坚持到底。

历史对比分析法对马克思的影响。关于历史对比分析法，史学界没有一个绝对的界定，通常的观点认为是通过对不同时间、不同空间条件下的各种历史现象进行纵向或横向的比较，分析异同、探索历史发展的一般规律。③ 斯密看到古希腊罗马时期的殖民地和近代欧洲的殖民地在发展类型上存在极大的相似性，通过对前者分别所代表的两种不同殖民地类型的思考，将近代欧洲的殖民地亦分为与之相对应的两种。而斯密关于这两种殖民地类型的提法则被马克思所接受。马克思根据当时的实际情况，将资本主义的殖民地区也分为两种。一种"是本来意义的殖民地，例如美国、澳大利亚等地的殖民地"，亦即移民垦殖殖民地。第二种是以经营种植园为特征的殖民地，即奴役土著殖民地。④ 与斯密的分析思路一致，马克思也

---

① 〔英〕爱德华·吉本：《罗马帝国衰亡史》第 2 卷，席代岳译，长春：吉林出版集团 2008 年版，第 356 页。
② 〔苏〕列宁：《马克思主义的三个来源和三个组成部分》，《列宁选集》第 2 卷，北京：人民出版社 1995 年第 3 版，第 311—312 页。
③ 孙恭恂主编：《历史学概说》，北京：北京师范大学出版社 1995 年版，第 148 页。
④ 〔德〕马克思：《关于表（〔手稿〕第 574 页的说明）》，《马克思恩格斯全集》第 34 卷，北京：人民出版社 2008 年版，第 335—336 页。

认为这两种殖民地所以不同,是由于欧洲殖民者踏上这两种土地时,土地主人的生产力水平不同决定的。但由于斯密和马克思所处的时代不同,马克思的分析自然要比斯密深刻得多。在探讨以上两种类型殖民地之间的差异时,斯密仅仅看到移民垦殖殖民地经济的发展要快于奴役土著殖民地,但并没有指明两者之间的根本不同,而马克思则将分析的触角深入到外国资本主义对这两种殖民地不同的剥削方式之中来加以解释。另外,马克思更为进步的是,他还从历史唯物主义的角度,正确地论述了殖民主义的历史作用,这是马克思殖民地理论的组成部分,也是马克思的重要贡献。

唯物史观对马克思的影响。从上文对斯密史学意蕴的探讨中,可以看出斯密无论是对历史发展的四个阶段还是对法律演进、政体嬗变进行描述时,无不把它们与特定时期的物质生产方式联系在一起,并在此基础上追溯它们产生的过程。他意识到随着物质生产方式的转变,一系列的社会组织机构和政治制度也会发生与之相应的变更。这体现出他朴素唯物史观的诸多因子。不少学者已经认识到这一点,并且看到斯密的唯物史观与后来的马克思唯物史观之间的联系,认为斯密的这种唯物主义的方法是马克思历史唯物主义方法论的前奏。相关论述在下文谈到后世对斯密的持久关注部分中会涉及到,这里不再赘述。

1845—1846 年,马克思在《德意志意识形态》一书中,曾对唯物史观做了初步表述:

> 这种历史观就在于:从直接生活的物质生产出发来考察现实的生产过程,并把与该生产方式相联系的、它所产生的交往形式,即各个不同阶段的市民社会,理解为整个历史的基础……同时从市民社会出发来阐明各种不同的理论产物和意识形式,如宗教、哲学、道德等等,并在这个基础上追溯他们产生的过程。①

恩格斯第一次把马克思在其 1859 年《政治经济学批判》中关于唯物史观的经典概括正式地称为"唯物主义历史观"。并指出,由马克思所揭示的唯物主义历史观原理,"不仅对于经济学,而且对于一切历史科学都是一个具有革命意义的发现"②。

---

① 〔德〕马克思、恩格斯:《费尔巴哈-唯物主义观点和唯心主义观点的对立》,《马克思恩格斯文集》第 1 卷,北京:人民出版社 2009 年版,第 544 页。
② 〔德〕恩格斯:《卡尔·马克思〈政治经济学批判。(按:此处的句号,引文即是如此)〉第一分册》,《马克思恩格斯文集》第 2 卷,北京:人民出版社 2009 年版,第 597 页。

马克思把这种唯物主义历史观运用到了其整个历史研究的过程中,首先,明确揭示了历史过程的客观性。马克思在《资本论》的序言中提到:"我的观点是:社会经济形态的发展是一种自然历史过程,"①认为历史是满足人类自身活动的历史,这就明确指出人类历史作为自然发展过程的客观性质,而这与斯密所持有的社会历史演进"似乎是自然而然的"观点是一致的。斯密强调人类社会存在着"自然秩序",即一种不依人的意志为转移,客观存在着的规律。在此基础上,他认为社会演进是一个无控制、无指导、无意识、无组织的自发过程,而不是人类运用理性设计的结果。其次,始终坚持用社会存在去说明社会意识的历史方法,即从社会的物质存在中去说明意识的起源和发展,因此,马克思十分重视生产发展史即经济史的研究,并进而以此为根据去解释整体历史的发展过程。这与斯密从人类的谋生方式出发,探求不同历史时期的经济形态,并以此为根据对法律、政体形式的演进过程进行描述,从而意识到法律、政体形式等上层建筑是随着经济形式的改变而改变的是何等相似。可见斯密早在马克思之前就已经认识到经济因素的决定性。再者,阶级分析法成为马克思史学方法论中的一项重要内容。正如吕振羽所言,"阶级斗争学说,阶级分析法或阶级观点,是历史唯物主义的核心,是马克思主义历史学的基本线索"②。但关于阶级的观念和阶级斗争学说,早在马克思以前就已经产生。对此,马克思曾明确指出:"无论是发现现代社会中有阶级的存在或发现各阶级间的斗争,都不是我的功劳。在我以前很久,资产阶级的历史学家就已叙述过阶级斗争的历史发展,资产阶级的经济学家也已对各个阶级作过经济上的分析。"③当然,这里的资产阶级经济学家也包括斯密在内。通过上文关于斯密的阶级观念的论述,可以看出,斯密实际上是从分析经济关系入手,来认识和理解阶级这一概念的。他以生产资料的占有和使用为依据将当时的社会活动者划分为三大阶级(地主阶级、工人阶级、资产阶级),并对其生活状况、社会地位等做出了分析,同时他也意识到在其所划分的三大阶级中是存在着利益冲突和矛盾对立的。马克思继承了斯密从一定的经济关系出发去分析阶级问题的做法。在他看来,阶级首先是一个经济范畴,"阶级

---

① 〔德〕马克思:《资本论·第一版序言》,《马克思恩格斯文集》第5卷,北京:人民出版社2009年版,第10页。
② 吕振羽:《关于历史主义和阶级观点问题的争论》,《吉林大学社会科学学报》,1981年第2期。
③ 〔德〕马克思:《马克思致约瑟夫·魏德迈》,《马克思恩格斯文集》第10卷,北京:人民出版社2009年版,第106页。

的存在仅仅同生产发展的一定历史阶段相联系"①,各个阶级存在的基础是不以自己意志为转移的经济条件,又因为这些经济条件而彼此处于尖锐的对抗中。因此,要分析任何阶级及阶级斗争问题,都必须以与之相联系的经济状况的分析作为前提。

需要指出的是,虽然马克思的阶级分析方法显露出斯密的诸多痕迹,但无论从分析的深度、广度还是力度来说,马克思都要比斯密的观点深刻、广泛并且有力得多。马克思不仅像斯密一样看到不同阶级之间的对立和斗争,而且还预见了阶级斗争的最终结果,即必然要导致无产阶级专政,并最终由这个专政过渡到消灭一切阶级、进入无阶级社会。再者,与斯密相比较,马克思的阶级分析法不仅仅局限于当时的资本主义社会,同样也适用于一切阶级存在的社会。第三,尽管斯密也表现出对资产阶级自私自利本性的厌恶和对工人阶级命运的同情,但他的这种批判的力度是不彻底的,甚至带有一定的调和色彩。马克思则在这一基础上,揭露了资产阶级的剥削本质,明确号召无产阶级团结起来推翻资产阶级的统治。当然这一切主要是由当时的时代和阶级所决定的。

另外,与斯密的历史进步观颇为一致的是,马克思也把人类历史看做是一个从低级到高级连续发展的过程,并在此基础上形成其"社会形态说"。在马克思看来,人类历史的发展即表现为社会形态的依次更替,虽然在这整体演进过程中也不时地出现暂时的倒退和逆转,但总体趋势是上升的、前进的;不同的社会形态即呈现出不同的历史发展阶段,而每一个发展阶段都由先前的阶段作为它产生的基础,并成为下一个阶段发展的出发点和必要条件;一切历史事物都处在某一具体的历史发展阶段上,都是特定的历史环境的产物,是特殊的历史联系决定了事物的独特风貌。正是坚持这样的历史主义原则,马克思在分析历史问题时,尤其重视对于历史正当性的探讨和辩证地看待历史。这也是马克思的进步之处。

总之,马克思的唯物史观要比斯密的唯物史观更深刻、更彻底。然而,还应看到的是,尽管斯密思想中确实含有唯物主义的因素,但仍存在唯心主义的一面。他和18世纪的其他启蒙思想家一样,习惯诉之于理性主义唯心史观这一思想武器,在解释人类社会时,不自觉地把所谓的"自然规律"、"自然秩序"等同于"人性"或"人的理性",并认为后者起着决定性作

---

① 〔德〕马克思:《马克思致约瑟夫·魏德迈》,《马克思恩格斯文集》第10卷,北京:人民出版社2009年版,第106页。

用。例如,尽管斯密肯定人类社会中,存在着一种支配社会和经济发展的客观规律,即斯密称之为"看不见的手",它促进公共利益的实现,推动了社会的向前发展。然而,在进一步解释这种规律的本质时,斯密却将其看成是人性的一种自发的倾向。因此,斯密思想中存在唯物与唯心的两重性,这是应当看到并需要在此指出的。

3. 欧美学界的持久关注

亚当·斯密,通常被人们誉为"18世纪英国伟大的经济学家和伦理学家",其两部名著《国富论》和《道德情操论》经过多次再版,早已被翻译成多种语言并在多个国家广泛流传,足见其世界影响力之大。关于斯密的研究远远超出经济学和伦理学范畴,而涉及政治学、法学、修辞学、社会学、历史学等诸多领域。

欧美学界对斯密史学方面的研究,主要集中于以下方面:

亚当·斯密的历史观。人类历史将不断进步,这是18世纪苏格兰启蒙思想家所普遍秉持的观念,而该时期关于社会演进的"四阶段论"正是这种历史进步观的鲜明体现,"这一理论的充分实现"是由亚当·斯密完成的。[①] 他将人类社会的发展划分为四个阶段,即狩猎阶段、游牧阶段、农耕阶段和商业阶段。该论断首先出现于斯密1762—1763年的《法学演讲集》中。斯密从生产方式和经济制度的发展演变入手,对这四个阶段作了最为详尽而系统的论述,并将自己的政治经济学、法律与国家学说建基于这样的历史框架之中。

在《国体与经体》一书中,约瑟夫·克罗普西(Joseph Cropsey)认为斯密关于社会历史演进的"四阶段论"(他称为"斯密原理")有两点特别之处。其一是斯密把评判人类进步与否的标准,归根于经济生产模式,而非政治组织,用"野蛮"、"文明"而非"君主"、"贵族"等传统的政治性术语来进行描述,其隐含之意是将"国体"与"社会"区分开来。其二是斯密否定社会演进过程中的理性选择因素,认为社会体制直接出自某种生活条件,即斯密所说的某一具体历史时期所流行的"财产制度与风习"[②]。E. K. 亨特(E. K. Hunt)认为在各阶段中,理解一个社会生产和分配经济必需品的方式,是理解其社会制度及政体的关键。然而,经济基础与政治上层建筑之间的决定关系并非是僵化的,斯密同时也注意到了地理和文化原因而导致的地方

---

① 〔美〕彼得·纽曼等主编:《新帕尔格雷夫法经济学大辞典》(第四卷),许明月等译,北京:经济科学出版社1996年版,第384页。
② 〔美〕约瑟夫·克罗普西:《国体与经体:对亚当·斯密原理的进一步思考》,邓文正译,上海:上海人民出版社2005年版,第86—88页。

和区域差异,斯密并没有假定社会必然从一个阶段向下一个更高阶段发展。只有当一系列适合的地理、经济和文化决定因素都具备时,进步性的社会演化才会发生。① 亚历山大·布罗迪也曾谈到在所有对以上四个阶段进行过描述的苏格兰学者们中,斯密的理论最为清楚明了,他将社会发展的四个阶段表述为迫于人口压力而进行的生存方式转变,但同时,这一主线中仍然穿插了对诸如宗教、科学和文化等其他因素的考虑。布罗迪还指出,斯密跟休谟、弗格森、米勒一样并不认为历史发展是完全线性的。即这一历程并非每个社会发展的必经之路。② 伦德尔对苏格兰启蒙思想家从"野蛮"到"文明"的进步史观进行了论述,他认为,斯密同米拉、罗伯逊一样将人类历史发展划分为四个阶段,这与弗格森是不同的。而相比弗格森重视人类历史发展中的道德因素,斯密则更注重社会物质层面的发展,但他们都认为在野蛮时期是没有财产概念的。此外,斯密、罗伯逊、米拉和弗格森都认为气候和地理因素对塑造人类生活的物质环境有影响。③

安东尼·布鲁尔(Anthony Brewer)亦认识到在这"四个阶段"中,每一个阶段都要比之前的更进步。在其基本架构下,斯密运用了大量理论要素去解释古典时代的文明轨迹以及后古典时代的欧洲发展。④ 在莫林·哈金(Maureen Harkin)看来,斯密和休谟、罗伯逊、弗格森、米拉、卡梅斯爵士(即亨利·霍姆)一样,通过对四个连续的社会经济阶段的描述,形成了一种关于历史进步的观念,其中每一阶段都是基于一种特定的生存方式,它决定着政府、财产关系以及其他制度的建立。通过对人类"不稳定"的生存状态到"悠闲和适宜"的生存状态的这种上升式的叙述,斯密四个阶段理论展现了一幅关于历史发展的美好图景。同时,作者也看到这种进步不仅体现在物质的丰富上,也表现在人类自身情感的细腻以及社会和思想的自由方面,而斯密所描述的商业社会下的生活显然具备了这一特征。⑤ 约翰·

---

① 〔美〕E. K. 亨特:《经济思想——一种批判性的视角》,颜鹏飞总译校,上海:上海财经大学出版社 2007 年版,第 34—35 页。
② Alexander Broadie edited, *The Cambridge Companion to The Scottish Enlightenment*, Cambridge, Cambridge University Press, 2003, p. 82.
③ Jane Rendall, *The Origins of the Scottish Enlightenment*, London, St. Martin's Press, 1978, pp. 125 - 126.
④ Anthony Brewer, *Adam Smith's Stages of History*, Bristol, Department of Economics University of Bristol, 2008, p. 3, p. 16.
⑤ Maureen Harkin, "Adam Smith's Missing History: Primitives, Progress, and Problems of Genre", The Journal of English Literary History, Vol. 72, No. 2 (Summer 2005), pp. 433 - 434.

波考克认为斯密对其四个阶段理论最显著的贡献是他坚持认为游牧阶段是一个动态的、积极的阶段,但先前的理论家往往会把游牧者归类于畋猎的野蛮人,对这种进步性的描述有所保留直至看到由农业阶段向商业阶段的过渡。① 加文·肯尼迪指出,早在斯密四阶段论产生之前,对于社会的起源和分期问题,他就已经从《圣经》中有所了解了。斯密出于宗教方面的考虑,将其四个时代理论与《圣经》提供的证据相吻合。该理论奠定了他的法学和政治学基础。肯尼迪还看到,在斯密那里,所有权的进步是社会从野蛮走向文明的关键。在每一阶段中,斯密都会把法律体系和该社会的谋生方式联系在一起,这种做法也是大多数关于人类社会演进的分期理论所共有的。② 小罗伯特·B.埃克伦德(Robert. B. Ekelund. Jr)和罗伯特·F.赫伯特(Robert. F. Hebert)在其合著的《经济理论和方法史》(*A History of Economic Theory and Method*)中也指出,斯密概念中的文明史证明有四个演进阶段,每个阶段都以某种特殊的财产权结构为标志。文明社会在很大程度上是私有财产和财富积累的结果。③ 欧文·索贝尔(Owen Sobel)在其文章中也对斯密的四阶段说进行了详细阐述,他看到斯密在其中所进行的历史分析并认为每个阶段的财产所有性质是与阶级之间的社会关系以及上层阶级的消费形式相联系的。而政府的某种组织形式也必然与这些社会的经济制度相联系。在这里,作者又将斯密的阶段划分与凡勃伦④的"历史的"阶段相比较,认为二者在以经验为根据的历史分析方面是相似的。⑤ 罗伯特·海尔布伦纳也简单谈到斯密划分历史阶段的理论,并指出每一阶段的发展都是建立在对上一阶段所遗留下来的陈旧制度的摧毁之上的。作者还认为斯密预示了马克思的见解,把每一个历史时期的变化的物质基础和其相应的"上层建筑"联系起来。⑥ 克里斯托佛·贝里(Christopher J. Berry)认为"四阶段说"是马克思历史唯物主义的最初版本,而斯密在清楚而准确地阐明该理论的过程中起到了至关重

---

① J. G. A. Pocock, "Adam Smith and History", *The Cambridge Companion to Adam Smith*, edited by Knud Haakonssen, Cambridge, Cambridge University Press, 2006, pp. 280-281.
② 〔英〕加文·肯尼迪:《亚当·斯密》,苏军译,北京:华夏出版社 2009 年版,第 77—79 页。
③ 〔美〕小罗伯特·B.埃克伦德、〔美〕罗伯特·F.赫伯特:《经济理论和方法史》,杨玉生、张凤林等译,北京:中国人民大学出版社 2002 年版,第 85,87 页。
④ 美国制度经济学派(Institutionalist)的创始人凡勃伦(Thorstein Veblen)把历史阶段分为:早期和晚期的原始状态,掠夺性的与和平的野蛮状态,以及手工业和商业时代。
⑤ 〔美〕欧文·索贝尔:《亚当·斯密是怎样的一个制度主义者?》,外国经济学说研究会编:《现代国外经济学论文选第四辑》,北京:商务印书馆 1982 年版,第 89—91 页。
⑥ 〔美〕罗伯特·海尔布伦纳:《向亚当·斯密致敬!》,外国经济学说研究会编:《现代国外经济学论文选第四辑》,北京:商务印书馆 1982 年版,第 40 页。

要的作用。①

学者们除了对斯密的"四阶段论"进行论述外,还有一些零星的但亦不能忽略的关于斯密历史观问题的探讨。例如卢森贝在《政治经济学史》中对斯密的历史观特征进行了概括,指出,斯密将某一个历史时代的特点绝对化,因而对历史的解释是形而上学的。根据斯密的意见,一方面,历史是一连串的错误和迷失了自然道路的彷徨;而另一方面,历史是人的本性反对一切横在它的道路上的障碍物的斗争史。而且只有在自由竞争中,人的本性才得到了自己的正常发展所必需的条件。所以斯密研究的结果必然是双重的,即绝对地排斥过去,绝对地肯定现在。② 艾伦·斯温杰伍德(Aian Swingewood)看到,在斯密的《国富论》里,个人的利己主义的利益通过那只于不知不觉中促进了"社会利益"的"看不见的手"而转化为集体的社会福利。历史过程会调整和矫正人的自私观念和弱点,即有一种为活动者所察觉不到的历史强制力,在这一观点上,斯密同维柯不谋而合。斯密关于人的行动无意后果的理论无疑是历史决定论的。③

亚当·斯密关于史学的理解。亚当·斯密关于史学的理解主要集中于其《修辞学和纯文学演讲集》一书,其中有不少篇幅是谈历史和历史学家的。菲利普斯就斯密该书中关于历史写作风格及历史叙述史的阐述发表了看法,他认为斯密具有崇尚古典主义的情怀,对于古人的赞美要胜过近代人,更加偏爱于古典作品的叙述风格。这是斯密守旧意识的体现。此外,作者还认为斯密对古代历史学家的评论一贯地符合情感主义的看法,这些看法是建立在早期部分概要式的叙述基础上的。斯密对修昔底德和李维的分析就采用了这种方式,而斯密对塔西佗则是最广泛的评论,事实上,也伴随有他自己关于叙述的理解。④ 威尔伯·塞缪尔·豪威尔(Wilbur Samuel Howell)对斯密的《修辞学和纯文学演讲集》也进行过详细介绍,他说斯密用了九章来讨论"历史的"方法。首先是历史叙述中的真

---

① Christopher J. Berry, *Social Theory of the Scottish Enlightenment*, Edinburgh, Edinburgh University Press, 1997, p. 93.
② 原著为俄文版,这里引自中文译本。〔苏〕卢森贝:《政治经济学史》,李侠公译,北京:生活·读书·新知三联书店1978年版,第260—261页。
③ 〔美〕艾伦·斯温杰伍德:《社会学思想简史》,陈玮、冯克利译,北京:社会科学文献出版社1988年版,第22页。
④ Mark Salber Phillips, "Adam Smith and the History of Private Life: Social and Sentimental Narratives in Eighteenth-Century Historiography", *The Historical Imagination in Early Modern Britain (History, Rhetoric, and Fiction, 1500-1800)*, edited by Donald R · Kelley and David Harris Sacks, Cambridge: Cambridge University Press, 1997, p. 321, p. 323.

实性问题；其次是对史学家叙述方式的评价，包括其著作安排的方法和写作风格。最后谈到古代和近代的史学家。作者认为斯密关于历史写作风格的论述对于后来的史学家将有所帮助。[1]汉斯·麦迪克（Hans Medick）认为斯密仅在其《修辞学和纯文学演讲集》中谈到关于历史的看法，他把历史首要地看作是对持久而普遍的人性原则提供例证的一个场所，在这方面斯密与休谟是十分接近的。[2] J.迈克尔·侯根也在谈到斯密该书中对历史编纂学的看法时说："斯密关于历史编纂学的描述成为他这本讲稿中最具创新性的贡献"，而"忽视这一描述将会是一个尤其重大的错误。"斯密提出了一套关于历史编纂学独一无二的方法。[3]

"推测史学"的方法。后来学者们在谈及"推测史学"这一主题时通常会援引斯图尔特的那一经典说法，并对斯密历史写作的这一特征发表了各自看法。如加文·肯尼迪（Gavin Kennedy）指出："亚当·斯密思想的一个最突出特点是贯穿于全著的历史感，包括运用鲜见的史前史料提出的种种推测"，但"他绝少预测未来，而是从久远的过去推向现在，经常是从希腊和罗马的古代世界谈起，有时则从更为久远的人类远古时代开始"[4]。肯尼迪显然看到斯密在描述人类早期社会历史中所包含着的推测成分。至于"推测"会在怎样的语境下出现，霍普夫（H.M.Hopfl）列举了包括斯密在内的苏格兰启蒙思想家们在撰写史前史时所使用的术语，认为他们通常是将"推测"最初运用到如下措辞中：像弗格森的"人类原始的状态"、"野蛮和未开化的游牧部落"；罗伯逊的"最初的和最简单的社会状态"；米勒的"野蛮的时代"；休谟的"最初的起源"、"世界的第一个时代"；斯图尔特的"野蛮的部落"以及斯密的"野蛮和未开化的时代"、"社会的第一个时代"、"早期和原始的状态"等，[5]这些措辞虽然表述有所不同，但有一个关于"原始的"共同主题和特征。约翰·波考克也看到斯密和其他哲学家在关于过去存在的状态和事件的描述中所运用的"推测史学"方法，并认为这种"推

---

[1] Wilbur Samuel Howell, "Adam Smith's Lectures on Rhetoric: An Historical Assessment", *Essays on Adam Smith*, edited by Andrew S. Skinner and Thomas Wilson, Oxford, Clarendon Press, 1975, p27.
[2] David Kettler, "History and Theory in the Scottish Enlightenment", *The Journal of Modern History*, Vol.48, No.1 (Mar.1976), p.98.
[3] J. Michael Hogan, "Historiography and Ethics in Adam Smith's Lectures on Rhetoric, 1762-1763", *A Journal of the History of Rhetoric*, Vol.2, No.1 (Spring 1984), pp.76-77.
[4] 〔英〕加文·肯尼迪：《亚当·斯密》，苏军译，北京：华夏出版社2009年版，第9页。
[5] H. M. Hopfl, "From Savage to Scotsman: Conjectural History in the Scottish Enlightenment", *The Journal of British Studies*, Vol.17, No.2 (Spring,1978), p.24.

测"应该存在于连续的时段内,而就"推测史学"的两个依据即"人类本性及行为"和"社会自然的历史演进过程"来说,斯密在其写作中很好地践行了这一方法。① 另外,他还指出,在斯密的哲学史中就包含了推测和想象的成分,这些推测和想象被用来解释那些存在的现象或者已被编入历史叙述中的那些现象。② 安东尼·布鲁尔,首先指出斯图尔特关于斯密"推测史学"方法的描述,并认为由这一观点将引出一个重要问题即斯密对历史的解释有多少是基于证据而多少是凭借推测,并如何将两者结合起来?但他还是认为"推测史学"是必要的,历史写作不能仅靠证据也需要推测,而斯密在写作过程中很好地采用了推测的或理论的历史的两种不同形式。一种是在证据完全缺乏的情况下,斯密所采用的是基于人性的单纯的推测;一种是在事实无需怀疑但并不能完全说明问题时,斯密更多是用一般理论来进行解释。③

关于斯密对"推测史学"方法的具体运用,怀特曼(W. P. D. Wightman)看到,在斯密的"天文学史"、"模仿的艺术"、"语言的起源"、《道德情操论》和《国富论》中都是有"想象的历史"(The History of Ideas)的。他赞成斯图尔特用"推测史学"一词来形容斯密写作的这一特征,但他又主张不要将斯密的这一方法论特征加以夸大。④ 菲利普斯也指出,斯密的"天文学史"既是理论的历史方法的一个光辉范例,也是对历史知识占据在推测方案中的重要位置的一种暗示。斯密的目的不是写一种使用技术性语言的关于天文学理论的历史,其"天文学史"不应被看作是关于艾萨克·牛顿的天文学的一段历史,而应主要看作是斯密所指出的作为哲学研究的普遍主题即存在于人头脑中的那些原则的补充性的例证。作者还指出,不能把"天文学史"仅仅看作是斯密的历史建构与一些猜测的富有想象力的统一,否则就太狭隘了,除此之外,它非常纯粹的知识底蕴也是有重要价值的。⑤ 而奥特森(Otteson)则把斯密的《论语言的起源》看成是斯图尔特所说的"猜

---

① J. G. A. Pocock, "Adam Smith and History", *The Cambridge Companion to Adam Smith*, edited by Knud Haakonssen, Cambridge, Cambridge University Press, 2006, p. 276.
② J. G. A. Pocock, *Barbarism and Religion(Volume Two)*: *Narratives of Civil Government*, Cambridge, Cambridge University Press, 1999, p. 315.
③ Anthony Brewer, *Adam Smith's Stages of History*, Bristol, Department of Economics University of Bristol, 2008, pp. 4 - 5.
④ W. P. D. Wightman, Adam Smith and the History Ideas, *Essays on Adam Smith*, edited by Andrew S. Skinner and Thomas Wilson, Oxford, Clarendon Press, 1975, p. 47, P. 66.
⑤ Mark Salber Phillips, *Society and Sentiment*, *Genres of Historical Writing in Britain*, 1740 - 1820, Princeton, Princeton University Press, 2000, pp. 177 - 178.

想的历史"的典范。他说斯密在其中并没有描述某种特定语言如何形成的实际情况,只是思考了语言的形成可能经历的语法次序。肯尼迪亦曾指出,斯密在其"天文学史"中也采用了同样方法,他对哲学家的工作进行了种种猜想。

需要指出的是,也有学者对斯密这种"推测史学"方法的局限性予以批评。如米克(Meek),他指责斯密在其理论中对历史事实的忽视;科尔曼(Coleman)评论说:"历史的证据在斯密可理解的体系那里是居于第二位的";而怀特曼虽然承认该方法对填补直接的证据不足的缺口有一定作用,但他仍抱怨斯密使读者对其历史叙述中哪里是真实的事情,哪里是虚构的事情产生疑惑。[1]

历史叙述中的道德和情感判断。在 18 世纪苏格兰启蒙思想家的历史写作中,道德和情感判断在其中占有重要的分量。亚伦·加勒特(Aaron Garrett)看到,以休谟、斯密和米拉为代表的一派强调"道德原因"甚于"物质原因",他们认为造成人类差异的并非是气候或地形等自然因素,而是那些人为建立并通过激情感染得以流传的风俗习惯和社会制度等。[2] J. 迈克尔·侯根说,更多情况下,斯密所倡导的历史是人的历史,是关于人的感觉和情感的历史。[3] 他更加强调在历史叙述中对历史人物的感觉和情感的描述,而不是历史事件本身,并在此基础上形成一些对人的情感评价的持久的、稳定的道德准则。这也是他所确定的历史写作的目的所在。菲利普斯看到斯密写作的一个重要特征是运用间接的叙述(或内部的叙述)方法,该方法能够描述内心自然流露的情感,是其他叙述方法不能做到的。作者认为在改变史学传统叙述风格,使其从关注公共生活的叙事题材转向从社会和精神方面来突出个体特征这一过程中,斯密具有开创性的贡献,"他在关于物质的叙述上以及从社会和情感方面对个体的独到分析上,是一位先行者"[4]。

---

[1] Anthony Brewer, *Adam Smith's Stages of History*, Bristol, Department of Economics University of Bristol, 2008, p. 4.

[2] Alexander Broadie edited, *The Scottish Enlightenment*, Cambridge, Cambridge University Press, 2003, p. 88.

[3] J. Michael Hogan, "Historiography and Ethics in Adam Smith's Lectures on Rhetoric, 1762—1763", *The Journal of the History of Rhetoric*, Vol. 2, No. 1 (Spring 1984), p. 86.

[4] Mark Salber Phillips, "Adam Smith and the History of Private Life: Social and Sentimental Narratives in Eighteenth-Century Historiography", *The Historical Imagination in Early Modern Britain (History, Rhetoric, and Fiction, 1500-1800)*, edited by Donald R. Kelley and David Harris Sacks, Cambridge, Cambridge University Press, 1997, p. 319.

历史主义的方法。拉波希尔曾提到,无论是在经济学、社会学,还是道德哲学,斯密最提倡的方法是首先探讨这门学科的历史,然后对它的最初理论作批评性的研究,在改进这些理论的同时提出自己的思想,无论是研究历史事件还是理论史,斯密进行历史研究的目的就是为获得必要的资料以支持或驳斥对某个可能的科学规律所作的概括和假设。[①] 类似关于斯密方法论问题的探讨,还有学者认为斯密的方法论是典型历史主义的,其中不少学者甚至把斯密的这种方法看成是后来的马克思历史唯物主义方法论的前奏。英国学者帕斯卡尔(Pascal)在《财富与社会:苏格兰在18世纪的贡献》(*Property and Society: the Scottish Contribution of the Eighteenth Century*)一文中指出,斯密从"完全世俗化的、唯物主义的过程"的角度来理解市民社会的发展,他是"从唯物主义的角度对社会做出全新研究的"第一人,"马克思第一本全面揭示历史唯物主义观点的著作即《德意志意识形态》……就是建立在由斯密和他的同伴所开创的基础上的"。[②] 英国研究苏格兰历史学派的著名学者弗布斯(Forbes)也持与此相近的观点,认为斯密等人的理论工作是马克思历史唯物主义思想的前奏。[③]

4. 中国学者对斯密史学的挖掘

国内学界对斯密的关注可以追溯到20世纪初,从严复翻译斯密的著作《原富》(即《国富论》在中国的最初版本)开始,一直没有间断过。据不完全统计,自1903至2009年间,关于研究亚当·斯密的论文至少不下500篇。它们一开始也主要是对斯密本人及其著作的介绍,后主要集中于斯密的经济思想和伦理思想两个方面的研究。

在关于斯密史学意蕴的一些零星的研究中,如王莹、江枫在其著述的《经济学家的道德追问——亚当·斯密的伦理思想研究》一书中谈到斯密的历史观问题,作者认为,斯密的历史观在本质上是唯心主义的,但又不自觉地运用了唯物主义的研究方法,即具有两重性。并从"人类历史的发展"、"私有制与国家的产生"、"客观的经济规律"三方面对斯密所体现出的朴素唯物主义的思想进行了论证。赵天成在其《论英国经济学家亚当·斯密的唯物史观——兼论对历史唯物主义创立所做的贡献》中也指出亚

---

① 〔英〕D. D. 拉波希尔:《亚当·斯密》,李燕晴、汪希宁译,北京:中国社会科学出版社1990年版,第139—140页。
② 转引自 Andrew Stewart Skinner, *A System of Social Science: Papers Relating to Adam Smith*, Oxford, Oxford University Press, 1996, pp. 78-79.
③ 同上书, pp. 79.

当·斯密的社会历史观在本质上是理性主义的唯心史观,但也包含了诸多唯物史观的因素,而正是这些唯物史观的因素萌芽,为马克思、恩格斯的唯物史观的创立,提供了直接的理论来源。吴清的《〈国富论〉的经济史学解读》从经济史的角度探讨了斯密在《国富论》中运用的历史分析法和提出的历史阶段理论。并认为斯密与马克思在方法论上具有极大的相似之处。唐正东在其《斯密到马克思——经济哲学方法的历史性诠释》一书中,谈到斯密经济哲学方法中的历史性维度问题。他认为斯密的经济学和哲学研究中都是有"历史"的,都不同程度地运用了历史性的研究范式,具有"古典历史主义"的特征,但这与马克思历史唯物主义还是有本质区别的。胡怀国在《对斯密研究方法的评价与新评价》中指出斯密的方法论特征之一是十分重视用现实生活中的经验和历史事例对理论本身提供佐证与修正,同时作者也看到斯密方法论中所运用的思维上的想象和理论上的抽象,认为可以用杜格尔德·斯图尔特的"理论的历史或推测的历史"来描述斯密的这一方法论特征。任保平在《论亚当·斯密〈国富论〉的方法论基础与特征》中,也对斯密方法论中的两重性特征进行了论证,指出斯密在思维范式上存在历史性与社会性维度两种,尽管斯密在阐述其经济学原理中主要采取的是比较静态的原理性分析,但其中动态的历史性阐述也是不容忽视的。杨芳的《亚当·斯密论北美殖民地问题——兼论斯密的自由观》提到斯密对解决北美殖民地问题的政策主张,认为斯密借北美问题以达到抨击重商主义和倡导"自然自由"理念的目的。郭家宏《论亚当·斯密的帝国思想》也探讨了斯密的殖民地理论,作者指出,斯密的帝国理论从内容上看,既有纵向的即历史的,又有横向的即现实的。他重点论述了斯密关于对现实殖民地进行贸易垄断的坏处的看法和改革英国对殖民地的统治政策,实行自由贸易的主张。陈其人在《殖民地的经济分析史和当代殖民主义》一书中提到,殖民地理论问题是第一次在斯密那里得到系统的论述。其中特别谈到斯密对古希腊和罗马时期殖民地的看法。项松林在其博士论文《苏格兰启蒙思想家的市民社会理论研究》中对斯密及其他苏格兰学者的"四阶段论"进行了阐述,他看到在社会的演进问题上,包括斯密在内的苏格兰启蒙学者开启了经济学、社会学的视角,把生存方式、经济组织形式的变迁作为社会发展演变的主导线索。周保巍《走向"文明"——苏格兰启蒙运动中的历史叙事与民族认同》简略提到斯密的"四阶段理论",作者认为在休谟、罗伯逊和斯密等人的著作中,都毫无例外地聚焦于追溯"人类由野蛮到文明的特定的、共通的阶段",而斯密更是以"四阶段理论"提供了这种"人类进步"最早的范本。

另外亦不能忽略的是,国内有学者就斯密的中国观及其影响进行过探讨。例如严绍璗在其《日本中国学史稿》①中曾谈到斯密的"中国发展停滞论",并把它放在启蒙时代欧洲中国观的框架下来考察。在作者看来,斯密的"中国发展停滞论"是欧洲中国研究中近代主义学派重要的代表之一。它以确认中国农耕业的高度发展和人民的勤劳为前提,但又认为在18世纪,中国事实上开始落后于欧洲。斯密中国观的本质在于认为中国社会发展由于处在停滞状态之中,因此它是不会自行进入如同欧洲那样的资本主义状态的。这一观念对后来日本中国学中的"社会发展史学派",影响十分深刻。忻剑飞在其《世界的中国观》一书中也论述了斯密的中国观。他认为斯密在《国富论》中关于中国和中国文化的论述,首先反映出的是一种自觉和自由的全球意识。斯密从人类几个世纪的现实生活确证了世界公民的出现是一种历史的进步和历史必然,这就使其全球意识和世界文化的观念有了现实基础。在作者看来,斯密关于中国的论述是辩证的,他在认为中国社会已处于停滞状态的同时,并没有持一概否定的态度。斯密关于中国和中国文化的论述还体现出斯密对东西方文化传统之异的一些见解。②何兆武、柳卸林主编的《中国印象——世界名人论中国文化》中也为亚当斯密留下一席之地。该书主要就斯密对中国社会经济领域一些问题的看法进行阐述,包括中国人的生活水平、中国的货币价值高于欧洲的原因、中国轻视对外贸易、中国制造业不发达的原因等。③ 类似的一些论文,如李靖华和丁文辉各自的《亚当·斯密论中国》、仲伟民的《亚当·斯密的〈国富论〉与中国》、莎日娜、额尔敦扎布的《〈国富论〉的中国观——纪念〈国富论〉出版230周年》等亦主要从政治经济学层面,阐述了斯密对18世纪末中国社会经济发展状况的看法。

中国学者研究斯密史学者,必须提到淮北师范大学油馨华的学位论文《论亚·当斯密思想中的史学意蕴》。她选择被史学界忽视的斯密为研究对象,从习以为常的斯密思想中挖掘出历史四阶段理论、推测史学、历史叙述法、古典历史主义,并梳理斯密的这些史学思想在当时和身后影响。这篇文章是在李勇指导下完成的,可视为对张广智主编、李勇著《西方史学通史》第4卷中论述启蒙时期苏格兰史学派而缺失亚当·斯密的一种补足。

---

① 严绍璗:《日本中国学史稿》,北京:学苑出版社2009版,第166—168页。
② 忻剑飞:《世界的中国观——近二千年来世界对中国的认识史纲》,上海:学林出版社1997年版,第239页。
③ 何兆武、柳卸林主编:《中国印象——世界名人论中国文化》下册,桂林:广西师范大学出版社2001年版,第12—20页。

总的来说,学界对斯密的研究自 18 世纪《国富论》问世以来,大致经历了四个阶段[①],掀起过两次斯密研究的高潮,[②]而且随着时间的推移,无论是国外学界还是国内学界对斯密的研究大都经历了一个相同的过程,即由浅入深,由专入广。对斯密持续不断的两个多世纪的关注与研究,不仅反映出斯密作为 18 世纪启蒙思想界的一位巨擘在世界上的深远影响力,同时也推动了学界在经济学、伦理学、社会学、政治学、历史学等多领域的新的学术成果的建树。

三、罗伯逊:西方史学的不朽丰碑

罗伯逊是苏格兰历史学派中最为纯粹的史学家,他像伏尔泰一样,从民族国家历史写到欧洲史,从欧洲史写到世界史,尽管他没有完成像《风俗论》那样完整的世界史,然而他追求具有哲学意味的历史,把历史写作建立在坚实的史料基础之上,进行历史编纂体例上的创新,在西方史学史上享有崇高地位,有着深远影响。其历史著作及其蕴涵的史学理念,在西方史学史上是一块不朽的丰碑。

1.《苏格兰史》在学界获得崇高赞誉

罗伯逊生前,《苏格兰史》就深受好评且非常流行。它先后被翻译成法文、意大利文,乃至被介绍到澳大利亚;这一著作有着持续的影响,以至于在他生前出现 14 个版本。

此书出版前,书商米拉(Millar)曾把书的样本送给瓦布尔顿(Warburton)和伽利克(Garrick)。瓦布尔顿在写给米拉的信中说:"我带着极大的愉快,收到和阅读了这部新的苏格兰史著,我将不会等到公众的评价就声明它是一本非常杰出的著作。"[③]罗伯逊访问伦敦时,此书的一些样本传到哈雷斯·沃保罗(Horace Walpole)手里。沃保罗看后,在 1759

---

① 详见蒋自强、何樟勇:《简论"经济人"的约束机制——亚当·斯密研究的反思》,《安徽师大学报》(哲学社会科学版)第 26 卷 1998 年第 2 期,第 219 页。
② 第一次是 1976 年纪念《国富论》出版 200 周年,西方学者召开了三次国际性讨论会,以现代经济学的眼光对斯密思想进行新的研究,出版了六卷本的《亚当·斯密的著作和通信集》、新的传记和体现西方学者最新研究成果的论文集;第二次是 1990 年分别在日本的名古屋和英国的爱丁堡召开的纪念亚当·斯密逝世 200 周年的国际讨论会,从社会思想史和社会会经济学的角度来研究斯密。
③ Dugald Stewart, *Account of the Life and Writings of William Robertson*, England, Thoemmes Press, 1997, p. 24.

年1月18日的信中写道:"我也许要斗胆地说,你的风格好得非同一般","你的智慧和公正使我得出结论:关于那个被我们愚蠢到弄成党派的主题,你坚持己见,毫无偏颇"①。

《苏格兰史》出版后,切斯特费尔德(Lord Chesterfield)写道:"后来出版一本历史书,是关于苏格兰女王玛丽及其儿子詹姆斯在位时期历史的,由一个名为罗伯逊的人写的。因其清新、纯正和高贵的风格,我竟情不自禁地把他与现存最好的史学家不仅是戴维拉(Davila)、圭恰迪尼,而且是李维进行比较。"而李特莱顿(Lord Lytlleton)相信这一令人震惊的说法:"自圣保罗时代以来几乎没有比罗伯逊更好的作家。"②1759年2月8日,托马斯·波什(Thomas Birch)致信罗伯逊,赞美道:"尽管你的书出版才短短两个星期,但我可以告诉你,你的观点是最权威的,你的结构巧妙而有活力,并且公正、适度和人性化,这些都贯穿在你的这部书中,这也将确保它不仅会得到当代人的认可,也会得到后代人的肯定,这对丰富我国在写作类型上的特征也是有帮助的,因为所有其他的著作大多是有毛病的。"③休谟接连给罗伯逊去了几封信,表达对这部书的好感,其中一封信这样写道:"你有足够的理由去对你这部书的成功感到满意,就我从这部书出版后的几个星期来看,我所听到的都是热情赞扬之声;这里我列举出一些代表。马里特告诉我,他确信在整个英语世界里,除了你将不会有人能够完成这一工作。……总之,由于这部书的成功,你的名字将会被更多的人熟知,这对你是有利的。"④

需要指出的是,能否把罗伯逊的《苏格兰史》看成高过休谟的《英国史》,英国学术界有不同观点。罗伯特·李斯顿(Robert Liston)说:《苏格兰史》"可以公允地说,是用英语写出的最好的史著"⑤。"一言以蔽之,可以说他是那个时代最为完美的人物之一,他的名字对于给予其生命的岛屿

---

① Dugald Stewart, *Account of the Life and Writings of William Robertson*, England, Thoemmes Press, 1997, p. 23.

② 转引自 J. B. Black, *The Art of History: a Study of Four Great Historians of the Eighteenth Century*, London: Methuen & Co. Ltd., 1926, p. 117.

③ Dugald Stewart, *Account of the Life and Writings of William Robertso*n, England, Thoemmes Press, 1997, p. 253.

④ Dugald Stewart, *Account of the Life and Writings of William Robertson*, England, ThoemmesPress, 1997, pp. 31 - 32.

⑤ Robert Liston, "A Character of Dr. Robertson", Jeffrey Smitten, edited, *the Works of Wilianm Robertson*, Vol. 11, *Miscellaneous Works and Commentaries*, London, Routledge / Thoemmes, 1996, p. 208.

来说将是永续的荣耀。"①可是,也有人持相反意见。詹姆斯·波斯威尔(James Boswell)在《关于罗伯逊博士近来品行的质疑》中揭示:泰勒(Mr. Tytler)就责难罗伯逊没有做到不偏不倚。波斯威尔自己也不赞同李斯顿的说法,他说:"至于博士作为史学家的能力,假如清晰的安排、丰富的妙语将构成完美的史学家,那他或许可以配得上这一称号。"他认为李斯顿的说法"多么令人作呕的谀词啊!把它叫做历史随笔或者历史论文,我们会同意的。你既然这样说了,我们必须坚持你给出解释的是,通过什么讨论得出这样结论的,那它写得就应该比大卫休谟·先生的历史著作更高超"②。当然,批评罗伯逊者身份复杂,或是其宗教、政治上的对手,或有人替休谟抱不平,这是个复杂问题,需要作专题探讨,恕这里无法完成。

2.《查理五世在位时期的历史》的声誉

《查理五世在位时期的历史》,不仅因为主题涉及民族国家众多,容易引起争议,并且因为关涉许多一时难以廓清的细节,所以它成为学界争议较大的历史著作。

根据斯图尔特《威廉·罗伯逊的生平和著作》、《休谟书信集》,可知早在罗伯逊决定写这部书时,就有学者提出反对意见,这其中就包括沃保罗、休谟等人。

沃保罗认为写作这样一部著作将艰难异常,这些艰难也许是罗伯逊无法驾驭的,他说:"我反对你写这一课题。尽管查理五世是整个欧洲的君主,但是他是一个德国人或者西班牙人。先生,你可以想想看,在写《苏格兰史》过程中,你会发现就是别的国家里最有天赋的和洞察力的人,为了去给予苏格兰人故事以充分的看法,都将是异常困难的。因为所有这些都要依赖于国家的法律、习俗和观念,我相信一个本地人将会在一些外国学者的书中发现很多的错误。"③这里,沃保罗强调写外国史可能遇到的在常识、史料上碰到的吃力不讨好。休谟也不赞成罗伯逊去写查理五世的历史,他指出:"就我而言,仍然不希望你去写查理五世时期的历史。因为这个课题孤立,你笔下的英雄,是单独的个体,对此,我不大感兴趣。……尽

---

① Robert Liston, "A Character of Dr. Robertson", Jeffrey Smitten, edited, *the Works of Wilianm Robertson*, Vol. 11, *Miscellaneous Works and Commentaries*, London, Routledge / Thoemmes, 1996, p. 209.

② James Boswell, "Scepical Observations upon a Late Character of Dr. Robertson", Jeffrey Smitten, edited, *the Works of Wilianm Robertson*, Vol. 11, *Miscellaneous Works and Commentaries*, London, Routledge / Thoemmes, 1996, pp. 213 – 214.

③ Dugald Stewart, *Account of the Life and Writings of William Robertson*, England, Thoemmes Press, 1997, pp. 54 – 55.

管你对这个时期的一部分已经有想法了,但可能是枯燥和贫瘠的,总体上似乎也没有任何可人之处。"①当然,也有人支持他,例如赫尔巴克(Baron D'Holbach)在给罗伯逊的信中肯定道:"如此有趣的主题无疑应受到全欧洲的关注。"②最终,罗伯逊还是毅然决定完成这部著作。

此书出版后,获得一片赞扬。包括休谟,他一反前态,赞赏有加:"这部书,在很大程度上,甚至超过了你的《苏格兰史》。"③《查理五世在位时期的历史》法文译者苏尔德(Suart)认为:"在这位苏格兰人身上,发现了哲学的天赋"。④

后世的史学史著作也肯定此书的价值。奥布莱恩认为这部书是成熟著作,从历史角度奠定了苏格兰在英国、欧洲的地位,"罗伯逊成熟的历史著作,《查理五世在位时期的历史史》(1769)和《美洲史》(1777),加速了苏格兰启蒙运动时期的社会变革和英国、欧洲的历史之间的不断碰撞,通过应用、测试,最终发现苏格兰自身的不足"⑤。类似者,如张广智以为:"罗伯逊在欧洲史学界的声誉,在很大程度上是鉴于此书的价值。"⑥他们着眼于罗伯逊通过《查理五世在位时期的历史》,让更多欧洲人了解了苏格兰,也让欧洲学术界对英国史学刮目相看,无疑他们的看法是恰当的。不过,布莱克的看法相反,他认为《查理五世在位时期的历史》,除了第一卷含有《欧洲进步概观》外,全书琐碎、散漫、单调、冗长和肤浅,"这部书的大部分,都是一些单调的事实罗列,没有用一些华丽的语言或者让人感兴趣的剧情加以润饰"⑦。布莱克着眼于史学艺术性问题,从这个意义上说,其观点也不为过。如果着眼于其著作内容,巴恩斯的辩证看法可以成立。他说:"罗伯逊《查理五世》很大部分令人尊敬,因为从哲学上对中世纪加以遗留,那部分独立出版,是对开始于16世纪的主要部分的导论,其题目是《对于中世纪社会国家的观察》。它在学术和比例上超越伏尔泰《风俗论》的中世纪部分,在18世纪所有历史著作中,关于中世纪的解读,仅仅被吉本的

---

① Dugald Stewart, *Account of the Life and Writings of William Robertson*, England, Thoemmes Press, 1997, p. 60.
② Ibid., p. 258.
③ Ibid., p. 77.
④ Karen O'Brien, *Narratives of Enlightenment*, New York, Cambridge University Press, 1997, p. 129.
⑤ Ibid., p. 95.
⑥ 张广智主编:《西方史学史》第三版,上海:复旦大学出版社 2010 年版,第 147 页。
⑦ J. B. Black, M. A., *The Art of History*, London, Methuen & Co. LTD. 36 Essex Street W. C. P, 1926, p. 138.

著作所超越。对待中世纪文化的枯燥,罗伯逊的态度有点过于苛刻,尽管还没有像休谟的评价那么极端。作者对信条是敌对的,尽管没有像伏尔泰那样接近猛烈。他还是第一个抓住过渡期政治和制度发展特点的人之一,强调把十字军、法律进化、成长兴起和商业扩展等等经济和文化影响引进中世纪的进步。然而,罗伯逊有点夸大十字军的影响,给予来自秃头拉尔夫(Ralph the Bald)经由巴罗尼乌斯(Baronius)的《编年史》千年传说以复兴的传播。出于对稍有冗长的《查理五世》的尊敬,最显著的事实是他注意到给予宗教改革的'间接原因':也就是教会里的辱骂、过多的教皇税收、学术的复兴、印刷术的发明等等。他没有充分强调民族主义因素、商业以及中产阶层的兴起,它是直到罗伯逊时代任何一个史学家所写的关于总结改革的最好著作。不肖说罗伯逊尽管是令人尊敬的,然而是一个明确的路德和宗教改革者的党徒。"[1]

总之,不管是前期学者的反对,还是后来学者的诘难,都无法掩盖住这部书所取得的成功。它再版7次,先后被译成德、法、俄、荷等多种语言。

3.《美洲史》《论古人的印度史知识》的反响

《美洲史》出版前,罗伯逊曾把其手抄本,送给埃德蒙·伯克(Edmund Burke),请求指正。伯克是罗伯逊的故旧和通讯者,年轻时曾与其侄子合写过一本简短的欧洲人定居美洲史。他接到罗伯逊四卷本《美洲史》后,给予非常高的评价:"我总是和你有共同的想法,我们在这个时代具有很大的优势去写关于人性的知识。……你使用哲学评判风俗,又从风俗中找到新的哲学源头。"[2]

《美洲史》的出版,在当时欧洲引起不小的波澜,先后被译成法、德、意、荷、希腊等国语言,很多学者对它赞赏有加。1777年7月14日,吉本在给罗伯逊的信中,称赞《美洲史》:"劳德·斯图蒙特,还有这个城市中的很少有人能够有机会精读《美洲史》,但是他们对此书都有一致的看法;你的著作已经变成一个大家谈论的完美话题,苏尔德也在重复印刷着,在我看来,他的译本一出现就会很好地迎合这个时代……材料被细心地搜集和熟练地组织;其对于美洲发现进程的展示,既有学术性,又明白易懂。"[3]威廉·劳德·蒙斯菲尔德(William Lord Mansfield)在给罗伯逊的信中赞扬道:

---

[1] Harry Elmer Barnes, *A History of Historical Writing*, New York, Dove Publication, Inc., 1963, pp. 157–158.

[2] Karen O'Brien, *Narratives of Enlightenment*, New York, Cambridge University Press, 1997, pp. 163–164.

[3] Dugald Stewart, *Account of the Life and Writings of William Robertson*, England, Thoemmes Press, 1997, pp. 102–103.

"这部书就我看来,它的价值不低于你之前的任何一部书。现在没有人将会怀疑这部书整体上你所做的编排是多么明智,并且超过普通历史著作。……我相信很少有著作能做到这些,朝着清除黑暗面、纠正错误、排除偏见的目标行进着。"①J. B. 布莱克肯定了这部书的价值:"在历史领域里,《美洲史》代表了罗伯逊工作最厚重和最成熟的一面。"②埃德蒙·伯克称赞说:"我相信没有什么书比这一本书做得更好了,它清除隐晦,纠正错误,消除偏见。……你同时对西班牙外省的现存论述撒下新的光亮,为未来可从中期盼到的理性理论提供材料和暗示。"③

研究史学史的专家给出一致的赞扬。汤普森说:"他的《美洲史》(伦敦,1777 年)气势磅礴、色彩缤纷,是记述西班牙美洲殖民地的第一部信史。"④巴恩斯也以为:"所有关于新世界一般性历史写作中,最为高贵,且成为 19 世纪先驱者,是英国史学家威廉·罗伯逊的《美洲史》。"⑤

其实,《美洲史》的价值和影响还不只如此,有学者注意到它对北美文学和史学的影响。根据弗雷德里克·S. 斯廷森,1700—1815 年,罗伯逊的《美洲史》至少在 3 个公共图书馆和 1 个私人图书馆里有收藏。1789 到 1791 年,《美洲史》还在北美的期刊上选登。⑥ 他指出:罗伯逊关于西班牙殖民地的这八册著作:"为北美民族主义者、早期浪漫作家,为 18 世纪后期叙事诗人、浪漫诗人、小说家、剧作家甚至史学家,提供了营养。"⑦斯廷森的说法是有依据的,巴洛(Joel Barlow)1787 年出版《哥伦布面面观》(*The Vision of Columbus*),华盛顿·艾文(Washington Irving),1828 年出版《哥伦布的生平与航海》(*A History of the Life and Voyages of Christopher Colunbus*),都从罗伯逊《美洲史》中借用了史料。

另外,《论古人的印度史知识》,也获得良好赞誉。尽管它可能是四部历史著作中最不成熟的,但是它在 1791 年出版时,就在欧洲史学界产生不

---

① Dugald Stewart, *Account of the Life and Writings of William Robertson*, England, Thoemmes Press, 1997, p. 104.
② J. B. Black, M. A., *The Art of History*, London, Methuen & Co. LTD, 1926, p. 141.
③ Dugald Stewart, *Account of the Life and Writings of William Robertson*, England, Thoemmes Press, 1997, p. 107.
④ James Westfall Thompson, *A History of Historical Writing*, Vol. II, New York, The Macmillan Company, 1942, p. 72.
⑤ Harry Elmer Barnes, *A History of Historical Writing*, New York, Dove Publication, Inc., 1963, p. 145.
⑥ Frederick S. Stimson, "william Robertson's Influnce on Early American Literature", *The Americas*, Vol. 14, No. 1(Jul., 1957), p. 40.
⑦ Ibid., p. 37.

小影响,1791年被翻译成德文,1792年译成法文。他也是最早论述印度历史的现代欧洲人之一,开后世学者研究风气之先。

总之,罗伯逊所取得的史学成就,对于苏格兰历史在欧洲史学地位上的提升,无疑作出重大贡献。正如奥布莱恩所揭示的那样,"在苏格兰知识界人们更倾向于把更正统的、最著名的、高回报的牧师、爱丁堡大学校长、历史学家威廉·罗伯逊视为其文化代言人"。①

4. 影响爱德华·吉本的历史著作

罗伯逊对爱德华·吉本发生了重要影响。吉本非常推崇休谟、罗伯逊和斯密。他说:"在我们这个时代,一束强烈的哲学之光曾从苏格兰照射出来,照亮了有关欧洲的社会进步这一有趣的问题;我这里是既以个人,也以公众对他们的崇敬重提起休谟、罗伯逊和亚当斯密几个人的名字"。②对于罗伯逊,他尤为敬重。1777年7月14日,吉本给罗伯逊的信中谈到自己与休谟、罗伯逊的关系:

> 在我唐突地获得史学家声望之时,首先,我怀着最自然,当然是最热切的期望,那就是应当得到罗伯逊和休谟先生的许可,这两个名字是友好地联结在一起的。因此,尽管我不能轻松地表达出,然而我并不想掩饰我的感觉:你那封礼貌的信中透露出的诚挚、愉快和你那最为有意义的睿智。我同公众一样,应当感到满意,现在将因更为个人和不胜荣幸的感情而加重了。我通常私下对自己说,在某种程度上,我从我所敬重的作者那里获得了尊重。③

在这里,吉本把罗伯逊与休谟相提并论,同时对罗伯逊表示特别的敬重。吉本的信很值得玩味。其实,罗伯逊作为一个史学家,其写作领域从苏格兰拓展到欧洲,再到美洲和印度,至少在这方面罗伯逊超越了休谟。有学者指出:"这一拓展使其声望比休谟更为广泛和卓越。他不仅拓宽了休谟的历史范围,而且深化了休谟关于史学家必须在研究中包含着多方面研究的观念。"④单就美洲史而言,"大抵可以认为是迄于作者所在时代西

---

① Karen O'Brien, *Narratives of Enlightenment*, New York, Cambridge University Press, 1997, p. 93.
② 〔英〕爱德华·吉本:《罗马帝国衰亡史》,黄宜思、黄雨石译,商务印书馆,2009年,第554页。
③ Dugald Stewart, *Account of the Life and Writings of William Robertson*, England, Thoemmes Press, 1997, p. 101.
④ J. B. Black, *The Art of History: a Study of Four Great Historians of the Eighteenth Century*, London, Methuen & Co. Ltd., 1926, p. 135.

方人编撰美洲史(实际上限于西班牙美洲)的开山之作。19世纪美国著名史家普列斯特所撰《墨西哥征服史》及《秘鲁征服史》是对这种撰史传统的继承和发扬。……是18世纪的英国史学中最早运用孟德斯鸠的地理环境理论的先例"①。

罗伯逊和吉本之间亦师亦友,常有书信往来讨论学术问题。《美洲史》出版后,吉本致信罗伯逊建议他写法国新教史。吉本《罗马帝国衰亡史》出版后,罗伯逊大加赞扬:"在你未写作这部历史著作之前,我自命为当代最勤奋的历史学家,但是,现在我不敢享此殊荣了。"②吉本在《罗马帝国衰亡史》第四版序中,称罗伯逊是其"技术娴熟的导师"。罗伯逊曾亲自把《美洲史》复制本送给吉本,吉本私人藏书中有罗伯逊的《苏格兰史》和《查理五世在位时期的历史》。③ 因此,吉本说:罗伯逊"激起我那远大的希望,让我可能有一天追随他的步伐"④。

吉本与罗伯逊一样严谨治史。罗伯逊治史严谨,对史料要求有时竟至苛刻地步。他说:"我愈思考历史著作的特性,就愈觉得必须确保细节的准确性。历史学家叙述当代史,一部分要归功于公众对那些提供公正、真实信息的史学家的敬意。他所描写的远古事情,除非能提供证据来证明其观点,否则其主张则得不到赞同。若无证据,他可能会写出有趣的传奇,但这并不能说他写出一部真实的历史。"⑤他在史学实践中的表现,这里不再赘述。吉本同样看重原始史料。他幼年就在家庭教师引导下阅读和钻研那些用希腊和拉丁文写成的古典著作,年长则认真搜集古代铭刻、古代货币和其他文物,并加以研究。同时他注意搜集近代史学家关于罗马的著作。他回忆道:"为了在我观察所及范围内确定并排比许多零星分散的资料,我利用了蒂勒蒙的收集方法。他的鉴定能力精确无比,几乎可以称为奇才。对于整个中世纪黑暗时期,我依据那位博学的穆拉托里所编的《意大利编年史与古文物》进行探索,孜孜不倦地拿出此书所述比较了西戈纽斯等人所写于此书平行或交叉的许多记录,直到差不多完全熟悉了14世

---

① 张广智主著:《西方史学史》第三版,上海:复旦大学出版社2010年版,第147页。
② David Morrice Low, *Edward Gibbon*: *1737-1794*, New York, Random House Press, 1937, p. 320.
③ Karen O'Brien, *Narratives of Enlightenment*, New York, Cambridge University Press, 1997, p. 176.
④ J. B. Black, M. A., *The Art of History*, London, Methuen & Co. LTD, 1926, p. 117.
⑤ William Robertson, *The History of America*, Vol. 2, London, Routledge and Thoemmes Press, 1996, p. xvi.

纪罗马城遗址的情况为止。"①搜集材料,并加以注释与说明,为其完成《罗马帝国衰亡史》,积累了翔实的可靠史料。

吉本模仿罗伯逊的注史凡例。罗伯逊"首创在章末加上附注及参考书目"②。吉本追随罗伯逊,在《罗马帝国衰亡史》中,也采此凡例。有论者说:"值得注意,吉本把注释放在页下,或者集中于附录,这些应没有什么变化。他在其第一卷第一版中,以罗伯逊为榜样采用后一种方式,也许做了显然是有限的改进,尽管做到最大程度的不例外。"③对此,作为两人共同的好友休谟,致信威廉·斯特拉罕,强烈反对道:"吉本的注释方式,对现在印书者来说,让人苦恼。一个注释被告知,就得翻到书末去查看,这也只有一些权威学者会去关注。所有引用的权威学者的著作,本应在页白或页下的。"④这里撇开休谟反对罗伯逊与吉本的作注释的后一种方法不论,单就这种注释引起休谟的评论来看,旁证了见吉本在这一点上与罗伯逊的类似。

在十字军问题上,吉本和罗伯逊的观点一致。罗伯逊在《查理五世在位时期的历史》中,认为十字军把欧洲人从无精打采中唤醒,偶然开阔了人们地理和文化视野,并且主要是平衡了财产关系,使封建统治者的利益在新的和有骑士精神的开创者所得到的永恒的荣耀下消失殆尽。罗伯逊的这一看法,被吉本未假思索重复于《800—1500年的世界史概要》。当然,在《罗马帝国衰亡史》中,吉本完全背离这一观点,认为:"在十字军东征的200年中,其增长规模巨大,进步速度迅捷;因而有些哲学家赞扬这些圣战的有利影响,但在我看来,它们不是推动了,而倒是阻碍了欧洲的成熟进程。葬身于东部的数以万计的生命和劳动力,如果用以发展他们自己的国家,必会有更大的作用;工业和财富的积累的资金将充分保证航运和贸易的需要;而拉丁人通过与东部各地区的纯真、友好的交往,已变得更丰富、更为开明了。从一个方面我倒是看到了十字军东征的偶然,不是在产生实际利益,而是在消除一种罪恶方面所起的作用。"⑤这也许是吉本随着自己学术走向成熟,逐渐有了自己的观点。

---

① 〔英〕爱德华·吉本:《吉本自传》,戴子钦译,北京:生活·读书·新知三联书店1989年版,第134页。
② 张广智主著:《西方史学史》第三版,上海:复旦大学出版社2010年版,第147页。
③ Dugald Stewart, *Account of the Life and Writings of William Robertson*, England, Thoemmes Press, 1997, p. 145.
④ Ibid., p. 145.
⑤ 〔英〕爱德华·吉本:《罗马帝国衰亡史》,黄宜思、黄雨石译,上海:商务印书馆2009年版,第554—555页。

5. 欧美史学史写作不可或缺的主题

罗伯逊的史学贡献在其身后得到欧美学者的持续关注,成为他们撰写史学史专著不可或缺的课题。这里举出几种重要者加以说明。

早在 1793 年,罗伯逊去世不久,英国传记作家杜格尔特·斯图尔特就开始给他写传记。斯图尔特从罗伯逊长子那里获得罗伯逊的原始书信和回忆录,他还从罗伯逊最要好的朋友之一卡莱尔(Dr. Carlyle of Inveresk)那里获取罗伯逊早年的传记资料。到了 1801 年,斯图尔特的《威廉·罗伯逊的生平和著作》出版。全书分 5 部分:从罗伯逊出生到《苏格兰史》的出版;《查理五世在位时期的历史》写作的策划与出版;《美洲史》的出版;《论古人的印度史知识》的出版;关于罗伯逊在教会中的地位和他的文法特点的评论。书后附录为 15 个注释。在此书中,斯图尔特充分肯定罗伯逊严谨的治史态度与才干,"在这方面,目前学者肯定无出其右者。在材料编排上,他以勤奋和严谨的态度去追溯原始史料,其史料裁剪能力也颇为卓绝,其他学者少有能与其匹敌者"[①],他还引用作家莱恩(Laing)的话说罗伯逊是"历史学家中最如实的一位"来加以佐证。[②] 他还对罗伯逊把哲学与史学结合起来评价不低:"当前,很少有学者能够像罗伯逊这样试图去把哲学与史学连接起来"[③]。

整个 19 世纪,罗伯逊的著作以不同形式在不断出版和重印,例如,1826 年,多佛(J. F. Dove)公司出版了罗伯特·林恩(Robert Lynam)编辑的 6 卷本《罗伯逊集》(*Works of William Robertson*),零星的研究一直没有停止。19、20 世纪之交,特别是 20 世纪初,西方学者有意识地反思过去特别是反思过去的学术发展,史学史自然是其题中应有之义。

英国谢菲尔德大学(the University of Sheffield)的 J. B. 布莱克于 1926 年出版《史学艺术:18 世纪四位史学家研究》(*The Art of History: a Study of Four Great Historians of the Eighteenth Century*)。他选中的 18 世纪 4 位大史学家是伏尔泰、休谟、罗伯逊和吉本。布莱克就史学成就与特征把罗伯逊与休谟、吉本作了比较,讨论罗伯逊的史学观念,分析罗伯逊三部著作《苏格兰史》、《皇帝查理五世在位时期的历史》、《美洲史》的优劣、史料情况以及所体现的史学观念等。

美国巴恩斯,1937 年出版《历史著作史》,其中第七章《社会和文化史

---

① Dugald Stewart, *Account of the Life and Writings of William Robertson*, England, Thoemmes Press, 1997, p. 137.
② Ibid., p. 138.
③ Ibid., p. 139.

的兴起：发现的时代和理想主义的成长》，包涵了关于罗伯逊的论述。他从欧洲扩展对于历史写作影响的角度，看待罗伯逊《美洲史》和《论古人的印度史知识》，肯定其聚焦美洲土著、注重商贸的做法；从理性主义和伏尔泰后学角度论述《苏格兰史》和《皇帝查理五世在位时期的历史》，认为罗伯逊的著作具有哲学意味，追随伏尔泰又超越伏尔泰。

美国的 J. W. 汤普森，1942 年出版《历史著作史》，其第六卷第三十八章《理性时代》，有关于罗伯逊的大段论述。他认为罗伯逊虽然是休谟和伏尔泰的追随者，但是在对待史料态度和历史编纂方法上，都超越了他们。他特别赞赏罗伯逊《美洲史》是记述西班牙美洲殖民地的第一部信史。他又批评罗伯逊缺少对社会运动的真知灼见；而且忽略了对各种制度兴起和经济力量发展的记述。他充分了解现在人们所谓的"文化"史的意义。

其余，像布雷塞赫《古代、中世纪近代史学》、凯蒂（Colin Kidd）《颠覆苏格兰的往事：1689—1830 年苏格兰辉哥历史学家和盎格鲁-不列颠身份的创立》（*Subverting Scotland's Past: Scottish Whig Historians and the Creation of an Anglo-British Identity*）、奥布莱恩（Karen O'Brien）《启蒙运动的叙事：从伏尔泰到吉本的世界历史》（*Narratives of Enlightenment: Cosmopolitan History from Voltaire to Gibbon*），丹尼尔·沃尔夫《全球史学史》和《牛津历史著作史》，都有关于罗伯逊的论述，较详细情况，《导论》已述。

西方学者讨论的主要问题，除了罗伯逊的治史态度、天命观、"推测史学"及其史学与哲学的关系等；[1]还有其"庄重历史"观、历史地理观，[2]其历史著作中的苏格兰身份、辉格解释和长老会主义等问题；[3]尚有学者讨论其历史学中的人类学、东方主义、美洲社会、德国当代风俗等问题。[4]

---

[1] 可以参阅徐延延：《罗伯逊史学研究综述》，《山西社会科学论丛》2011 年第 2 期。
[2] 参考 J. B. Black, the Art of History: a Study of Four Great Historians of the Eighteenth Century, London, Methuen &. Co. Ltd, 1926, pp. 131 - 138.
[3] Colin Kidd, *Subverting Scotland's Past*, Cambridge, Cambridge University Press, 1993, pp. 180 - 204.
[4] E. Adamson Hoebel, "William Robertson: an 18th Century Anthropologist-Historian", *American Anthropologist*, New Series, Vol. 62, No. 4(Aug., 1960), pp. 648 - 655. Jane Rendall, "Scottish Orientalism: from Robertson to James Mill", *The Historical Journal*, Vol. 25, No. 1 (Mar., 1982), pp. 43 - 69. Jeffrey Smitten, "American Society for Eighteenth-Century Studies", *Eighteenth Century Studies*, Vo. 19, No. 1 (Autumn, 1985), pp. 56 - 77. Laszlo Kontler, "William Robertson's History of Manners in German, 1770 - 1795", *Journal of the History of Ideas*, Vol. 58, No. 1 (Jan., 1997), pp. 125 - 144.

6. 受到中国学者愈来愈多的关注

早在1975年,台湾环球书社出版蔡石山《西洋史学史》,[①]第五章《启蒙时期史学》中的第四节《苏格兰史学家:休谟(Hume)与罗拔森(Robertson)》,简介罗伯逊生平、历史著作及其特点。

大陆史学界到20世纪80年代之后,许多高校教材中涉及罗伯逊。西方史学史教材,有郭圣铭《西方史学史概要》、[②]宋瑞芝等《西方史学史纲》、[③]杨豫《西方史学史》、[④]张广智《西方史学史》、[⑤]于沛等《西方史学史》,[⑥]都涉及罗伯逊,介绍其生平、历史著作、理性主义特点和编纂学上的贡献等。史学概论教材,有葛懋春《历史科学概论》、[⑦]胡方恕等《历史学论纲》、[⑧]王正平《史学理论与方法》、[⑨]吴泽《史学概论》等,[⑩]其中关涉罗伯逊情况与西方史学史教材雷同。其他类型西方史学史著作中,断代性的孙秉莹《欧洲近代史学史》、[⑪]普及性读物张广智《克丽奥之路——历史长河中的西方史学》,[⑫]亦是如此。还有孙宣学的《西方文化的异类"紫红色十年"的30位名人肖像》,[⑬]对于罗伯逊的介绍更为详细,并且从"历史"与"人性"结合的角度,讨论罗伯逊在文化史方面的贡献。

21世纪过去10年后,国内对罗伯逊史学的研究有大突破。张广智主编的《西方史学通史》出版,[⑭]其中第四卷《近代时期(上)》,突出了启蒙时期的英国史学,专门在第十五章中,花整整一章篇幅论述苏格兰学派的史学贡献。其中,处理按照惯例介绍其生平、著作外,详细分析休谟对罗伯逊的指导、罗伯逊对伏尔泰的刻意模仿,讨论罗伯逊的批判精神和史料搜集上的执着,梳理罗伯逊在其时代的学界反响。这一工作的学术意义在于,

---

① 蔡石山:《西洋史学史》,台湾:环球书社1975年版。
② 郭圣铭:《西方史学史概要》,上海:上海人民出版社1983年版。
③ 宋瑞芝等:《西方史学史纲》,开封:河南大学出版社1989年版。
④ 杨豫:《西方史学史》,南昌:江西人民出版社1993年版。
⑤ 张广智主著:《西方史学史》,上海:复旦大学出版社2000年出第一版,2004年出第二版,2010年出第三版,其中都有关于罗伯逊的内容。
⑥ 于沛、郭小凌、徐浩:《西方史学史》,北京:高等教育出版社2011版年。
⑦ 葛懋春:《历史科学概论》,济南:山东教育出版社1983年版。
⑧ 胡方恕、林校生:《历史学论纲》,沈阳:辽宁民族出版社1989年版。
⑨ 王正平:《史学理论与方法》,杭州:杭州大学出版社1990年版。
⑩ 吴泽:《史学概论》,合肥:安徽教育出版社1986年版。
⑪ 孙秉莹:《欧洲近代史学史》,长沙:湖南人民出版社1984年版。
⑫ 张广智:《克丽奥之路——历史长河中的西方史学》,上海:复旦大学出版社1989年版。
⑬ 孙宣学:《西方文化的异类"紫红色十年"的30位名人肖像》,上海:上海人民出版社2008年版。
⑭ 张广智主编:《西方史学通史》,上海:复旦大学出版社2011年版。

首次赋予罗伯逊史学以长篇论述,特别是从苏格兰史学派的角度开展讨论。还需要特别提及的是,《西方史学通史》第四卷作者李勇,指导研究生以罗伯逊史学为题,撰写学位论文。徐延延《罗伯逊史学研究》,[①]比之于导师的进步在于,他把罗伯逊的历史写作同当时英国特定的社会背景、学术渊源紧密结合起来加以考察。他指出,罗伯逊时代,英国经济繁荣、政治稳定、学术文化昌明,成为罗伯逊成长的有利环境;其早期所受教育的熏陶、古典时期学者的浸染、人文主义学者的影响,以及启蒙运动时期学者的濡染,成就其史学。徐延延像一般学者那样概括罗伯逊史学理性主义特征,同时指出:其历史写作具有明显的人文主义风格,一些人文主义学者成了他写作标杆;作为启蒙学者,最终还是归向时代主流——理性主义;罗伯逊的历史写作还具有从地方史走向世界史特点,从苏格兰到欧洲,再到美洲,进而走向世界,他是18世纪最具有世界主义观念的历史学家;他既坚信历史的进步又笃信天命,进步和天命看似矛盾的思想,在罗伯逊那里得到很好结合。特别是,徐延延在论述罗伯逊史学影响时,提出哥廷根学派世纪史著作与罗伯逊的关联,尽管论述有待于作深入、细致,然而这个问题的提出非常有意义。另外一篇论文必须提到,那就是潘娜娜《罗伯逊的欧洲文化观》,[②]文中指出:威廉·罗伯逊认为"十字军东征"是驱散欧洲野蛮的第一道光,其政治文化观指出15世纪西欧国家之间的势力均衡体系对欧洲"文明"的发展至关重要,通过观察和想象亚洲、非洲和美洲,暗含着欧洲优越的意识,体现某种话语霸权的意味,罗伯逊以欧洲经验为基础建构的"文明"观念固然有理性的成分,但也存在不少偏见,为后来欧洲"文明'扩张奠定了思想基础。她关注罗伯逊史学重大消极因素,是有学术意义的。

其实,还有一些问题,例如,罗伯逊苏格兰史写作与苏格兰人的英国身份认同、罗伯逊苏格兰史写作与英国史的辉格解释、罗伯逊基督教世界观与理性主义世界观的冲突与契合、罗伯逊美洲史写作与文艺复兴时期一批欧洲人的的美洲史记述的关系、其美洲史和印度史写作对于西方殖民地史写作的意义,这些都是值得细致和深入探讨的问题。可以相信,随着学术发展和进步,苏格兰史学派将会得到足够重视,罗伯逊史学仍将成为学界关注的重要目标,对他的研究将变得更加细致和深入。

[①] 徐延延:《罗伯逊史学研究》,淮北师范大学硕士论文,2011年。其关于以往学者的研究综述《罗伯逊史学研究综述》,发表在《山西社会科学论丛》2011年第2期。
[②] 潘娜娜:《罗伯逊的欧洲文化观》,《中共青岛市委党校·青岛行政学院学报》,2009年第12期。

四、弗格森在欧美、中国学界的遗响

虽然如上文所说,学术界目前并未充分认识到其史学的价值,但是弗格森的史著在近代尤其是他在世期间实际上产生了相当大的反响。

1.《文明社会史论》《罗马史》的反响

1767年弗格森的《文明社会史论》出版后,旋即在欧洲引起极大轰动。当时英国和欧洲大陆的诸多名流都对弗格森及其《文明社会史论》给予很高赞誉。卡姆(Kame)勋爵在1767年给蒙塔古(Montague)的信中充满敬意地为《文明社会史论》做起了宣传,"我想向你推荐一本最近刚出版的新书……《文明社会史论》,这个主题不仅有趣而且(论述)地非常出色,写作风格充满活力,而且饱含原创思想。除了详细地追溯了社会由野蛮状态向文明、科学与艺术发展的历史之外,它还有更深层次的目的,那就是祛除私利(selfishness)和腐化(luxury),这是当前商业国家所普遍具有的主要特征,以及复原诸如英勇、慷慨这样男子气概的情感,而且(表现出)对我们人类的关爱情怀,这是一个高贵的目标……这本书肯定会让你感到欢愉……同时,我并不是说它没有缺点,但我将先对此表示沉默,当你细细品读这本著作之后,我们可以在下一封信中进行交流"[1]。伏尔泰则向弗格森祝贺道,《文明社会史论》"文明化了俄国"[2]。诺思(North)勋爵甚至在1773年给乔治三世的信中积极推荐弗格森及其《文明社会史论》,称弗格森就是著名的《文明社会史论》的作者,他正在努力谋求印度事务三人委员会的职务。[3] 而据说乔治三世的财务大臣查尔斯·汤森(Charles Townsend)则将《文明社会史论》读了五遍。[4] 其他学者如休·布莱尔、[5]托马斯·格瑞

---

[1] Vincenzo Merolle edited, "Appendix B: On the reception of Ferguson's Works", in Adam Ferguson, *The Manuscripts of Adam Ferguson*, London, Pickering & Chatto, 2006, p. 303.

[2] Fania Oz-Salzberger, "Introduction", in Adam Ferguson, *An Essay on the History of Civil Society*, Cambridge, Cambridge University Press, 1995, pp. xvi-xvii.

[3] Vincenzo Merolle edited, "Appendix B: On the reception of Ferguson's Works", in Adam Ferguson, *The Manuscripts of Adam Ferguson*, London, Pickering & Chatto, 2006, p. 305.

[4] Jean Wilkie, *The Historical Thought of Adam Ferguson*, Unpublished Doctoral Dissertation, Washington D. C, the Catholic University of America, 1962, pp. 8-9.

[5] Vincenzo Merolle edited, "Appendix B: On the reception of Ferguson's Works", in Adam Ferguson, *The Manuscripts of Adam Ferguson*, London, Pickering & Chatto, 2006, p. 300.

(Thomas Gray)①吉尔伯特·斯图尔特②等都对《文明社会史论》给予了很高的评价。

当然难免一些批判的声音。大卫·休谟可能是最早对《文明社会史论》进行批判的学者了。早在1759年时,弗格森就将自己所写的《论文雅》呈送给休谟,《论文雅》可能是《文明社会史论》中的第三部分"论政策和艺术的历史"。休谟看了非常满意,在1759年给斯密的信中称赞弗格森是一位优雅且非凡的天才,其《论文雅》是一本着实令人羡慕的著作。在同一年给罗伯逊的信里,他也对弗格森褒赏有加,"弗格森的著作充满了天分和高超的写作风格,并以合乎适宜的时间出现"③。然而,颇具戏剧化意味的是,事隔七年后,当弗格森再次将其即将出版的《文明社会史论》送于休谟时,休谟对《文明社会史论》的评价竟然发生了惊人的转变。在1766年2月给休·布莱尔的信中,休谟将自己对《文明社会史论》的失望与批评表露无遗,"按照弗格森的愿望,我已经细读弗格森的这本著作不止一遍了,前一段时间,这部著作到了我的手里。我怀着极大好感,沉下心来阅读它,(希望)能形成对其较高的评价,就像七年前我看到的样本和你与罗伯逊对它的称赞,然而我很遗憾地说,这部著作与我的期望大相径庭。我认为这部著作并不适合公之与众,不论是其风格还是其推理,不论是其形式还是其内容"④。对弗格森的《文明社会史论》的批评不仅限于休谟,詹姆斯·贝蒂(James Beattie)虽然称赞弗格森是"上天赋予他的天分",但却认为《文明社会史论》思辨性太强了,他应该对核心的内容谈得更详细些,而不是卖弄他的洞察力。⑤詹姆斯·洛里默(James Lorimer)对《文明社会史论》的评论则更具攻击性,"他根本就不是有天分的人,也不是推测的哲学家,甚至连史学家都算不上,他(自己)肯定也甘当于二流的水平"⑥。然而,不管是褒还是贬,《文明社会史论》在18世纪中期到19世纪初期的欧洲引起了巨大而持久性的反响却是不争的事实。从1767—1819年,《文明社会史论》先后重印达12次,再版达8次之多,其中弗格森生前就再版了7次。《文明社会史论》的影响力还越出一国范围,被翻译成法文、德文、意大

---

① Vincenzo Merolle edited,"Appendix B: On the Reception of Ferguson's Works", in Adam Ferguson, *The Manuscripts of Adam Ferguson*, London, Pickering & Chatto, 2006, p. 302.
② Ibid., p. 305.
③ Ibid., p. 299.
④ Ibid., p. 299.
⑤ Ibid., p. 302.
⑥ Ibid., p. 310.

利文、俄文、瑞典文等多国文字,在欧洲影响甚巨。[1]《文明社会史论》甚至在很多地方还被当作教材,如在俄国,《文明社会史论》就被莫斯科大学当作了大学教材[2],这也是为什么伏尔泰称赞《文明社会史论》为俄国的文明化作出了重要的贡献。对于《文明社会史论》所产生的轰动效应,曾对《文明社会史论》印象糟糕甚至试图阻止其出版的休谟表示,对《文明社会史论》的成功感到始料未及,尽管他并没有改变自己先前的评价,但仍不得不承认《文明社会史论》所取得的重大成就。这从其给弗格森、罗伯逊、休·布莱尔的信中,可以清晰地看到这一点。如,在1767年《文明社会史论》出版后,获得了极好的反应,休谟向弗格森祝贺道:"我不得不说你的这本著作总体来说取得了成功,(或许)我几乎要说它获得了完全的成功,这种措辞应该是合适的,……我可以负责任地说,到目前为止,我还没有碰见在读完《文明社会史论》后,不对它大加称赞的人。"[3]

1783年出版的《罗马史》的销售情况并不像弗格森预期的那么好,相比《文明社会史论》,《罗马史》从未达到可以与之进行相提并论的广泛关注度。[4] 但是这部史著仍受到学界尤其是普通读者的热烈欢迎。从1783到1819年,《罗马史》共重印13次,再版8次,作者生前就出现了5个版本,[5] 像《文明社会史论》一样,《罗马史》也在欧美广泛传播,先后被翻译成了法文、德文和意大利文。在1805年,《罗马史》的第一个美国版本在费城出版,美国人似乎对《罗马史》的兴趣要比《文明社会史论》强烈得多,从1805年到1861年,先后20家美国出版机构争相出版弗格森的《罗马史》[6],而且直到19世纪中期它还被广泛用作美国东部大学的教材。[7]

在影响力方面虽不及《文明社会史论》,但弗格森的《罗马史》却引起诸

---

[1] Ronald Hamowy, *The Political Sociology of Freedom*, *Adam Ferguson and F. A. Hayek*, Northampton Edward Elgar, 2005, pp. 86 - 87.

[2] Fania Oz-Salzberger, "Introduction", in Adam Ferguson, *An Essay on the History of Civil Society*, Cambridge, Cambridge University Press, 1995, p. xvi.

[3] Vincenzo Merolle edited, "Appendix B: On the Reception of Ferguson's Works", in Adam Ferguson, *The Manuscripts of Adam Ferguson*, London, Pickering & Chatto, 2006, pp. 300 - 301.

[4] Jane B. Fagg, "Biographical Introduction", in Vincenzo Merolle edited, *The Correspondence of Adam Ferguson*, London, William Pickering, 1995, p. xvii.

[5] Ronald Hamowy, *The Political Sociology of Freedom*, *Adam Ferguson and F. A. Hayek*, Northampton Edward Elgar, 2005, p. 89.

[6] Vincenzo Merolle edited, *The Correspondence of Adam Ferguson*, London, William Pickering, 1995, p. lxvi.

[7] Jean Wilkie, *The Historical Thought of Adam Ferguson*, Unpublished Doctoral Dissertation, Washington D. C, The Catholic University of America, 1962, p. 4.

多学者和学术杂志对其价值高低的巨大争议。休·布莱尔说:"这是我见过的最好的罗马史,在我看来,任何一部都无法与之相媲美。"[1]亚历山大·卡莱尔也认为《罗马史》尽管存在一些瑕疵,但无疑仍是近代"最好而且最富男子气概的历史"[2],卡莱尔还对《罗马史》中栩栩如生的战争描述给予了很高的评价,在这部《罗马史》里,"除了波里比阿,许多关于战争的描述比任何历史学家的描述都要出色",因为他自己亲自经历过很多次战争。[3] 斯茂也认为弗格森的军事经历为其在《罗马史》中栩栩如生的战争描述打下了很好的基础,"他在人性方面的知识使他得以忠实地描述了罗马主要领袖人物的性格特点"[4]。《英语评论》杂志称赞弗格森秉承了伏尔泰所开创的学风,在其史著里充满了哲学的精神。罗根(John Logan)指出,弗格森的《罗马史》在巴黎极受欢迎,并打算把它推荐给《英语评论》杂志。[5] 托马斯·卡莱尔则于1866年在爱丁堡大学校长的就职演说里给予弗格森很高的评价,他指出,弗格森是一位出色的历史学家,他的《罗马史》应特别给予赞誉。[6] 19世纪著名社会学家约翰·穆勒则更是把这部《罗马史》当作年轻时最倾心的著作,坦言直到现在"仍然使我感到很愉悦"[7]。

然而,在受到充分肯定的同时,《罗马史》也遭到了一些史家极度的轻视和近乎毁灭性的攻击。汤普森在他的经典史著《历史著作史》里认为弗格森在史学史上的地位无足轻重,"只需简单一提"[8]。而对弗格森的《罗马史》批评最为猛烈的还要首推德国客观主义史家乔治·尼布尔。他说:胡克(Hooke)的罗马史没有研究更深入的问题,弗格森在这方面更加欠缺。"他的罗马共和国史完全是一种失败,他是一个诚实的且有独创性的作家,但是没有学识,他并不是学者,没有对罗马宪法最深远的观点。他的历史直到格拉古(Gracchi)时代才真正开始,在这时候,那叙述才变得更加详细。他的写作是实用主义的,并且伴有道德说教的倾向。"经过一系列分析之后,尼布尔把对《罗马史》的批判推向了极致,"对于那些想获得罗马史知

---

[1] Vincenzo Merolle edited, "Appendix B: On the reception of Ferguson's Works", in Adam Ferguson, *The Manuscripts of Adam Ferguson*, London, Pickering & Chatto, 2006, p. 320.
[2] Ibid., pp. 321 – 322.
[3] Ibid., p. 321.
[4] Ibid., p. 325.
[5] Ibid., p. 321.
[6] Ibid., p. 325.
[7] John Stuart Mill, *Autobiography*, edited by John M. Robson, Harmondsworth, Penguin, 1989, pp. 32 – 33.
[8] James Westfall Thompson, *A History of Historical Writing*, Vol. II, New York, The Macmillan Company, 1942, p. 73.

识的人来说,这部著作毫无价值"①。尼布尔的这种极端性评价自然促使一些史家对其认识进行纠编。皮尔登指出,《罗马史》的确"没有披露新的材料",但对已经为我们所知的内容进行纲要式的描述,也是可以接受的,"弗格森在这方面表现了充分的技能",他还对《罗马史》中将格拉古之前的时期描述的过于简单进行了辩护,他说:"弗格森并不是要写出一部完整的罗马史,而是要写一部确切时期或阶段的罗马史。"②皮尔登还说道,弗格森认为"罗马早期连贯的历史是不可能被书写下来的",弗格森认识到其中的困难,因此"拒绝进入他不熟悉的困难领域"③,以此来解释弗格森忽略格拉古之前时期的原因。也表明,相比胡克,弗格森更具一种批判精神,他的罗马史研究表现了一种真正的进步。④ 维琴佐显然也不认可尼布尔这种过于片面化的评判。他认为,当代学者应该高度评价弗格森《罗马史》中最主要的特点,朴素的叙述风格,这体现了历史学重要的发展。而且"它完全同原始资料一致,避免了任何公开的道德说教而导致的偏题,尽管说教可能隐含其中"⑤。然而,弗格森的《罗马史》却被尼布尔直斥为"史学的失败"。⑥ 维琴佐认为,弗格森的史学写作为18世纪的理性主义史学通往19世纪的近代史学搭起了一座桥梁。⑦

2. 弗格森在德国的知音

这里似乎应特别强调一下弗格森的史学对德国学者的影响。⑧ 德国

---

① Vincenzo Merolle edited, "Appendix B: On the reception of Ferguson's Works", in Adam Ferguson, *The Manuscripts of Adam Ferguson*, London, Pickering & Chatto, 2006, p. 322.
② Thomas Preston Peardon, *The Transition in English Historical Writing*, 1760-1830, New York, Columbia University Press, 1933, p. 47.
③ Ibid., p. 47.
④ Ibid., p. 48.
⑤ Vincenzo Merolle, "Introductory Essay", in Vincenzo Merolle edited, *The Manuscripts of Adam Ferguson*, London, Pickering & Chatto, 2006, p. xxi.
⑥ Ibid., p. xxii.
⑦ Ibid., p. xxv.
⑧ 谈到弗格森史学在德国的影响,应提到欧兹-萨兹伯格的一篇论文《亚当·弗格森的史学在德国:英国式的自由、苏格兰的活力和德国式的严谨》。在这篇论文中,作者以《文明社会史论》和《罗马史》为例,主要探讨了弗格森的史学在德国引起了褒贬不一的评论。在作者看来,这种分歧的原因在于德国人对弗格森著作的不同解读方式。批评者从弗格森的史著中解读出弗格森在积极提倡一种共和主义的政治体制。他们认为弗格森是站在英国立场上提出共和体制的,这体现弗格森思想中明显的"英国化",而18世纪后半期,伴随着德国史家自主意识的提升,他们反对盲从他们曾经倾慕的英国史家,反对将英国式的政治体制推广到其它国家中。由此,弗格森在史著中对共和主义的赞美遭到德国史家的抵制,德国史家因此对弗格森的史著展开猛烈的批评。但在作者看来,大部分德国人并没有把弗格森解读成是赞美共和主义的,他们只是把他看成"一个苏格兰人,一个经验主义者,一个用一种新颖的方式(转下页)

学者对弗格森十分倾心,相比较英国本土,弗格森的史著在德国产生了更为持久的影响。② 欧兹-萨兹伯格甚至认为,由于似乎能激发德国读者一种特殊的思维亲近感,弗格森的史学对德国学者的影响是其他苏格兰启蒙学者所望尘莫及的。③ 的确如此,"在《文明社会史论》出版后的一个世纪里,德国学者对弗格森的思想做了独特而富有创造性的运用:席勒沉迷于他的伦理学,还有可能受到他游戏观念的启发;黑格尔从他的历史叙述中获得灵感,马克思赞扬他关于劳动分工的先见,桑巴特称他为社会学的先驱",④受弗格森影响的德国学者还远不止这些,其中就包括浪漫主义史学的先驱者——戈特弗里特·赫尔德和理性主义史学的标志性人物——伊曼纽尔·康德。

赫尔德对弗格森的响应。欧兹指出,赫尔德的著作中并未提及过弗格森及其著作,但对弗格森无疑是熟知的。确如欧兹-萨兹伯格所言,赫尔德应对弗格森相当熟悉。

第一,正如上述所言,弗格森的史著在18—19世纪的德国产生了相当重要的影响,这种巨大的影响力使赫尔德不大可能不关注到弗格森。《文明社会史论》在1767年于英国首次出版后,1768年就有了德译本,《罗马史》1783年在伦敦和爱丁堡出版,1784—1786年,德文版的《罗马史》也陆续出版,德国的学者给予了弗格森无尽的赞美。腓特烈·雅各比(Friedrich Jacobi)称其为"伟大的弗格森"⑤,莱辛(Gottholde. Lessing)在1771年给门德尔松(Mendelssohn)的信里开门见山地说:"我现在想真

(接上页)联系远古的历史和近代旅游文学,用一种道德方式描写社会的历史学家"。弗格森表现得十分"苏格兰化",极力维护苏格兰传统文化,这和很多德国学者复原自己本国的传统的做法非常一致。再加上苏格兰18世纪下半期以来对德国的重要影响,德国对苏格兰的推崇以及苏格兰和德国众多相似之处,使得德国读者对弗格森这位十足的"苏格兰人"感到是"可依靠的、令人兴奋的和鼓舞人心的"。参见:Fania Oz-Salzberger, "Adam Ferguson's Histories in Germany: English Liberty, Scottish Vigour, and German Rigour", in Benedikt Stuchtey and Peter Wende, *British and German Historiography*, 1750–1950, *Traditions, Perceptions, and Transfers*, Oxford: Oxford University press, 2000.

② Fania Oz-Salzberger, "Introduction", in Adam Ferguson, *An Essay on the History of Civil Society*, Cambridge, Cambridge University Press, 1995, p. xxv.

③ Fania Oz-Salzberger, "Adam Ferguson's Histories in Germany: English Liberty, Scottish Vigour, and German Rigour", in Benedikt Stuchtey and Peter Wende, *British and German Historiography*, 1750–1950, *Traditions, Perceptions, and Transfers*, p. 52.

④ Fania Oz-Salzberger, "Introduction", in Adam Ferguson, *An Essay on the History of Civil Society*, Cambridge, Cambridge University Press, 1995, p. xxv.

⑤ Fania Oz-Salzberger, "Adam Ferguson's Histories in Germany: English Liberty, Scottish Vigour, and German Rigour", in Benedikt Stuchtey and Peter Wende, *British and German Historiography*, 1750–1950, *Traditions, Perceptions, and Transfers*, p. 49.

正地研究弗格森。"①席勒则充满崇敬之情地赞其为"我们这个时代伟大的智者"②。他对弗格森共和主义式的美德情怀十分敬仰,甚至在其最具共和主义色彩的剧本《唐·卡洛斯》(Don Carlos)里将弗格森关于美德说过的一段话用相近的词语通过波撒侯爵(Marquis of Posa)之口准确无误地表达了出来。③ 哈曼则更是在弥留之际还在读弗格森的《罗马史》,并称《罗马史》是"我心灵的给养"④,而不论是莱辛还是哈曼,他们都和赫尔德的关系十分密切,也是赫尔德思想的重要理论来源。如:莱辛是赫尔德最亲密的战友⑤,他的《人类的教育》一书深刻影响了赫尔德⑥,特别是哈曼,赫尔德更是称其为"最伟大的老师","哈曼在智力和个人人格方面都对赫尔德产生了重要的影响,两人很快成为朋友并一直把友谊保持到哈曼去世"⑦。因此,弗格森在德国所造成的轰动性影响以及众多德国学者尤其是哈曼对弗格森的推崇,可以推论赫尔德应该熟悉弗格森的史著。

第二,18世纪的欧洲发生了一场著名的欧希安古诗真实性的争论。这场争论产生了广泛而持久性的影响,尤其在德国更是激起众多学者的激情,如赫尔德、席勒、歌德等。赫尔德一直对于麦克弗森编辑出版的欧希安古诗集保持着极大的热情,像弗格森一样,即使在后来多数学者指斥麦克弗森学术造假的情况下,依然对欧希安古诗的真实性坚信不疑。1773年,他还写了专论欧希安的书。⑧ 而正如前面所述,在众多英国学者如大卫·休谟等人断定所谓欧希安古诗不过是麦克弗森伪造产物的时候,弗格森却坚信欧希安古诗的真实性,给予麦克弗森支持。他也因此被肖斥为同麦克弗森一同造假的学术骗子,自己也被卷入学术造假的争议之中。因而,对于这么一位在德国影响甚巨,在欧希安问题上同自己保持高度一致、又因强烈支持麦克弗森的欧希安诗集而陷入巨大争议的弗格森,赫尔德对其应该是非常了解的。

---

① Fania Oz-Salzberger, "Adam Ferguson's Histories in Germany: English Liberty, Scottish Vigour, and German Rigour", in Benedikt Stuchtey and Peter Wende, *British and German Historiography*, 1750-1950, *Traditions, Perceptions, and Transfers*, p.49.
② Ibid.
③ Ibid., p.62.
④ Ibid., p.53.
⑤ 王利红:《诗与真——近代欧洲浪漫主义史学思想研究》,上海:上海三联书店2009年版,第186页。
⑥ 同上书,第194页。
⑦ 同上书,第182页。
⑧ 〔美〕哈多克:《历史思想导论》,王加丰译,北京:华夏出版社1989年版,第119页。

赫尔德强烈的复古情怀、曲线的历史进步论、历史主义的观念如强调历史的时代性及连续性等,这些实际上也是弗格森史学思想中比较鲜明的特点,这些观念特别是弗格森对野蛮民族的极力赞美可能对赫尔德包括其它的浪漫主义学者造成很大的影响。在18世纪欧洲启蒙运动学者将过去视为无知、愚昧的时代大背景下,能对野蛮民族保持如此极大热情并给予无尽赞美,而又产生广泛、深刻影响的,一个是法国的卢梭,一个就是英国的弗格森。

弗格森对赫尔德的深刻影响还体现在关于人类历史发展进程的认识上。弗格森认为,"不仅个人要从幼婴阶段进入成人阶段;而且整个人类也要从野蛮阶段进入文明阶段"[①]。弗格森这种将人类历史发展进程类比为个人的成长历程,将人类历史的起源类比为人类婴幼儿阶段的观念影响甚大,威廉·罗伯逊、斯图加特·穆勒都在其著作中追随了弗格森的这种思想[②]。赫尔德同样在这方面深受弗格森的启发,他"把人类分成三个依次递进的发展阶段,最初是'诗歌时代',这是人类的童年时期,接着是'散文时代',这是人类的壮年时期,最后是'哲学时代',这是人类最成熟的时期"[③]。

康德与弗格森的学术关联。像其学生赫尔德一样,康德的著作中也并未提到过弗格森。但是,从弗格森在德国的巨大影响力,以及康德同赫尔德亲密般的师生关系,同哈曼莫逆般的友谊这些方面来看,可以推测出康德也是熟知弗格森的史著的。

康德的确在很多方面保持了与弗格森的深刻一致性,如弗格森认为:

> 像其他动物一样,人类也循着自身的天性,茫无目标地继续前进。"我想拥有这片土地。我要把它留给我的后人。"第一个说这句话的人并不知道自己正在为民法和政治机构建立基础。第一个将自己置身于他人领导的人,并不知道自己在为永久的等级制度树立榜样。……社会形态就是人类出于本能而形成的,并非人类思辨的结果。在建立机构、采取措施方面,众人往往受到他们所处的环境的影响。
>
> 即便在所谓的启蒙年代,民众在迈出每一步,采取每一个行动时

---

① 〔英〕亚当·弗格森:《文明社会史论》,林本椿、王绍祥译,沈阳:辽宁教育出版社1999年版,第1页。
② Murray G. H. Pittock, "Historiography", in Alexander Broadie edited,*The Cambridge Companion to the Scottish Enlightenment*,北京:三联书店2006年版,第274页。
③ 张广智主著:《西方史学史》第三版,上海:复旦大学出版社2010年版,第161页。

都没有考虑到未来。各国偶然建立了一些构构,事实上,这是人类行为的结果,而并非人们有意这么做。……最杰出的政治家并不总是知道自己的构想会把国家引向何方。①

这就是弗格森著名的"无意后果律",认为人类行为的结果往往不是人类有意计划的后果。在康德那里,我们同样可以看到类似这种"无意后果律"的观点,康德说:"既然人类的努力,总的说来,并不像动物那样仅仅是出于本能,同时又不像有理性的世界公民那样是根据一种预定的计划而行进;因此看起来他们也就不可能有任何(多少是像蜜蜂或者海狸那样的)有计划的历史。"②与弗格森略有不同的是,康德并不认为人类的行为往往出于人的本能。康德的"非社会的社会性"也深受弗格森的启发。康德指出,人类的天性具有两面性,一种是社会性,即"人类进入社会的倾向"③,另一种是非社会性,或单独化的倾向,它是"一种经常威胁着要分裂社会的贯穿始终的阻力"④。对于前者,"人具有一种要使自己社会化的倾向;因为他要在这样的一种状态里才会感到自己不止于是人而已,也就是说才感到他的自然秉赋得到发展。"⑤对于后者,人类"想要一味按照自己的意思来摆布一切"⑥。因此就造成冲突和对抗。然而,也正是由于人类的自私和对抗"唤起了人类的全部能力,推动着他去克服自己的懒惰倾向"⑦。没有它们,"人道之中的全部优越的自然秉赋就会永远沉睡而得不到发展。"⑧康德因此肯定了战争在推动人类历史发展,"建立起一个普遍法治的公民社会"⑨方面的积极作用,"因而所有的战争都是要——尽管这并不是人的目标,但却是大自然的目标——建立起国家与国家的新关系的反复尝试,并且是要通过摧毁或者至少是瓦解一切国家来形成新的共同体;然而这些新

---

① 〔英〕亚当·弗格森:《文明社会史论》,林本椿、王绍祥译,沈阳:辽宁教育出版社1999年版,第136—137页。
② 〔德〕康德:《历史理性批判文集》,何兆武译,北京:商务印书馆2009年版,第2页。
③ 同上书,第6页。
④ 同上书,第6页。
⑤ 同上书,第7页。
⑥ 同上。
⑦ 同上。
⑧ 同上书,第8页。
⑨ 同上。需要指出的是,康德在这里提到一个重要的名词——"文明社会",原德文为"bürgerliche Gesellschaft",而正是弗格森的《文明社会史论》的德译本所造成的轰动性影响,才使得"bürgerliche Gesellschaft"这个词在德国学术界流行起来。见 Fania Oz-Salzberger, "Introduction", in Adam Ferguson, *An Essay on the History of Civil Society*, Cambridge, Cambridge University Press, 1995, p. xix。

的共同体,或则是在其自身之内或则是在他们彼此之间,却又变得无法维持,于是就必须再度经受新的类似的革命。直到最后,部分地是由于内部有公民宪法的可能最好的安排,部分地是由于外部有共同的约定和立法,人们才会犹如一部自动机那样地建立起来能够维持其自身的、就像是公民共同体的这样一种状态来。"①

弗格森早在1767年出版的《文明社会史论》就已经表达出与此类似的观点。同康德一样,弗格森认为人性中具有康德所说的社会化和孤立化的两种倾向,不过弗格森对人类固有天性的分类更加具体,包括:"自我保存的天性"②、"人类联盟的天性"③、"争斗和分歧的天性"④。在谈到人类"争斗和分歧的天性"时,弗格森认为这是"与我们天性中最可爱的品质相符的,它们往往提供了一个让我们发挥自己最大能力的场所。这些品质包括胸怀宽广和自我牺牲的精神。它们激励斗士们奋起捍卫自己的国家。这些品质都是对人类最有利的品质,而它们却又成了公然仇视他人的天性。"⑤

也就是说,争斗和冲突为人类施展自己的包括美德在内的人类全部能力提供了一个绝佳的平台,由此,同后来的康德一样,弗格森大加宣扬战争的积极作用:

> 没有国家间的竞争,没有战争,文明社会本身就很难找到一个目标,或者说一种形式。人类也许不需要任何正式的公约就可以进行商贸往来,但是,如果全国不齐心协力,他们就不安全。公共防务的需求衍生了许多政府部门,仁人智士也在指挥国家军队时找到了自己的用武之地。威胁、恐吓,或当我们无法以理服人时,顽强的抵抗对一个思想活跃、才思敏捷的人而言是家常便饭,既是最令人兴奋的锻炼,也是最辉煌的胜利。一个没有和其他人斗争过的人,对于人类一半的情感都一无所知。
>
> 诚然,个人之间的争吵往往是一些不快、厌恶、怨恨、仇恨和愤怒的情绪在作祟。如果胸中充满强烈的情感,那么分歧的场面会非常可

---

① 〔德〕康德:《历史理性批判文集》,何兆武译,北京:商务印书馆2009年版,第13页。
② 〔英〕亚当·弗格森:《文明社会史论》,林本椿、王绍祥译,沈阳:辽宁教育出版社1999年版,第11页。
③ 同上书,第17页。
④ 同上书,第21页。
⑤ 同上书,第25页。

怕。但是多数人保持的一般对立总会由于另一种强烈的情感而得到缓和。爱心、友谊总是和仇恨交织在一起。活跃的、精力充沛的人成了社会的捍卫者。就他们而言,暴力本身就是勇气和宽宏大量的体现。从国家或党派的精神出发,对于那种由于个人反感而无法忍受的东西,我们会击掌赞许。在敌对国的抗争中,我们以为通过使用暴力和策略已经为爱国者和斗士们找到了人类美德最光辉灿烂的顶点。①

而且,弗格森认为战争所起到的积极作用是上帝计划安排的结果。"战争在一些人看来是致命的,而在另外一些人看来是自由精神的发扬。在我们为之深感遗憾的后果中,战争只不过是又一次动乱,造物主正是以此安排我们结束人生。"②在康德那里,他同样认为包括战争在内的非社会的社会性是上帝有意"使人类全部秉赋得以发展所采用的手段"。③ 可见,在强调冲突或战争的积极作用方面,康德追随了弗格森,只不过弗格森认为人类争斗和分歧的一面激发了人类的美德从而推动了历史的发展,而康德则指出人类争斗和分歧的一面促使人类理性的全部施展而推动了历史发展,从而建立一个千年福王国。

3. 弗格森在中国的回响

晚清民国以来,弗格森的学术思想长期受到中国学界的忽视,这与其辞世以后,其思想在西方学界受到冷遇是一致的。在近代中国,尽管弗格森的名字对于大多数的国人来说十分陌生,但实际上也有一些学者关注到这位思想家,甚至有一定之研究。早在1920年,李大钊就在《唯物史观在现代史学上的价值》一文中提及苏格兰的弗格森与德国的赫德尔一样,"可以说是近代人类学研究的先驱"④。对外国文学颇有研究的戈宝权注意到亚当·斯密的《国富论》的思想来源之一是取自弗格森。⑤ 与高一涵等学者对弗格森的思想未加探讨不同的是,在政治学领域具有卓越建树的浦薛凤则对弗格森的思想十分熟悉,且有较为深入之研究。在1935年发表的《西洋政治思想之性质范围与演化》一文,他就特别提出弗格森对战争的推崇,认为战争不可避免且推动人类的进化,而这也的确是弗格森思想中一

---

① 〔英〕亚当·弗格森:《文明社会史论》,林本椿、王绍祥译,沈阳:辽宁教育出版社1999年版,第26页。
② 同上书,第27页。
③ 〔德〕康德:《历史理性批判文集》,何兆武译,北京:商务印书馆2009年版,第6页。
④ 李大钊:《史学要论》,北京:商务印书馆1999年版,第25页。
⑤ 戈宝权:《亚当·斯密的先趋者之一——大卫·休谟之生平及其思想》,《法学院期刊》创刊号,1933年2月。

个鲜明的特点。1939年,浦薛凤出版其代表作《西洋近代政治思潮》,在此书中,浦薛凤则对弗格森的政治思想作了较为详细的探讨。他对弗格森的论著比较熟悉,列举了包括弗格森史著在内的几本代表作:《政治社会史》(An Essay on the History of Civil Society)、《道德哲学》(The Institutes of Moral Philosophy)、《罗马共和国之兴亡史》(History of the Progress and Termination of the Roman Republic)、《道德与政治学之原理》(Principles of Moral and Political Science)。他对弗格森的论著在其去世前后所产生反响的巨大的反差有形象地描述:弗格森"曾享当日不可多得之盛名,每有著述,读者争观,辄至四五版或六七版;不特风行国内,且皆译成法、德、俄诸国文字传诵异域;其思想之动人可以想见。……然其当世声名之广被,正与其身湮没无闻之迅速,恰成正比"。他对弗格森关于"自然"、无意后果、国家的起源、社会、政体、革命、社会国家之争抗与冲突等观点进行了阐释。[①] 胡秋原在20世纪40年代出版的《历史哲学概论》,指出维柯、休谟、弗格森等人批判社会契约论;他注意到弗格森"发挥国家始于强力之理论"[②]。

不过,总的来说,晚清民国时期对弗格森的关注十分不够,涉及到弗格森史学的更是凤毛麟角。

近些年来,随着对苏格兰启蒙运动研究的升温,加之弗格森的一些代表性论著被翻译成中文,不少学者认识到弗格森思想的深刻性和独特性,对其的研究亦取得了不少的成果。虽然学者更多地仍在研究其政治、哲学和社会学等思想,而对其历史学家身份多有忽视,但是,弗格森的史著和史学思想还是引起了一些学者的关注,有些探讨甚至颇为系统和深刻。这里将近些年来弗格森的史学在中国的回响,进行一些论述。

弗格森的一些代表作相继被翻译成中文。这其中就包括弗格森最重要的史著之一《文明社会史论》。此书目前已有数种中文版本。翻译较早的是林本椿、王绍祥所译的《文明社会史论》,此书于1999年由辽宁教育出版社出版。十年以后,此书被收入浙江大学策划的"启蒙运动经典译丛",由浙江大学出版社出版。[③] 此版本有汪丁丁所作的"中译本序",对《文明社会史论》作了较为深入的解读。他特别指出影响弗格森在《文明社会史论》中"叙事"的几大思想来源:大卫·休谟的认识论、亚当·斯密的自由

[①] 浦薛凤:《西洋近代政治思潮》,北京:北京大学出版社2007年版,第236—241页。
[②] 胡秋原:《历史哲学概论》,《民国丛书》第四编第64册,上海:上海书店1992年版,第83页。
[③] 〔英〕弗格森:《文明社会史论》,林本椿、王绍祥译,杭州:浙江大学出版社2010年版。

竞争观念、孟德斯鸠的法哲学和柏拉图的政治哲学,注意到弗格森"所有的叙事都包含了一种内在的紧张",这缘于他所采取的英国经验主义的认识论和柏拉图的古典政治哲学这两个基本的立场之间的冲突[①]。

另一个版本是 2015 年 3 月由张雅楠等译者翻译、由中国政法大学出版社出版的《文明社会史论》。此译本虽新近出版,但实际上早在 2003 年,中国政法大学出版社就出版过英文版的《文明社会史论》。上个世纪末,剑桥大学陆续出版一套"剑桥政治思想史原著系列"丛书。中国政法大学于 2003 年将其影印出版,其中就包括弗格森的《文明社会史论》,当时标题译为《市民社会史》。中国政法大学出版社刚刚出版的中文版的《文明社会史论》所依据的底本,正是这个版本。又一个中文版本的出现,表明《文明社会史论》正日益受到学界之重视。需指出的是,中国政法大学出版社影印的《文明社会史论》,编辑者为对启蒙运动有深入研究的以色列海法大学历史系教授萨兹伯格(Fania Oz-Salzberger)。在书的开篇,她作了一篇导读性质的文章,对弗格森的生平和《文明社会史论》中所体现的思想及其影响进行了介绍和阐释。其见识虽卓越,但不少论说其实颇可商榷。如她特别突出弗格森的高地背景,强调其对此后弗格森的思想产生了重要的影响。[②] 这一认识似被国内不少学者当作不刊之论加以接受。实际上,对此问题,国外学者有激烈的争议,[③]而且,萨兹伯格此说颇值怀疑。详见本文关于欧希安争议的讨论。此不赘述。

另外,还有一个版本是梅艳玲译的《论文明社会的历史》,江苏人民出版社 2015 年出版,值得参考。

一些学者开始撰写有关弗格森史学的论著,这是弗格森史学在中国产生的回响的又一个重要表现。台湾学者陈正国(Jeng-Guo S. Chen)的《上帝与进步:弗格森探讨文明社会的宗教维度》一文中对弗格森历史进步论有较为深刻的认识。他对否认弗格森历史进步论的观点提出了批评。文中指出,一些学者因弗格森对古代社会的共和制度和公民美德大加赞赏,就认为弗格森是历史循环论者或对现代工商业社会持悲观态度,这实际上是"对弗格森历史观念的一种误读",弗格森是历史进步论者,他把历史分成两层,即普遍的历史和国家的历史,"国家可能会遭受腐化,进而衰落,但

---

① 〔英〕亚当·弗格森:《文明社会史论》,林本椿、王绍祥译,沈阳:辽宁教育出版社 1999 年版,中译本序第 5—6,12 页。
② Fania Oz-Salzberger, "Introduction", in Adam Ferguosn, *An Essay on the History of Civil Society*, Cambridge, Cambridge University Press, 1995, p. vii.
③ 史料来源参见本书谈及国外学者关于弗格森的高地背景和苏格兰情结的争论时所列之文献。

历史会不断地进步下去"①。刘华的《文明的批判——亚当·弗格森及其〈文明社会史论〉》是国内较早对《文明社会史论》进行介绍的文章,但文中一些观点借用自萨兹伯格给英文版《文明社会史论》所作之序言,似并未作说明。一些翻译如将弗格森的 The History of the Progress and Termination of the Roman Republic 翻译成《论历史的进步和罗马共和国的终结》,显然不妥。黄冬敏的《理性主义史学研究——以十八世纪的法国为中心》是其博士论文,后由岳麓书社于 2010 年出版。此书有一大亮点,即对以往研究理性主义史学时所忽视的一些重要面向,如弗格森的史学,多有论述。作者以《文明社会史论》为中心,探讨了弗格森关于地理环境与历史发展关系的认识、对美洲的关注、对中国的批评、历史研究中浓厚的道德色彩、对史料的怀疑批判、用整体联系的观点看待历史、用偶然性因素解释历史、注重对人性的描写、注意到同一术语在不同时期其内涵的变化和用历史主义的态度研究历史等。② 不过,文中对弗格森史学的探讨仅利用《文明社会史论》,对弗格森的其他论著,特别是《罗马共和国衰亡史》未加参考,在史料利用方面,恐是一大缺失。

欲明了史家在后世学者的论说中,其段数之高低、影响之大小,通过阅读史学史一类的论著特别能看得出来。重要史家自然要重点突出,不重要的则会简单一提,甚至不会出现在后世学者的论说中。弗格森史学在中国回响所处的一个尴尬境地是:长期以来,在西方史学史类论著的言说中,弗格森的史学完全被忽略不提。③ 不过,随着西方史学研究的深入,一些学者开始关注到了弗格森的史学。何平于 2010 年出版的《西方历史编纂学史》就涉及到了弗格森的史学。他认为"弗格森用进步的眼光考察人类从原始社会到 18 世纪的历史发展",指出弗格森历史进步的观念。他还注

---

① Jeng-Guo S. Chen, "Providence and Progress: The Religious Dimension in Ferguson's Discussion of Civil Society", in Eugene Heath and Vincenzo Merolle edited, *Adam Ferguson: History, Progress and Human Nature*, London, Pickering & Chatto, 2008, pp. 183-184.
② 黄敏兰:《理性主义史学研究——以十八世纪的法国为中心》,长沙:岳麓书社 2010 年版。
③ 如郭圣铭:《西方史学史概要》,上海:上海人民出版社 1983 年版。孙秉莹:《欧洲近代史学史》,长沙:湖南人民出版社 1984 年版。宋瑞芝等:《西方史学史纲》,开封:河南大学出版社 1989 年版。杨豫:《西方史学史》,南昌:江西人民出版社 1993 年版。郭小凌:《西方史学史》,北京:北京师范大学出版社 1995 年版。王晴佳:《西方的历史观念—从古希腊到现代》,上海:华东师范大学出版社 2002 年版,其修订版,北京师范大学出版社 2013 年版。张广智主著:《西方史学史》,第三版,上海:复旦大学出版社 2010 年版。值得注意的是,郭圣铭、杨豫等学者在谈到吉本《罗马帝国衰亡史》出版后的巨大反响时,常会引用弗格森给吉本贺信中对其的高度评价。在这段评价里提到弗格森时,都仅仅贯之以"哲学家"的名号,可以看出在很长一段时间里,弗格森被国内学者当作不那么重要的史家甚至是未当作史家来看待的。这也与弗格森的史学一度完全未出现在相关学者论说中的情形是一致的。

意到"弗格森的一部关于罗马历史的著作以《罗马共和国的进步和终结史》为标题,表明进步的观念是如何影响到了他对罗马历史的考察"①。作者对弗格森的史学虽论述不多,但能在史学史著作中给予弗格森一席之地,则超出我们以往西方史学史论著中,在谈及18世纪英国史学时,仅仅涉及休谟、罗伯逊、吉本三位史家的固定叙述模式,因此,是值得肯定的。

特别是张广智主编的六卷本《西方史学通史》,2011年复旦大学出版社出版,此书是被学界称为开中国西方史学多卷本通史编纂之先河。② 其第四卷为李勇所著的《西方史学通史(近代时期)上》,作者以"苏格兰学派"为题,对18世纪苏格兰启蒙运动时期,来自苏格兰的几位史家如休谟、罗伯逊、弗格森进行了较为精彩的论述。其中,关于弗格森史学的探讨,更是实现了一次明显的突破,即第一次在中文的西方史学史类著作中,给予弗格森以重要位置,进行较为全面而深入的探讨。在史料方面,作者扩大了史料运用的范围,除利用《文明社会史论》外,注意使用了以往学者多所忽视的《罗马共和国衰亡史》③、《弗格森的通信集》,④以及其他一些少被国内学者引用的研究弗格森史学的重要外文文献等。⑤ 在内容方面,作者不是仅仅探讨弗格森史学的某个方面,而是从学术渊源、弗格森的史学思想和史学地位的再评价三个方面,力图较为系统地考察弗格森的史学。还有淮北师范大学姚正平的学位论文《论弗格森的史学》,提出重新认识弗格森史学问题。论文从古典史学、近代思潮和高地情结等方面追溯弗格森的学术渊源,讨论起史学实践中的理论例如曲线进步观、求真与致用、调和主义、述而不作、历史主义等,梳理弗格森对后世史学的影响史实。此文是对六卷本《西方史学通史》第四卷中关于弗格森史学研究的深化。

---

① 何平:《西方历史编纂学史》,北京:商务印书馆2010年版,第117页。
② 张耕华:《垦荒者的足迹——六卷本〈西方史学通史〉读后》,《中国社会科学报》2013年3月21日第282期。陈香:《50年完成6卷本〈西方史学通史〉》,《中华读书报》,2012年4月4日第1版。史立丽:《六卷本〈西方史学通史〉学术研讨会综述》,《史学史研究》2012年第3期。
③ Adam Ferguson, *The History of the Progress and Termination of the Roman Republic*, Edinburgh: Bell & Bradfute, 1799.
④ Vincenzo Merolle edited, *The Correspondence of Adam Ferguson*, London, William Pickering, 1995.
⑤ Eugene Heath and Vincenzo Merolle edited, *Adam Ferguson: History, Progress and Human Nature*, London, Pickering & Chatto, 2008. Murray G. H. Pittock, "Historiography", Alexander Broadie, *The Scottish Enlightenment*, Cambridge, Cambridge University Press, 2003, 北京:生活·读书·新知三联书店2006年版。

结　语

苏格兰原本是不列颠欠发达地区,无论经济、文化,还是公民社会发展水平,都与英格兰不可同日而语。可是,1707 年,两个地区正式联合后,苏格兰搭上英格兰这列快车,经过差不多 50 年的发展,社会各方面都发生重大转变,正赶上欧洲启蒙运动。就苏格兰人而言,这是激情澎湃的 50 年,洋溢乐观的 50 年,充满自信的 50 年。卡尔·贝克论 18 世纪的哲学家们道:他们"主要感兴趣的并不在于使社会稳定,而在于要改变社会。他们并不追问是怎样成为它那现状的,而是要追问怎样才能使它比它那现状更好"[①]。虽然贝克是从一般意义上说的,但是这对于启蒙时期的苏格兰的学者们同样适用。他们从人性、经济、公民、历史角度,去探索包括苏格兰在内的英国如何在社会改进方面取得进步。他们批判宗教迷信,提倡怀疑精神;崇尚自由,抨击专制;推崇社会改良,相信历史进步。从这个意义上说,他们具有欧洲大陆启蒙学者的一般特征。

然而,大卫·休谟、亚当·斯密、威廉·罗伯逊、亚当·弗格森,毕竟出身于欠发达的苏格兰,无论是其自身还是其同胞,都面临被英格兰知识界认同的问题。他们要想在英格兰学术界赢得尊重,就必须像英格兰知识精英那样有学问,言语优雅、文词精美;他们的同胞若要被英格兰人接受,就必须具有发达公民社会的人的素质。有西方学者把这称之为苏格兰那时的"时代精神",即"苏格兰人只要在伦敦闯荡,他们就会对自己的地位有所意识"[②]。他们发起的改造自己,同时也改造国人的启蒙运动,本来是为苏格兰变得像英格兰人从而为苏格兰人挣得面子,结果远远超出这一点,它却为整个英国赢得大陆人的普遍尊重。他们不仅在哲学、经济学、社会学上,处于欧洲领先地位,并且在史学上通过民族史、欧洲史和世界史的撰写

---

① 〔美〕卡尔·贝克尔:《18 世纪哲学家的天城》,何兆武译,北京:生活·读书·新知三联书店 2001 年版,第 94 页。
② 〔英〕克里斯托弗·J. 贝瑞:《苏格兰启蒙运动的社会理论》,马庆译,杭州:浙江大学出版社 2013 年版,第 21 页。

和"推测史学"体系的构建,使得其学术地位至少与法国学者在伯仲之间。

休谟既是史学家又是哲学家,然而其哲学之名特盛,几乎使后人忘记其史学家的身份。弗格森不仅是社会学家,并且是论罗马古史的学者,可是后人主要关注其关于公民社会的论述,几乎忘却他对罗马共和国的考察。斯密始终享有经济学家盛名,世人很少关注他发表过含有历史研究方法的讲话,没有充分注意他援引历史之例论说其经济学主张的做法。罗伯逊想来也很尴尬,他虽然自称追随伏尔泰和休谟,可是他没有伏尔泰的多才多艺,也没有休谟的哲学盛誉和启蒙领袖的地位;他与吉本是好朋友,可是说到18世纪英国的史学,人们想到的首先是吉本而不是罗伯逊,尽管他著有煌煌四史。从史学意义上说,前三人的路子属于典型的以论解史、以史证论,而罗伯逊则是做了典型的正统史学家所做的事情。然而,他们确实同处于苏格兰启蒙时代,都享有本土经验主义和大陆理性主义的遗产,拥有共同的政治处境和利益,有着类似的学术主张和社会倾向,虽然他们具体治学路数和观点上难免轩轾。

休谟否定古代尤其是中世纪,其历史著述中可以明显地看到"野蛮"与"文明"的对立;同当时大多数历史学家一样,休谟喜欢说教。他也确实与伏尔泰、罗伯逊等人一样扩大了历史研究的范围。他对革命力量有所诋毁,其历史认识确有偏见。他又是一位怀疑主义者,但在历史知识的可靠性上却持现实主义见解。历史对于他而言只是朴素的事实,经过对这些事实的反思之后,得出自己的理解和解释;历史研究中也只有一种方法可以信任:具体问题具体分析。也许人们都能发现他思想的矛盾,其实他也早已有所体察,只是他非常明智地选择容许各种矛盾性的存在。然而,无论如何,他不愧为苏格兰历史学派的创立者、核心人物。

斯密吸收希罗多德、修昔底德、塔西佗、色诺芬、恺撒、波里比乌斯、李维等人的学术营养,受弗朗西斯·哈奇森、卢梭、伏尔泰、孟德斯鸠、休谟等人影响。他同其他启蒙思想家一样,无一例外地把历史研究放在十分重要的位置上。法律的演进、政体的嬗变还是商业时代的起源等问题,斯密对的分析,都将它们和特定历史时期的谋生方式联系在一起,从而将其放到关于人类社会演进的分期理论的框架下来考察。他在考察民族国家财富问题同时,提出历史发展四阶段理论,是苏格兰启蒙学者"推测史学"中最为系统和完善的,是对学术史上历史进步论的一次发展,成为这个学派其他学者论述社会问题或者历史问题阶段性的一致意见。他是启蒙时期苏格兰历史学派的代表人物之一。

罗伯逊受其大学老师、同时代启蒙学者的影响,继承古典史学和近代早期文艺复兴史学遗产,又服膺伏尔泰、休谟等人的观念;他把理性主义史学观念贯彻到其具体的历史写作之中。他写民族史、欧洲史、世界史,他写政治史、军事史和社会文化史。科学精神上,他提倡和发扬怀疑精神,采取中正的治学态度;特别是有引必注、有异必疏,为西方史学编纂又开一凡例;他频繁采用比较方法,去比较人物、政策、思想和制度,以表现历史个性。在人文情怀上,他既有作为宗教领袖的严肃和正统,又有对历史人物像玛丽一世、马丁·路德和美洲土著的同情,散发出浓郁的世俗气息。

弗格森的史学来源较为多元化,众多史家或学派的学术理念特别是古典史学和理性主义史学观念,都是他历史写作积极借鉴的对象。弗格森的史学科学精神与人文情怀的结合,仍然是正统史学家所具备的。他是一位另类的学者,在历史观上,本应像伏尔泰、孔多塞、康德等人一样明确表达出对千年福王国终将到来的乐观与信心,或至少要像其同胞休谟、斯密、吉本一样,明确表达出今胜于古的乐观与肯定。然而,耐人寻味的是,他更多地却是极力歌颂野蛮民族所具有的崇高美德,而对现代商业文明社会大加挞伐。弗格森对共和政体十分倾心,他对罗马共和国晚期的历史人物、政治体制的评判,不是出于当时的政治、经济、文化等方面的考量,而是基于其政治理想和道德评判。

这一学派,不仅改变了苏格兰人在英格兰知识界的形象,而且改变了英国人在欧洲大陆人心中的形象;特别在史学上,改变英国一直落后于意大利、法国的局面。爱德华·富爱特(Eduard Fueter)在《新史学史》(*Geschichte der neueren Hisstorlographle*)中,把休谟、吉本和罗伯逊称为"英国的伏尔泰学派",这道出休谟、罗伯逊与伏尔泰的关系。但是,布莱克不完全赞同,他说:"断言不列颠的这三架马车仅仅是伏尔泰的卫星,总体说来是不公正的。休谟、吉本和罗伯逊在历史学圣殿中有其地位,他们散发出的光芒不能称之为借来或者折射的。"[①]这里,因为吉本不是苏格兰人,所以布莱克提到的苏格兰史学派成员只有斯密、弗格森;同时,不容否认,作为英国史学家,布莱克在感情上不愿英国作为法国学术文化的附庸,特别是作为苏格兰人他自然也就不愿把休谟、罗伯逊、吉本三人视作仅仅是受益于伏尔泰者,而为其前辈争得荣耀。布莱克强调苏格兰史学家的本土个性,即使尚未把斯密、弗格森算进去,那也是可以成立的,他以为休谟等人是可以与法国理性主义史学家相提并论的。

这一学派甚至影响了欧洲大陆,也影响遥远的美洲和中国。休谟、斯

[①] J. B. Black, *The Art of Hisrory*, London, Methuen and Co. Ltd., 1926, p.77.

密、罗伯逊和弗格森的历史或者准历史著作,被翻译成法文或意大利或希腊文或德文,成为启蒙时期欧洲史学的重要组成部分。其一些著作已被翻译成汉文,相信随着中国改革开放进程的推进,启蒙时期苏格兰历史学派的多方面价值,将愈来愈被人们认识到。后人研究罗马史、英国史、法国史、意大利史、德国史,乃至欧洲殖民地印度和美洲历史,绕不开其成果,挥不去其影响。这不仅在英国如此,在欧洲大陆如此,在欧洲以外包括中国亦如此。

附录一 《咏大卫·休谟》《咏亚当·斯密》《咏威廉·罗伯逊》《咏亚当·弗格森》书作影

1.《咏大卫·休谟》

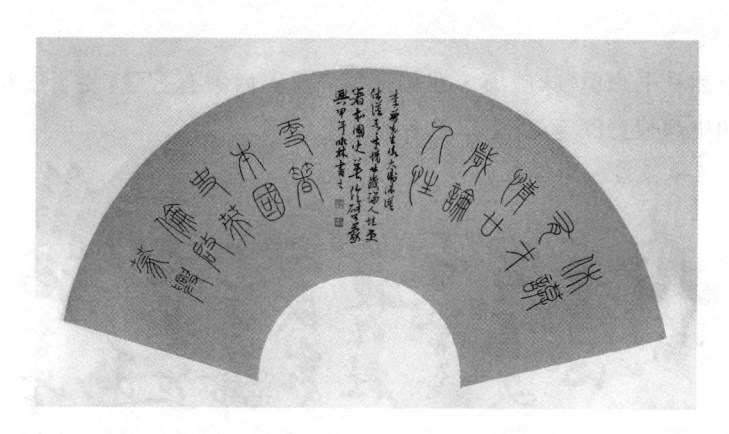

李冰林书李勇《咏大卫·休谟》:"休谟有才情,廿岁论人性。更著本国史,英伦启蒙兴。"

2.《咏亚当·斯密》

陈正峰书李勇《咏亚当·斯密》:"今人言货殖,其学何处遵？斯密冷眼观,挥毫国富论。"

3.《咏威廉·罗伯逊》

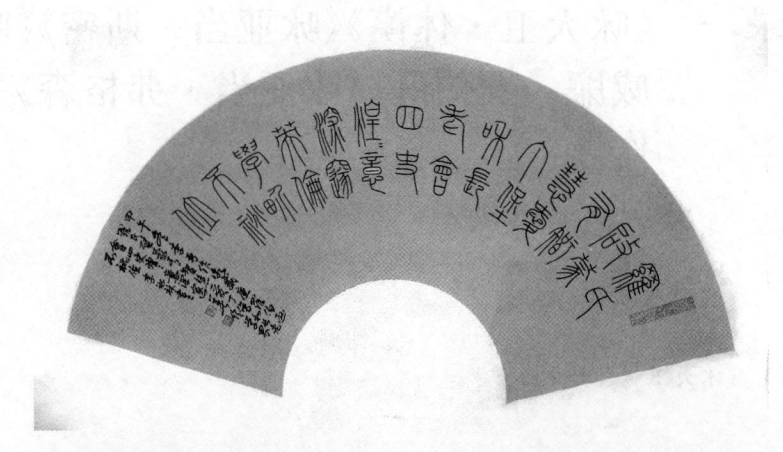

李冰林书李勇《咏威廉·罗伯逊》:"罗氏启蒙有智慧,爱丁堡和长老会。四史煌煌意深邃,英伦学界不祧位。"

4.《咏亚当·弗格森》

陈正峰书李勇《咏亚当·弗格森》:"启蒙学者弗格森,卓然执笔论公民。众人视作社会学,其实写史有奇心。"

附录二 参考文献

国外学者著作：

1. Ayer, A. J., *Logical Positivism*, Free Press, 1959.
2. Bentley, Michael, edited, *Companion to Historiography*, London, New York, Routledge, 1997.
3. Berry, Christopher J., *Social Theory of the Scottish Enlightenment*, Edinburgh, Edinburgh University Press, 1997.
4. Black, George F., *Macpherson's Ossian and the Ossianic Controversy*, New York, The New York Public Library, 1926.
5. Black, J. B., *The Art of History: a Study of Four Great Historians of the Eighteenth Century*, London, Methuem, 1926.
6. Breisach, Ernst, *Historiography: Ancient, Medieval and Modern*, Chicago & London, The University of Chicago Press, 1983.
7. Brewer, Anthony, *Adam Smith's Stages of History*, Bristol, Department of Economics University of Bristol, 2008.
8. Broadie, Alexander (edited), *The Cambridge Companion to The Scottish Enlightenment*, Cambridge, Cambridge University Press, 2003.
9. Brown, Stewart. J., *William Robertson and the Expansion of Empire*, New York, Cambridge University Press, 1997.
10. Brown, Vivienne, edited, *The Adam Smith Review Volume*, , Abingdon, Oxon, New York, Routledge Press, 2008.
11. Capaldi, Nicholas and Livingston, Donald W., edited, *Liberty in Hume's 'History of England*, Dordrecht, Kluwer Academic Publishers, 1990.
12. Ferguson, Adam, *The History of the Progress and Termination of the Roman Republic*, Edinburgh, Bell & Bradfute, 1799.
13. Ferguson, Adam, *The Manuscripts of Adam Ferguson*, London, Picking & Chatto, 2006.
14. Ferguson, Adam, *The Principles of Moral and Political Science*, London, A. Strahan and T. Cadell, 1792.
15. Haakonssen, Knud, edited, *The Cambridge Companion to Adam Smith*, Cambridge, Cambridge University Press, 2006.
16. Hamowy, Ronald, *The Political Sociology of Freedom-Adam Ferguson and F. A. Hayek*, Northampton Edward Elgar, 2005.

17. Heath, Eugene and Merolle, Vincenzo, edited, *Adam Ferguson: History, Progress and Human Nature*, London, Pickering &- Chatto, 2008.
18. Heath, Eugene and Merolle, Vincenzo, edited, *Adam Ferguson: Philosophy, Politics and Society*, London, Pickering &- Chatto, 2009.
19. Hill, Lisa, *The Passionate Society: The Society, Political and Moral Thought of Adam Ferguson*, London, Springer, 2006.
20. Hume, David, *Enquiries Concerning the Human Understanding and Concerning the Principles of Morals*, Oxford, Clarendon Press, 1902.
21. Hume, David, *A Treatise of Human Nature*, Oxford, Clarendon Press, 1896.
22. Hume, David, *Dialogues Concerning Natural Religion*, Oxford, Clarendon Press, 1935.
23. Hume, David, *Essays Moral, Political, Literary*, Indianapolis, Liberty Fund, 1987.
24. Hume, David, *New Letters of David Hume*, edited by Raymond Klibansky and Ernest C. Mossner, Oxford, the Clarendon Press, 1954.
25. Hume, David, *The History of England*, London, T. Cadell, 1778.
26. Hume, David, *The Nature History of Religion*, London, A. and H. Bradlaugh Bonner, 1889.
27. Hume, David, *The Letters of David Hume*, edited by J. Y. T. Greig, Clarendon, Oxford University Press, 1932,
28. Jones, Peter, *Hume's Entiments: Their Ciceronian and French Context*, Edinburgh, Edinburgh University Press, 1982.
29. Kelley, Donald R. and David Harris Sacks, edited, *The Historical Imagination in Early Modern Britain History, Rhetoric, and Fiction*(1500 - 1800), Cambridge, Cambridge University Press, 1997.
30. Kettler, David, *Adam Ferguson, His Social and Political Thought*, New Jersey, New Brunswick, 2005.
31. Kidd, Colin, *Subverting Scotland's Past*, Cambridge, Cambridge University Press, 1993.
32. Le Bon, Gustave, *The Crowd: a Study of the Popular Mind*, Dover Publications, 2002.
33. Low, David Morrice, *Edward Gibbon: 1737 - 1794*, New York, Random House Press, 937.
34. Mill, John Stuart, *Autobiography*, edited by John M. Robson, Harmondsworth, Penguin, 1989.
35. Millar, John, *The Origin of the Distinction of Ranks*, Bristol: Thoemmes, 2006.
36. Mossner, E. C. , *The Life of David Hume*, Second Edition London, Oxford University Press, 1980.
37. Novick, Peter, *That Noble Dream: the "Objectivity Question" and the American Historical Profession*, Cambridge University Press, 1988.
38. O'Brien, Karen, *Narratives of Enlightenment: Cosmopolitan History from Voltaire to Gibbon*, Cambridge, Cambridge University Press, 1997.
39. Otteson, James R. , *Adam Smith's Marketplace of Life*, Cambridge, Cambridge

University Press, 2002.
40. Peardon, Thomas Preston, *The Transition in English Historical Writing*, 1760 - 1830, New York, Columbia University Press, 1933.
41. Phillips, Mark Salber, *Society and Sentiment, Genres of Historical Writing in Britain*, 1740 - 1820, Princeton, Princeton University Press, 2000.
42. Pocock, J. G. A., *Barbarism and Religion: Narratives of Civil Government*, Cambridge, Cambridge University Press, 1999.
43. Porter, Roy, *Edward Gibbon: Making History*, Weidenfeld & Nicolson, 1988.
44. Rendall, Jane, *The Origins of the Scottish Enlightenment*, London, St. Martin's Press, 1978.
45. Robertson, William, *An Historical Disqusition Concerning the Knowledge Which the Ancients had of India*, London, Routledge and Thoemmes Press, 1996.
46. Robertson, William, *The History of America*, London, Routledge and Thoemmes Press, 1996.
47. Robertson, William, *The History of the Reign of the Emperor Charles V*, London, Routledge and Thoemmes Press, 1996.
48. Robertson, William, *The History of Scotland*, London, Routledge and Thoemmes Press, 1996.
49. Schmidt, Claudia M, *David Hume: Reason in History*, Pennsylvania, The Pennsylvania State University Press, 2003.
50. Schmaltz, Tad M., edited, *Receptions of Descartes: Cartesianism and Anti Cartesianism in Early Modern Europe*, London, New York, Routledge Taylor & Francis Group, 2005.
51. Skinner, Andrew S. and Thomas Wilson (edited), *Essays on Adam Smith*, Oxford, Clarendon Press, 1975.
52. Skinner, Andrew Stewart, *A System of Social Science: Papers Relating to Adam Smith*, Oxford, Oxford University Press, 1996.
53. Small, John, *Biographical Sketch of Adam Ferguson*, Edinburgh, Neill and Company, 1864.
54. Smitten, Jeffrey, *Miscellaneous Works and Commentaries*, London, Routled9ge and Thoemmes Press, 1996.
55. Smith, Adam, *An Inquiry into the Nature and Causes of the Wealth of Nations*, edited by Edwin Cannan, London, Methuen, 1904.
56. Smith, Adam, *Essays on Philosophical Subjects*, edited by W. P. D. Wightman, Oxford, Oxford University Press, 1980.
57. Smith, Adam, *Lectures on Jurisprudence*, edited by R. L. Meek, D. D. Raphael, P. G. Stein, Oxford, Oxford University Press, 1978.
58. Smith, Adam, *Lectures on Rhetoric and Belles Lettres*, edited by J. C. Bryce, Oxford, Oxford University Press, 1983.
59. Smith, Adam, *The Theory of Moral Sentiments*, edited by D. D. Raphael and A. L. Macfie, Oxford, Oxford University Press, 1976.
60. Stewart, Dugald, *Account of the Life and Writings of William Robertson*, England, Thoemmes Press, 1997.

61. Thompson, James Westfall, *A History of Historical Writing*, New York, The Macmillan Company, 1942.
62. Turgot, *Turgot on Progress, Sociology, and Economics*, edited by R. L. Meek, Cambridge, 1973.
63. Wende, Peter, *British and German Historiography*, 1750－1950, *Traditions, Perceptions, and Transfers*, Oxford, Oxford University press, 2000.
64. Wexler, V. G., *David Hume and the History of England*, Philadel Phia, 1979.
65. Wexler, V. G., *David Hume: Historian*, New York, Columbia University, 1971.
66. Wilkie, Jean, *The Historical Thought of Adam Ferguson*, Unpublished Doctoral Dissertation, Washington D. C, the Catholic University of America, 1962.
67. Woolf, Daniel, *A Global History of History*, Cambridge, New York, Cambridge University Press, 2011.
68. Woolf, Daniel, *The Oxford History of Historical Writing*, Oxford, New York, Oxford University Press, 2011.
69. Burns, R. M., Pickard, H. R.：《历史哲学：从启蒙到后现代性》，张羽佳译，北京：北京师范大学出版社2008年。
70. C. B. McCullagh：《历史的逻辑：把后现代主义引入视域》，张秀琴译，北京：北京师范大学出版社2008年。
71. 〔英〕D. D. 拉波希尔：《亚当·斯密》，李燕晴、汪希宁译，北京：中国社会科学出版社1990年。
72. 〔美〕E. K. 亨特：《经济思想——一种批判性的视角》，颜鹏飞总译校，上海：上海财经大学出版社2007年。
73. 〔德〕E. 卡西尔：《启蒙哲学》第2版，顾伟铭译，济南：山东人民出版社2007年。
74. 〔英〕F. H. 布莱德雷：《批判历史学的前提假设》，何兆武、张丽艳译，北京：北京大学出版社2007年。
75. 〔荷〕F. R. 安克斯密特：《崇高的历史经验》，杨军译，上海：东方出版中心2001年。
76. 〔英〕F. E. 霍利德：《简明英国史》，洪永珊译，南昌：江西人民出版社1985年。
77. 〔美〕J. W. 汤普森：《历史著作史》第三分册，孙秉莹、谢德风译，北京：商务印书馆1988年。
78. 〔英〕阿克顿：《自由史论》，胡传胜等译，南京：译林出版社2001年。
79. 〔挪〕埃里克·S. 赖纳特：《穷国的国富论》，贾根良、王中华等译，北京：高等教育出版社2007年。
80. 〔美〕艾伯特·奥·赫希曼：《欲望与利益：资本主义走向胜利前的政治争论》，李新华、朱进东译，上海：上海文艺出版社2003年。
81. 〔英〕艾伦·斯温杰伍德：《社会学思想简史》，陈玮、冯克利译，北京：社会科学文献出版社1988年。
82. 〔英〕爱德华·吉本：《吉本自传》，戴子钦译，北京：生活·读书·新知三联书店1989年。
83. 〔英〕爱德华·吉本：《罗马帝国衰亡史》，席代岳译，长春：吉林出版集团有限责任公司2008年。
84. 〔美〕巴里·斯特德：《休谟》，周晓亮、刘建荣译，济南：山东人民出版社1992年。
85. 〔意〕贝奈戴托·克罗齐：《历史学的理论和实际》，傅任敢译，北京：商务印书馆2005年。

86. 〔英〕彼得·伯克:《历史学与社会理论》,姚朋、周玉鹏等译,上海:上海人民出版社 2001 年。
87. 〔美〕彼得·赖尔、艾伦·威尔逊:《启蒙运动百科全书》,刘北成、王皖强编译,上海:上海人民出版社 2004 年。
88. 〔美〕彼得·纽曼等主编:《新帕尔格雷夫法经济学大辞典》,许明月等译,北京:经济科学出版社 1996 年。
89. 〔美〕戴维·罗伯兹:《英国史:1688 至今》,鲁光恒译,广州:中山大学出版社 1990 年。
90. 〔德〕德罗伊森:《历史知识理论》,胡昌智译,北京:北京大学出版社 2006 年。
91. 〔法〕笛卡尔:《谈谈方法》,王太庆译,北京:商务印书馆 2000 年。
92. 〔英〕杜格尔德·斯图尔特:《亚当·斯密的生平和著作》,蒋自强等译,北京:商务印书馆 1983 年。
93. 〔英〕弗里德里希·冯·哈耶克:《经济、科学与政治——哈耶克思想精粹》,冯克利译,南京:江苏人民出版社 2000 年。
94. 〔德〕弗里德里希·梅尼克:《历史主义的兴起》,陆月宏译,南京:译林出版社 2009 年。
95. 〔法〕伏尔泰:《风俗论》,梁守锵译,北京:商务印书馆 1995 年。
96. 〔美〕哈多克:《历史思想导论》,王加丰译,北京:华夏出版社 1989 年。
97. 〔英〕加文·肯尼迪:《亚当·斯密》,苏军译,北京:华夏出版社 2009 年。
98. 〔德〕卡尔·洛维特:《世界历史与救赎历史》,李秋零、田薇译,北京:生活·读书·新知三联书店 2002 年。
99. 〔美〕卡尔·贝克尔:《18 世纪哲学家的天城》,何兆武译,北京:生活·读书·新知三联书店 2001 年。
100. 〔英〕坎南编著:《亚当·斯密关于法律、警察、岁入及军备的演讲》,陈福生、陈振骅译,北京:商务印书馆 2009 年。
101. 〔德〕康德:《历史理性批判文集》,何兆武译,北京:商务印书馆 2009 年。
102. 〔英〕克里斯托弗·J. 贝瑞:《苏格兰启蒙运动的社会理论》,马庆译,杭州:浙江大学出版社 2013 年。
103. 〔英〕柯林武德:《历史的观念》,何兆武、张文杰、陈新译,北京:北京大学出版社 2010 年。
104. 〔英〕罗素:《西方哲学史》,马元德译,北京:商务印书馆 1981 年。
105. 〔法〕孟德斯鸠:《论法的精神》,张雁深译,北京:商务印书馆 1961 年。
106. 〔法〕孟德斯鸠:《罗马盛衰原因论》,婉玲译,北京:商务印书馆 2009 年。
107. 〔英〕欧内斯特·莫斯纳、伊恩·辛普森·罗斯编:《亚当·斯密通信集》,林国夫等译,北京:商务印书馆 1992 年。
108. 〔美〕乔纳森·H. 特纳:《社会理论的结构》,邱泽奇、张茂元译,北京:华夏出版社 2006 年。
109. 〔美〕乔伊斯·阿普尔比、林恩·亨特、玛格丽特·雅各布:《历史的真相》,刘北成、薛绚译,北京:中央编译出版社 1999 年。
110. 〔法〕乔治·索雷尔:《进步的幻想》,吕文江译,上海:上海人民出版社 2003 年。
111. 〔美〕汤姆·L. 彼彻姆:《哲学的伦理学》,雷克勤等译,北京:中国社会科学出版社 1990 年。
112. 〔美〕唐纳德·R. 凯利:《多面的历史:从希罗多德到赫尔德的历史探询》,陈恒、宋立宏译,北京:生活·读书·新知三联书店 2003 年。

113. 〔意〕维柯:《新科学》,朱光潜译,北京:商务印书馆 1989 年。
114. 〔苏〕维诺格拉多夫:《近代现代英国史学概论》,何清新译,北京:生活·读书·新知三联书店 1961 年。
115. 〔英〕休谟:《人类理解研究》,关文运译,北京:商务印书馆 1957 年。
116. 〔英〕休谟:《人性论》,关文运译,北京:商务印书馆 1980 年。
117. 〔英〕休谟:《休谟经济论文选》,陈玮译,北京:商务印书馆 1984 年。
118. 〔英〕休谟:《休谟散文集》,肖聿译,北京:中国社会科学出版社 2006 年。
119. 〔英〕休谟:《宗教的自然史》,徐晓宏译,上海:上海人民出版社 2003 年。
120. 〔英〕亚当·弗格森:《道德哲学原理》,孙飞宇、田耕译,上海:上海人民出版社 2005 年。
121. 〔英〕亚当·弗格森:《文明社会史论》,林本椿、王绍祥译,沈阳:辽宁教育出版社 1999 年。
122. 〔英〕亚当·斯密:《道德情操论》,蒋自强等译,北京:商务印书馆 2009 年。
123. 〔英〕亚当·斯密:《国民财富的性质和原因的研究》,郭大力、王亚南译,北京:商务印书馆 2009 年。
124. 〔美〕伊利亚德:《宗教思想史》,吴晓群、晏可佳译,上海:上海社会科学院出版社 2004 年。
125. 〔英〕约翰·布罗:《历史的历史:从远古到 20 世纪的历史书写》,黄煜文译,桂林:广西师范大学出版社 2012 年。
126. 〔英〕约翰·雷:《亚当·斯密传》,胡企林、陈应年译,北京:商务印书馆 1983 年。
127. 〔英〕约翰·伯瑞:《进步的观念》,范祥涛译,上海:上海三联书店 2005 年。
128. 〔法〕约瑟夫·德·迈斯特:《论法国》,鲁仁译,上海:上海人民出版社 2005 年。
129. 〔美〕约瑟夫·克罗普西:《国体与经体:对亚当·斯密原理的进一步思考》,邓文正译,上海:上海人民出版社 2005 年。

国内学者著作:

130. 陈其人:《殖民地的经济分析史和当代殖民主义》,上海:上海社会科学院出版社 1994 年。
131. 陈修斋:《欧洲哲学史上的经验主义和理性主义》,北京:人民出版社 2007 年。
132. 杜维运:《史学方法论》,北京:北京大学出版社 2006 年。
133. 宫秀华:《罗马:从共和走向帝制》第二版,北京:高等教育出版社 2006 年。
134. 郭圣铭:《西方史学史概要》,上海:上海人民出版社 1983 年。
135. 郭小凌:《西方史学史》,北京:北京师范大学出版社 1995 年。
136. 何兆武、陈启能主编:《当代西方史学理论》,上海:上海社会科学出版社 2003 年。
137. 胡秋原:《历史哲学概论》,上海:上海书店 1989 年。
138. 黄皖毅:《马克思世界史观:文本、前沿与反思》,北京:知识产权出版社 2008 年。
139. 翦伯赞:《历史哲学教程》,上海:上海书店 1989 年。
140. 李勇:《保卫历史学》,世界知识出版社 2009 年。
141. 李勇:《西方史学通史》第四卷《近代时期(上)》,上海:复旦大学出版社 2011 年。
142. 刘昶:《人心中的历史》,成都:四川人民出版社 1987 年。
143. 聂文军:《亚当·斯密经济伦理思想研究》,北京:中国社会科学出版社 2004 年。
144. 齐世荣:《英国——从称霸世界到回归欧洲》,西安:三秦出版社 2005 年。
145. 钱乘旦、许洁明:《英国通史》,上海:上海社会科学院出版社 2007 年。

146. 宋瑞芝、安庆征等编：《西方史学史纲》,开封：河南大学出版社 1989 年。
147. 孙秉莹：《欧洲近代史学史》,长沙：湖南人民出版社 1984 年。
148. 唐正东：《从斯密到马克思：经济哲学方法的历史性诠释》,南京：江苏人民出版社 2009 年。
149. 王觉非：《近代英国史》,南京：南京大学出版社 1997 年。
150. 王利红：《诗与真——近代欧洲浪漫主义史学思想研究》,上海：上海三联书店 2009 年。
151. 王晴佳：《西方的历史观念——从古希腊到现代》,上海：华东师范大学出版社 2002 年。
152. 王荣堂：《英国近代史纲》,沈阳：辽宁大学出版社 1988 年。
153. 吴泽：《史学概论》,合肥：安徽教育出版社 2000 年。
154. 徐正、侯振彤：《西方史学的源流与现状》,上海：东方出版社 1991 年。
155. 杨豫：《西方史学史》,南昌：江西人民出版社 1993 年。
156. 张广智、张广勇：《史学,文化中的文化——文化视野下的西方史学》,杭州：浙江人民出版社 1990 年。
157. 张广智：《超越时空的对话：一位东方学者关于西方史学的思考》,北京：北京师范大学出版社 2008 年。
158. 张广智：《克丽奥的东方形象——中国学人的西方史学观》,上海：复旦大学出版社 2013 年。
159. 张广智：《克丽奥之路——历史长河中的西方史学》,上海：复旦大学出版社 1989 年。
160. 张广智主著：《西方史学史》第三版,上海：复旦大学出版社 2010 年。
161. 张钦：《休谟伦理思想研究》,北京：中国社会科学出版社 2008 年。
162. 赵林、邓守成主编：《启蒙与世俗化——东西方现代化历程》,武汉：武汉大学出版社 2008 年。
163. 钟宇人、余丽娥：《西方著名哲学家评传》,济南：山东人民出版社 1984 年。
164. 周晓亮：《休谟及其人性哲学》,北京：社会科学文献出版社 1996 年。
165. 朱谦之：《历史哲学》,上海：上海书店 1989 年。

国内外学者论文：

166. Bucham, Bruce, "Enlightened Histories: Civilization, War and the Scottish Eightenment", *The European Legacy*, Vol. 10, No. 2(2005).
167. Butterfield, Herbert, "Narrative History and the Spadework Behind it", *History*, Vol. 53, Issue 178, 1968.
168. Danford, John W., "Hume on Development: The First Volumes of the History of England", *The Western Political Quarterly*, Vol. 42, No. 1 (Mar., 1989).
169. Fearnley-Sander, Mary," Philosophical History and the Scottish Reformation: William Robertson and the Knoxian Tradition", *The Historical Journal*, Vol. 33, No. 2(1990).
170. Hargraves, Neil, "Revelation of Character in Eighteenth-Century Historiography and William Robertson's History of the Reign of Charles V'", *Eighteen-Century Life*, Vol. 27, No. 2 (Spring, 2003).
171. Hargrves, Neil,"The 'Progress of Ambition': Character, Nattive, and Philosophy

in the Works Of William Robertson", *Journal of the History of Idea*, Vol. 63, No. 2 (April, 2002).

172. Harkin, Maureen, "Adam Smith's Missing History: Primitives, Progress, and Problems of Genre", *The Journal of English Literary History*, Vol. 72, No. 2 (Summer, 2005).

173. Hoebel, E. Adamson, "William Robertson: An 18th Chentury Anthropologist-Historian", *American Anthropologist*, New Series, Vol. 62, No. 4 (Aug. , 1960).

174. Hogan, J. Michael, "Historiography and Ethics in Adam Smith's Lectures on Rhetoric, 1762-1763", *A Journal of the History of Rhetoric*, Vol. 2, No. 1 (Spring 1984).

175. Hopfl, H. M. , "From Savage to Scotsman: Conjectural History in the Scottish Enlightenment", *The Journal of British Studies*, Vol. 17, No. 2 (Spring, 1978).

176. Kettler, David, "History and Theory in the Scottish Enlightenment", *The Journal of Modern History*, Vol. 48, No. 1 (Mar. 1976).

177. Pocock, J. G. A. , "Gibbon and the Shepherds: the Stages of Society in the Decline and Fall", *History of European Ideas*, Vol. 2. No. 3 (1981).

178. Rendall, Jane, "Scottish Orientallism: From Robertson to James Mill", *The Historical Journal*, Vol. 25, No. 1(1982).

179. Robertson, John, "An Essay on the History of Civill Society by Adam Ferguson", *History Workshop Journal*, No. 44(1997).

180. Sher, R. B. and Stewart, M. A. , "William Robertson and David Hume: Three Letters", *Hume Studies* 10th Anniversary Issure(1984).

181. Smitten, Jeffrey, "Impartiality in Robertson's History of America", *Eighteenth-century Studies*, Vol. 19, No. 1(Aug. ,1985).

182. Sorensen, Roy, "Fame as the Forgotten Philosopher: Mediations on the Headstone of Adam Ferguson", *Philosophy*, Vol. 77, No. 299.

183. Stimson, Frederick S. , "William Robertson's Influnce on Early American Literature ", *The Americas*, Vol. 14, No. 1(Jul. , 1957).

184. Tierner, James E. , "Unpublished Garrick Letters to Robertson and Millar", *Year's Work in Enligh Studies* 5(1975).

185. Whelam, Ferderick. G. , 'Robertson, Hume and the Balance of Power', *Hume Studies*, Vol. XXI, No. 2 (November, 1995).

186. 〔美〕L. 明克:《当代西方历史哲学述评》,肖朗译,《国外社会科学》1984年第12期。

187. 胡怀国:《对斯密研究方法的评价与新评价》,《学术交流》,1999年第5期。

188. 李镭:《爱德华·吉本的史学理论和社会思想探析》,华东师范大学硕士学位论文,2009年。

189. 李雪丽:《苏格兰启蒙运动概论》,《湘潭大学学报》,2005年第5期。

190. 刘华:《文明的批判——亚当·弗格森及其〈文明社会史论〉》,《历史教学问题》2004年第5期。

191. 项松林:《苏格兰启蒙运动的历史、思想及其现实意义探析》,《浙江社会科学》,2009年第11期。

192. 徐鹤森:《试论苏格兰启蒙运动》,《杭州师范学院学报》,2005年第11期。

193. 周保巍:《走向文明——休谟启蒙思想研究》,博士学位论文,华东师范大学,2004年。

跋

1999年秋，余入复旦求学，追随张广智教授，标志着我学习史学理论与史学史，由"之乎者也"的中国史学，转为"ABCD"的西方史学。

三年复旦学习，略涉西方史学，好在毕业后张师一直催我前行，是他允我参加其《西方史学史》第三版修订工作。特别是他提携我参与六卷本《西方史学通史》撰写工作，具体写作第四卷即《近代时期》（上）。对我而言，这两者均为新课题，既是动力又系压力。不过，最终还是攻艰克难，完成任务。

2007年，吾任教的淮北煤炭师范学院历史学系，二级学科"史学理论及史学史"招收首届硕士研究生。须知，此硕士学位授权点，是本校整个历史学科硕士授权点的突破，且是十年持续努力建设的结果。那时，"史学理论及史学史"，招生领域涵盖中国史学和外国史学。于是，我连续五年招收外国史学方向的硕士研究生。2011年，历史学一分为三，作为一级学科申报的结果，淮北师范大学（淮北煤炭师范学院2010年改此名）"中国历史"获批为硕士学位授权点，而"世界历史"则与硕士点无缘。2014年夏，随着两名做西方史学学位论文的研究生毕业，此地做外国史学研究者，又剩下我孑然一人了。

因修订《西方史学史》第三版和撰写《西方史学通史》第四卷，吾对文艺复兴到启蒙运动的西方史学有了更多了解，发现许多有趣问题，想把启蒙时期苏格兰历史学派作为课题提出来，单独加以讨论。这一想法得到诸多师友的鼓励，他们是李剑鸣教授、于沛教授、侯建新教授、裔昭印教授、陈新教授、彭刚教授、谢丰斋教授和梁民愫教授。

于是，吾与年轻朋友们一道，几经寒暑，把这一课题研究成果奉献出来。

具体分工，按照书稿内容出场顺序，分别是：李勇承担导论、第一章、第四章、第六章第三节、结语。段艳撰写第二章、第六章第一节。油馨华完成第三章、第六章第二节。姚正平作出第五章、第六章第四节。最后由李勇作一些合成中的凡例和编排工作。

这一成果提交颇不容易。段艳、姚正平硕士应届毕业后,分别到复旦大学和北京师范大学攻读博士,博士期间研究课题与其原先做的休谟史学、弗格森史学没有多大关系。他们博士毕业后,分别去山西师范大学和南通大学,面临站稳高校讲台的艰辛。如此困顿,还腾出时间和精力做此课题,难能可贵。

油馨华,硕士研究生毕业后,在山东一高级中学谋得教职,承担高中毕业班的历史课程。她向来敬业、严谨,以涉教不深的资历,承担帮助学子升学的巨大压力。可是,她没有放松本课题研究,而是藉有限节假日修订书稿。其承担这双重任务,那种窘迫恐怕没有多少人能够想象得到。

不过,我们四人齐心协力,坚持打造,终于把书稿写出来。

这一工作的完成,需要感谢很多人,包括四位作者的亲人、同事、师友。这里要提到的,除上述诸位之外,他们是:首都师范大学邓京力教授、四川大学刘开军博士、西北大学张峰博士、华侨大学张宇博士、淮北师范大学王存胜博士,为我撰写工作提供了西文材料。淮北师范大学人文与社会科学处高玉兰教授,是她鼓励我以本课题研究的初步成果,申报国家"社科基金"后期资助项目。上海师范大学陈恒教授,是他给予大力鼓励,并经他介绍得到上海三联书店黄韬先生的帮助。没有他们的鼓励和帮助,那么结果真是难以预料。

另外,李冰林女士和陈正峰先生,为咏四位史学家的小诗留下墨宝,这里一并致以谢忱。

特别是恩师张广智教授,鼓励我和我的朋友坚持做下去。他每次耳提面命,至今都还盘桓在脑海里;他每通电话里的言辞,仍在耳边回响。其殷殷期望和谆谆教导,给我勇气,给我力量,并影响了那三位年轻朋友。本书出版之际,他又欣然作序,再次提携后学。如此这般,令我们铭记不忘!

最后,本书即将出版,心中多少有点忐忑,其实就是对这一著作命运的焦虑。即便如此,仍祈盼读者诸君教正!

李 勇

2016 年 8 月 5 日

于淮北师范大学相山东麓

图书在版编目(CIP)数据

启蒙时期苏格兰历史学派/李勇主著.—上海：上海三联书店,2017.10
ISBN 978-7-5426-5920-0

Ⅰ.①启… Ⅱ.①李… Ⅲ.①历史-学派-研究-苏格兰-18世纪 Ⅳ.①K561.4

中国版本图书馆 CIP 数据核字(2017)第 112045 号

启蒙时期苏格兰历史学派

主　　著 / 李　勇

责任编辑 / 黄　韬
装帧设计 / 鲁继德
监　　制 / 姚　军
责任校对 / 张大伟

出版发行 / 上海三联书店
　　　　　(201199)中国上海市都市路 4855 号 2 座 10 楼
邮购电话 / 021-22895557
印　　刷 / 上海盛通时代印刷有限公司

版　　次 / 2017 年 10 月第 1 版
印　　次 / 2017 年 10 月第 1 次印刷
开　　本 / 710×1000　1/16
字　　数 / 340 千字
印　　张 / 20.25
书　　号 / ISBN 978-7-5426-5920-0/K·421
定　　价 / 52.00 元

敬启读者,如发现本书有印装质量问题,请与印刷厂联系 021-37910000